COURS COMPLET DE GÉOGRAPHIE
A L'USAGE DES LYCÉES ET DES COLLÈGES

GÉOGRAPHIE

PHYSIQUE, POLITIQUE ET ÉCONOMIQUE

DE L'EUROPE

Contenant les matières indiquées par les programmes officiels
du 2 août 1880

POUR LA CLASSE DE TROISIÈME

PAR

E. CORTAMBERT

Président honoraire de la Commission centrale de la Société de géographie
Bibliothécaire de la Section géographique de la Bibliothèque nationale

NOUVELLE ÉDITION, ILLUSTRÉE DE 22 GRAVURES INTERCALÉES DANS LE TEXTE

PARIS

LIBRAIRIE HACHETTE ET Cie

79, BOULEVARD SAINT-GERMAIN, 79

1880

GÉOGRAPHIE

PHYSIQUE, POLITIQUE ET ÉCONOMIQUE

DE L'EUROPE

COURS COMPLET DE GÉOGRAPHIE
A L'USAGE DES LYCÉES ET DES COLLÈGES

GÉOGRAPHIE

PHYSIQUE, POLITIQUE ET ÉCONOMIQUE

DE L'EUROPE

Contenant les matières indiquées par les programmes officiels
du 2 août 1880

POUR LA CLASSE DE TROISIÈME

PAR

E. CORTAMBERT

Président honoraire de la Commission centrale de la Société de géographie
Bibliothécaire de la Section géographique de la Bibliothèque nationale

NOUVELLE ÉDITION, ILLUSTRÉE DE 21 GRAVURES INTERCALÉES DANS LE TEXTE

PARIS

LIBRAIRIE HACHETTE ET Cⁱᵉ

79, BOULEVARD SAINT-GERMAIN, 79

1880

TABLE DES MATIÈRES

FIN DE LA TABLE DES MATIÈRES

GÉOGRAPHIE

DE L'EUROPE

GÉOGRAPHIE PHYSIQUE GÉNÉRALE

SITUATION ET CÔTES

Situation, limites ; mers et golfes. — L'EUROPE, placée dans le N. O. de l'Ancien continent, à l'O. de l'Asie et au N. de l'Afrique, est une grande presqu'île, qui s'allonge du N. E. au S. O., et tient au reste du continent par deux côtés ; à l'E., par le territoire des monts Ourals et du fleuve Oural, situé au N. de la mer Caspienne ; au S. E., par l'isthme du mont Caucase, entre la mer Caspienne et la mer Noire. Elle s'étend du 35ᵉ au 71ᵉ degré de latit. N., si l'on s'arrête au cap Nord ; au 77ᵉ si l'on y comprend la Nouvelle-Zemble, au 80ᵉ si l'on y renferme le Spitzberg ; au 82ᵉ si l'on va jusqu'à la Terre de François-Joseph ; elle est située entre le 13ᵉ degré de longitude O. et de 67ᵉ degré de longitude E.

Au N., elle est baignée par l'océan *Glacial arctique ;* à l'O., par l'*Atlantique ;* au S., par la *Méditerranée.* La mer *Caspienne,* au S. E., est une assez grande partie de sa limite.

L'océan Glacial arctique forme la mer de *Kara,* la mer de *Barents* et la mer *Blanche.*

L'océan Atlantique forme la mer *Baltique,* le *Cattégat,* la mer du *Nord,* la *Manche,* la mer d'*Irlande* et la mer de *France*, appelée aussi golfe de *Gascogne* ou mer de *Biscaye.*

On remarque dans la mer Baltique les golfes de *Botnie*, de *Finlande* et de *Livonie* ou de *Riga*. — Dans la mer du Nord, est le golfe de *Zuider-zee*. — Au S. O. de la Grande-Bretagne, se trouve le golfe qu'on appelle *Canal de Bristol*

La mer Méditerranée comprend la mer *Tyrrhénienne*, la mer *Adriatique*, la mer *Ionienne*, l'*Archipel*, la mer de *Marmara*, la mer *Noire* et la mer d'*Azov*.

On distingue, dans la Méditerranée, les golfes du *Lion* et de *Gênes ;* dans la mer Ionienne, les golfes de *Tarente* et de *Lépante ;* dans l'Archipel, le golfe de *Salonique.*

Détroits ; îles et presqu'îles principales, isthmes. — La mer de *Kara*, communique à la mer de *Barents* par le détroit de *Vaïgatch* ou d'*Iougor*, par le détroit de *Fer* ou de *Kara* et par celui de *Matotchkin.*

On passe de la mer Baltique dans la mer du Nord par les détroits du *Sund*, du *Grand-Belt* et du *Petit-Belt*, par le *Cattégat* et par le détroit du *Skager-Rak*. — On se rend de la mer du Nord dans la Manche par le *Pas de Calais.*

La mer d'Irlande communique avec l'océan Atlantique par le canal du *Nord* et le canal *Saint-George.*

On entre de l'Atlantique dans la Méditerranée par le détroit de *Gibraltar.*

La mer Tyrrhénienne est unie à la mer Ionienne par le détroit nommé *Phare de Messine*, entre l'Italie et la Sicile.

On passe de la mer Adriatique dans la mer Ionienne par le canal d'*Otrante ;* de l'Archipel dans la mer de Marmara, par le détroit des *Dardanelles* (anciennement Hellespont) ; de la mer de Marmara dans la mer Noire, par le canal de *Constantinople* (anciennement Bosphore de Thrace), et de la mer Noire dans la mer d'Azov, par le détroit d'*Iénikalé* ou de *Kertch* (anciennement Bosphore Cimmérien).

Les côtes de l'Europe sont très-irrégulières, et forment beaucoup de presqu'îles :

Au N., on remarque la péninsule *Scandinave* et la péninsule *Cimbrique*, qui s'avancent l'une en face de l'autre, à l'O. de la mer Baltique. La première est jointe au continent vers le N. E. par l'isthme de *Laponie*, et la seconde s'y rattache au S. par l'isthme de *Holstein*. Le N. de la péninsule Cimbrique forme la presqu'île de *Jutland*.

A l'extrémité S. O. de l'Europe, est la péninsule *Hispanique*, unie au continent par l'isthme des *Pyrénées*.

Au S., on voit la presqu'île de l'*Italie*, qui a grossièrement la forme d'une botte, et qui se termine par la presqu'île de *Calabre*.

On remarque encore au S. la grande péninsule des *Balkans* ou *Turco-Hellénique*, dont la partie méridionale forme la presqu'île de *Morée* (ancien *Péloponnèse*), unie au continent par l'isthme de *Corinthe*.

Entre la mer d'Azov et la mer Noire, est renfermée la presqu'île de *Crimée*, jointe au continent par l'isthme de *Pérékop*.

L'Europe a un grand nombre d'îles :

Dans l'océan Glacial, au N. E., on voit la *Nouvelle-Zemble*, ou plutôt *Novaïa-Zemlia* (nouvelle terre), divisée en deux îles par le détroit de Matotchkin ; contrée encore peu connue, très-froide et inhabitée. Près et au S., est l'île de *Vaïgatch ;* au S. O., l'île de *Kolgouev.* Assez loin au N. de la *Nouvelle-Zemble*, est la *Terre de François-Joseph*, tout à fait inhabitable.

Sur la côte N. O. de la péninsule *Scandinave*, on rencontre les îles *Lofoden.* — Loin au N. de la même péninsule, est l'archipel glacé du *Spitzberg*, qu'on rattache presque indifféremment à l'Europe et à l'Amérique.

Dans le N. O. de l'Europe, se trouve la *Grande-Bretagne*, qui est l'île la plus considérable de cette partie du monde ; près et à l'O. de la Grande-Bretagne, est l'*Irlande*, seconde île de l'Europe pour l'importance.

Dans le voisinage, sont les groupes des *Hébrides*, des *Orcades* et de *Shetland*. Ces trois groupes composent, avec la Grande-Bretagne et l'Irlande, l'archipel des îles *Britanniques*, dont les îles *Anglo-Normandes*, dans la Manche, sont aussi une dépendance.

Plus loin, vers le N. O., on voit les îles *Fœrœer*, et enfin l'*Islande*, grande île très-froide, plus voisine de l'Amérique que de l'Europe et qu'il convient de rattacher aux terres américaines.

Entre le Cattégat et la mer Baltique, se trouvent les îles *Danoises*, dont les principales sont *Seeland* et *Fionie*.

Dans l'intérieur de la Baltique, sont les îles d'*Œland* et de *Gottland*, l'archipel d'*Aland*, l'archipel d'*Abo*, l'île de *Dago*, l'île d'*Œsel* et celle de *Rügen*.

Dans la Méditerranée, on remarque, à l'E. de la péninsule Hispanique, les îles *Baléares* (*Majorque*, *Minorque* et *Ivice*).

Près de l'Italie, sont les grandes îles de *Sicile*, de *Sardaigne* et de *Corse*, les îles *Lipari*, l'île d'*Elbe* et celle de *Malte*.

Sur la côte N. E. de la mer Adriatique, est l'archipel *Dalmate-Illyrien*, comprenant les îles *Veglia*, *Cherso*, *Pago*, *Brazza*, *Curzola*, etc.

Près de la péninsule Turco-Hellénique, on remarque beaucoup d'îles, dont les principales sont les îles *Ioniennes* (*Corfou*, *Sainte-Maure*, *Théaki* ou *Ithaque*, *Céphalonie*, *Zante*, *Cérigo*) ; celle de *Négrepont* ou *Eubée* ; — les *Cyclades* (*Naxos*, *Paros*, etc.) ; *Lemnos*, *Imbros*, *Samothrace*, *Thasos* ; — *Candie* (anciennement *Crète*), la terre la plus méridionale de l'Europe.

Le cap le plus septentrional de l'Europe continentale est le cap *Nordkyn*, dans la péninsule Scandinave ; mais, plus au N. encore, dans une des îles Lofoden, on voit le cap *Nord*.

A l'extrémité S. O. de la Grande-Bretagne, on remarque le cap *Land's End* ou *Finisterre*. — La pointe de *Corsen* termine la France à l'O., et se trouve dans le *Finisterre* français.

A l'extrémité N. O. de la péninsule Hispanique, est un cap qu'on nomme aussi *Finisterre*. — Vers son extrémité S. O., on rencontre le cap *Saint-Vincent*, et, à son extrémité S., la pointe de *Tarifa*, le point le plus méridional de l'Europe continentale.

A l'extrémité S. de la Morée, se trouve le cap *Matapan*.

La longueur de l'Europe, du N. E. au S. O., depuis l'embouchure de la rivière *Kara* dans la mer de ce nom jusqu'au cap *Saint-Vincent*, est de 5400 kilomètres ; du N. au S., depuis le cap *Nord* jusqu'au cap *Matapan*, on compte 4000 kilomètres. La superficie est de 10 182 000 kilomètres carrés.

RELIEF DU SOL

SYSTÈMES OROGRAPHIQUES, PLATEAUX ET PLAINES

OBSERVATIONS GÉNÉRALES.

Dans les soulèvements du sol qui lui ont donné sa forme, l'Europe a éprouvé un exhaussement beaucoup plus sensible au sud qu'au nord. De grandes et hautes chaînes de montagnes, des plateaux élevés, des côtes escarpées, se montrent au midi ; tandis que les parties septentrionales s'étendent en vastes plaines, qui se prolongent sous des mers peu profondes, comme la Baltique et la mer du Nord. Les plaines se continuent dans l'est, à travers la Pologne et la Russie, et s'abaissent surtout vers la mer Caspienne, où elles sont de 25 à 30 mètres au-dessous de l'Océan. Avec cette région, le sol le plus déprimé de l'Europe est celui des Pays-Bas, qui, souvent au-dessous de la mer du Nord, n'est garanti contre les inondations de cette mer que par les digues que leur opposent les hommes et par les dunes qu'a élevées la nature.

De vastes plaines, dont quelques-unes très-basses aussi, s'étendent au nord-ouest de la mer Adriatique, dans la Vénétie et la Lombardie, et dans le centre de l'Europe, en Hongrie.

Il faut remarquer que, dans les chaînes de montagnes dont le sud est couvert si généralement, les flancs méridionaux sont bien plus abrupts et plus courts que ceux du nord, terminés ordinairement par des pentes douces, par des rameaux qui s'allongent vers les plaines en collines progressivement insensibles : les versants du sud sont, en même temps, dénudés et ravinés ; ceux du nord, boisés, cultivés et peu ravagés par les eaux.

L'Europe n'a plus de volcans actifs que dans le sud. Le

Vésuve, sur la côte occidentale de la péninsule d'Italie ; — l'*Etna*, en Sicile ; — le *Stromboli*, dans une des îles Lipari, ont de fréquentes éruptions.

L'Archipel est le foyer de mouvements volcaniques remarquables : souvent, et tout récemment encore, près de *Santorin*, des îlots s'y sont soulevés par l'effet de feux souterrains. En général, toute la région méditerranéenne est le centre d'une action puissante de la chaleur intérieure du sol, et les tremblements de terre y sont fréquents.

Les volcans éteints sont nombreux dans plusieurs parties de l'Europe (dans la France centrale, dans l'O. de l'Allemagne, etc.)

ALPES[1].

De toutes les montagnes d'Europe, les Alpes sont les plus importantes ; elles sont comme le noyau de cette contrée, dans la partie centro-méridionale de laquelle elles s'étendent, en formant un arc immense, dont la convexité est tournée vers le nord. La chaîne principale est accompagnée de nombreuses branches, dont chacune a encore d'innombrables rameaux. Cette chaîne mère, dans sa situation générale, enveloppe au N. l'Italie et le bassin de la mer Adriatique. Elle commence dans le N. O. de l'Italie au col d'Altare ou de Cadibone, où se terminent les Apennins ; se dirige d'abord au N. O., puis au N., sur la frontière de l'Italie et de la France, jusqu'au mont Blanc ; ensuite à l'E. jusqu'au pic des Trois-Seigneurs, se trouvant tantôt entre l'Italie et la Suisse, tantôt dans la Suisse même, tantôt dans l'empire Austro-Hongrois ; enfin elle va au S. E. à travers cet emp. et la Turquie, jusqu'au Tchar-dagh. Son développement, du col d'Altare au Tchar-dagh, est de 1800 kil. La latitude moyenne est au 46ᵉ degré.

On appelle *Alpes Occidentales* la partie de la chaîne qui

---

1. Voyez dans l'Atlas les cartes de détails : Suisse, France, Italie, Allemagne, Autriche-Hongrie, Turquie. La distribution des diverses parties des Alpes est spécialement indiquée sur la carte physique de l'Allemagne.

est renfermée entre le col d'Altare et le mont Blanc; — *Alpes Centrales*, la partie qui s'étend du mont Blanc au pic des Trois-Seigneurs; — *Alpes Orientales*, la partie comprise entre ce dernier pic et le Tchar-dagh.

Les **Alpes Occidentales** prennent trois noms particuliers. 1° Les **Alpes Maritimes** (parce que ce sont les plus voisines de la mer), du col d'Altare au mont *Viso* : le massif de l'*Enchastraye* en occupe à peu près le milieu. — 2° Les **Alpes Cottiennes** (du roi Cottius, qui régnait sur le pays voisin du temps des premiers empereurs romains), depuis le mont Viso jusqu'au mont *Cenis* : le mont *Genèvre* et le mont *Tabor* y sont compris. — 3° Les **Alpes Grées** ou **Graïes** (peu exactement nommées quelquefois *Grecques*, car leur nom vient du mot celtique *craig*, pierre), depuis le mont Cenis jusqu'au mont *Blanc* : le *Petit-Saint-Bernard* en est un des points remarquables.

Les **Alpes Centrales** ont aussi trois grandes divisions : 1° Les **Alpes Pennines** (du mot celtique *pen*, haute montagne), entre le mont Blanc et le mont *Rosa;* c'est la partie la plus élevée de la chaîne : le *Grand-Saint-Bernard*, le mont *Combin*, le mont *Cervin* ou *Matterhorn*, la plus pointue, la plus inaccessible des cimes des Alpes, y sont renfermés. — 2° Les **Alpes Lépontiennes** (où habitaient les anciens Lépontiens), du mont Rosa au mont *Bernardino;* au milieu, se trouve le mont *Saint-Gothard;* dans l'O., le *Simplon;* toute la partie orientale, à partir du Saint-Gothard, conserve son antique nom d'*Adula*. — 3° Les **Alpes Rhétiques** (ainsi appelées de l'ancienne Rhétie), entre le mont Bernardino et le groupe formé du pic des *Trois-Seigneurs* et du mont *Venediger* : le groupe de *Bernina*, entre la Suisse et l'Italie, et le *Wildspitze*, au milieu du Tyrol, en font partie.

Les **Alpes Orientales** sont aussi partagées en trois divisions : 1° Les **Alpes Carniques** (des anciens Carnes), entre le pic des Trois-Seigneurs et le mont *Terglou*. — 2° Les **Alpes Juliennes** (d'une route qu'y fit établir Jules César), entre le mont Terglou et le *Schneeberg*. — 3° Les **Alpes Dinariques** (d'un de leurs sommets, le mont Dinara) et les **Alpes de l'Herzégovine**, du **Monténégro** et de l'Al-

banie, qui se plolongent du Schneeberg au *Tchardagh*, et dont le point le plus haut est le mont *Kom*, en Turquie.

Des branches rayonnent, en grand nombre, de la chaîne principale, dans les directions de l'O., du N. et du N. E., c'est-à-dire vers la France, la Suisse, l'Allemagne et l'Autriche ; mais peu s'étendent vers l'Italie, qui a devant elle une muraille de montagnes haute et nue, tandis que les peuples qui l'avoisinent arrivent à la crête de cette muraille par des plans inclinés, des plateaux et des contre-forts, qui ont favorisé leurs invasions dans la belle péninsule cisalpine.

Trois branches considérables s'avancent dans le S. E. de la France, en courant généralement du N. E. au S. O. Si l'on commence par le S., ce sont d'abord les ***Alpes de Provence***, qui se détachent du massif de l'Enchastraye, séparent le bassin de la Durance de ceux du Var, de l'Argens, etc., et vont se terminer près du Rhône sous le nom d'*Alpines*. — Ce sont ensuite les ***Alpes du Dauphiné***, bien plus élevées que les précédentes, partant du mont Tabor, s'avançant entre l'Isère et la Durance, et surmontées d'énormes massifs neigeux et revêtus de glaciers, comme le *Grand-Pelvoux*, le mont *Olan*, les pics d'*Arsine* et des *Écrins :* elles se répandent jusque dans le Comtat Venaissin, où le mont *Ventoux* est un de leurs rameaux. — Les ***Alpes de Savoie*** viennent après ; elles se séparent de la chaîne mère au mont Blanc, courent entre l'Isère et la partie supérieure du Rhône, et se terminent par les montagnes de la *Grande-Chartreuse*. Elles sont moins hautes que la branche du Dauphiné.

Une autre branche, commençant aussi au mont Blanc, se dirige au N. vers le lac de Genève, en formant la frontière entre la Suisse et la France, c'est-à-dire entre le Vallais et les parties de la Savoie nommées Faucigny et Chablais : ce sont les ***Alpes Franco-Suisses*** ou ***Vallaisano-Chablaises***, dont la *Dent du Midi* est un des points culminants.

Le Saint-Gothard et le groupe d'Adula, qui en est une dépendance, sont le point le plus central et le nœud le plus remarquable des Alpes. C'est de là que se détachent le plus de branches, et que les eaux se rendent dans les directions les plus diverses : à l'O., dans la Méditerranée proprement dite, par le Rhône; au S., dans l'Adriatique, par le Tessin; au N., dans la mer du Nord, par le Rhin, la Reuss et l'Aar; à l'E., dans la mer Noire, par l'Inn (qui ne naît pas, il est vrai, dans ce groupe même, mais à très-peu de distance).

La branche la plus importante qui se détache du Saint-Gothard est celle des **Alpes Bernoises**, courant de l'E. à l'O., entre le Rhône et l'Aar, et où se montrent les énormes masses du *Galenstok*, du *Finster-Aarhorn*, du *Mœnch*, de la *Jungfrau;* le mont *Diablerets* en est l'extréminé occidentale, vers le lac de Genève. Les glaciers les plus étendus de la Suisse couvrent les flancs de ces Alpes majestueuses.

Deux branches vont, au N. du Saint-Gothard, se répandre dans le centre de la Suisse : les **Alpes d'Unterwalden**, entre l'Aar et la Reuss ; et les **Alpes d'Uri** et de **Schwitz**, entre la Reuss et le Rhin ; le mont *Tœdi* en fait partie, et un rameau un peu écarté comprend le mont *Rigi*, qui s'élève au bord du lac de Lucerne, et d'où l'on jouit du plus magnifique panorama sur toute la Suisse centrale.

Des Alpes Rhétiques, au mont Septimer, se détache la branche des **Alpes des Grisons**, qui court au N. E. dans la Suisse orientale, entre le Rhin et l'Inn, avec des sommets assez élevés, comme le *Scaletta* et le *Selvretta*. Elles se continuent dans le Tyrol, du S. au N., sous le nom d'**Alpes du Vorarlberg**, puis dans le S. de la Bavière, de l'O. à l'E., sous le nom d'**Alpes Algaviennes**, toujours en séparant le bassin de l'Inn de celui du Rhin; puis sous le nom d'**Alpes Bavaroises**, entre les bassins de l'Inn et de l'Isar.

Le **Rhæticon** est un rameau qui se rattache à cette branche, à l'O., en formant la limite entre la Suisse et le Tyrol.

Les Alpes Rhétiques envoient vers le sud, entre l'Adige et l'Adda, une branche très-haute sur la limite du Tyrol et de l'Italie : c'est celle des **Alpes de l'Ortles** et de l'**Adamello** ; il s'en sépare, à l'O., un rameau qu'on appelle **Alpes du Bergamasque** ou de la **Valteline**, au S. de l'Adda.

Des Alpes Rhétiques se détachent encore, vers le pic des Trois-Seigneurs, au N. E. et à l'E., des branches très-considérables qui vont couvrir le Salzbourg, l'archiduché d'Autriche et la Styrie. Ce sont : 1° les **Alpes Salzbourgeoises**, entre l'Inn et la Salza; 2° les **Tauern**, masses énormes, dont le *Gross-Glockner* est le centre, et qui se prolongent au N. E. par les **Alpes Styriennes** et de la **Basse-Autriche** jusqu'au mont *Kahlenberg*, au bord du Danube; au N. N. E., par les **Alpes de la Haute-Autriche**; à l'E., par les **Alpes Noriques**, qui commencent au mont Ankogl et s'avancent entre la Mur et la Drave

Les Alpes Carniques projettent vers l'Italie une branche importante : celle des **Alpes Cadoriques**, qui courent du N. E. au S. O. entre l'Adige et la Brenta ; elles en dirigent une autre à l'E., entre la Save et la Drave : ce sont les **Alpes de Karawanka**.

Aux Alpes Juliennes se rattache le plateau âpre et nu de **Karst** ou **Carso**, qui s'étend dans le Littoral Illyrien, devant la presqu'île d'Istrie.

Sur une assez grande étendue, les Alpes font partie de l'arête européenne du partage des eaux entre le versant de l'Océan et celui de la Méditerranée. Elles ont dans cette arête les Alpes Bernoises, les Lépontiennes orientales, une petite partie des Rhétiques occidentales, les Alpes des Grisons, celles du Vorarlberg et une partie des Alpes Algaviennes.

Les grands cours d'eau qui descendent de ces montagnes sont : sur le versant océanique, le Rhin, l'Aar et son affluent la Reuss; — sur le versant méditerranéen, le Rhône, l'Isère, la Durance, le Tanaro, la Stura, le Pô, les deux Doires, le Tessin, l'Adda, l'Adige, la Brenta, la Piave, le Tagliamento, et de grands affluents de droite du Danube : l'Isar, l'Inn, l'Ens, la Drave, la Save.

De nombreux et beaux lacs sont formés au pied des Alpes : lac de Genève, dans le cours du Rhône; lac de Constance, dans le cours du Rhin; lacs Majeur, de Lugano, de Côme, de Garde, dans le bassin du Pô.

De tous les sommets que nous avons cités, le plus haut est le mont Blanc (4810 mètres); le second est le mont Rosa (4636 mètres). Les points dominants ensuite sont : le Finster-Aarhorn (4360 mètres), le Mœnch (4200 mètres), la Jungfrau (4070 mètres), le pic des Écrins (4103 mètres), le Cervin (4000 mètres), l'Ortles (4000 mètres), le Grand-Pelvoux (3938 mètres), le Gross-Glockner (3890 mètres).

Des cols célèbres par le passage des armées ou par les

Le mont Blanc.

routes commerciales qu'on y a établies coupent les Alpes sur un assez grand nombre de points. Voyons d'abord ceux de la chaîne principale :

Après le col d'Altare ou de Cadibone, qui sépare cette chaîne des Apennins, et qui conduit de Savone à Turin, on remarque, dans les Alpes Maritimes, toujours en Italie, les cols de *San-Bernardo*, de *Nava* et de *Tende*, sur les routes d'Albenga, d'Oneille et de Nice à Turin; — le col de l'*Argentière* ou de la *Madeleine*, entre la France et l'Italie, sur la route de Barcelonnette a Coni ; — le col d'*Agnello*, sur la même frontière, entre la vallée du Guil (affluent de la Durance) et la vallée de la Varaita, affluent du Pô.

Le mont Rosa.

Dans les Alpes Cottiennes et Grées, toujours sur la frontière de France : le col d'*Abriès*, conduisant de Queyras à Pignerol ; — le col du mont *Genèvre*, qui unit la vallée de la Durance à celle de la Doire Ripaire, Briançon à Turin ; — le col de *Fréjus*, près du mont Tabor et à côté du tunnel du chemin de fer qui, franchissant les Alpes entre Modane et Bardonnèche, unit Chambéry à Turin ; — le col du mont *Cenis*, où Napoléon 1er fit faire une belle route qui a été longtemps la principale communication entre la France et l'Italie, mais qui est aujourd'hui délaissée depuis l'établissement de la voie ferrée; — le col du *Petit-Saint-Bernard*, entre la vallée de l'Isère et celle de la Doire Baltée, entre

Moutiers de Tarantaise et Aoste ; — les cols de *Seigne* et de l'*Allée Blanche*, sur le chemin de Beaufort (en Savoie) à Aoste.

Dans les Alpes Pennines : le col du *Grand-Saint-Bernard*, célèbre par son hospice et par le passage de l'armée française sous Bonaparte, en 1800 ; et le col de *Saint-Théodule*, près du mont Rosa, tous deux entre le Vallais et le Piémont, **entre** le Rhône et la Doire Baltée.

Dans les Alpes Lépontiennes : le col du *Simplon*, fameux par une belle route construite sous le gouvernement français et qui conduit de Brieg et du Vallais à Domo d'Ossola et au lac Majeur ; — le col du *Saint-Gothard*, en Suisse, entre la vallée de la Reuss et celle du Tessin, sur la route de Lucerne à Milan ; un tunnel de chemin de fer coupe la montagne au-dessous du col ; — le col du *Luckmanier* ; — le col du *Bernardino*, entre le Rhin Postérieur et la Moesa (affluent du Tessin), sur la route de Coire à Bellinzone.

Dans les Alpes Rhétiques : le col du *Splügen*, entre le Rhin postérieur et la Maira (affluent de l'Adda), unissant Coire à Milan ; — le col de la *Maloïa*, entre la source de l'Inn et celle de la Maira, sur une autre route de Coire à Milan ; — le col du *Stelvio* (en allemand Stilfs), entre la vallée de l'Inn et celle de l'Adda, sur la route très-fréquentée du Tyrol à la Valteline ; — le col du *Brenner*, où passe le chemin de fer d'Inspruck à Trente, de la vallée de l'Inn à celle de l'Adige.

Dans les Alpes Carniques : le col de *Tarvis*, vers les sources de la Save et de la Filla (affluent du Tagliamento), sur la route de Villach à Udine.

Quant aux cols nombreux des branches et des rameaux, on distingue surtout : le col de *Lautaret*, dans les Alpes du Dauphiné, sur la route de Grenoble à Briançon ; — le col du *Bonhomme*, dans les Alpes de Savoie, près du mont Blanc, sur le chemin de Saint-Gervais à Bourg-Saint-Maurice, entre les vallées de l'Arve et de l'Isère : tous en France.

Le col de *Balme* et celui de la *Tête-Noire*, dans les Alpes Franco-suisses, entre le Bas-Vallais et la vallée de l'Arve.

Dans les Alpes Bernoises : le col de la *Furca*, de la vallée de la Reuss à celle du Rhône, près de sa source ; — le col du

Grimsel, tout près de là, de la vallée de l'Aar à celle du Rhône ; — et la *Gemmi*, entre les mêmes vallées, passage très-fréquenté entre l'Oberland bernois et le Vallais, de Thun à Louëche.

Le col du *Brunig*, dans les Alpes d'Unterwalden, entre le lac de Lucerne et le lac de Brientz.

Dans les Alpes Noriques : le col de *Neumarkt*, traversé par le chemin de fer de Klagenfurt à Leoben.

Dans les Alpes Styriennes : le col du *Semering*, passage du chemin de fer de Gratz à Vienne, entre la vallée de la Mur et celle de la Leitha.

Dans le Karawanka : le col de *Neumarktl* ou du *Loibthal*, sur la route de Klagenfurt à Laybach.

Les Alpes sont célèbres par la variété de leurs sites et par leurs paysages pittoresques et grandioses.

Les masses de neige et de glace et les hauts rochers qui les surmontent présentent les formes les plus imposantes; d'innombrables ruisseaux s'élancent de leur sein en écumant ou en formant des cascades. Mille autres curieux accidents de la nature y attirent les voyageurs ; mais souvent aussi de grands dangers les y menacent : ce sont tantôt de profonds précipices, tantôt des éboulements qui changent subitement une contrée riante en un chaos où sont ensevelis pêle-mêle les hommes, les troupeaux et les habitations; quelquefois ce sont des débordements furieux de torrents, dont le lit a été tout à coup interrompu par des matières tombées du haut des montagnes; souvent enfin, des avalanches, formées par des monceaux de neige qui se détachent des hauteurs et se précipitent au fond des vallées avec une impétuosité et un bruit effroyables.

Pour se garantir de ce redoutable fléau, on a construit beaucoup de voûtes maçonnées, et l'on a pratiqué dans le roc un grand nombre de cavités, où l'on peut se réfugier si l'on voit descendre une avalanche.

La chaleur du soleil, en été, fait fondre la surface des amas de neige qui couvrent les cimes les plus élevées, et cette neige fondue se transforme en glace : c'est ce qui produit les glaciers.

Ceux-ci se fendent quelquefois avec un craquement qui se

falt entendre au loin; la partie supérieure, pesant sur les masses inférieures, les pousse et les force à descendre; cette descente, qui amène les glaciers jusque dans des vallées tempérées et fertiles, est de 4 à 8 mètres par an.

Les principaux glaciers des Alpes sont ceux d'Aletsch, du Rhône et de Grindelwald, dans les Alpes Bernoises; du mont Rosa; du mont Blanc (Mer de glace, glacier du Géant, glacier des Bois).

Glacier d'Aletsch.

Il y a, sur les flancs des Alpes, d'excellents pâturages, où paissent d'innombrables troupeaux de belles vaches, de bœufs, de moutons et de chèvres.

La faune est très-variée : elle offre la belette, la fouine, le putois, le furet, l'écureuil, le lynx; des espèces très-nombreuses de gibier; le lièvre blanc; le hamster, qui donne une jolie fourrure; différentes martres, assez belles; la marmotte; des sangliers et des ours. Le chamois, qui devient chaque

jour plus rare, est l'objet des recherches de chasseurs intré-
pides et des attaques du grand vautour des Alpes ou gypaète,
que les Suisses appellent *læmmergeyer* (vautour des agneaux).
Les corbeaux sont nombreux.

Le climat offre des variations infinies : un hiver perpétuel
règne au sommet des Alpes ; mais on jouit dans les vallées,
surtout celles qui sont exposées au midi, de la température la
plus douce ; et l'on y cultive le tabac, les figues, les amandes,
les châtaignes, les olives, la vigne. Il pleut beaucoup dans
ces montagnes ; il y tombe annuellement, terme moyen, 2 mètres d'eau : le mont Ortles est le point où la pluie est le plus
abondante.

On peut diviser les Alpes en sept régions, sous le rapport
de la végétation. La plus basse, ou celle des vignes, commence
dans les vallées, au bord des rivières et des lacs, et finit à
560 mètres au-dessus du niveau de la mer. Plus haut, la région des chênes s'élève jusqu'à 935 mètres ; au-dessus de ces
arbres, commence la région des hêtres, qui règne encore à
1350 mètres ; celle des sapins lui succède et s'étend jusqu'à
1835 mètres. Là commence la région alpine inférieure : les
arbres y font place aux plus riches pâturages ; elle s'élève à
350 mètres au-dessus ; elle est dominée par la région alpine
supérieure, qui s'élève à 560 mètres plus haut et qui a aussi
des pâturages ; elle conserve pendant toute l'année des amas
de neige dans les places abritées du soleil. Enfin, au-dessus de
celle-ci, la région des glaciers et des neiges éternelles commence à 2600, 2700, 2800 et même 2900 mètres, suivant
les expositions ou la latitude. Ces deux dernières zones ne
sont point tout à fait dépourvues de végétation : on y voit
des saxifrages, des gentianes et d'autres plantes des climats
hyperboréens.

Ces montagnes sont riches en pierres utiles, telles que le
porphyre, le jaspe, le marbre, l'albâtre. Les formations granitiques sont la base des massifs occidentaux ; le calcaire compose particulièrement les parties les plus orientales : les Carniques, les Juliennes, les Dinariques et les Alpes de la Haute
et de la Basse-Autriche. Il s'y trouve des métaux de toute espèce : le fer, le plomb, le cuivre, le zinc, le cobalt, le bismuth,
l'arsenic, l'antimoine. Le cristal de roche y est commun ; le

soufre s'y rencontre souvent, et quelques rivières, comme le Rhin, l'Aar, l'Adda, la Reuss, charrient de l'or. Plusieurs vallées sont riches en bancs de lignite ou bois bitumineux et en tourbe, que l'habitant utilise comme combustible.

Il y a beaucoup de sources minérales.

APENNINS [1].

Les Apennins sont comme la suite des Alpes. Ils commencent au col d'Altare, courent d'abord à l'E. en traçant un demi-cercle autour du golfe de Gênes, sur lequel ils ont des pentes abruptes, tandis que les pentes du nord sont longues et douces ; ils parcourent ensuite l'Italie centrale et méridionale, dans une direction générale du N. O. au S. E., et s'étendent jusqu'à l'extrémité de la Calabre, sur le Phare de Messine, au cap dell'Armi, en face de la Sicile, dont la chaîne principale est, pour ainsi dire, la continuation de la chaîne apennine.

Ces monts sont compris entre le 38e et le 45e degré de latitude N. Ils forment le dos de la péninsule Italique, et séparent le versant de l'Adriatique et de la mer Ionienne de celui de la Méditerranée proprement dite et de la mer Tyrrhénienne. Ils enveloppent au S. les vastes et fertiles plaines du Pô (dans le Piémont, la Lombardie, le Parmesan, le Modenais et la Romagne), et bordent à l'O. celles des Marches, de la Pouille ; à l'E., celles de la côte de Toscane et de la Campagne de Rome. La longueur de la chaîne, en général très-sinueuse, est de 1600 kilomètres.

Les Apennins sont moins élevés et moins majestueux que les Alpes et envoient beaucoup moins de branches. La plus considérable est celle qui, sous le nom de *Sub-Apennin tarentin*, s'avance au S. E. dans la terre d'Otrante et aboutit au cap de Leuca. On distingue encore, à l'O., le *Sub-Apennin toscan*, qui va mourir dans les plaines basses des Maremmes ; — le *Sub-Apennin romain*, qui se termine vers les marais Pontins ; le *Sub-Apennin napolitain*, qui s'étend quelquefois en plateaux plutôt qu'en véritables montagnes, et qui comprend, entre autres, le plateau de *Bénévent ;* — à l'E., le *Sub-Apennin garganien*, qui, s'abais-

1. Voyez dans l'Atlas la carte de l'Italie.

sant beaucoup à travers les plaines de la Capitanate, se relève avec le mont *Gargano*, grand promontoire avancé dans la mer Adriatique.

C'est au milieu de la péninsule que les Apennins occupent le plus de largeur ; ils y forment le grand plateau des Abruzzes, au centre duquel est le bassin de l'ancien lac Fucino, desséché depuis peu de temps. Là aussi se rencontrent les plus hauts points de la chaîne : le mont *Corno* ou *Gran-Sasso d'Italia* (2992 mètres), le mont *Amaro* (2853 mètres), le pic de *Sevo* (2547 mètres), le mont *Velino* (2505 mètres), le mont *Meta* (2260 mètres). Un peu plus au N., sont les monts de la *Sibylle* (2500 mètres). Le mont *Voltore*, volcan éteint de la partie méridionale, doit encore être cité à cause de sa curieuse constitution géologique.

Les cours d'eau principaux qui descendent de ces montagnes sont : sur le versant de l'Adriatique, les deux Bormida (affluents du Tanaro), la Trebbia, le Taro, le Panaro, le Reno, affluents du Pô ; — le Rubicone, le Metauro, la Pescara, l'Ofanto, tributaires directs de l'Adriatique ; — sur le versant de la mer Ionienne, le Bradano, le Basento et le Crati ; — sur le versant de la Méditerranée proprement dite et de la mer Tyrrhénienne, le Serchio, l'Arno, l'Ombrone, le Tibre, qui est le plus grand des fleuves auxquels les Apennins donnent naissance et qui coule longtemps parallèlement à leur chaîne ; puis le Garigliano, le Volturno (Vulturne).

De nombreux passages se trouvent dans les Apennins, et d'importantes routes les traversent. Remarquons d'abord que la chaîne est longée, en suivant le golfe de Gênes, par le défilé de la *Corniche*, dont une belle route et un chemin de fer parcourent l'étendue considérable. Le col d'*Altare* ou de *Cadibone* est sur la route de Savone à Turin. Le col de la *Bocchetta* franchit les Apennins entre Gênes et Alexandrie, et livre passage à un chemin de fer et à une route. Le col de *Pontremoli* ou de la *Cisa* est sur la route de la Spezia à Parme. La route de Florence à Bologne passe au col de *Pietramala* ou de la *Futa*, et, un peu plus à l'O. a été établi le chemin de fer qui unit aussi ces deux villes par Pistoja. Le col de *Fiori* est le passage de la route et du chemin de fer de Rome à Ancone par Foligno. — Les routes de Rome à

Pescara, de Naples à la même ville et à Foggia, franchissent aussi des cols remarquables. Le fameux défilé des *Fourches Caudines* (aujourd'hui *Forchia Caudina*) est dans le Sub-Apennin napolitain, sur la route de Naples à Bénévent.

Le Vésuve.

La constitution géologique des Apennins est généralement calcaire. Il s'y trouve, surtout au N. O., des marbres magnifiques : ceux de Carrare, de la Bocchetta, de Florence, de Prato, de Sienne, de Porto-Venere, etc. Il y a aussi beaucoup de gypse, accompagné souvent de grands bancs de soufre, comme à Cesena. L'alun se trouve sur le territoire romain ; le granite compose une partie des Apennins de la Calabre ; des roches volcaniques s'offrent sur plusieurs points : au Voltore, dans le voisinage de Naples, sur le territoire romain.

Le *Vésuve*, seul volcan actif aujourd'hui de l'Italie continentale, n'appartient pas aux Apennins mêmes et forme une masse isolée, de 1198 mètres d'altitude, sur la côte occidentale de la presqu'île. D'autres montagnes du même pays lancent des vapeurs sulfureuses qui dénotent leur origine volcanique : telle est la *Solfatare*, près de Pouzzoles. Non loin de là s'est soulevé subitement, en 1558, le *Monte Nuovo*. Il y a dans le Modenais et la Toscane plusieurs collines connues sous le nom de *salses*, qui projettent des vapeurs aqueuses, du gaz hydrogène.

Dans les îles voisines de l'Italie, à l'O. et au S. O., l'action des feux intérieurs est manifeste. L'*Etna* est un volcan redoutable de la Sicile, et c'est le plus haut de l'Europe (3237 mètres). Le *Maccaluba*, dans la même île, a des éruptions boueuses. Le volcan de *Stromboli*, dans les îles Lipari, projette fréquemment des flammes et des laves; l'île de Vulcano, dans le même groupe, dégage des vapeurs sulfureuses. Les îles d'Ischia, de Procida, de Ponce, sont couvertes de débris volcaniques. L'île de Julia s'est soulevée du sein de la mer, vis-à-vis de Sciacca, en 1831; mais elle a disparu peu après.

Les Apennins n'atteignent pas les neiges éternelles. Sur les hauts sommets mêmes du plateau des Abruzzes, la neige fond au mois de juin. Mais ces sommets sont nus, décharnés et tristes; il n'y a pas de prairies dans les vallons qui descendent sur les flancs des parties supérieures de la chaîne : ils ressemblent à de grands ravins dont l'aspect est âpre et sauvage. Les pins, et, un peu plus bas, les hêtres et les chênes, sont les arbres qui s'avancent aux altitudes les plus considérables. Dans les parties basses apparaissent les vignes, les oliviers, les noyers, les cyprès, les arbousiers, les lauriers; enfin les orangers, les citronniers, et, dans les régions les plus méridionales, les caroubiers, les palmiers.

MONTAGNES DE LA PÉNINSULE DES BALKANS[1].

Au *Tchar-dagh*, où s'arrêtent les Alpes orientales, au centre de la péninsule Turco-Hellénique, commencent deux chaînes, dont l'une se dirige à l'E. et l'autre au S. Ces chaînes et leurs ramifications nombreuses s'étalent souvent en larges plateaux, dont le plus remarquable occupe le milieu même de la péninsule; elles s'abaissent quelquefois en terrasses, et sont coupées de ravins et de crevasses.

La première de ces chaînes sépare longtemps les tributaires

1. Voyez dans l'Atlas les cartes de la Turquie et de la Grèce.

de la mer Noire (Danube et ses affluents) de ceux de l'Archipel et de la mer de Marmara (bassins du Vardar et de la Maritza), et porte le nom de **Grand Balkan** ou *Vieux Balkan* (anc. *Hæmus*). Elle se dirige de l'O. à l'E., en bordant au S. les grandes et fertiles plaines du Danube inférieur, et se termine sur la mer Noire par le cap Emineh. Au S. des Balkans, se rattachent le mont *Istrandja*, qui se prolonge au S. E. jusqu'au canal de Constantinople, et le mont *Despoto,* l'ancien mont *Rhodope*, qui va se terminer vers le golfe d'Énos. — Une autre ramification aboutit au mont *Athos, Haghion-Oros* ou *Monte-Santo*, célèbre par ses nombreux couvents grecs. — Au versant N. du Balkan, se rattachent le *Petit Balkan*, dans l'E. de la Bulgarie, et le *Balkan de Serbie*, qui s'avance jusqu'au Danube, en face des *Carparthes méridionales* ou *Alpes de Transyslvanie*, et qui forment avec celle-ci, au passage de ce fleuve, le fameux défilé des *Portes de Fer.*

La chaîne du S. de la péninsule s'élève entre le bassin de l'Archipel et ceux de la mer Adriatique et de la mer Ionienne. On lui donne le nom général de **chaîne Hellénique;** elle passe par l'isthme de Corinthe, et se termine, par deux branches, aux caps Malio et Matapan. Les principales parties de cette chaîne sont le *Pinde*, jadis consacré aux Muses ; le *Guiona*, haut de 2435 mètres, point culminant de la Grèce ; le *Vardoussia*, le *Liakoura* ou *Parnasse*, le *Zagora* ou *Hélicon*, l'*Elatea* ou *Cithéron*, souvent cités par les anciens poëtes. — En Morée, on distingue le mont *Malévo*, dans la branche qui va au cap Malio, et les montagnes du *Magne* ou de *Pentédactylon* (l'ancien mont *Taygète*), dans celle qui se termine au cap Matapan. — Parmi les ramifications de la chaîne Hellénique, on distingue : à l'E., le mont *Lacha* ou *Olympe*, considéré par les anciens poëtes comme le séjour des dieux ; le mont *Kissovo* ou *Ossa*, le mont *Zagora* ou *Pélion*, souvent nommés aussi dans les chants poétiques des Grecs ; l'*Œta* ou *Saromata*, qui forme, avec le golfe de Zeïtoun, le fameux défilé des *Thermopyles ;* les montagnes de l'*Attique*, auxquelles appartient le mont *Hymette* ou *Trélovouno*, célèbre par son excellent miel ; — à l'O., les monts de la *Chimère* ou *Acrocérauniens*, qui se terminent au cap Linguetta, sur le golfe d'Avlone ; le *Ziria* ou *Cyllène*, dans le N. de la Morée ; le mont *Lycée* ou *Diaphorti*, dans le S. O. de cette presqu'île.

Dans la partie centrale de la péninsule Turco-Hellénique, est le mont *Rilo* (à peu près 3000 m.), vers le point où le Despoto-dagh se sépare du Balkan. — L'Olympe, la plus haute des montagnes de la partie méridionale, a aussi environ 3000 m.

Les plus hauts sommets des montagnes de la Turquie atteignent presque la limite des neiges éternelles ; ils sont sans neige quelques jours de l'année seulement.

Sur le versant N. du Balkan, le climat est froid, et les hivers sont rudes. Au S., la température est chaude dans les vallées, où croissent de nombreux et excellents pruniers, les orangers, les grenadiers, les figuiers, les oliviers, la vigne, le maïs, le riz, le blé, le sorgho, le lin, le ricin, le cotonnier, le melon, les pastèques, le tabac, les mûriers propres aux vers à soie ; les rosiers, cultivés pour la fabrication de l'eau et de l'huile de rose. Le chêne abonde sur les montagnes de la péninsule. La vallonée et la noix de galle sont deux productions importantes qui en proviennent. Les bois de construction du Balkan et de la chaîne Hellénique sont admirables.

Parmi les défilés nombreux qui coupent le Balkan, nous remarquons surtout celui de la Porte de Trajan, de Sophia à Philippopoli, celui de Chipka, sur la route de Gabrova à Kézanlik, théâtre de grands combats entre les Russes et les Turcs en 1877, et le Démir-Kapou, qui conduit de Tirnova à Slivno.

Les routes qui traversent ces montagnes sont généralement mal tracées, mal entretenues, bordées d'âpres rochers, de ravins et de lieux déserts.

De tous les défilés qui se rattachent à la chaîne Hellénique, le plus célèbre est celui des Thermopyles, entre le mont Œta et les marais de l'Hellada (Sperkhios), près et au S. du golfe de Lamia, sur la route de la ville de ce nom à Atalanti.

MONTS CARPATHES ET SUDÈTES [1].

Les monts *Carpathes* ou *Krapacks* forment, dans le centre

1. Pour ces montagnes et les suivantes, voyez dans l'Atlas les cartes de l'Allemagne et de l'Autriche-Hongrie.

de l'Europe, un vaste arc de cercle dont la convexité est tournée au N. E., et ils appartiennent entièrement à l'empire Austro-Hongrois ou à ses limites ; ils enveloppent particulièrement la Hongrie et la Transylvanie.

Ils se divisent en quatre parties : 1° Les **Carpathes Méridionales**, ou **Alpes de Transylvanie**, qui commencent à la Porte de Fer, sur la rive gauche du Danube, vis-à-vis des dernières assises du Balkan, courent de l'O. à l'E., marquent la limite entre la Roumanie, d'une part, et la Hongrie et la Transylvanie, de l'autre, et se terminent au mont Lakotzas. — 2° Les **Carpathes Orientales**, dirigées du S. au N., du mont Lakotzas au mont Haliczka, vers les sources du Dniestr et du San : elles sont sur la frontière de la Transylvanie et de la Moldavie et sur celle de la Hongrie et de la Bukovine ; elles séparent le bassin de la Theiss de ceux du Sereth, du Pruth et du Dniestr. — 3° Les **Carpathes Centrales**, ou **Carpathes-Beskid**, dirigées de l'E. à l'O., faisant partie de la grande arête du partage des eaux de l'Europe, entre le versant océanique et le versant méditerranéen, et séparant le bassin de la Vistule de celui du Danube ; elles se trouvent sur la limite de la Hongrie et de la Galicie, et comprennent le groupe important du *Tatra*. — 4° Les **Petites Carpathes**, ou les **Carpathes Occidentales**, qui s'étendent du N. E. au S. O., des monts Jablunka à la rive droite du Danube, en séparant les eaux de deux affluents de ce fleuve, la March et le Vag.

Les plus hauts sommets des Carpathes se trouvent dans le Tatra : les monts *Gerlsdorf* et *Lomnitz*, qui ont de 2700 à 2750 mètres, sont les pics culminants. Les monts *Negoi* et *Bucsecs*, dans les Alpes de Transylvanie, sont presque aussi élevés.

Des branches nombreuses se détachent des Carpathes. Les plus remarquables sont le *Fatra*, les monts de *Liptau* et le *Matra*, dans le N. de la Hongrie.

Parmi le grand nombre de cols qui donnent passage à des routes à travers la chaîne carpathienne, un des plus célèbres est le défilé de la *Tour rouge*, où passe la grande route commerciale et militaire entre la Transylvanie et la Valachie.

Les Carpathes sont généralement couvertes de forêts, où les

sapins et les pins dominent ; ces derniers se montrent jusqu'à
1200 et 1400 mètres. Il y a aussi de beaux pâturages, et beaucoup de richesses minérales : l'or, l'argent, le fer, le cuivre,
le plomb, le sel gemme, etc. Les loups et les ours sont communs dans ces montagnes.

Au pied de la chaîne, s'étendent les plaines de la Hongrie,
divisées en deux parties : la haute plaine, au N., la basse
plaine, au S., et parcourues par le Danube et ses nombreux
affluents : le Gran, la Theiss, etc. A l'O. de ces plaines, s'élève
un groupe isolé de montagnes, le *Bakony-Wald*.

Aux Carpathes se joignent les monts **Sudètes**, qui se
dirigent du S. E. au N. O., depuis les monts Jablunka jusqu'aux monts des *Hiboux* (*Eulen-Gebirge*) ; ils séparent la
Moravie de la Silésie autrichienne, et s'avancent dans la Silésie
prussienne. Ils font partie de la grande arête européenne du
partage des eaux ; leur partie S. E., la moins haute, prend
le nom de *Gesenke* (c'est-à-dire monts abaissés). Leur principal sommet est l'*Altvater* (le Vieux Père), de 1458 mètres.

MONTAGNES DU PLATEAU DE LA BOHÈME.

Quatre chaînes de montagnes qui entourent le plateau de
la Bohème font suite, à l'O., aux Sudètes ; ce sont :

1° Les monts des **Géants** (**Riesen-Gebirge**), qui courent
au N. O., entre les bassins de l'Oder et de l'Elbe, sur la frontière de la Prusse et de la Bohème ; leur point culminant est
le Schneekoppe (1650 mètres) ; les *monts de la Lusace* en
sont la continuation N. O.

2° Les monts **Moraves** (**Mœhrisches-Gebirge**), très-peu
élevés, courant du N. E. au S. O., entre la Bohème et la
Moravie, et appartenant à la grande arête européenne.

3° Les monts de la **Forêt de Bohème** (**Bœhmer-
Wald**), faisant partie aussi de l'arête européenne, et dirigés
du S. E. au N. O., entre la Bohème et la Bavière. Ils ont
des pentes douces du côté de la première, et des escarpements vers la dernière. En général, ils sont abrupts, coupés
de gorges, de crevasses et de marais, couverts de forêts dans
leur plus grande étendue, et n'offrent que des communications
difficiles. Leur plus haut sommet est le mont *Arber* (1475 m.).

4° L'**Erz-Gebirge** (**Montagnes des Mines**), dirigé du S. O. au N. E., entre la Bohème et le royaume de Saxe, et s'avançant jusqu'au défilé de Schandau, que franchit l'Elbe et qui les sépare des monts de la Lusace. Il est riche en mines, surtout du côté de la Saxe, où l'on exploite beaucoup d'argent, d'étain, de cobalt, de fer. Du côté de la Bohème, ces montagnes ont des sources minérales célèbres : celles de Franzesbad, de Carlsbad, de Sedlitz, de Pullna, de Tœplitz. Le *Keilberg* (1250 mètres) est le plus haut sommet de l'Erz-Gebirge.

MONTS DE FRANCONIE, DE THURINGE, DE HESSE ET DE SOUABE.

Un amas assez confus et formé de chaînes et de groupes entrecroisés, d'une hauteur médiocre, occupe le centre de l'Allemagne. Le **Fichtel-Gebirge** (**Montagnes des Pins**) en est le noyau principal, formant un massif granitique de 1000 mètres d'altitude, dans le N. de la Bavière, entre le bassin de l'Elbe et celui du Danube, par conséquent sur le grand partage des eaux européen. Il renferme des mines de fer et de cuivre.

Les monts de la **Forêt de Franconie** (**Franken-Wald**) se détachent, au N., du Fichtel-Gebirge, et s'avancent entre les bassins de l'Elbe et du Weser; puis viennent les monts de la **Forêt de Thuringe** (**Thöringer-Wald**), situés entre les mêmes bassins et qui couvrent de leurs petits massifs pittoresques et boisés les riches duchés de Saxe; par des collines qui en sont la suite, on arrive au groupe du **Harz**, qui s'élève assez brusquement dans les pays de Hanovre et de Brunswick, et qui a pour point culminant le Brocken, célèbre par les effets météorologiques dont on jouit de son sommet (le *Spectre du Brocken*). Ce groupe possède d'importantes mines de fer, de plomb, d'argent, de cuivre et de zinc, et l'art du mineur y est porté à un remarquable point de perfection. L'Allemagne n'offre plus, au N. de ces montagnes, que de vastes et très-basses plaines.

Le **Rhœn**, le **Spessard**, le **Vogelsberg**, le **Taunus**, le **Westerwald**, le **Winterberg**, le **Teutoburger-Wald** (**Forêt Teutoburgienne**), sont des hauteurs médiocrement élevées, qui se montrent à l'O. du Thüringer-Wald, généralement dans le pays de Hesse, et forment, entre le bassin du Weser et celui du Rhin, de petits groupes, tantôt basaltiques et abrupts, tantôt agréablement boisés. Les sources minérales abondent dans cette partie de l'Allemagne : eaux de Kissingen, Nauheim, Hombourg, Ems, Nieder-Selters (Seltz), etc.

Enfin, du Fichtel-Gebirge encore, se détache, au S. O., le **Jura Franconien (Franken Jura)**, espèce de plateau, suivi du **Jura de Souabe**, qu'on appelle aussi, mais moins justement, **Rauhe Alp (Alpes Rudes)** ou **Alpes de Souabe**, car, par leurs chaînons réguliers, parallèles et calcaires, ces montagnes tiennent plus de la nature du Jura proprement dit que de celle des Alpes. Ces deux massifs appartiennent à la grande arête européenne.

Au Jura Franconien se rattache le *Franken Hœhe* (les hauteurs de la Franconie), suivi de l'*Odenwald*, qui s'élève entre le Main et le Necker.

FORÊT-NOIRE.

Les montagnes de la **Forêt-Noire (Schwarz-Wald)**, ainsi nommées de leurs sombres forêts de sapins et de pins, ont aussi d'autres arbres ; dans leurs parties inférieures, elles sont revêtues comme d'un magnifique verger d'arbres fruitiers, au milieu desquels domine le merisier, dont le fruit distillé donne le kirschwasser. Les habitants de ces montagnes emploient avec intelligence leurs bois à la confection de pendules, de boîtes à musique, etc.

La Forêt-Noire couvre une partie considérable du grand-duché de Bade, et forme aussi la limite de cet État du côté du Würtemberg. La partie méridionale appartient à l'arête européenne, entre le Rhin et le Dannbe, qui y prend sa source ; le N. est tout entier dans le bassin du Rhin, dont la Forêt-Noire longe à droite la magnifique plaine.

Le point le plus haut de ces montagnes est le Feldberg (1550 mètres) ; le passage le plus fameux est le Val d'Enfer (*Hœllenthal Pass*), sur la route de Fribourg en Brisgau à Donaueschingen et à Schaffhouse. Des chemins de fer franchissent la chaîne entre Offenbourg et Villingen, et entre Carlsruhe et Stuttgart.

Les sources minérales de Bade, de Wildbad et quelques autres attirent beaucoup d'étrangers dans ces montagnes. De nombreux petits lacs et des marais entrecoupent certaines parties.

De faibles hauteurs, qu'on a quelquefois décorées du nom d'*Alpes de Constance*, continuent au S. E. la Forêt-Noire pour le grand partage des eaux, et vont se rattacher aux Alpes Algaviennes et du Vorarlberg.

JURA [1].

Le **Jura** est une remarquable chaîne calcaire, qui se dirige du N. E. au S. O., et se compose de plusieurs massifs parallèles et très-réguliers. Sa partie septentrionale est en Suisse, sa partie moyenne est sur la limite de la Suisse et de la France, et sa partie méridionale est entièrement en France. Dans ses deux premières divisions, il sépare le bassin du Rhin de celui du Rhône; mais, dans le sud, il se trouve complétement dans le bassin du Rhône, et s'avance entre ce fleuve et l'Ain, son affluent, à côté des basses plaines d'alluvions anciennes de la Bresse. Les plus hautes sommités du Jura sont le *Crêt de la Neige* (1723 m.), le *Reculet* (1720 m.), le *Colomby* (1691 m.), le *Grand-Crédo* (1624 m.), le *Grand-Colombier* (1584 m.), tous en France. Sur la frontière est la *Dôle*, de 1680 m. A la Suisse seule appartiennent le mont *Tendre*, la *Dent de Vaulion*, le *Chasseron*, le mont *Terrible*.

Le col de la *Faucille*, traversé par la route de Saint-Claude à Gex, est le principal défilé du Jura. On remarque aussi le col du *Val Travers* (dans le canton de Neuchâtel), où passe le chemin de fer de Pontarlier à Neuchâtel.

De belles forêts de sapins couvrent une grande partie du Jura; il s'y trouve de bons pâturages, avec des vaches laitières excellentes, et le fromage dit de Gruyères est un des produits importants de ces montagnes. Il y a des mines de fer et des sources salines (à Salins, à Lons-le-Saunier). Plusieurs lacs se trouvent au pied de ces montagnes : lacs de Genève, de Neuchâtel, de Joux, des Rousses et de St-Point.

1. Voyez dans l'Atlas les cartes de la France et de la Suisse.

VOSGES ET MONTS FAUCILLES [1].

Les Vosges, séparées du Jura par le col de Valdoye, s'étendent du S. au N.; elles commencent à peu près à la source de la Moselle, séparent cette rivière du Rhin, et s'avancent jusqu'en Allemagne. Elles sont généralement arrondies; voilà pourquoi plusieurs de leurs sommets ont reçu le nom de *Ballons*. Les plus élevés sont le *Ballon de Guebwiller* (1429 mètres), dans la partie de l'Alsace cédée à l'Allemagne; le *Ballon d'Alsace* (1250 mètres), situé à l'extrémité sud de la chaîne, sur la frontière de la France et sur la limite des bassins de la Moselle, de l'Ill (affluent du Rhin) et de la Saône, par conséquent sur la grande arête européenne; le *Donon*, au point le plus septentrional des Vosges de la frontière; le mont *Tonnerre* (*Donnersberg*), dans le Palatinat.

La partie la plus septentrionale des Vosges est désignée sous le nom de *Hardt*.

Le versant oriental de la chaîne est plus abrupt que le versant occidental. De belles forêts de sapins, de merisiers, de chênes, de hêtres, couvrent les Vosges, qui possèdent aussi d'excellents pâturages, particulièrement dans la région élevée qu'on appelle les *Chaumes d'Alsace*. Une foule de rivières et de ruisseaux en descendent, et l'irrigation est parfaitement entendue sur les flancs de ces montagnes. De beaux grès, du porphyre, de la syénite et autres bonnes pierres y sont exploités. Les eaux minérales y sont abondantes : eaux de Bussang, de Soultz, de Soultzbach, de Soultzmatt, de Niederbronn, etc. Il y a de grands bancs de sel gemme dans la partie occidentale (à Dieuze, à Vic). Les trois lacs de *Gérardmer*, dans le bassin de la Moselle, se trouvent sur le versant O. des Vosges.

Les monts **Faucilles**, très-peu élevés, se rattachent aux Vosges, se dirigent de l'E. à l'O., et contribuent au grand partage des eaux, entre la Moselle et la Saône. Beaucoup de sources minérales les avoisinent : eaux de Plombières, de Contrexéville, de Luxeuil, de Bains, de Bourbonne, etc.

MONTAGNES D'ARGONNE, ARDENNES, EIFEL.

Aux monts Faucilles se rattachent, au N., deux arêtes :

[1]. Voyez dans l'Atlas les cartes de la France, de la Belgique et de l'Allemagne, pour ces montagnes et les suivantes.

1° L'arête qui suit les hauteurs du **Toulois** et les **Ardennes orientales**, et qui sépare le bassin de la Moselle du bassin de la Meuse, d'abord en France, puis en Belgique, où les Ardennes s'étalent en plateaux coupés de vallées abruptes. Ces montagnes passent ensuite en Allemagne, où elles s'éparpillent à la gauche du Rhin en divers rameaux, dont le plus remarquable est l'**Eifel**, pittoresque massif volcanique. — 2° Les montagnes du **Barrois**, de l'**Argonne** et des **Ardennes occidentales**, continuées par les collines de l'**Artois**, qui se terminent au cap *Gris-Nez*, sur le Pas de Calais ; elles séparent le versant de la mer du Nord de celui de la Manche.

Ces montagnes sont très-peu élevées, mais elles ne manquent pas d'un certain aspect imposant, surtout dans les Ardennes et dans l'Eifel. Des escarpements curieux, des grottes intéressantes, des forêts considérables, les distinguent ; il y a d'importantes carrières d'ardoises, des marbres, des bancs de houille. Leurs pâturages nourrissent de bonnes espèces de moutons et de chevaux.

PLATEAU DE LANGRES, CÔTE D'OR, CÉVENNES, MONTS D'AUVERGNE, DU LIMOUSIN, ETC. [1]

Le plateau de **Langres**, partie de la grande arête européenne, fait la suite S. O. des monts Faucilles, et les unit à la **Côte d'Or**, qui renferme les sources de la Seine et sépare ce fleuve du bassin de la Saône. Cette chaîne doit son nom aux riches vignobles qui tapissent ses pentes orientales inférieures. Ses sommets sont rocheux et nus. Des bois s'étendent sur ses revers occidentaux. Les monts *Tasselot*, de *Bligny*, de *Malain* (de 5 à 600 m.) sont les points culminants.

Elle s'arrête au S. à la dépression où passe le canal du Centre. Là commence la longue chaîne des **Cévennes**, qui a un développement de 500 kilomètres, et se termine au col de Naurouze, que franchit le canal du Midi.

Les Cévennes prennent du N. au S. les noms particuliers de montagnes du *Charollais*, du *Beaujolais*, du *Lyonnais*, du *Vivarais*, du *Gévaudan*, de *Cévennes proprement dites*, de monts *Garrigues* (ainsi nommés d'un terme usité en Languedoc pour désigner un lieu aride), de monts de l'*Espinouse*. La

1. Voyez dans l'Atlas les cartes de la France.

montagne de la *Lozère*, au S. du Lot, les plateaux des *Causses* et du *Larzac*, et la montagne *Noire*, au S. du Tarn, se rattachent à leur versant occidental.

Leurs parties les plus hautes sont les montagnes du *Vivarais* et du *Gévaudan*, qui s'élèvent entre le bassin du Rhône et les sources de la Loire, de l'Allier et du Tarn. Les points culminants sont le *Mézenc* (1774 m.), la *Lozère* (1702 m.), le *Gerbier de Jonc* (1562 m.). Le mont *Pilat*, le point principal des montagnes du Lyonnais, a 1434 m.

Les Cévennes ont beaucoup de bois et de pâturages. Les châtaigniers y forment des forêts. On vante les bœufs du Mézenc et du Charollais, qu'on élève ou sur ces montagnes ou dans les plaines situées à leur base. Des vignobles renommés couvrent leurs pieds orientaux, du côté de la Saône et du Rhône. Des masses basaltiques s'y présentent en plusieurs endroits (au Mézenc, au Gerbier de Jonc, etc.). Il y a des parties granitiques, d'autres parties porphyriques.

On y exploite de riches mines de houille dans l'Autunois, le Lyonnais, le Gard. On y rencontre les eaux minérales de Saint-Galmier, de Vals, de Neyrac, de Bagnols, etc.

Les monts d'**Auvergne** se joignent aux Cévennes par la chaîne de la **Margeride**, et occupent le centre de la France, où ils couronnent un plateau assez étendu qu'on désigne sous le nom de **plateau central de la France**. Ce sont les plus hautes montagnes de l'intérieur de notre pays. Presque toutes de nature volcanique, terminées à leur sommet par des cratères encore évidents, mais éteints, elles sont alignées du S. au N., entre le bassin de l'Allier et celui de la Dordogne. On désigne généralement leurs sommets sous le nom de *Puys*. Les principaux sont : le mont *Dore*, dont le point culminant est le *Puy de Sancy* (1888 mètres); le *Plomb du Cantal* (1858 mètres); le *Puy de Dôme* (1476 mètres), qui est dans un rameau un peu écarté de l'arête principale des montagnes d'Auvergne, et avancé entre l'Allier et la Sioule, son affluent : ce rameau est désigné sous le nom de monts *Dômes* ou des *Puys*. Le *Puy de Pariou*, situé près du Puy de Dôme, offre un des cratères les mieux caractérisés. — Les monts d'*Aubrac*, riches en excellents pâturages, sont un autre rameau qui se rattache à la Margeride, au S. O. de laquelle ils se trouvent.

Les mines de plomb et de fer, les carrières de basalte, sont, avec les bestiaux, une des richesses des monts d'Auvergne. On vante les eaux minérales de ces montagnes ou de leur voisinage : eaux du mont Dore, de la Bourboule, de Royat, de Chaudesaigues, de Vichy, de Néris, de Bourbon-l'Archambault.

Les montagnes du **Limousin** sont la continuation occidentale des monts d'Auvergne. Ils sont beaucoup moins élevés : le mont *Bessou* (984 mètres) en est le point culminant. Les pâturages, où l'on élève de bonnes races de chevaux et de bœufs, les châtaigniers, les carrières de kaolin, sont parmi les principales richesses de ces montagnes.

Les monts du **Velay**, du **Forez** et de la **Madeleine** forment une chaîne d'origine volcanique qui se détache des Cévennes vers la source de la Loire et qui s'avance du S. au N. entre ce fleuve et l'Allier. Leur altitude atteint 1634 m., au mont de *Pierre sur Haute*. De curieux escarpements basaltiques (Orgues d'Espaly, etc.) y fixent l'attention du voyageur.

Les monts du **Morvan** se séparent de la Côte d'Or, et vont au N. O., entre le bassin de l'Yonne et celui de la Loire, dans l'O. de la Bourgogne et l'E. du Nivernais. Ils sont peu élevés (1000 m.), couverts de bois, riches en mines de fer, et nourrissent d'excellents bœufs. Ils marquent la ligne de partage des eaux entre le versant de la Manche et celui de la mer de France (ou golfe de Gascogne). La suite de cette ligne n'est formée que par des collines ou des plateaux (collines du *Nivernais*, plateaux de la *Forêt d'Orléans* et de la *Beauce*, collines du *Perche* et de la *Basse-Normandie*) jusqu'à la **chaîne Armoricaine**, élevée de 350 mètres, et comprenant, au bout de la Bretagne, les montagnes d'*Arez*, avec le rameau des montagnes *Noires*.

PYRÉNÉES ET LEURS BRANCHES (LES CORBIÈRES, ETC.) [1].

Les **Pyrénées** courent de l'E. S. E. à l'O. N. O., entre la France et l'Espagne, en laissant cependant à l'Espagne, au N. de leur crête, la vallée d'Aran, et à la France, au S. de cette même crête, la vallée supérieure de la Sègre. Elles s'étendent depuis le cap Cerbère et le cap de Creus, sur

1. Voyez dans l'Atlas les cartes de la France et de l'Espagne.

la Méditerranée, jusqu'au col de Belate, au S. de la Bidassoa, où commencent les monts Cantabres. Elles offrent une longueur de 450 kilomètres, et forment, dans presque toute leur étendue, la limite entre le versant de l'Atlantique

Les Pyrénées.

et le versant de la Méditerranée; elles envoient au premier la Garonne, l'Adour, la Bidassoa; et au second un grand nombre d'affluents de l'Èbre, comme l'Aragon, le Gallego, la Sègre.

On donne le nom particulier de *Pyrénées orientales* à la partie de la chaîne qui n'est pas sur la limite du partage des eaux tributaires de l'Atlantique et de la Méditerranée, mais qui se trouve tout entière sur le versant de la Méditerranée,

entre les bassins de l'Aude, de la Tet et du Tech, au N.,
et les bassins de la Sègre, du Llobregat et du Ter, au S.,
sur le territoire espagnol.

La portion la plus avancée à l'E. de cette fraction des
Pyrénées se nomme monts *Albères*.

Les plus remarquables des branches qu'elles envoient vers
la France sont, en commençant par l'O., entre la Bidassoa
et la Nive, les montagnes de la *Basse-Navarre ;* les montagnes du *Bigorre*, continuées par les collines de l'*Armagnac*,
entre les bassins de l'Adour et de la Garonne ; puis les monts
.du *Plantaurel* et du *Mirepoix*, dont un rameau s'étend sous
le nom de *Corbières*, entre les bassins de la Tet et de l'Aude.

Le *Canigou* est une branche, courte, mais très-élevée
(2785 mètres), qui se présente entre les bassins de la Tet et
du Tech.

Ce n'est pas sur la ligne même du partage des eaux que
sont les plus hauts sommets des Pyrénées, mais un peu au sud
de cette ligne. Les trois sommets les plus élevés, tous en
Espagne, sont le mont *Maladetta* ou *Maudit* (ayant pour point
culminant le pic de *Nethou*, haut de 3404 mètres), le pic
Posets (3367 mètres), et le mont *Perdu* (3351 mètres). —
On remarque ensuite, sur le territoire français, le *pic du Midi
de Pau* ou d'*Ossau* (2885 m.), le *pic du Midi de Bagnères*
ou *de Bigorre* (2877 m.), le *pic de Campbieil* (3175 m.),
le *Turon de Néouvieille* (3056 mètres), le *pic de Carlitte*
(2921 m.), au nœud où commencent les Corbières ; — et, sur
la frontière, le *Marboré* (3253 mètres), le *mont Vignemale*
(3290 mètres).

Les Pyrénées sont continuées sur leur versant S., en Espagne, par une succession de plateaux ; elles sont bordées
au N., en France, par de basses plaines. Elles offrent des
pics coniques, moins élancés que les sommets des Alpes. A
leur pied s'étendent de magnifiques vallées, comme celles de
Campan, d'Argelès, d'Aure, etc. Elles sont riches en eaux
minérales (les deux Bagnères, Baréges, Saint-Sauveur, Cauterets, Eaux-Bonnes, Amélie-les-Bains, etc.), en marbres
magnifiques (de Campan, de Sarrancolin, de Saint-Béat), en
mines de fer ; plusieurs rivières qui en descendent, entre
autres l'Ariége et le Salat, roulent des paillettes d'or. Le

chene y monte jusqu'à 1600 mètres ; le hêtre jusqu'à 1800 ; le sapin et l'if, jusqu'à 2000 ; le pin, au delà de 2300. Les neiges éternelles commencent à 2900 et 3000 mètres.

Les cols ou passages des Pyrénées portent généralement le nom de *ports*. Les principaux sont, en commençant par l'ouest : celui de *Belate* (en Espagne), point où les Pyrénées se joignent aux monts Cantabres, sur la route de Bayonne à Pampelune ; celui de *Saint-Jean Pied-de-Port*, qui se continue par ceux d'*Ibagnetta* et de *Roncevaux*, aussi dans la direction de Pampelune ; celui de *Canfranc* ou d'*Urdos*, celui de *Cauterets* ou de la *Peyre* ; le port de *Gavarnie* ; la *Brèche de Roland* (vers le Marboré) ; le port d'*Oo* (3000 m. d'altitude), au S. de Bagnères-de-Luchon ; le port de *Vénasque* ; le port de *la Perche*, entre Mont-Louis et Puigcerda ; le port de *Perthus*, entre Bellegarde et Figuières.

MONTS CANTABRES, MONTS IBÉRIQUES, SIERRA NEVADA ET AUTRES MONTAGNES DE LA PÉNINSULE HISPANIQUE [1].

La péninsule Hispanique est généralement fort montagneuse ; de longues chaînes (en espagnol *sierras*, en portugais *serras*), hautes et escarpées, la parcourent en tous sens.

D'abord, au N., se montrent les monts **Cantabres**, qui sont comme la continuation occidentale des Pyrénées, et qui courent de l'E. à l'O., depuis le col de Belate jusqu'au cap Finisterre, en longeant la côte méridionale de la mer de Biscaye (mer de France). Ils portent, dans une grande partie, le nom de monts des *Asturies* et de monts de *Galice*, et ont pour points culminants les *Peñas de Europa* (2678 mètres).

Les mines de fer et de houille y sont importantes.

Les monts **Ibériques** se rattachent aux monts Cantabres vers les sources de l'Èbre, et courent du N. au S., en formant la limite des deux grands versants européens. Ils prennent, au N., les noms particuliers de *Sierra de Oca* et de *Sierra de Moncayo* ; au S., ceux de *Sierra de Albarracin* et de *Sierra de Cuenca*. Le Moncayo est la partie la plus élevée (2925 mètres). Le col le plus célèbre est celui de Pancorbo, par où passe la route de Vitoria à Burgos.

1. Voyez dans l'Atlas la carte d'Espagne et de Portugal.

Ils font place à un plateau qui continue le partage général des eaux, et qui se joint à la **Sierra Nevada**, la plus haute chaîne de la péninsule; celle-ci se dirige de l'E. N. E. à l'O. S. O., et des chaînes moins importantes qui en font la suite, se terminent au promontoire de Gibraltar. Le pic de Mulahacen (3554 m.) est le point culminant de la Nevada. Des vallées chaudes et magnifiques s'étendent au pied méridional de ces montagnes couvertes de neige; la vigne, l'olivier, le figuier, le grenadier, l'oranger, le citronnier, la canne à sucre, y donnent d'excellents produits. On y trouve de riches mines de cuivre et de plomb.

Les autres chaînes hispaniques courent toutes de l'E. à l'O. Ce sont : 1° Les monts qui séparent les bassins du Douro et du Tage, et qui comprennent la *Sierra de Guadarrama*, avec le fameux défilé de Somo Sierra, sur la route de Burgos à Madrid, théâtre d'une victoire de Napoléon en 1808; la *Sierra de Gredos* (2660 mètres), la *Sierra de Gata ;* la *Serra da Estrella*, la plus haute chaîne du Portugal (2300 mètres): cette chaîne va se terminer au cap da Roca. — 2° Les monts qui s'élèvent entre les bassins du Tage et de la Guadiana, sous les noms de monts de *Tolède*, de *Sierra de Guadalupe*, de *Serra de San-Mamede*, de *Serra de Monchique*, et se terminent au cap Saint-Vincent. — 3° La *Sierra Morena* (montagne noire), qui court entre la Guadiana et le Guadalquivir, et qui s'appelle ainsi à cause des feuillages sombres des arbres qui y croissent. Les célèbres mines de mercure d'Almaden s'exploitent à côté de cette chaîne à l'aspect triste et sauvage.

Le territoire compris entre la Sierra Morena et les monts Cantabres constitue le *plateau de la Castille*, ou le *plateau central de l'Espagne*, élevé généralement de 700 mètres au-dessus de la mer, beaucoup plus froid que la latitude ne le fait d'abord supposer, nu et aride sur plusieurs points, à cause surtout de la destruction des forêts, mais très-fertile en blé dans d'autres parties. Les immenses troupeaux de mérinos transhumants (c'est-à-dire passant d'un pays à un autre), produit d'ailleurs précieux pour l'Espagne, ont contribué à la dévastation des cultures de ce plateau.

MONTS ET PLATEAUX DE LA RUSSIE. — CAUCASE, OURAL, ETC. [1]

Portons maintenant nos regards sur l'extrémité opposée de l'Europe, et remarquons le relief de la Russie. L'intérieur forme un vaste plateau très peu élevé, très fertile, et surmonté seulement de petits groupes de hauteurs, comme les monts *Valdaï* (230 m.), sur la ligne de partage des deux versants, aux sources du Volga. Les monts *Olonetz* et *Maanselka*, dans le N. O., entre la mer Blanche et la Baltique, les collines *Ou-valli* avec les plateaux de *Perm-Vologda*, au N., sur l'arête européenne, et les monts *Timan*, qui s'avancent jusqu'à l'Océan, ont très peu d'altitude.

Le S. E. de la Russie, dans le bassin de la Caspienne, est une plaine déprimée de plusieurs mètres au-dessous de l'Océan ; mais, sur les frontières de l'Europe, il y a des montagnes considérables. Au S. E., entre la mer Noire et la mer Caspienne, s'étend, de l'O. N. O. à l'E. S. E., le mont **Caucase**, qui a un développement de 1100 kilomètres, et qui surpasse en hauteur toutes les montagnes européennes. L'*Elbrouz*, son point culminant, a 5600 mètres ; le *Kazbek*, le second, a 5100 mètres. La crête de cette énorme chaîne offre des escarpements majestueux, des glaciers, des neiges éternelles ; mais des vallées agréables s'ouvrent à ses pieds, surtout vers le sud, du côté de la Géorgie. Sur le versant N., se trouve la Circassie, célèbre par la beauté de ses populations. On appelle la race blanche *race causasique*, parce que ses types les plus parfaits se retrouvent dans ces montagnes.

Le Kouban, tributaire de la mer Noire, le Térek, tributaire de la mer Caspienne, coulent sur le flanc septentrional ; le Rioni (Phase), qui va dans la mer Noire, le Kour (Cyrus), qui se dirige vers la Caspienne, baignent la base méridionale. Parmi les passages importants qui coupent le Caucase, on distingue le défilé de *Dariel* (anciennes *Portes Caucasiennes*), sur la route de Mozdok et Tiflis ; le défilé de *Derbent* (anciennes *Portes Albaniennes*), resserré entre les croupes orientales de la chaîne et la Caspienne.

1. Voyez dans l'Atlas la carte de la Russie.

Les monts **Ourals** (ou simplement l'**Oural**), entre la mer Caspienne et l'océan Glacial, sont beaucoup moins élevés que le Caucase, mais plus étendus; ils occupent, du S. au N., une longueur de 2000 kilomètres; leur altitude atteint seulement de 1600 à 2000 mètres. Ils sont très-riches en mines d'or, de platine, de cuivre et de sel. Il y a de grandes forêts de pins et de sapins. Le fleuve Oural en descend, au S., pour se jeter dans la mer Caspienne. Dans leur plus grande partie, ils sont entre les bassins du Volga et de l'Obi et contribuent par conséquent à séparer les deux grands versants.

MONTS DOFRINES OU ALPES SCANDINAVES [1].

Ce système, généralement dirigé du N. E. au S. O., prend naissance en Russie, dans la presqu'île de Kola, au N. O. de la mer Blanche, pénètre dans la péninsule Scandinave, entre le golfe de Botnie et celui de Varanger, et forme, sur une grande étendue, du N. au S., la limite entre la Suède et la Norvège; parvenu à peu près vers le milieu de la Scandinavie, il tourne au S. O., couvre la Norvége et se termine au cap Lindesnæs. Il sépare le versant de la Baltique et celui du Cattégat de celui de l'Océan. C'est plutôt une succession de hauts plateaux et de massifs irréguliers qu'une chaîne de montagnes.

La partie des Dofrines qui sépare la Suède de la Norvége porte le nom de *Kiœlen*. — La branche S. O., qui couvre l'intérieur de la Norvége, s'appelle d'abord *Dovre-field* (d'où vient le nom de Dofrines), puis *Lang-field*, *Sogne-field*. Cette branche est la partie la plus haute de toutes les Alpes scandinaves, et presque partout elle est couverte de neiges et de glaciers, dont le plus étendu est celui de *Justedal*. On y remarque les monts *Ymes*, *Hor-Ungerne* et *Skagstœlstind*, dans le Lang-field, et le mont *Snehœttan* (c'est-à-dire *Bonnet de neige*), dans le Dovre-field : ces sommets atteignent environ 2600 mètres au-dessus de la mer.

Des cascades admirables (Riukan-Foss et autres) descendent de ces montagnes; des vallées pittoresques, des lacs limpides, sont encaissés entre leurs pentes abruptes; et, dans

1. Voyez dans l'Atlas, pour ces montagnes et les suivantes, les cartes des diverses contrées où elles sont placées.

leurs flancs occidentaux, beaucoup plus escarpés que les versants orientaux, pénètrent, sur les côtes de Norvège, des *fiords* nombreux, golfes étroits et profonds qui ressemblent à de magnifiques fleuves.

Les monts Dofrines sont riches en mines de fer, de cuivre, d'argent ; ils sont revêtus, sur de grands espaces, de forêts de sapins, de pins et de bouleaux ; mais, dans leur partie septentrionale, il n'y a plus d'arbres : les mousses, les lichens, les myrtiles et d'autres petites plantes herbacées s'y montrent seuls.

MONTAGNES DES ILES BRITANNIQUES.

Nous avons vu toutes les montagnes du continent ; examinons maintenant celles des îles européennes.

·Dans la **Grande-Bretagne**, les montagnes principales se trouvent en Écosse : ce sont les monts *Grampiens*, traversant toute la largeur de l'île, du N. E. au S. O., du cap Kinnaird à la presqu'île de Cantyre. Quoique d'une hauteur médiocre, ces montagnes, formées de terrain primitif, ont un aspect assez imposant et très-pittoresque. Des rochers fantastiques, de beaux lacs, des cascades, y attirent les voyageurs. Leurs points culminants sont le *Ben-Nevis* et le *Ben-Macdhui*, d'environ 1400 mètres d'altitude.

Les monts *Cheviot* s'étendent, de l'E. à l'O., sur la frontière d'Écosse et de l'Angleterre ; ils n'ont que 1000 mètres.

Dans le nord de l'Angleterre, courent du N. au S. les monts *Moorlands* ou la chaîne *Pennine*, d'où se détache, à l'O., le groupe des monts *Cumbriens ;* c'est dans ces derniers qu'est le mont le plus haut de l'intérieur de l'Angleterre, le *Scaw-Fell*, d'environ 1000 mètres d'altitude.

Les montagnes du *Pic*, peu élevées, mais connues des touristes par leurs *merveilles* naturelles, occupent à peu près le milieu de la Grande-Bretagne.

Les monts *Cambriens*, ou du *pays de Galles*, couvrent, du N. au S., une grande partie de ce pays. Le *Snowdon* (1120 mètres) en est le point le plus élevé.

Il n'y a pas, en **Irlande**, de grandes chaînes de montagnes. Cette île est comme un vaste plateau, surmonté çà et là de mamelons et de groupes peu étendus. Les parties les plus montueuses du pays sont vers le S. O. ; le point le plus élevé est le mont *Carn-Tual*, d'une altitude de 1037 mètres.

MONTAGNES DE LA CORSE, DE LA SARDAIGNE, DE LA SICILE ET DE CANDIE.

La **Corse** est traversée du N. au S. par une chaîne de hautes montagnes, dont les points principaux sont le *monte Cinto* (2707 mètres), le *monte Rotondo* (2635 mètres), le *monte d'Oro* (2391 mètres), et le *monte Grosso* (1860 mètres).

Ces montagnes sont hérissées de rochers taillés·à pic ; leurs flancs sont revêtus d'épaisses forêts de chênes, de sapins, de pins magnifiques et de grands buis.

Les vallées qui s'étendent à leur pied sont belles et fertiles, et le climat est favorable à la vigne, aux orangers, aux citronniers, aux oliviers, à la garance, aux mûriers ; mais la culture est fort négligée. Il y a beaucoup de mines de métaux, et des carrières de beaux marbres, de superbe diorite et d'amiante ou asbeste.

Les montagnes de la **Sardaigne** ne forment pas une crête régulière comme celles de la Corse, mais elles sont éparses sur une sorte de grand plateau qui compose l'île. Plusieurs sont d'origine volcanique. On y distingue, comme point culminant, le *Gennargentu* (1860 mètres), vers le centre.

Les montagnes principales de la **Sicile**, après le volcan de l'*Etna*, qui domine la partie orientale de l'île de son énorme et haute masse (3237 mètres), sont les monts *Neptuniens*, qui courent de l'E. à l'O., depuis le Phare de Messine jusqu'au cap Boeo, en longeant la côte septentrionale. Le mont *Madonia* (1960 mètres) est le point le plus élevé.

L'île de **Candie** (ancienne île de *Crète*) est parcourue de l'E. à l'O. par une chaîne de montagnes, dont le point dominant est le *Psilority* (ancien *Ida*), d'une altitude de 2500 mètres.

Le calcaire y est la roche la plus commune ; il s'y trouve un grand nombre de grottes et de cavernes, et il est probable que le fameux labyrinthe de Crète n'était qu'une caverne à compartiments multipliés, que les hommes avaient appropriée à servir d'asile contre l'ennemi.

MONTAGNES D'ISLANDE.

L'Islande, cette île boréale et froide, qui est plutôt une terre américaine qu'une dépendance physique de l'Europe, est hérissée de montagnes et de plateaux volcaniques, parmi lesquels on distingue le mont *Hekla*, au S. ; le *Vatna-Iœkull*, sorte de large plateau, le *Snœfels* et l'*Œrœfa-Iœkull*, à l'E.; le *Snœfels-Iœkull*, à l'O. Le plus haut de tous est l'*Œrœfa-Iœkull* (environ 2000 mètres). — Les flammes, la fumée et les laves brûlantes de ces monts contrastent avec les neiges et les glaces dont ils sont constamment couverts. Il y a beaucoup de lacs dans les vallées qui les avoisinent, et l'on y voit jaillir de nombreuses sources chaudes; les plus fameuses sont, au S. O., les *Geisirs*, qui s'élancent en magnifiques jets intermittents.

APERÇU GÉOLOGIQUE

L'Europe a éprouvé, comme toutes les parties du monde, de grandes révolutions géologiques. Des soulèvements et des affaissements du sol s'y sont produits à diverses époques. Les soulèvements dus à l'action de la chaleur intérieur du globe ont été surtout considérables et énergiques dans les parties méridionales et centro-méridionales, où les massifs du sol s'élèvent brusquement au-dessus des mers, tandis qu'au N. et à l'E. les pentes adoucies se confondent avec le niveau des eaux marines; en quelques endroits même, par exemple dans les Pays-Bas, le terrain s'est affaissé au-dessous de l'océan, qui l'envahirait sans la protection des dunes ou des digues ; et, à l'E., un vaste territoire du bassin de la mer Caspienne est au-dessous du niveau de la Baltique, de la mer Noire et de l'océan Glacial.

Les terrains dits *primitifs* (terrains ignés produits dès les plus anciens temps géologiques, et avant la création des végétaux et des animaux, mais qui, en se soulevant du sein des mers, ont percé, à des époques diverses et comparativement récentes, les croûtes de terrains qui s'étaient déposées

Les Geisirs.

sur le globe) comprennent les granites, les syénites, les gneiss, les micaschistes et autres pierres sans aucun fossile. Ils forment le noyau de la plupart des chaînes de montagnes : les Alpes (dont la plus haute partie est probablement due à l'un des derniers grands soulèvements du globe), les Carpathes, les Pyrénées, les Cévennes, les monts Grampiens, les monts Ourals, les Alpes Scandinaves, etc., toute la péninsule Scandinave même et toute la Finlande sont granitiques.

L'O. de l'Espagne, l'O. de la France (la Bretagne), le N. O de la grande-Bretagne, le N. et l'E. de l'Irlande, le S. E. de l'Allemagne, appartiennent à ces terrains.

Les terrains *volcaniques*, produits aussi par l'action du feu, mais plus récemment que les terrains primitifs, sont, les uns, formés par des volcans éteints et antérieurs aux dates historiques, et composés de basaltes, de trachytes, etc,, comme on en voit sur le plateau Central de la France, dans le N. E. de l'Irlande, dans l'O. de l'Allemagne ; les autres, tout modernes et dus à des volcans encore en activité : on en trouve dans l'O. de l'Italie, l'E. de la Sicile, les îles Lipari, les îles de l'Archipel. On peut signaler aussi l'Islande, si on la rattache à l'Europe.

Les terrains de *transition* (terrains carbonifères et ardoisiers) renferment les plus anciens fossiles, consistant en végétaux, qui ont produit surtout les houilles, si abondantes dans certains pays d'Europe, comme la Grande-Bretagne, le nord et le centre de la France, la Belgique, l'Allemagne, l'Espagne.

Les terrains dits *secondaires*, où le calcaire et la craie dominent, et où abondent les fossiles de coquillages et d'autres animaux les plus anciens, sont très-répandus en Europe : le Jura, les Vosges, les plaines de la Champagne, et d'autres parties considérables de la France, le S. de l'Angleterre, une assez grande partie de l'Italie, une partie des Carpathes et des Pyrénées, les Alpes orientales et d'autres branches de ce vaste système, le S. et le S. E. de l'Allemagne, l'O. de la Turquie, la Grèce, l'E. de la Russie, en sont composés.

Les terrains *tertiaires*, plus nouveaux et dont les fossiles commencent à annoncer l'existence de grands quadrupèdes (d'espèces cependant différentes de celles d'aujourd'hui), comprennent des calcaires grossiers, des plâtres, des marnes, des grès blancs : une grande étendue dans la partie centro-septentrionale de la France (particulièrement le bassin de Paris), une partie du bassin de la Garonne, le S. E. de l'Angleterre, le N. E. de l'Espagne et le plateau de la Castille, l'O. de la Belgique, de grands espaces de l'Italie orientale, de l'Allemagne et de la Hongrie, particulièrement tout autour des Carpathes, les flancs du Caucase, le S. O. de la Russie, la Roumanie, l'E. de la Turquie, offrent cette composition géologique.

Les terrains *quaternaires* (ou le *diluvium*), formés après les précédents et attribués à un grand déluge beaucoup plus ancien que celui de Moïse, renferment des fossiles voisins des espèces actuelles (on y a même trouvé l'homme fossile), et abondent sur les plaines basses, où les eaux les ont déposés : le N. de l'Allemagne et de la France, le centre de la Hongrie, le S. E. de la Russie, en présentent des étendues considérables.

Les *terrains d'alluvions récentes* se forment tous les jours des matières entraînées par les cours d'eau et déposées par la mer (surtout par l'action du flux et du reflux); on y joint les dunes, que les vents amoncellent et font fréquemment changer de place. Les limons, les argiles, les dépôts sableux, les graviers, les dépôts caillouteux, la tourbe, composent ces terrains, qui forment souvent de grandes plaines aux bords des fleuves et les deltas (bassins du Rhône, du Pô, du Rhin, du Danube, du Volga, de l'Èbre, etc.). Ils dessinent, le long des côtes, des cordons étendus, comme on le voit dans l'O. de la France.

EAUX INTÉRIEURES

VERSANTS. — LIGNE DE PARTAGE DES EAUX, GRANDS BASSINS, FLEUVES, LACS.

Versants. — L'Europe est divisée en deux versants : celui du N. et du N. O., incliné vers l'océan Glacial et l'océan Atlantique ; et celui du S. et du S. E., incliné vers la Méditerranée et la mer Caspienne.

L'arête ou ligne de partage des eaux qui sépare ces deux versants s'étend du N. E. au S. O., des frontières de l'Asie au détroit de Gibraltar. Il ne faut pas se figurer cette arête comme une chaîne de montagnes, et l'on s'en ferait une très fausse idée en la dessinant partout comme les Alpes, les Pyrénées et les Carpathes qui en font partie. Elle suit quelquefois des plateaux, elle est souvent réduite à un simple dos de pays qui n'offre à l'œil aucune hauteur sensible au-dessus des plaines voisines, mais qui est cependant plus élevée puisque les eaux en découlent. L'arête passe par les monts *Ourals*, les collines *Ouvalli*, les plateaux de *Perm-Valogda*, ceux de *Valdaï*, et les collines de la *Lithuanie* et de la *Pologne méridionale*, en Russie ;

Les *Carpathes*, les *Sudètes*, les monts *Moraves*, les monts de la *Forêt de Bohème*, les montagnes des *Pins* (*Fichtel-Gebirge*), le *Jura de Franconie*, le *Jura de Souabe*, la *Forêt-Noire*, les *Alpes Algaviennes* et *du Vorarlberg*, dans l'Autriche-Hongrie et en Allemagne ;

Les *Alpes des Grisons*, les *Alpes Rhétiques*, les *Alpes Lépontiennes*, les *Alpes Bernoises*, en Suisse ou sur les limites de l'Italie ;

Le *Jura*, les *Vosges méridionales*, les monts *Faucilles*, le *plateau de Langres*, la *Côte d'Or*, les *Cévennes*, les monts du *Mirepoix* et du *Plantaurel*, les *Pyrénées*, dans la France ou sur ses limites ;

Les monts *Cantabres orientaux*, les monts *Ibériques*

(*Sierra de Oca, Moncayo, Sierra de Albarracin, Sierra de Cuenca*), le *plateau* de la *Manche orientale*, la *Sierra de Alcaraz*, la *Sierra Nevada*, la *Sierra de Alhama*, etc., en Espagne.

Grands bassins; principaux fleuves. — L'Europe est, comme on l'a vu, divisée en deux versants généraux ; chacun de ces deux versants se partage en plusieurs bassins de mer.

Le versant du N. et du N. O. comprend les principaux bassins suivants : 1° bassin de l'*océan Glacial* proprement dit ; 2° bassin de la *mer Blanche ;* 3° bassin de la *mer Baltique ;* 4° bassin du *Cattégat ;* 5° bassin de la *mer du Nord ;* 6° bassin de la *Manche ;* 7° bassin de la *mer d'Irlande ;* 8° bassin de la *mer de France* ou du *golfe de Gascogne ;* 9° bassin de l'*Atlantique* proprement dit.

La *Petchora* est le seul fleuve important qui se jette immédiatement dans l'océan Glacial. — La *Dvina septentrionale* et l'*Onéga* tombent dans la mer Blanche.

La mer Baltique reçoit, au N. et au N. O., par le golfe de Botnie, le *Torneå* et le *Dal-elf.* — A l'E., dans le golfe de Finlande, vient se jeter la *Néva,* fleuve court, mais large, qui sert d'écoulement au lac Ladoga ; — dans le golfe de Riga ou de Livonie, tombe la *Dvina méridionale.* — Au S., trois fleuves, coulant du S. au N., se rendent dans cette mer par des amas d'eau qui sont moitié lacs, moitié golfes, et qu'on appelle *haffs :* le *Niémen* se jette dans le Curische-huff ; la *Vistule,* dans le Frische-haff ; l'*Oder,* dans le Pommersche-haff.

Les principaux tributaires de la mer du Nord sont : l'*Elbe* ; —le *Weser* ; — le *Rhin,* grand et rapide fleuve qui descend des Alpes, reçoit à droite le *Main,* à gauche la *Moselle,* et se divise en plusieurs branches pour se jeter dans l'Océan ; — la *Meuse,* qui reçoit quelques branches du Rhin ; — l'*Escaut,* peu long, mais qui a deux larges embouchures. — Tous ces fleuves coulent sur le continent, et généralement du S. au N. — La *Tamise,* l'*Humber* et le *Forth,* dans la Grande-Bretagne, coulent de l'O. à l'E., et se jettent aussi dans la mer du Nord.

La *Seine,* qui vient de la Côte d'Or et se dirige du S. E.

au N. O., est le seul fleuve considérable qui se jette dans la Manche. Elle se grossit de la *Marne* et de l'*Yonne*.

Dans la mer de France, se rendent, en coulant du S. E au N. O., la *Loire* et la *Garonne*; celle-ci vient des Pyrénées, et prend le nom de *Gironde*, après avoir reçu son principal affluent, la *Dordogne*.

La *Clyde* et la *Mersey*, qui sont peu longues, mais fort arges, se jette dans la mer d'Irlande.

La *Saverne* débouche dans le canal de Bristol.

L'Atlantique reçoit immédiatement le *Shannon*, fleuve d'Irlande, dirigé du N. au S., et le *Minho*, le *Douro*, le *Tage*, la *Guadiana*, le *Guadalquivir*, qui coulent de l'E. à l'O., dans la péninsule Hispanique.

Le versant du S. et du S. E. comprend à son tour les principaux bassins suivants : 1° bassin de la *Méditerranée* proprement dite; 2° bassin de la mer *Tyrrhénienne*; 3° bassin de la mer *Ionienne*; 4° bassin de l'*Adriatique*; 5° bassin de l'*Archipel;* 6° bassin de la mer *Noire* et de la mer d'*Azov*, 7° bassin de la *Caspienne*, déprimé au-dessous de tous les autres.

Un seul fleuve remarquable de la péninsule Hispanique se rend immédiatement dans la Méditerranée : c'est l'*Ebre*, qui coule de l'O. à l'E.

Dans le golfe du Lion va se jeter le *Rhône*, qui descend des Alpes et coule d'abord à l'O., puis au S. Il reçoit une grande et importante rivière, la *Saône*.

Sur la côte occidentale de l'Italie, débouchent l'*Arno* et le *Tibre*, peu considérables, mais qui arrosent des lieux célèbres dans l'histoire. Ils viennent des monts Apennins, coulent généralement vers l'O., et se jettent, le premier, dans la Méditerranée proprement dite, le second, dans la mer Tyrrhénienne.

Les principaux tributaires de l'Adriatique sont le *Pô* et l'*Adige*, qui ont leurs sources dans les Alpes et coulent de l'O. à l'E.

La *Maritza* (anciennement *Hèbre*) va du N. au S., et s'écoule dans l'Archipel.

La mer Noire reçoit le *Danube*, qui sort de la Forêt-Noire, et qui a près de 2800 kilomètres de cours de l'O. à l'E.; ses plus grands affluents sont l'*Inn*, la *Drave*, la *Save* et la *Theiss*. — Cette mer reçoit encore le *Dniestr* et le *Dniepr*, qui vont du N. au S.

Le *Don*, dirigé aussi du N. au S., se jette dans la mer d'Azov.

La mer Caspienne reçoit le *Volga*, le plus grand fleuve l'Europe (3500 kilomètres), qui vient des monts Valdaï et se dirige du N. O. au S. E. ; ses plus grands affluents sont l'*Oka* et la *Kama*. — Cette mer reçoit aussi l'*Oural* ou *Iaïk* (2800 kil.), qui descend des monts Ourals et coule du N. au S.

Importance commerciale des fleuves. — Parmi tous ces fleuves, ceux qui présentent le plus d'activité commerciale ne sont pas les plus étendus. Les fleuves de la Grande-Bretagne n'ont pas un très-long cours, mais ils offrent de larges embouchures, c'est-à-dire des *estuaires*, et ont la navigation la plus active : la *Tamise*, surtout, est le cours d'eau du monde où circulent le plus de navires. On a joint entre eux, par de nombreux canaux, tous les fleuves de cette île florissante.

Sur le continent, les trois fleuves les plus importants, ceux qu'on peut considérer comme les plus grandes artères de l'Europe, sont : à l'O., le *Rhin*, qui vivifie l'Allemagne occidentale et les Pays-Bas ; — au centre et au S. E., le *Danube*, dont le cours, longtemps navigable, circule très-utilement à travers l'Allemagne, l'empire Austro-Hongrois et la Turquie; à l'E., le *Volga*, qui ne coule qu'en Russie, mais qui offre à ce pays des ressources infinies par les riches alluvions que déposent ses débordements périodiques, par la multitude de ses poissons et par la navigation considérable dont il est le théâtre.

Il faut ensuite remarquer la navigation très-active du cours inférieur de certains fleuves beaucoup moins étendus que les trois précédents, mais dont les larges embouchures sont avantageusement disposées pour favoriser le commerce maritime.

On doit citer particulièrement la *Seine*, la *Loire*, la *Gironde*, l'*Elbe*, le *Weser*, la *Meuse*, l'*Escaut*, la *Néva*, le *Tage*.

Lacs. — C'est autour de la mer Baltique que l'Europe a le plus de lacs. Les plus grands versent leurs eaux dans le golfe de Finlande ; le lac *Ladoga* s'y écoule par la Néva ; les lacs *Onéga*, *Saïma* et *Ilmen* sont tributaires du Ladoga ; le lac *Peïpous* s'écoule dans le même golfe par la Narova.

Le lac *Mœlar* et le lac *Vetter*, dans la péninsule Scandinave, communiquent avec la mer Baltique. — Le lac *Vener*, dans la même péninsule, s'écoule dans le Cattégat. — Un canal unit très-utilement les lacs Vener et Vetter.

Le lac de *Constance* est formé par le Rhin, et dans ce fleuve se rendent les eaux des lacs de *Zürich*, de *Lucerne* et de *Neuchâtel*.

Le lac de *Genève* ou lac *Léman*, un des plus beaux de l'Europe, est produit par le Rhône, au pied des Alpes.

Le Pô reçoit les eaux des lacs *Majeur*, de *Côme* et de *Garde*. — Le lac *Balaton*, au centre de l'Europe, s'écoule dans le Danube.

CLIMAT ET PRODUCTIONS.

Climat. — L'Europe est froide vers ses extrémités boréales, quoiqu'elle le soit moins que l'Asie et l'Amérique à la même latitude ; dans le midi, le climat est chaud, mais non brûlant, comme dans quelques parties de l'Asie ou de l'Afrique. En général, la température y est douce et agréable, surtout dans les régions occidentales, qui reçoivent l'heureuse influence des vents de l'océan Atlantique et celle du courant du Golfe (*Gulf-stream*). L'Europe, enfin, a l'avantage d'être limitée au S. par une vaste mer, qui adoucit beaucoup le climat.

Les *lignes isothermes*, c'est-à-dire d'égale température, pour les pays placés à peu près au niveau de la mer, ne suivent pas, en Europe, à beaucoup près, les cercles parallèles à l'équateur ; la ligne de 0° passe au cap Nord, ainsi que dans le N. de l'Islande, et descend en Russie au S. de la mer Blanche, c'est-à-dire beaucoup plus loin du pôle à mesure qu'elle s'avance à l'E.

La ligne de + 5° [1] passe par Trondhiem, au N. de Christiania et de Stockholm, un peu au S. de Saint-Pétersbourg

---

1. Ce signe + signifie au-dessus de zéro ; ce sont des degrés centigrades.

et de Moscou ; elle montre qu'il fait bien plus froid dans l'intérieur du continent que sur la côte O. de la Norvége.

La ligne de + 10° parcourt l'Irlande, le S. de l'Angleterre, le N. de la France, la Belgique, les Pays-Bas, l'Allemagne centrale, la Bohême, la Hongrie, et va atteindre la Crimée, bien loin au S. de la latitude de l'Irlande ; elle passe à peu près par Dublin, Londres, Dunkerque, Amsterdam, Prague, Boukharest ; il fait donc plus froid à l'E. qu'à l'O., dans toute la partie moyenne de l'Europe. Remarquons cependant que les lignes isothermes indiquent seulement la température moyenne de l'année. Les parties orientales de l'Europe, c'est-à-dire de l'intérieur du continent, n'en ont pas moins des étés plus chauds que les parties occidentales, mais les hivers y sont aussi beaucoup plus rigoureux : l'océan adoucit remarquablement la température.

La ligne de + 15° passe par le N. de l'Espagne, le S. de la France, un peu au N. de Rome et dans la Turquie moyenne.

La ligne isotherme de + 20° touche seulement l'extrémité S. O. de l'Europe.

La température varie ensuite considérablement avec les altitudes : il fait de plus en plus froid à mesure qu'on s'élève au-dessus du niveau de la mer. Chaque chaîne de montagnes a ses lignes isothermes particulières. Dans la région moyenne de l'Europe (dans les Alpes), la ligne des neiges perpétuelles se trouve vers 2600 mètres.

Les vents dominants dans l'O. de l'Europe sont ceux du S. O. et de l'O., qui viennent de l'Atlantique, et sont humides, tempérés, chargés de vapeurs et pluvieux.

Les vents du N. et du N. E. sont assez fréquents aussi, surtout dans la partie orientale de notre partie du monde ; ils sont froids et généralement secs.

La pluie est plus abondante sur les côtes de l'océan et dans les Alpes que partout ailleurs en Europe ; elle est de 60 à 70 centimètres sur les côtes de l'Irlande, de la France, de l'Angleterre ; de 1 mètre à Bergen, en Norvége ; de 1 à 2 mètres dans les Alpes, de 55 centimètres à Paris, de 40 centimètres en Champagne. L'Europe occidentale reçoit beaucoup plus de pluie que l'Europe orientale.

Productions. — Il y a, dans un grand nombre de pays d'Europe, de riches mines de fer, particulièrement en Scandinavie, en Angleterre, en Allemagne, en France ; le cuivre surtout se trouve dans la péninsule Scandinave, en Angleterre, en Espagne et aux monts Ourals ; l'étain, dans la Grande-Bretagne ; l'or, aux monts Ourals et aux monts Carpathes ; le platine, dans les monts Ourals ; l'argent, le plomb, en Allemagne, en France, en Espagne, en Angleterre ; le mercure en Espagne, en Illyrie ; le zinc, en Belgique, en Allemagne, en Espagne.

Le soufre est fourni par l'Italie, par les îles qui l'environnent et par l'Islande. L'ambre jaune se recueille aux bords méridionaux de la Baltique. Le charbon de terre abonde dans la Grande-Bretagne et vers les bords de l'Escaut, de la Meuse, du Rhin, etc. La tourbe est commune dans toutes les parties basses des régions moyennes de l'Europe.

Les céréales (particulièrement le blé ou froment) et les pommes de terre sont les principaux objets de la culture. Le blé ne dépasse pas, au N., le 62e degré de latitude ; le seigle va jusqu'au 64e ; l'orge et l'avoine s'avancent jusqu'au 68e. Le riz ne se trouve que vers le midi. Le maïs abonde aussi dans le midi, mais s'avance au nord bien plus loin que le riz, sans aller, à beaucoup près, aussi loin que le blé.

La vigne tapisse les coteaux des régions méridionales et centrales. Elle ne dépasse pas, sur la côte de l'Océan, le 47e degré et demi. Dans l'intérieur du continent, elle s'avance jusqu'au delà du 51e : car, dans l'intérieur, les étés sont plus chauds, et, par conséquent, plus propres à mûrir les raisins, ainsi que divers autres fruits ; mais la température n'en est pas moins, vers la mer, beaucoup plus douce, et, terme moyen, plus élevée.

Les principaux arbres fruitiers sont les pommiers, les poiriers, les pruniers, les abricotiers, les pêchers, qui peuplent presque partout les vergers, surtout dans les régions moyennes.

Les châtaigniers et les noyers sont répandus dans les mêmes régions.

Le cerisier est aussi un des arbres européens les plus

communs et les plus intéressants : il s'avance fort loin vers le nord.

Après l'olivier, qui ne se trouve que dans le voisinage de la Méditerranée, les principales plantes oléagineuses sont le colza, la navette, l'œillette (pavot), qui abondent partout dans les régions moyennes (France, Allemagne). Les huiles de lin et de chanvre se font principalement en Russie.

Les principaux légumes sont les navets, les carottes, les pois, les haricots, les fèves, les raves, les choux, qui se cultivent abondamment dans les régions moyennes et septentrionales.

La betterave, qui sert surtout à la fabrication du sucre et à la nourriture du bétail, est produite principalement par la France, l'Allemagne, l'Autriche, la Belgique, la Russie.

Le houblon, qui avec l'orge sert à fabriquer la bière, est l'objet d'une grande culture dans le N. et les régions médio-septentrionales (Angleterre, Allemagne, Bohême, Belgique, nord de la France).

Les orangers, les citronniers, les cédratiers, les limoniers, les oliviers, les grenadiers, les figuiers, les amandiers, enrichissent de leurs produits les régions méridionales.

Les bois de construction sont surtout des chênes, des ormes, des frênes, des hêtres, des peupliers, des mélèzes, des pins, des sapins. — Les pins, les bouleaux, les trembles, les sorbiers, les saules, les aunes, sont les arbres qui s'avancent le plus au N. : on les trouve, quoique chétifs, jusqu'au 68e degré de latitude. Les sapins s'arrêtent au 67e degré ; les chênes, les frênes, les hêtres, les tilleuls, au 62e ; les peupliers au 60e ; le fruit du châtaignier ne mûrit pas au delà du 51e. L'olivier ne dépasse pas le 44e degré ; l'oranger ne va que jusqu'à 43 degrés et demi.

Le cotonnier et la canne à sucre se rencontrent au sud.

Le lin et le chanvre sont les principaux végétaux propres à faire des tissus. Ils abondent dans toute l'Europe moyenne.

Le safran et la garance sont les principales plantes à teinture.

Le tabac se cultive dans beaucoup de pays, mais particulièrement en Russie, en Roumanie, en Hongrie, en Turquie, en Allemagne.

Parmi les animaux domestiques, le cheval, le bœuf, l'âne, le mouton, la chèvre, le chien, le chat, sont à peu près communs à toutes les contrées de l'Europe ; le renne est particulier aux régions les plus septentrionales ; le chameau ne se montre qu'au S. E.

Les principaux quadrupèdes sauvages sont le sanglier, l'ours, le loup, le cerf, le chevreuil, le daim, le renard, le lièvre, le lapin, le blaireau, l'écureuil, qui se trouvent dans presque toute l'Europe ; le lynx, la loutre, le castor, le chat sauvage, les martres, qui habitent plus particulièrement dans les contrées du N. ; le buffle, le bouquetin, le porc-épic, la marmotte, le chamois, qui se rencontrent plutôt vers le S. ; — et le chacal, qu'on ne voit qu'au S.-E.

Parmi les plus gros oiseaux que possède l'Europe, on peut nommer l'aigle, le faucon, le vautour, le cygne, la grue, la cigogne, le héron, le pélican.

Les plus jolis sont le martin-pêcheur, le jaseur de Bohême, le guêpier, le chardonneret. Parmi ceux qui chantent le plus agréablement, il faut citer le rossignol, le pinson, le serin, qui ne se trouve sauvage que dans le S.

Parmi les reptiles, on n'a guère à redouter que la vipère. La couleuvre est fort commune.

Les poissons d'eau douce sont principalement les brochets, les carpes, les tanches, les perches, les truites. Les esturgeons remontent les grands fleuves de l'E. Dans la mer, on pêche surtout des maquereaux, des sardines, des anchois, des merlans, des soles, des turbots, des limandes, des raies, des thons, des harengs : ces derniers sortent de l'océan Glacial au printemps et se répandent par légions innombrables sur les côtes occidentales.

Parmi les mollusques, il faut citer les huîtres, abondantes presque partout, et, dans la Méditerranée seulement, les jolis argonautes papyracés, les sépias, si utiles par leur couleur, et les pinnes, qui donnent une très-belle soie.

Les principaux crustacés sont les écrevisses, dans les eaux douces, et les homards, dans les eaux marines.

La classe des arachnides offre, dans le S., le redoutable scorpion.

Dans celle des annélides, on distingue la sangsue, si utile en médecine.

Les insectes les plus intéressants sont le ver à soie, particulier aux régions méridionales, et l'abeille, répandue presque partout.

Un des polypes les plus importants est l'éponge, qu'on rencontre surtout dans les parties orientales de la Méditerranée.

ETHNOGRAPHIE.

Population, races, langues. — L'Europe renferme 300 millions d'habitants. Les peuples qui composent cette population sont de race caucasique, excepté les *Lapons*, les *Samoyèdes* et quelques autres nations peu considérables du N. et de l'E., qui appartiennent à la race mongolique. Ils peuvent se classer, surtout d'après les *langues*, en douze familles principales :

1° La famille CELTIQUE, divisée en rameaux *Gaëlique*, *Kymrique*, *Erse* et *Bas-Breton*, et fixée dans l'O. et le N. de la Grande-Bretagne, en Irlande et dans l'O. de la France.

2° La famille BASQUE, qui ne comprend que les *Basques* ou *Escualdunacs*, dans les Pyrénées occidentales.

3° La famille GRÉCO-LATINE, partagée en rameaux *Grec*, *Italien*, *Français*, *Espagnol*, *Portugais*, *Roman*, *Albanais*, *Roumain* (comprenant les *Valaques* et les *Moldaves*).

4° La famille TUDESQUE ou GERMANIQUE, avec les rameaux *Allemand*, *Hollandais*, *Flamand*, *Anglais*, *Suédois*, *Danois*, *Norvégien*.

5° La famille SLAVE, composée des *Polonais*, des *Russes* (du moins en partie), des *Bohêmes* ou *Tchèkhes*, des *Wendes*, des *Russniaques* ou *Ruthènes*, des *Slovaques*, des *Slovènes*, des *Esclavons*, des *Croates*, des *Serbes*, des *Dalmates*, des *Istriens*, des *Carniolais*, des *Bosniaques*, des *Monténégrins* des *Bulgares*.

6° La famille LITHUANIENNE (dans l'O. de la Russie et l'E. de la Prusse), comprenant les *Lithuaniens* proprement dits ou *Litaouis*, et les *Lettes* ou *Lettons*.

7° La famille FINNOISE ou OURALIENNE (appelée quelquefois TOURANIENNE), où l'on distingue les *Finnois* proprement dits ou les *Tchoudes*, les *Esthes*, les *Lives*, les *Curéliens*, une partie des *Grands-Russes* ou *Moscovites* (pour la conformation, mais non pour la langue, qui est slave); les *Biarmiens*, répandus dans le N. E. de la Russie et divisés en *Sirianes*, *Permiens* et *Votiaks;* les *Magyars* ou *Hongrois;* (les *Lapons*, pour la langue, appartiennent à cette famille, mais sont, pour la conformation, de la race mongolique).

8° La famille TATARO-MONGOLE, comprenant les *Samoyèdes*, les *Kalmouks*, les *Nogaïs*, et quelques autres populations du N. E., de l'E. et du S. E. de la Russie.

9° La famille TURQUE, composée des *Turcs* proprement dits, des *Turcomans*, des populations appelées improprement *Tatares de Crimée*, et de quelques autres répandues dans le S. E. de l'Europe.

10° La famille CAUCASIENNE, dans la chaîne de montagnes à laquelle elle doit son nom; elle renferme les *Circassiens* ou *Tcherkesses*, les *Lesghiz*, les *Ossètes*, etc.

11° La famille SÉMITIQUE, qui ne comprend que les *Juifs*, épars dans les différents pays et parlant la langue des peuples chez lesquels ils se trouvent.

12° La famille BOHÉMIENNE, probablement sortie de l'Inde au moyen âge, et errante, par petites fractions, dans la plupart des contrées de l'Europe, sous des noms très-divers: elle est appelée en Turquie *Tchinganès*, *Zingares* ou *Tziganes;* dans l'empire Austro-Hongrois et en Allemagne, *Zigeunes;* en Angleterre, *Gypsies;* en Espagne, *Gitanos;* c'est en France seulement qu'on la nomme *Bohémiens*.

Les familles Celtique, Gréco-latine, Tudesque, Slave, Lithuanienne et Caucasienne, c'est-à-dire la grande majorité des populations européennes, sont vraisemblablement descendues des *Aryas*, qui, sortis du plateau de la Perse, des monts Hindou-khouch et du bassin de l'Oxus, ont envahi l'Inde à une époque reculée, et ont aussi, paraît-il, dans un temps qu'on ne peut préciser, étendu leurs émigrations sur presque toute l'Europe. Voilà pourquoi on réunit ces familles sous la dénomination de souche *aryenne* ou *indo-européenne*.

Religions.—La religion chrétienne règne en Europe; cependant la Turquie est en partie musulmane, et il y a quelques bouddhistes à l'E.

Au S. et à l'O., les chrétiens sont généralement catholiques; au N., au N. O. et dans plusieurs parties du milieu, ils sont protestants, sous les noms divers de luthériens, de calvinistes, d'évangélistes, de presbytériens, d'anglicans, etc.; à l'E. et au S. E., ils professent la religion grecque.

Les juifs ou israélites sont assez nombreux en Pologne, en Allemagne, en Autriche.

DESCRIPTION DES ÉTATS

L'Europe est partagée en 16 divisions politiques princi pales :

1° Dans la région moyenne, à la fois sur les deux versants : la *France*, la *Suisse*, l'*Allemagne*, l'empire *Austro-Hongrois*, la *Russie*.

2° Dans le nord-ouest et le nord, sur le versant océanique : les *Iles Britanniques*, la *Belgique*, les *Pays-Bas*, le *Danemark*, la *Monarchie Scandinave* (*Suède* et *Norvège*).

3° Dans le sud-ouest et le sud : l'*Espagne* et le *Portugal*, contenus dans la *péninsule Hispanique*, qui appartient aux deux versants; l'*Italie*, la *Turquie*, les *Principautés slaves et roumaines*, la *Grèce*, toutes sur le versant de la Méditerranée.

FRANCE.

Principaux traits de la géographie physique de la France. — La FRANCE est dans la partie occidentale de la région moyenne de l'Europe, et s'étend (sans la Corse) du 42° au 51° degré de latitude N., et du 5° degré de longitude E. au 7° degré de longitude O. Elle est bornée : au N. par la mer du *Nord* et par le *Pas de Calais*, qui la sépare de l'Angleterre; au N. O., par la *Manche*, qui la sépare du même pays; à l'O., par l'*Atlantique proprement dit*, et par ce grand avancement de l'Océan qui pénètre entre la France et l'Espagne, et qu'on désigne par les noms de golfe de *Gascogne*, de mer de *France*, de mer de *Biscaye* ou de mer *Cantabrique*; au S., par la *Bidassoa* et les *Pyrénées*, du côté de l'*Espagne*, et par la *Méditerranée*, qui forme le golfe du *Lion ;* au **N. E.**, par la *Belgique*, le grand-duché de *Luxembourg*, et la partie de la Lorraine qui a été cédée à l'*Allemagne* par le désastreux traité de 1871 ; à l'E., par l'Alsace, cédée aussi à l'Allemagne ; par la *Suisse ;* enfin par l'*Italie.*

La France n'a pas, au **N. E.**, de limites naturelles. A l'E., elle avait naguère le *Rhin,* vers le grand-duché de Bade, mais aujourd'hui elle s'arrête aux Vosges ; le *Doubs,* le *Jura* et le lac de *Genève* la limitent vers la Suisse ; les *Alpes,* la *Roia* et le torrent de *Saint-Louis,* du côté de l'Italie. Elle présente à peu près la forme d'un hexagone, dont trois côtés, au nord-ouest, à l'ouest, au sud-est, sont baignés par la mer, et les trois autres sont vers la terre. Les sommets des angles de cet hexagone sont Dunkerque, au N.; la pointe de Corsen, à l'O.; l'embouchure de la Bidassoa, au S. O.; le cap Cerbère, au S.; un point voisin de l'embouchure de la Roia, au S. E., et, à l'E., le point où les Vosges cessent de toucher la France.

On compte 980 kilomètres du N. au S., depuis le voisinage de Dunkerque jusqu'au cap Cerbère ; 875 kilomètres de l'O. à l'E., de la pointe de Corsen aux Vosges ; 1100 kilomètres du N. O. au S. E., de la pointe de Corsen au voisinage de l'embouchure de la Roia, et 900 kilomètres du N. E. au S. O., du point où les Vosges quittent la France jusqu'à l'embouchure de la Bidassoa. La superficie de la France est de 528 000 kilomètres carrés. (Elle était de 543 000 kilomètres carrés avant le traité de 1871.)

Les côtes de France offrent d'abord, au N., des dunes mouvantes, depuis Dunkerque jusque vers l'embouchure de la Somme. Elles forment des falaises droites et escarpées entre l'embouchure de la Somme et celle de la Seine. Depuis celle-ci jusqu'à l'embouchure de la Loire, on trouve des côtes très-irrégulières, parsemées de presqu'îles, de caps avancés, de golfes, de baies, et souvent formées de rochers de granite majestueux et sauvages : on remarque le golfe de la *Seine* ou de *Normandie,* puis la presqu'île du *Cotentin,* terminée par le cap de *Barfleur* ou de *Gatteville* et celui de la *Hague;* ensuite le golfe de *Saint-Malo* ou de *Bretagne,* qui se divise en deux enfoncements profonds, la baie du *Mont-Saint-Michel* (dont l'O. comprend la rade de *Cancale*), et la baie de *Saint-Brieuc*. Il y a dans ce golfe un grand nombre d'îles, dont les principales sont les îles *Anglo-Normandes* (*Jersey*, *Guernesey* et *Aurigny*). — La *Bretagne* est une sorte de péninsule qui s'avance entre la Manche et la mer de France ; elle est terminée par les pointes de *Corsen*, *Saint-Matthieu*, du *Raz*, de *Penmarc'h*, et découpée à l'O. par la rade de *Brest* et la baie de *Douarnenez*, au S. par le golfe du *Morbihan*, à côté duquel s'allonge la presqu'île de *Quiberon*. Dans le voisinage de la Bretagne, on voit l'île d'*Ouessant*, celle de *Sein*, celle de *Groix*, *Belle-Ile*, et les îles de *Houat* et de *Haedic*.

Au S. de l'embouchure de la Loire, jusqu'à la Gironde, la côte est basse et bordée de marais salants. On rencontre dans cette étendue la baie de *Bourgneuf*, et les îles de *Noirmoutier*, d'*Yeu*, de *Ré* et d'*Oleron*.

Au S. de la Gironde, jusqu'à l'Adour, la côte est de nouveau couverte de dunes mouvantes ; le pays est triste et désert : çà et là, cependant, se présentent des lacs entourés de pâturages. On y remarque l'espèce de golfe qu'on nomme *Bassin d'Arcachon*. — De l'Adour à la Bidassoa, les rivages sont diversifiés et agréables.

Les côtes de la Méditerranée offrent deux aspects principaux. A l'O., autour du golfe du Lion, elles sont basses, uniformes et parsemées de lacs ou de lagunes, comme les étangs de *Leucate*, de *Sigean*, *de Thau*, du *Valcarès*, de *Berre*. A l'E., elles sont généralement élevées, très-variées et très-pittoresques. On y voit beaucoup de caps, de petites presqu'îles, de baies et de petits golfes, comme ceux de *Grimaud*, de *Fréjus*, de *Cannes*, et le golfe *Jouan ;* on y remarque aussi les îles d'*Hyères* et de *Lérins*.

Des frontières de la Suisse à celles de l'Espagne, s'étend une chaîne de hauteurs formant une partie de la grande arête qui, depuis les monts Ourals, jusqu'au détroit de Gibraltar, sépare l'Europe en deux versants généraux. La France est elle-même ainsi partagée en deux versants principaux : celui qui est incliné vers la Méditerranée, et celui qui se penche vers l'Atlantique ou vers les mers qu'il forme, c'est-à-dire vers la mer du Nord, la Manche et la mer de France.

Cette grande ligne de partage des eaux, dirigée en général du N. E. au S. O., porte successivement les noms de *Jura*, de *Vosges méridionales*, de monts *Faucilles*, de plateau de *Langres*, de *Côte d'Or*, de *Cévennes*.

Six arêtes secondaires s'y rattachent du côté du versant de l'Atlantique : ce sont d'abord les *Vosges septentrionales*, puis les hauteurs du *Toulois* et les *Ardennes orientales;* ensuite les montagnes de l'*Argonne* et des *Ardennes occidentales*, jointes aux collines de l'*Artois*. Cette troisième arête sépare le versant particulier de la mer du Nord de celui de la Manche.

Ensuite on trouve la longue arête située sur la limite des versants de la Manche et de la mer de France, et composée des montagnes du *Morvan*, des plateaux de la *Forêt d'Orléans* et de la *Beauce*, des hauteurs du *Perche*, de la *Basse-Normandie* et de la chaîne *Armoricaine* (comprenant les montagnes d'*Arez*); plus au S., on remarque la chaîne des montagnes du *Veloy* et des montagnes du *Forez ;* enfin les montagnes d'*Auvergne*, continuées par celles du *Limousin* et par les collines du *Poitou*.

Sur le versant de la Méditerranée, on remarque la chaîne des *Alpes méridionales*, la plus haute et la plus importante de toutes les chaînes de France. C'est en Suisse qu'elle se détache de l'arête de partage, et elle vient former la limite de notre pays sous les noms d'*Alpes Pennines*, d'*Alpes Grées* ou *Graïes*, d'*Alpes Cottiennes* et d'*Alpes Maritimes*.

Les Alpes françaises et franco-italiennes ont pour points culminants : le mont *Blanc*, haut de 4810 mètres et le sommet le plus élevé de l'Europe; le mont *Cenis* (3493 mètres), le mont *Olan* (3883 mètres), le pic des *Écrins* (4103 mètres), le pic d'*Arsine* (3660 mètres), le *Grand-Pelvoux* (3938 mètres), le mont *Viso* (3845 mètres), le mont *Genèvre* (2052 mètres). Le mont *Ventoux*, qui forme un escarpement remarquable dans l'intérieur de la France, a 1909 mètres.

Les Pyrénées s'étendent de l'E. S. E. à l'O. N. O., entre la France et l'Espagne, depuis le cap Cerbère jusque vers la source de la Bidassoa, où commencent les monts Cantabres; elles offrent une longueur de 400 kilomètres, et forment, dans presque toute leur étendue, la limite entre le versant de l'Atlantique et le versant de la Méditerranée.

Ce n'est pas sur la ligne même du partage des eaux que sont les plus hauts sommets des Pyrénées, mais un peu au sud de cette ligne. Les trois sommets les plus élevés, tous en Espagne, sont le mont *Maladetta* (ayant pour point culminant le pic de *Nethou*, haut de 3482 mètres), le pic *Posets* (3367 mètres), et le mont *Perdu* (3361 mètres). — On remarque du côté de la France, le *Pic du Midi de Bigorre* (2877 m.),

Pic du Midi de Bigorre.

le *Pic du Midi de Pau* (2885 mètres), et, sur la frontière, le *Marboré*, le *mont Vignemale*, qui ont de 3200 à 3300 mètres d'altitude.

Les plus hautes montagnes françaises, après les Alpes et les

Pyrénées, sont celles d'Auvergne, presque toutes de nature volcanique, terminées à leur sommet par des cratères encore évidents, mais éteints, et alignés du N. au S., au cœur même de la France, entre le bassin de l'Allier et celui de la Dordogne. On désigne généralement leurs sommets sous le nom de *puys*. Les principaux : sont le mont *Dore*, dont le point culminant est le *Puy de Sancy* (1888 mètres) ; le *Plomb du Cantal* (1858 m.) ; le *Puy de Dôme* (1476 m.).

Les points culminants des Cévennes sont le *Mézenc* (1774 mètres), le Gerbier de Jonc (1562 m.), la *Lozère* (1702 m.), le mont *Pilat* (1434 mètres).

Le Jura se dirige du N. E. au S. O., et se compose de plusieurs massifs parallèles et très-réguliers. Sa partie septentrionale est en Suisse, sa partie moyenne est sur la limite de la Suisse et de la France, et sa partie méridionale est entièrement en France. Les plus hautes sommités sont : le *Grand-Crédo*, le *Reculet*, le *Crêt de la Neige*, le *Colombier*, le *Colomby*, la *Dôle*, qui ont de 1600 à 1700 mètres d'altitude.

Les Vosges sont généralement arrondies ; voilà pourquoi plusieurs de leurs sommets ont reçu le nom de *ballons*. Les plus élevés sont le *Ballon de Guebwiller* (1429 mètres) et le *Ballon d'Alsace* (1250 mètres).

La Corse est traversée du N. au S. par une chaîne de hautes montagnes, dont les points principaux sont le *monte Cinto* (2707 m.), le *monte Rotondo* (2635 m.), et le *monte Paglia Orba* (2525 m.).

La France est divisée, comme nous l'avons dit, en deux versants principaux : celui de l'Atlantique et celui de la Méditerranée ; mais le versant de l'Atlantique est subdivisé en trois versants particuliers : ceux de la mer du Nord, de la Manche et de la mer de France.

Du côté de la mer du Nord, coulent trois cours d'eau principaux : la *Moselle* (affluent du *Rhin*), la *Meuse* et l'*Escaut*. Ils n'ont pas leur embouchure sur le territoire français, mais dans les Pays-Bas. La *Moselle* se grossit de la *Meurthe*.

La Meuse a pour affluent la *Sambre*, qui n'arrose que peu la France.

L'Escaut s'augmente de la *Scarpe* et de la *Lys*.

C'est par la rive gauche que la Meuse et l'Escaut reçoivent tous les affluents que nous venons de citer.

Les cours d'eau qui se jettent immédiatement dans la Manche sont la *Somme*, la *Seine*, la *Touques*, la *Dives*, l'*Orne*, la *Vire*, la *Sée*, le *Couênon*, la *Rance*, le *Trieux*.

La Seine est le seul de ces cours d'eau qui mérite le nom de fleuve : elle descend de la Côte d'Or, décrit un cours très-sinueux, et arrive dans la mer par une large embouchure, en face du Havre. Elle doit sa principale importance à la capitale du pays, située sur ses bords. Ses affluents les plus remarquables sont : à droite, l'*Aube* ; — la *Marne*, grossie de la *Saulx* (à laquelle se joint l'*Ornain*), de l'*Ourcq*, de la *Somme-Soude*, de la *Dhuis*, du *Grand* et du *Petit-Morin* ; — l'*Oise*, grossie de l'*Aisne* ; — à gauche, l'*Yonne* (grossie de l'*Armançon* et de la *Vannes*) : — le *Loing*, l'*Essonne* et l'*Eure*.

Dans l'Atlantique proprement dit et dans la mer de France, se rendent l'*Aulne*, le *Blavet*, la *Vilaine*, la *Loire*, la *Sèvre Niortaise*, la *Charente*, la *Seudre*, la *Gironde*, la *Leyre*, l'*Adour* et la *Bidassoa*.

Les deux plus considérables de ces cours d'eau sont la Loire et la Garonne (Gironde).

La première vient des Cévennes, coule d'abord au N., puis à l'O., et offre une large embouchure devant Paimbœuf ; elle est sujette à des crues subites et dangereuses ; souvent aussi elle est presque sans eau et elle roule d'immenses quantités de sable qui rendent la navigation difficile. Elle reçoit, à droite, l'*Arroux*, la *Nièvre*, et, beaucoup plus loin, la *Maine*, qui porte dans sa partie supérieure le nom de *Mayenne*, et qui ne prend ce nom de Maine qu'après s'être grossie de la *Sarthe*, augmentée elle-même de l'*Huine* et du *Loir*. — A gauche, elle a pour tributaires l'*Allier*, le *Loiret*, qui est peu étendu, mais remarquable par ses belles sources et l'abondance de ses eaux ; le *Cher*, qui se partage en plusieurs bras vers son confluent avec la Loire ; l'*Indre*, la *Vienne*, grossie de la *Creuse*, et la *Sèvre Nantaise*.

La Vilaine reçoit l'*Ille*.

La Sèvre Niortaise reçoit la *Vendée*.

La Garonne descend avec rapidité des Pyrénées, et prend le nom de *Gironde* (en formant un large estuaire), après avoir reçu son principal affluent de droite, la *Dordogne*, au *Bec d'Ambez*. Les autres affluents de la Garonne sont à droite, l'*Ariége*, le *Tarn* (grossi de l'*Aveyron*) et le *Lot;* à gauche, le *Gers* et la *Baïse*.

La Dordogne a sa source dans les montagnes d'Auvergne, et se grossit, à droite, de la *Vézère* (unie à la *Corrèze*) et de l'*Ile*.

L'Adour reçoit, à droite, la *Midouze*, et, à gauche, le *Gave de Pau* et la *Nive*.

Le versant de la Méditerranée est sillonné par le *Tech*, la *Tet*, l'*Agly*, l'*Aude*, l'*Hérault*, le *Vidourle*, le *Rhône*, l'*Argens*, le *Var* et la *Roia*, qui vont directement à la mer.

Le Rhône est le principal de ces cours d'eau. Ce grand fleuve, qui est très-impétueux et souvent terrible par ses débordements, vient des Alpes de Suisse, forme à leur pied le lac de Genève, et sépare quelque temps la France de la Suisse; il coule à l'O. jusqu'à Lyon, puis tourne au S., et se rend dans la Méditerranée par quatre branches, qui entourent le fertile delta de la *Camargue*. — Il a pour affluents, à droite, l'*Ain*, la *Saône*, grossie du *Doubs*, et dont le cours est d'une lenteur remarquable; l'*Ardèche*, et le *Gard* ou *Gardon*, célèbre par son pont-aqueduc romain; — à gauche, l'*Arve*, l'*Isère*, la *Drôme*, la *Durance*, extrêmement rapide.

De tous les fleuves de la France, le plus considérable est la *Loire*, longue de 1130 kilomètres. Le Rhône a 800 kilomètres; la Seine, 780; la Garonne avec la Gironde, 650.

C'est dans le bassin du Rhône que se trouvent la plupart des lacs de la France. Le plus grand est le lac *Léman* ou de *Genève*, magnifique masse d'eau formée par le Rhône, et qui s'étend de l'E. à l'O., entre le département de la Haute-Savoie et la Suisse. A peu de distance au S. O. de ce lac, sont ceux d'*Annecy* et du *Bourget*, qui s'écoulent dans le Rhône. Le lac de *Nantua* s'écoule dans l'Ain; le lac de *Saint-Point* est formé par le cours supérieur du Doubs; le lac de *Paladru* s'écoule dans l'Isère; le lac d'*Allos*, dans la

Durance. Des lagunes considérables avoisinent les embouchures du Rhône, de l'Hérault, de l'Aude et de la Tet : tels sont l'étang de *Berre*, l'étang du *Valcarès*, celui de *Mauguio*, l'étang de *Thau*, ceux de *Sigean* et de *Leucate*.

On remarque sur le versant de la mer du Nord, les lacs de *Gérardmer*, de *Longemer* et de *Retournemer*, placés au pied des Vosges, et qui s'écoulent dans la Moselle. Le lac des *Rousses* est formé au pied du Jura par l'Orbe, tributaire du lac de Neuchâtel.

Le lac de *Grand-Lieu*, vers l'embouchure de la Loire, dans laquelle il s'écoule par l'Achenau, est le plus considérable du versant de la mer de France. On en a entrepris le dessèchement. — Près des Landes, règne une suite de grands étangs salés, évidemment restes de la mer, dont les dunes amoncelées par les vents les ont peu à peu séparés.

La France possède un grand nombre de canaux.

Le canal de *Saint-Quentin*, continué par le canal *Crozat*, unit l'Escaut à la Somme et à l'Oise. Le canal de *Manicamp* à *Chauny*, ou le canal *latéral à l'Oise*, longe l'Oise à la suite du canal Crozat. — Le canal de la *Somme*, qui se rattache au canal Crozat, longe le cours de la rivière de même nom, et se confond souvent avec elle d'Amiens à la mer.

Le canal des *Ardennes* joint l'Aisne à la Meuse.

Il faut remarquer encore, dans la partie septentrionale de la France, le canal de la *Sambre* à l'*Oise* et le canal de l'*Aisne* à la *Marne*.

Le canal de l'*Ourcq*, continué par le bassin de *la Villette* et le canal *Saint-Martin*, amène à Paris les eaux de l'Ourcq, petite rivière qui se jette dans la Marne. Le canal de *Saint-Denis* se rattache au canal de l'Ourcq, et, avec le bassin de la Villette et le canal Saint-Martin, il unit la Seine à elle-même, en faisant éviter le passage des bateaux à travers Paris.

La Seine et la Loire sont réunies par le canal du *Loing*, et par ceux d'*Orléans* et de *Briare*, qui en sont deux branches.

Le canal de *Bourgogne* s'étend de l'Yonne à la Saône; le canal du *Rhône* au *Rhin* en est en quelque sorte une continuation et rejoint le Rhin, après avoir longé le Doubs et l'Ill.

On remarque aussi dans l'est de la France le canal de la *Marne* au *Rhin*, et l'on a commencé le canal de l'*Est*, qui doit unir l'Escaut à la Meuse, à la Marne et à la Saône.

Le canal *latéral à la Loire* longe la rive gauche du fleuve de ce nom, depuis le canal de Briare jusqu'à celui du Centre. — Le canal de *Roanne* en est la continuation méridionale. — Le canal du *Berri*, qui se rattache au canal latéral à la Loire, unit le cours supérieur et le cours moyen du Cher à la Loire.

Le canal du *Centre* unit la Loire à la Saône.

Le canal du *Nivernais* joint la Loire à l'Yonne.

Le canal de *Nantes* à *Brest* est le plus remarquable de l'ouest de la France; il unit la Loire à la rade de Brest.

Le canal d'*Ille-et-Rance* joint l'Ille à la Rance, par consé· quent la Manche au golfe de Gascogne.

Le canal du *Languedoc* ou du *Midi*, le plus beau de la France, s'étend de la Garonne à l'étang de Thau, et s'appelle encore canal des *Deux-Mers*, parce qu'il unit l'Atlantique à la Méditerranée. Il est continué par le canal des *Étangs*, et celui-ci l'est par le canal de *la Radelle*, puis par le canal de *Beaucaire*, qui aboutit au Rhône. — Au canal du Midi se rattachent le canal de *la Roubine de Narbonne*, qui, passant à Narbonne, se termine à la Méditerranée, vers la Nouvelle; et la *Grande-Roubine d'Aigues-Mortes*, qui va d'Aigues-Mortes à la mer. — Le canal *latéral à la Garonne* longe le cours moyen de cette rivière, de Toulouse (Haute-Garonne) à Castets (Gironde).

Le canal de *Givors*, destiné au transport des charbons, se termine dans le Rhône, au sud de Lyon.

Le canal d'*Arles* à *Bouc* unit Arles à la Méditerranée, et remplace la navigation défectueuse du Rhône. — Le canal de *Saint-Louis* va du Grand-Rhône au golfe de Foz, et fait éviter aux navires les atterrissements dangereux de l'embouchure du fleuve. — Le canal de *Craponne*, destiné à l'irrigation, va de la Durance au Rhône. — Le canal de *Marseille* amène dans la ville de ce nom les eaux de la Durance.

Le canal de *la Rochelle* s'étend du port de ce nom à la Sèvre Niortaise.

Le canal de la *Charente* à la *Seudre* a pour embranche-ment le canal de *Brouage*.

Il y a vers les extrémités septentrionales de la France, dans la Flandre et l'Artois, un grand nombre de canaux (tels que ceux de *Saint-Omer* à *Dunkerque*, de la *Colme*, de la *Sensée*, d'*Aire* à *la Bassée*), qui dessèchent les marais et mettent en communication tous les cours d'eau et toutes les villes du nord de la Flandre et de l'Artois.

Divisions administratives. — Avant la révolution de 1789, la France était divisée géographiquement en 36 *provinces principales;* la véritable division politique ne consistait cependant qu'en 31 *gouvernements généraux militaires*, car six de ces provinces, la *Picardie*, l'*Artois*, la *Saintonge*, l'*Angoumois*, la *Guienne* et la *Gascogne*, ne formaient que trois gouvernements : ceux de *Picardie-et-Artois*, de *Saintonge-et-Angoumois*, de *Guienne-et-Gascogne;* et deux autres provinces, l'*État d'Avignon* et la *Corse*, n'étaient pas comptées, comme nous allons le voir, dans cette division générale en gouvernements.

En 1860, deux provinces, la *Savoie* et le territoire de *Nice*, qui appartenaient aux États Sardes, ont été annexées à la France.

Sur le VERSANT DE LA MER LI NORD, on trouvait quatre provinces : l'*Alsace*, à l'E., entre les Vosges et le Rhin, capitale Strasbourg; — la *Lorraine*, située au N. E., dans les bassins de la Moselle et de la Meuse, et formant, avec le *Barrois*, le gouvernement de *Lorraine-et-Barrois*, capitale Nancy; — la *Flandre*, à l'extrémité nord de la France, capitale Lille; — et l'*Artois*, aussi au N., capitale Arras.

Sur le VERSANT DE LA MANCHE, il y en avait également quatre : la *Picardie*, au N., dans le bassin de la Somme, ayant pour capitale Amiens, et formant, avec l'Artois, le gouvernement général de *Picardie-et-Artois*, dont Amiens était la capitale; — la *Champagne*, à l'E., qui avait pour capitale Troyes, et qui était désignée dans la division politique sous le nom de gouvernement de *Champagne-et-Brie;* — l'*Ile-de-France*, au milieu, capitale Paris; — la *Normandie*, à l'O., sur la mer, capitale Rouen. Ces trois dernières provinces appartiennent au bassin de la Seine.

Une grande province, à l'extrémité occidentale de la France, s'étendait à la fois sur le VERSANT DE LA MER DE FRANCE, sur celui de la MANCHE et sur celui de l'OCÉAN ATLANTIQUE PROPREMENT DIT : c'est la *Bretagne*, capitale Rennes.

Il se trouvait dix-huit provinces sur le VERSANT DU GOLFE DE GASCOGNE.

Dans ce nombre, onze dans le bassin de la Loire :

D'abord, sur les rives de ce fleuve : le *Bourbonnais*, capitale Moulins; — le *Nivernais*, capitale Nevers; — le *Berri*, capitale Bourges; — l'*Orléanais*, capitale Orléans; — la *Touraine*, capitale Tours; —l'*Anjou*, capitale Angers.

Ensuite, à quelque distance de la Loire : à droite, le *Maine*, capitale le Mans; — et, à gauche, l'*Auvergne*, capitale Clermont; — la *Marche*, capitale Guéret; — le *Limousin*, capitale Limoges; — le *Poitou*, capitale Poitiers.

Trois sont dans le bassin de la Charente : l'*Angoumois*, capitale Angoulême; -- la *Saintonge*, capitale Saintes (capitale de tout le gouvernement de *Saintonge-et-Angoumois*); — l'*Aunis*, capitale la Rochelle.

Il y en avait quatre dans les bassins de la Garonne et de l'Adour : la *Guienne*, capitale Bordeaux (qui était la capitale de tout le gouvernement de *Guienne-et-Gascogne*); — la *Gascogne*, capitale Auch; — le *Béarn*, situé à l'extrémité sud-ouest de la France, dans le bassin de l'Adour, et qui, uni à la Basse-Navarre, formait le gouvernement de *Béarn-et-Navarre*, capitale Pau; — le *Comté de Foix*, capitale Foix.

Deux anciennes provinces, traversées par la chaîne des Cévennes, sont partagées presque également entre les VERSANTS DE LA MÉDITERRANÉE ET DU GOLFE DE GASCOGNE : l'une est le *Languedoc*, très-longue province, qui s'étend du N. E. au S. O., dans le S. de la France, depuis le Rhône jusqu'à la Garonne; capitale Toulouse; — l'autre est le *Lyonnais*, dans l'E. de la France, capitale Lyon.

Une ancienne province, traversée par la Côte d'Or, les Cé-

vennes et les monts du Morvan, appartient à la fois aux VER-
SANTS DE LA MÉDITERRANÉE, DE LA MANCHE ET DU GOLFE DE
GASCOGNE : c'est la *Bourgogne*, qui était unie à la *Bresse*
pour former le gouvernement de *Bourgogne-et-Bresse*, capitale Dijon.

Enfin huit anciennes provinces versent entièrement leurs
eaux dans la Méditerranée : une à l'E., vers le Jura ; c'est la
Franche-Comté, capitale Besançon ; — cinq au S. E., entre
les Alpes, le Rhône et la Méditerranée ; ce sont la *Savoie*,
capitale Chambéry ; — le *Dauphiné*, capitale Grenoble ; —
l'*État d'Avignon* (qui était une province dépendante des
Papes), capitale Avignon ; — la *Provence*, capitale Aix ; — le
Comté de Nice (dont une partie seulement, mais la plus considérable, a été annexée à la France), capitale Nice ; — une
province à l'extrémité sud de la France : c'est le *Roussillon*,
capitale Perpignan. — La dernière province, l'*île de Corse*,
avait pour capitale Bastia. Cette île ne formait pas un gouvernement général, mais seulement un *petit gouvernement*.

Il y avait, en outre, sept autres petits gouvernements, enclavés dans les grands : c'étaient ceux de *Paris*, dans l'Ile-
de-France ; de *Boulogne*, dans la Picardie ; du *Havre*, dans
la Normandie ; de *Sedan*, dans la Champagne ; de *Toul*, de
Metz-et-Verdun, dans la Lorraine ; de *Saumur*, dans l'Anjou.

Aujourd'hui la France est divisée en 86 départements (89
si l'on y ajoute les 3 départements de l'Algérie).

L'ALSACE a formé deux départements, qui nous ont été
enlevés par le traité de 1871 ; le *Bas-Rhin*, chef-lieu Strasbourg ; — le *Haut-Rhin*, chef-lieu Colmar.

La LORRAINE a formé longtemps quatre départements : la
Meuse, chef-lieu Bar-le-Duc ; — la *Moselle*, chef-lieu
Metz ; — la *Meurthe*, chef-lieu Nancy ; les *Vosges*, chef-
lieu Épinal. Mais les derniers événements ont réduit à trois
nos départements lorrains : celui de *Meurthe-et-Moselle*,
chef-lieu Nancy ; et ceux des *Vosges* et de la *Meuse*.

La FLANDRE a formé le département du *Nord*, chef-lieu
Lille.

L'Artois a formé [1] le département du *Pas-de-Calais*, chef-lieu Arras.

La Picardie a formé le département de la *Somme*, chef-lieu Amiens.

La Champagne a formé quatre départements : les *Ardennes*, chef-lieu Mézières ; — la *Marne*, chef-lieu Châlons-sur-Marne ; — l'*Aube*, chef-lieu Troyes ; — la *Haute-Marne*, chef-lieu Chaumont.

L'Ile-de-France a formé cinq départements : la *Seine*, chef-lieu Paris ; — *Seine-et-Oise*, chef-lieu Versailles ; — l'*Oise*, chef-lieu Beauvais ; — *Seine-et-Marne*, chef-lieu Melun ; — l'*Aisne*, chef-lieu Laon.

La Normandie a formé cinq départements : la *Seine-Inférieure*, chef-lieu Rouen ; — l'*Eure*, chef-lieu Évreux ; — le *Calvados*, chef-lieu Caen ; — la *Manche*, chef-lieu Saint-Lô ; — l'*Orne*, chef-lieu Alençon.

La Bretagne a formé cinq départements : *Ille-et-Vilaine*, chef-lieu Rennes ; — les *Côtes du-Nord*, chef-lieu Saint-Brieuc ; — le *Finisterre*, chef-lieu Quimper ; — le *Morbihan*, chef-lieu Vannes ; — la *Loire-Inférieure*, chef-lieu Nantes.

Le Bourbonnais a formé le département de l'*Allier*, chef-lieu Moulins.

Le Nivernais a formé le département de la *Nièvre*, chef-lieu Nevers.

Le Berri a formé deux départements : le *Cher*, chef-lieu Bourges ; — et l'*Indre*, chef-lieu Châteauroux.

L'Orléanais a formé trois départements : le *Loiret*, chef-lieu Orléans ; — *Eure-et-Loir*, chef-lieu Chartres ; — et *Loir-et-Cher*, chef-lieu Blois.

La Touraine a formé le département d'*Indre-et-Loire*, chef-lieu Tours.

L'Anjou a formé le département de *Maine-et-Loire* chef-lieu Angers.

---

1. Il faut remarquer que les départements correspondent seulement *à peu près* aux provinces que nous indiquons comme les ayant formés. L'Artois, par exemple, diffère assez sensiblement du département du Pas-de-Calais, formé aussi d'une partie de la Picardie.

Le MAINE a formé deux départements : la *Sarthe*, chef-lieu le Mans ; — et la *Mayenne*, chef-lieu Laval.

L'AUVERGNE a formé deux départements : le *Puy-de-Dôme*, chef-lieu Clermont ; — le *Cantal*, chef-lieu Aurillac.

La MARCHE a formé le département de la *Creuse*, chef-lieu Guéret.

Le LIMOUSIN a formé deux départements : la *Corrèze*, chef-lieu Tulle ; — la *Haute-Vienne*, chef-lieu Limoges.

Le POITOU a formé trois départements : la *Vendée*, chef-lieu Napoléon-Vendée ; — les *Deux-Sèvres*, chef-lieu Niort ; — la *Vienne*, chef-lieu Poitiers.

L'ANGOUMOIS a formé le département de la *Charente*, chef-lieu Angoulême.

L'AUNIS et la SAINTONGE ont formé le département de la *Charente-Inférieure*, chef-lieu la Rochelle.

La GUIENNE a formé six départements : la *Dordogne*, chef-lieu Périgueux ; — le *Lot*, chef-lieu Cahors ; — l'*Aveyron*, chef-lieu Rodez ; — *Tarn-et-Garonne*, chef-lieu Montauban ; — *Lot-et-Garonne*, chef-lieu Agen ; — la *Gironde*, chef-lieu Bordeaux.

La GASCOGNE a formé trois départements : les *Landes*, chef-lieu Mont-de-Marsan ; — le *Gers*, chef-lieu Auch ; — les *Hautes-Pyrénées*, chef-lieu Tarbes.

Le BÉARN a formé le département des *Basses-Pyrénées*, chef-lieu Pau.

Le COMTÉ DE FOIX a formé le département de l'*Ariége*, chef-lieu Foix.

Le LANGUEDOC a formé huit départements. Trois sont baignés par la mer : l'*Aude*, chef-lieu Carcassonne ; — l'*Hérault*, chef-lieu Montpellier ; — le *Gard*, chef-lieu Nimes ; — et cinq sont dans l'intérieur : la *Haute-Garonne*, chef-lieu Toulouse ; — le *Tarn*, chef-lieu Albi ; — la *Lozère*, chef-lieu Mende ; — la *Haute-Loire*, chef-lieu le Puy ; — l'*Ardèche*, chef-lieu Privas.

Le LYONNAIS a formé deux départements : le *Rhône*, chef-lieu Lyon ; — la *Loire*, chef-lieu Saint-Étienne.

La BOURGOGNE a formé quatre départements : l'*Yonne*, chef-lieu Auxerre ; — la *Côte-d'Or*, chef-lieu Dijon ; — *Saône-et-Loire*, chef-lieu Mâcon ; — l'*Ain*, chef-lieu Bourg.

La FRANCHE-COMTÉ a formé trois départements : le *Doubs*, chef-lieu Besançon ; — la *Haute-Saône*, chef-lieu Vesoul ; — le *Jura*, chef-lieu Lons-le-Saunier.

La SAVOIE a formé deux départements : celui de la *Savoie*, chef-lieu Chambéry ; — la *Haute-Savoie*, chef-lieu Annecy.

Le DAUPHINÉ a formé trois départements : l'*Isère*, chef-lieu Grenoble ; — la *Drôme*, chef-lieu Valence ; — les *Hautes-Alpes*, chef-lieu Gap.

L'ÉTAT D'AVIGNON a formé le département de *Vaucluse*, chef-lieu Avignon.

La PROVENCE a formé trois départements : les *Bouches-du-Rhône*, chef-lieu Marseille ; — les *Basses-Alpes*, chef-lieu Digne ; — le *Var*, chef-lieu Draguignan.

La plus grande partie du COMTÉ DE NICE, avec l'arrondissement de Grasse, distrait du département du Var et qui se trouvait en PROVENCE, ont formé le département des *Alpes-Maritimes*, chef-lieu Nice.

Le ROUSSILLON a formé le département des *Pyrénées-Orientales*, chef-lieu Perpignan.

La CORSE a formé le département de même nom, chef-lieu Ajaccio.

Chaque département est partagé en *arrondissements ;* l'un de ces arrondissements a pour chef-lieu la *préfecture*, c'est-à-dire le chef-lieu du département ; les autres ont pour chefs-lieux des *sous-préfectures*.

Villes principales. — Nous allons parcourir tous les départements, en commençant par le N. E., c'est-à-dire par le versant de la mer du Nord, en continuant par le versant de la Manche, puis par celui de l'Atlantique et du golfe de Gascogne, et en terminant par le versant de la Méditerranée.

Examinons d'abord les bassins du Rhin et de la Moselle. Commençons par les régions alsaciennes et lorraines, que nous avons eu le malheur de perdre, pour les céder à l'Allemagne par le fatal traité de 1871, et qu'un vif intérêt historique nous engage à décrire avec la France.

1° BASSINS DU RHIN ET DE LA MOSELLE.

Anc. département du Haut-Rhin (530 000 habit.).
— Il n'est resté à la France qu'une petite partie de ce département, au S. O., partie comprenant *Belfort* (15 000 h.), place très-forte, qui commande une *trouée* célèbre entre les Vosges et le Jura, vers le col de Valdoye, et qui s'est courageusement défendue contre les Allemands en 1870-1871.
— On y voit aussi *Delle*, *Beaucourt*, fameuse par son horlogerie et sa quincaillerie. — Le ***territoire de Belfort*** a 68 000 habitants.

Les villes principales du reste du département, devenu possession allemande, sont : *Colmar*, chef-lieu sous l'administration française, avec 24 000 hab. [1] — *Mulhouse* (en allemand *Mühlhausen*), qui était une sous-préfecture française, et qui se trouve sur l'Ill et sur le canal du Rhône au Rhin ; centre d'une grande industrie (filatures de coton, toiles peintes, construction de machines, etc.). 60 000 hab.
— *Altkirch*, sur l'Ill. — *Thann, Sainte-Marie aux Mines, Guebwiller, Massevaux, Bitschwiller*, villes industrielles.—
Neuf-Brisach, place forte, près du Rhin. — *Huningue*, avec un célèbre établissement de pisciculture.

Anc. département du Bas-Rhin (589 000 habit.).
— Nous l'avons perdu tout entier. — Chef-lieu, sous l'administration française : *Strasbourg* (anc. *Argentoratum*), sur l'Ill, sur le canal de l'Est et près du Rhin. Place très-forte ; belle cathédrale ; invention de l'imprimerie. En 1870, siége formidable et bombardement destructeur, suivi de la reddition de la place aux Allemands. Il y a 95 000 habitants.

Sous-préfectures, sous l'administration française : *Wissembourg* (en allemand *Weissenburg*), sur la Lauter.
— *Saverne* (en allemand *Zabern*), sur la Zorn. Château

---

1. En général, nous ne donnons la population des villes que lorsqu'elle atteint au moins 10 000 âmes ; cependant, pour les chefs-lieux de département, nous la donnons toujours.

célèbre. — *Schlestadt* (en allemand *Schlettstadt*), sur l'Ill. 10 000 habitants,

Autres lieux : *Haguenau*, commerçante en houblon. Bataille de 1793. 12 000 h. — *Mutzig, Molsheim, Klingenthal*, villes industrielles. — *Graffenstaden*. Fabriques de locomobiles à vapeur et d'autres machines. — *Lauterbourg, la Petite-Pierre* (en allemand *Lutzelstein*), anciennes places fortes, au milieu des Vosges. — *Bischwiller, Bouxwiller* et *Wasselonne*, intéressantes par leur industrie. — *Barr*, entourée de beaux vignobles. — *Niederbronn*. Eaux minérales. — *Reichshoffen* et *Wœrth*, où une bataille funeste aux Français fut livrée en 1870.

Département des Vosges (407 000 hab.). —.Chef-lieu : *Épinal*, sur la Moselle. 15 000 hab.

Sous-préfectures : *Saint-Dié*, sur la Meurthe. 15 000 hab. — *Remiremont*, sur la Moselle. — *Mirecourt*. Fabriques d'instruments de musique et de dentelles. — *Neufchâteau*, près de la Meuse.

Autres lieux : *Domremy*, village, patrie de Jeanne Darc. — *Rambervillers*, ville très-industrieuse ; papeteries. — *Gérardmer*. Trois petits lacs pittoresques ; fromages renommés. — *Plombières, Contrexéville* et *Bussang*. Eaux minérales.

Une petite partie de ce département, au N. E., a été cédée à l'Allemagne ; on y remarque *Schirmeck* et *Saales*.

Anc. département de la Meurthe (428 000 hab.). — Chef-lieu : *Nancy*, très-belle ville, près de la Meurthe, sur le canal de la Marne au Rhin. Place Royale ou Stanislas ; broderies et tapisseries renommées. 66 000 hab.

Sous-préfectures : *Lunéville*, 16 000 hab. Château des anciens ducs de Lorraine ; traité de paix de 1801 ; fabriques de faïence. — *Toul* (anc. *Tullum*), sur la Moselle. — *Château-Salins*, qui doit son nom à ses anciennes salines. — *Sarrebourg*, sur la Sarre.

Autres lieux remarquables : *Dieuze*, sur le canal des Salines ; renommée par ses grandes salines. — *Vic*, au milieu de vastes bancs de sel gemme. — *Pont-à-Mousson*, sur la Moselle. — *Baccarat*, sur la Meurthe. Manufacture de cristaux. — *Cirey*, village, avec une célèbre manufacture de glaces. — *Saint-Quirin*, avec une verrerie. — *Marsal, Phalsbourg*, anc. places fortes.

Nous venons de voir le département tel qu'il était sous l'administration française ; mais le N. E. (à peu près les arrondissements de *Château-Salins* et de *Sarrebourg*) a été cédé à l'Allemagne. L'extrémité occidentale du département de la Moselle a été réunie à ce qui nous est resté du département de la Meurthe, et l'on a formé le département de **Meurthe-et-Moselle** (405 000 hab.), ayant pour chef-lieu *Nancy*. Sous-préfectures : *Lunéville, Toul* et *Briey* ; autres lieux : *Baccarat, Cirey, Pont-à-Mousson, Longwy*.

Anc. dép. de la Moselle (452 000 h.). — Ce qu'il était sous la France. Chef-lieu : *Metz* (anc. *Divodurum*, puis *Mediomatrices* et *Mettis*), place très-forte, sur la Moselle ; belle cathédrale (55 000 h. av. la guerre, auj. 45 000). Siége brillamment soutenu par François de Guise contre Charles-Quint, en 1522 ; siége funeste de 1870, après lequel la place s'est rendue aux Allemands. Sanglants combats aux environs (à Gravelotte, etc.) pendant le siége.

Sous-préfectures : *Thionville*, jolie ville et place forte, sur la Moselle. Belles défenses de 1792 et de 1814. — *Sarreguemines*. Fabriques de faïence fine. — *Briey*, dans une gorge des Ardennes orientales.

Autres lieux : *Bitche, Longwy*, places fortes, dont la première a vainement été assiégée par les Prussiens dans la guerre de 1870-1871. — *Forbach*, près de la frontière, a beaucoup souffert dans cette guerre.

Aujourd'hui les quatre cinquièmes de ce département sont annexés à l'Allemagne. Nous n'avons conservé que la partie la plus occidentale, où se trouvent *Briey* et *Longwy*. Cette partie a été réunie, comme nous l'avons dit, à ce qui nous est resté du département de la Meurthe, pour former le département de *Meurthe-et-Moselle*.

2° Bassin de la Meuse.

Département de la Meuse (294 000 hab.). — Cheflieu : *Bar-le-Duc*, sur l'Ornain et sur le canal de la Marne au Rhin. 15 000 hab.

Sous-préfectures : *Montmédy*, place forte, sur la Chiers. — *Verdun* (anc. *Verodunum*), sur la Meuse. 11 000 hab. — *Commercy*, sur la Meuse.

Autres lieux : *Varennes en Argonne*. Arrestation de Louis XVI en 1791. — *Clermont en Argonne*, ancienne capitale du Clermontois. — *Saint-Mihiel*, sur la Meuse. — *Vaucouleurs*, près de la Meuse. Souvenir de Jeanne Darc. — *Ligny*, sur l'Ornain et sur le canal de la Marne au Rhin. Combat de 1814, et rencontre des souverains de Russie, d'Autriche et de Prusse en 1815[1]. — *Stenay*, sur la Meuse.

Département des Ardennes (327 000 hab.). — Cheflieu : *Mézières*, petite ville de 5300 âmes et place forte, sur la Meuse. Brillamment défendue par Bayard contre l'armée de Charles-Quint, en 1521 ; belle résistance contre les alliés en 1815 ; occupée par les Prussiens en 1871.

Sous-préfectures : *Sedan*, anc. place forte, sur la Meuse. 17 000 hab. Fabriques de beaux draps. Grand désastre de l'armée française en 1870. — *Rocroi*, place forte. Victoire de Condé sur les Espagnols en 1643. — *Rethel*, sur l'Aisne. Victoire de Turenne sur les Frondeurs en 1650. — *Vouziers*, sur l'Aisne.

Autres lieux : *Givet*, place forte, sur la Meuse. Fabriques de colle forte et de cire à cacheter. — *Fumay*, sur la Meuse. Carrières d'ardoises. — *Charleville*, sur la Meuse, très-près de Mézières, qu'elle surpasse en population (14 000 h.). — *Grand-Pré*, où Dumouriez arrêta les Prussiens en 1793. — *Attigny*, résidence royale sous les deux premières races. — *Carignan*, sur la Chiers.

3° Bassin de l'Escaut.

Département du Nord (1 520 000 hab.). — Chef-

1. Il ne faut pas confondre ce Ligny avec un autre situé en Belgique, près de Fleurus, et célèbre par une bataille en 1815.

lieu : *Lille*, en flamand *Ryssel*, place très-forte, sur la Deule. Fabriques de dentelles, de velours et de toiles ; belle citadelle élevée par Vauban. Plusieurs siéges brillamment soutenus, particulièrement en 1708 et 1792. 153 000 habitants (en y comprenant les communes, récemment annexées, des Moulins-Lille, d'Esquermes, etc.).

Sous-préfectures : *Dunkerque*, place forte et port de mer, 35 000 hab. Prise par Turenne sur les Espagnols en 1658. — *Hazebrouck*, à la jonction de chemins de fer se rendant à Lille, à Dunkerque, à Calais. — *Douai*, place forte. Fabriques de toiles, fonderie de canons, arsenal ; école d'artillerie. 27 000 hab. — *Cambrai* (anc. *Camaracum*), anc. place forte, sur l'Escaut. Fabriques de toiles. 22 000 hab. Traité de 1529 ; belle défense de 1793. — *Valenciennes* (anc. *Valentianœ*), place forte, sur l'Escaut. Fabriques de dentelles et de toiles fines ; clouterie, mines de charbon de terre. 26 000 hab. Défense héroïque de 1793. — *Avesnes* (prononcez *Avênes*), anc. place forte.

Autres lieux : *Gravelines*, place forte et port de mer, vers l'embouchure de l'Aa. — *Bailleul*. Fabriques de dentelles. 13 000 hab. — *Bergues*, place forte.— *Cassel*, sur une montagne. Trois batailles livrées par trois Philippe de France. — *Hondschoote*. Victoire des Français sur les Autrichiens en 1793. — *Roubaix* (84 000 hab.) et *Tourcoing* (49 000 hab.), villes remarquables par leurs fabriques de toutes sortes de tissus. — *Armentières* (22 000 hab.), ville industrielle, sur la Lys. — *Comines*, partagée par la Lys en deux parties : l'une française et l'autre belge. — *Saint-Amand les Eaux*. Sources minérales ; bonneterie, porcelaine.— *Condé*, place forte, sur l'Escaut. — *Bouchain, le Quesnoy* (prononcez *Quénoy*), *Landrecies*, places fortes. — *Maubeuge*, autre place forte (14 000 hab.). — *Wattignies*. Bataille gagnée par Jourdan en 1793. — *Denain*. Victoire de Villars en 1712, et riches mines de houille. — *Anzin*. Importantes houillères.— *Bouvines*. Victoire de Philippe-Auguste en 1214. — *Le Cateau-Cambrésis*, ville manufacturière. Traité de 1559 entre la France et l'Espagne.— *Malplaquet*. Victoire de Marlborough et du prince Eugène sur les Français en 1709.

Département du Pas-de-Calais (793 000 hab.). — Chef-lieu : *Arras* (anc. *Nemetacum* ou *Atrebates*), belle ville ; citadelle. Fabriques de batistes. 27 000 hab.

Sous-préfectures : *Saint-Omer*, place forte, sur l'Aa. Fabriques de draps. 22 000 hab. — *Béthune*, place forte. — *Boulogne-sur-mer* (anc. *Bononia* ou *Gessoriacum*), port très-fréquenté. Belle colonne qui rappelle le camp de Napoléon Ier et la flottille rassemblée contre l'Angleterre en 1804. 40 000 h. — *Montreuil-sur-mer*, placée à quelque distance de la mer, sur la Canche. Sièges fameux en 1537 et 1554. — *Saint-Pol*, brûlée par Charles-Quint en 1557.

Autres lieux : *Calais*, port de mer et place forte. 13 000 h. Prise par les Anglais en 1347, et reprise sur eux par François de Guise en 1558. — *Saint-Pierre-lez-Calais*, ville industrielle, renommée par ses tulles. 26 000 hab. — *Aire*, place forte, sur la Lys. — *Ardres*. Entrevue du camp du Drap d'or entre François Ier et Henri VIII, en 1520. — *Azincourt*. Victoire de Henri V d'Angleterre en 1415. — *Lens*. Victoire de Condé en 1648. Mines de houille. — *Hesdin* (prononcez *Hédin*), anc. place forte. Bonneterie de fil. — *Bapaume*, anc. place forte. Belles batistes. Victoire des Français sur les Prussiens en 1871. — *Guinegate* ou *Enguinegate*. Bataille de 1479, entre Maximilien d'Autriche et Louis XI, et bataille des *Éperons* en 1513, entre Louis XII et les Anglais. — *Thérouanne*, ancienne place forte, ruinée par Charles-Quint en 1553.

4° Bassin de la Somme.

Département de la Somme (557 000 hab.). — Chef-lieu : *Amiens* (anc. *Samarobriva*, puis *Ambiani*), sur la Somme. Belle cathédrale, citadelle ; fabriques de velours, de tapis et de casimirs. 69 000 hab. Traité de 1802, entre la France et l'Angleterre ; occupée par les Prussiens en 1870 et 1871, après une bataille livrée dans le voisinage.

Sous-préfectures : *Abbeville*, sur la Somme. Fabriques de draps, de moquettes, de toiles. 19 000 hab. — *Péronne*, place très-forte, sur la Somme ; vainement assiégée plusieurs fois par les Espagnols. Captivité de Charles le Simple et de Louis XI ; traités de Louis XI avec Charles le Téméraire, et de Henri III avec Henri de Guise. Bombardement et occupation par les Prussiens en 1870 et 1871. — *Doullens*, place forte, sur l'Authie. — *Montdidier*.

Autres lieux : *Saint-Valery sur Somme*, port de mer, à l'embouchure et sur la rive droite de la Somme. — *Ham*, château fort, qui a été le lieu de captivité de plusieurs prisonniers célèbres. — *Roye*. Commerce de grains. — *Albert*, autrefois *Ancre*. Souterrains curieux. — *Corbie* et *Saint-Riquier*, connues par leurs anciennes abbayes. — *Picquigny*, sur la Somme. Paix de 1475 entre Louis XI et Édouard IV. — *Crécy*. Victoire d'Édouard III, roi d'Angleterre, en 1346. — *Tertry* (autrefois *Testry*). Bataille de 687, entre Pepin d'Héristal et Thierri III. — *Pont-Noyelles*. Bataille gagnée par les Français sur les Prussiens en 1870.

5° Bassin de la Seine.

Départements traversés par la Seine.

Département de l'Aube (300 000 hab.). — Chef-lieu : *Troyes* (anc. *Augustobona* ou *Tricasses*), sur la Seine. Fabriques de toiles, de bonneterie et de draps. 41 000 hab. Belle cathédrale. Traité de 1420 entre Henri V, roi d'Angleterre, et Charles VI.

Sous-préfectures : *Nogent-sur-Seine*, près de laquelle sont les ruines de l'abbaye du Paraclet. — *Bar-sur-Seine*, ruinée par les Anglais dans la guerre de Cent ans. — *Arcis-sur-Aube* et *Bar-sur-Aube*. Batailles en 1814.

Autres lieux : *Brienne-le-Château*. Ancienne école militaire où Napoléon Ier a été élevé. Bataille livrée par cet empereur en 1814. — *Clairvaux*. Ancienne abbaye dont saint Bernard fut le premier abbé, et qui a été transformée en une maison de détention. — *Méry*, où commence la navigation de la Seine.

Département de Seine-et-Marne (347 000 hab). — Chef-lieu : *Melun* (anc. *Metiosedum*), sur la Seine. 11 000 h.

Sous-préfectures : *Meaux* (anc. *Jatinum*, puis *Meldi*), sur la Marne. Belle cathédrale gothique. 12 000 hab. — *Cou-*

lommiers, sur le Grand-Morin, ville industrielle. — *Provins*. Commerce de grains et de roses. — *Fontainebleau*, jolie ville, près de la Seine. Château et magnifique forêt. 12 000 hab. Dans le voisinage, *Thomery*, où se récoltent des raisins renommés.

Autres lieux : *La Ferté-sous-Jouarre*, sur la Marne. Carrières de pierres meulières très-estimées. — *Lagny* et *Brie-Comte-Robert*. Commerce de grains. — *Nemours*, sur le canal du Loing ; ancien duché important. — *Château-Landon*. Carrières de pierres de construction. — *Montereau*, au confluent de la Seine et de l'Yonne. Assassinat de Jean-sans-Peur, duc de Bourgogne, en 1419, et victoire de Napoléon Ier en 1814. Manufacture de faïence fine. — *Ferrières*. Beau château, résidence du roi de Prusse en 1870.

Département de la Seine (2 411 000 hab.). — Chef-lieu : PARIS (anc. *Lutetia*, puis *Parisii*), capitale de la France, sur les deux rives de la Seine et sur deux îles de ce fleuve : l'île de la Cité et l'île Saint-Louis. Le canal Saint-Martin traverse l'E., et la Bièvre le S. E. — Paris a environ 2 millions d'habitants (1 989 000 h, recensement de 1876).

Enceinte marquée par les fortifications, qui ont 33 kilomètres d'étendue, et devant lesquelles s'élèvent une vingtaine de forts détachés. Cette capitale, la première de l'Europe par la culture des lettres, des sciences et des arts, par le nombre et la variété des monuments publics, la seconde par la population (Londres la surpasse sous ce rapport), a été cruellement frappée en 1870 et 1871 par deux graves événements : d'abord le siége et le bombardement qu'en ont faits les Prussiens ; ensuite l'insurrection de la Commune, accompagnée de l'incendie de plusieurs de ses plus beaux monuments. — *Principaux lieux de promenade :* les boulevards, larges et belles rues qui parcourent de grands espaces de la ville ; les Champs-Élysées, les jardins des Tuileries, du Luxembourg et des Plantes, les parcs de Monceaux et des Buttes-Chaumont, nombreux *squares*. — *Belles rues* (autres que les boulevards) : rues de l'Opéra, du 4 Septembre, de la Paix, de Castiglione, de Rivoli, etc. — *Places :* Vendôme, de la Concorde, du Carrousel ; Champ de Mars. — *Palais :* les Tuileries (incen-

Paris. — Vue générale.

diées), le Louvre, le Palais-Royal, l'Élysée, le Luxembourg (pal. du Sénat), le palais Bourbon (Ch. des députés), le palais de Justice, le palais de l'Industrie, le Trocadéro. — *Principales églises :* Notre-Dame, Sainte-Geneviève (Panthéon), Saint-Eustache, la Madeleine, Saint-Sulpice, Saint-Roch, Saint-Germain l'Auxerrois, Sainte-Clotilde, la Trinité. — *Hospices et hôpitaux :* l'hôpital Saint-Louis, l'hôpital Lariboisière, l'Hôtel-Dieu, l'hospice des Quinze-Vingts, la Salpêtrière, l'hôpital militaire du Val-de-Grâce, etc. — *Établissements consacrés à la science et à l'instruction :* l'Observatoire, l'Institut, la Sorbonne (siége des facultés de théologie, des lettres et des sciences), le Collége de France, l'École de médecine, l'École de droit, l'École des mines, l'École polytechnique, l'École normale, les Archives (avec l'École des chartes), l'École de pharmacie, l'École des Beaux-Arts, l'École centrale des arts et manufactures, l'École des ponts et chaussées ; le Muséum d'histoire naturelle ; la Bibliothèque nationale, les bibliothèques Sainte-Geneviève, de l'Arsenal, Mazarine, etc. ; le Conservatoire de musique, celui des Arts et Métiers ; les musées du Louvre, du Luxembourg, etc. — *Édifices divers.* l'Hôtel de ville (incendié), la Bourse, l'hôtel des Invalides ; l'École militaire, l'hôtel de la Monnaie, la colonne de Juillet, la colonne Vendôme, renversée en 1871 et rétablie en 1874 ; l'Arc de triomphe de l'Étoile, les portes Saint-Denis et Saint-Martin, la tour Saint-Jacques, l'Opéra.

Les anciens villages, bourgs ou villes de la banlieue qui se trouvaient entre le mur d'octroi et les fortifications, et qui sont compris dans Paris depuis 1860, sont : à droite de la Seine, *Bercy*, une partie de *Saint-Mandé*, *Charonne*, *Ménilmontant*, *Belleville*, *la Villette*, *la Chapelle*, *Montmartre*, *les Batignolles-Monceaux*, *les Ternes*, *Passy*, *Auteuil ;* — à gauche, une partie d'*Ivry* et de *Gentilly*, *le Petit-Montrouge*, *Vaugirard*, *Grenelle.*

Anc. sous-préfectures dont les arrondissements ont aujourd'hui à Paris le siège de leur administration : *Saint-Denis*, sur le canal de même nom, près de la Seine. Fortifications ; belle église de l'anc. abbaye, avec les tombeaux des rois ; grandes usines à fer et à cuivre, construction de machines. 35 000 h. — *Sceaux.*

Autres lieux : *Vincennes.* Beau bois, château fort, asile pour les ouvriers convalescents. 18 000 hab. — *Saint-Mandé*, près du bois de Vincennes. — *Montreuil-sous-Bois* (14 000 hab.). Pêches renommées et autres bons fruits en espaliers. — *Neuilly-sur-Seine.* Ancien château. 21 000 habitants. — *Levallois-Perret*, lieu très-populeux (23 000 habitants). — *Clichy-la-Garenne.* Fabriques de produits chimiques ; verrerie et cristallerie. 17 000 hab. — *Asnières*, dans une agréable situation, sur la Seine. — *Nanterre*, dans une presqu'île formée par ce fleuve. — *Surênes*, au pied du mont Valérien, où s'élève une citadelle fameuse. — *Boulogne-sur-Seine*, qui donne son nom à un beau bois. 22 000 hab. — *Gentilly.* Hospice de Bicêtre. — *Arcueil.* Aqueduc célèbre. — *Fontenay-aux-Roses.* Commerce de roses et de fraises. — *Bourg-la-Reine.* — *Choisy-le-Roi.* Fabriques de maroquin, de faïence, etc. — *Ivry-sur-Seine* (15 000 habitants). — *Charenton*, au confluent de la Marne et de la Seine. Maison d'aliénés. — *Alfort.* École vétérinaire. — *Nogent-sur-Marne*, dans une agréable situation. — *Saint-Maur*, sur un canal de même nom, qui abrége la navigation de la Marne. — *Pantin* (14 000 habitants). — *Aubervilliers* (14 000 habitants).

Département de Seine-et-Oise (562 000 hab.). — Chef-lieu, *Versailles*, belle ville. Célèbre château fondé par Louis XIV, avec musée historique ; jardins et parcs superbes, avec les châteaux du grand et du petit Trianon. Quartier général du roi de Prusse pendant la funeste guerre de 1870-1871 ; siège du gouvernement de la France depuis 1871 jusqu'en 1879. 50 000 hab.

Sous-préfectures : *Pontoise*, sur l'Oise. Commerce de blé. — *Mantes*, sur la Seine. — *Rambouillet.* Château et forêt. — *Étampes.* Commerce de grains et de farines. — *Corbeil*, sur la Seine, au confluent de l'Essonne. Même commerce.

Autres lieux : *Sèvres*, sur la Seine. Manufacture de porcelaine. — *Meudon.* Château célèbre, sur une hauteur, détruit dans la guerre de 1870. — *Saint-Cloud*, sur la Seine. Cette petite ville et son joli château ont été détruits pendant cette guerre. — *Rueil.* Anc. château qui fut le séjour de la cour pendant la Fronde; et château de la Malmaison, où habita l'impératrice Joséphine.—*Marly*, sur la Seine. Machine pour conduire les eaux à Versailles. — *Saint-Germain en Laye*, près de la Seine. Château, avec musée archéologique; belle forêt..17000 habitants. — *Poissy*, sur la Seine. Grand marché de bestiaux. — *Meulan*, sur la Seine; autrefois fortifiée et connue par plusieurs siéges.—*Montmorency*. Forêt, belle situation; a donné son nom à une famille célèbre.—*Enghien*. Eaux minérales et joli lac. — *Saint-Cyr*, dans le voisinage de Versailles. École militaire. — *Essonnes*, sur la rivière de même nom. Papeterie, moulins renommés.

Département de l'Eure (374 000 hab.). —Chef-lieu : *Évreux* (anc. *Mediolanum*, puis *Eburovices*), sur l'Iton, affluent de l'Eure. Belle cathédrale. 15 000 habitants.

Sous-préfectures : *Louviers*, sur l'Eure. Fabriques de beaux draps. 11 000 hab. — *Pont-Audemer*, sur la Rille, avec un port. Tanneries renommées. — *Bernay*. Grand commerce de chevaux, fabriques de toiles et de rubans de fil. — *Les Andelys*, sur la Seine. Fabriques de draps. Patrie de Nicolas Poussin.

Autres lieux : *Gisors*. Tanneries. —*Verneuil*. Victoire des Anglais en 1424. — *Ivry-sur-Eure*. Victoire de Henri IV en 1590. — *Vernon*, sur la Seine. — *Quillebeuf*, sur la Seine, dont le passage est dangereux en cet endroit. — *Cocherel*. Victoire de du Guesclin en 1364.—*Rugles*. Épingles et clouterie.

Département de la Seine-Inférieure (798 000 h.). — Chef-lieu : *Rouen* (anc. *Rotomagus*), dans une belle situation, en amphithéâtre, sur la Seine. Port très-fréquenté. Belle cathédrale, église Saint-Ouen, remarquable palais de justice; place où Jeanne Darc fut brûlée. Teintureries; toiles de coton renommées (*rouenneries*); faïence, etc. 105 000 h. La ville a beaucoup souffert de la guerre de 1870-1871, et a été longtemps occupée par les Prussiens.

Sous-préfectures : *Le Havre*, port de mer et place forte, à l'embouchure de la Seine : c'est le port de Paris et la place de commerce la plus importante que la France ait sur la Manche. Beaux bassins pour les navires. 92 000 hab., en y comprenant *Ingouville*. — *Dieppe*, port de mer à l'embouchure de l'Arques. Fabriques de dentelles et de jolis ouvrages d'ivoire. 20 000 hab. — *Yvetot*. — *Neufchâtel en Bray*. fromages renommés.

Autres lieux principaux : *Eu*. Château et parc; port formé par la Brêle canalisée. — *Le Tréport*, port de mer, à l'embouchure de la Brêle. — *Saint-Valery en Caux* et *Fécamp*, ports de mer. — *Harfleur*, sur la Seine. — *Lillebonne* (anc. *Juliobona*). Antiquités. — *Bolbec*. Fabriques de toiles de coton. 11 000 hab. — *Caudebec*, sur la Seine, près des belles ruines de l'abbaye de Saint-Vandrille et à 12 kilomètres de celles de Jumiéges. — *Darnetal*, très-près de Rouen. Industrie très-importante pour les lainages et les cotons. — *Elbeuf*, sur la Seine. Fabriques de draps. 23 000 hab. — *Gournay*. Beurre renommé. — *Forges-les-Eaux* [1]. Eaux minérales, poterie. — *Aumale*. Ancienne capitale d'un comté célèbre.

Départements des bassins de la Marne et de l'Oise,
affluents de droite de la Seine.

Département de la Haute-Marne (252 000 hab.). — Chef-lieu : *Chaumont*, jolie ville, sur la Marne. Ganterie estimée; beau viaduc de chemin de fer. Traité signé entre les alliés en 1814. 9000 hab.

Sous-préfectures : *Langres* (anc. *Andomatunum*, puis *Lingones*), place de guerre, près de la source de la Marne. Coutellerie renommée. 10 000 hab. — *Vassy*. Massacre des protestants en 1562.

Autres lieux : *Saint-Dizier*, sur la Marne, qui y devient navigable (13 000 hab.). — *Joinville*, sur la Marne. Ancien château célèbre. — *Bourbonne-les-Bains*. Eaux minérales. —*Andelot*. Célèbre congrès de 587 entre plusieurs rois francs et leurs leudes. — *Nogent-le-Roi*. Coutellerie renommée.

Département de la Marne (408 000 hab.). — Chef-lieu : *Châlons-sur-Marne* (anc. *Catalauni*), 20 000 hab.

____

1. Ne pas confondre avec *Forges-les-Bains*, village de Seine-et-Oise, près de Limours, qui a aussi des eaux mirérales renommées.

Belles églises (la cathédrale, Notre-Dame). — Près de là, célèbre camp de manœuvres pour les troupes.

Sous-préfectures : *Reims* (anc. *Durocortorum*, puis *Remi*), sur la Vêle. Belle cathédrale où l'on sacrait les rois deFrance ; curieuse église de Saint-Remi. Fabriques d'étamines et de casimirs ; commerce de vins de Champagne. 81 000 hab. Ce fut un des quartiers généraux des Prussiens dans la guerre de 1870-1871. — *Épernay*, sur la Marne. Commerce de vins. 16 000 hab. —*Vitry-le-François* [1], place fortifiée, sur la Marne ; brûlée par Louis VII en 1154, par Charles-Quint en 1555, et rebâtie par François Ier. — *Sainte-Menehould*, sur l'Aisne.

Autres lieux : *Aï*, près de la Marne. Vins renommés. — *Montmirail.* Carrières de pierres meulières. Victoire de Napoléon Ier en 1814. — *Valmy.* Victoire des Français sur les Prussiens en 1792. — *Champaubert* et *Fère-Champenoise.* Victoires de Napoléon Ier sur les alliés en 1814.

Département de l'Aisne [2] (560 000 hab.). — Chef-lieu : *Laon* (nommée, dans les premiers temps du moyen âge, *Lugdunum Clavatum*, ensuite *Laudanum*), ville fortifiée, sur une montagne. Commerce de grains. 12 000 bab. Séjour des derniers rois carlovingiens.

Sous-préfectures : *Saint-Quentin*, sur la Somme et sur le canal de Saint-Quentin. Fabriques de basins, de gazes, de mousselines et de batistes. Bataille de 1557, gagnée par les Espagnols sur les Français ; autre bataille perdue par les Français contre les Prussiens en 1871. 39 000 hab. — *Vervins.* Traité de 1598 entre Henri IV et Philippe II. — *Soissons* (anc. *Augusta Suessionum*), sur l'Aisne. Commerce de blé et de légumes estimés. Ancienne capitale d'un royaume de même nom. Victoire de Clovis en 486, et de Hugues le

1. Cette ville a été ainsi nommée en l'honneur de François Ier. C'est donc à tort qu'on l'appelle ordinairement *Vitry-le-Français*.

2. Prononcez *Aine* On a établi l'usage très-convenable de supprimer l's, et de la remplacer par un accent circonflexe dans les mots *île, Rhône, Bâle,* etc. Il serait rationnel de faire une réforme semblable pour le mot *Aisne* et d'écrire *Aîne ;* mais l'usage n'a pas encore admis cette orthographe.

Grand sur Charles le Simple en 922; captivité de Louis le Débonnaire dans le couvent de Saint-Médard. 11 000 hab. — *Château-Thierry*, sur la Marne. Patrie de la Fontaine.

Autres lieux : *Guise*. Place forte et ancienne capitale d'un duché célèbre, sur l'Oise. — *La Fère*, autre place forte, sur la même rivière; école d'artillerie et arsenal militaire. Belle défense en 1815. — *Chauny*, ville industrielle, aussi sur l'Oise. Produits chimiques et glaces. — *Saint-Gobain*. Manufacture de glaces. — *La Ferté-Milon*. Patrie de Racine. — *Villers-Cotterets*. Forêt célèbre. — *Coucy*. Forêt, ruines d'un château fameux. — *Crépy-en-Laonnais*, traité de 1544.

Département de l'Oise (402 000 hab.). — Chef-lieu *Beauvais* (anc. *Cæsaromagus*, puis *Bellovaci*), sur le Thérain, affluent de l'Oise. Belle cathédrale. Manufacture de tapis; fabriques de draps et de tabletterie. 17 000 hab. Défense courageuse de Jeanne Hachette contre les Bourguignons, en 1472.

Sous-préfectures : *Clermont*. Ancien château célèbre. — *Compiègne* vers le confluent de l'Oise et de l'Aisne. 13 000 hab. Château, avec le musée Khmer (Cambodgien), forêt, bel hôtel de ville. — *Senlis* (anc. *Augustomagus*, puis *Silvanectes*), sur la Nonette. Commerce de grains.

Autres lieux : *Chantilly*. Fabriques de dentelles et de blondes; manufacture de porcelaine. Château des anciens princes de Condé; belle forêt. — *Ermenonville* et *Morfontaine*. Villages avec châteaux et parcs agréables. — *Noyon* (*Noviomagus Veromanduorum*, ensuite *Novionum*), sur l'Oise. — *Creil*, sur l'Oise. Fabrique de très-belle faïence. — *Méru*. Tabletterie. — *Liancourt*. Grande industrie pour les tissus et les chaussures. — *Crépy-en-Valois*, ancienne capitale du *Valois*. — *Pierrefonds*. Eaux minérales; ruines d'un curieux château, avec musée historique.

Départements des bassins de l'Yonne et de l'Eure, affluents de gauche de la Seine.

Département de l'Yonne (359 000 hab.). — Chef-lieu : *Auxerre* (*Autessiodurum*), sur l'Yonne. Commerce de vins. 16 000 hab.

Sous-préfectures: *Sens* (anc. *Agedincum*, ensuite *Senones*), ville très-ancienne, sur l'Yonne. Belle cathédrale. 12 000 h. — *Joigny*, sur l'Yonne. Vins renommés. — *Tonnerre*, sur l'Armançon. Excellents vins; belles carrières de pierres de construction. — *Avallon*.

Autres lieux : *Villeneuve-sur-Yonne.* — *Chablis.* Vins blancs renommés. — *Arcy.* Grottes célèbres. — *Vézelay.* Ancienne abbaye, où saint Bernard prêcha la deuxième croisade en 1146. — *Cravant.* Bataille de 1423 entre les Français et les Anglais. — *Fontanet* ou *Fontenoy.* Bataille de 841 entre les fils de Louis le Débonnaire.

Département d'Eure-et-Loir (283 000 hab.). — Chef-lieu : *Chartres* (anc. *Autricum*, ensuite *Carnutes*), sur l'Eure. Belle cathédrale ; commerce de grains et de chevaux. 20 000 habitants.

Sous-préfectures : *Dreux* (anc. *Durocasses*, puis *Drocæ*). Bataille de 1562 entre les catholiques et les protestants. — *Nogent-le-Rotrou*, sur l'Huîne. Combat entre les Français et les Prussiens en 1871. — *Châteaudun*, sur le Loir. Belle défense contre les Prussiens en 1870.

Autres lieux : *Maintenon.* Beau château, que Louis XIV donna à la dame qui a porté le nom de cette ville. — *Brétigny.* Traité de 1360. — *Auneau.* Défaite des reîtres en 1587. — *Loigny* (près de Châteaudun). Bataille entre les Français et les Prussiens en 1870. — *Anet.* Château élevé sous Henri II.

6° BASSINS DE L'ORNE, DE LA TOUQUES, DE LA DIVES, DE LA VIRE, DE LA SÉE, DE LA SÉLUNE, DE LA RANCE, DU GOUET ET DU TRIEUX.

Département de l'Orne (393 000 hab.). — Chef-lieu : *Alençon*, sur la Sarthe. Fabriques de dentelles renommées, de toiles, de pierres fausses. 17 000 hab. — Combat entre les Français et les Prussiens en janvier 1871.

Sous-préfectures : *Argentan*, sur l'Orne. Fabriques de dentelles. — *Domfront.* — *Mortagne.* Fabriques de toiles. Près de là est le monastère de *la Trappe.*

Autres lieux remarquables : *Laigle*. Grandes fabriques d'épingles et d'aiguilles. — *Sées* (anc. *Sagii* et *Sagium*). Belle cathédrale. — *Tinchebrai*. Bataille en 1106 entre Henri Ier d'Angleterre et son frère Robert. — *Bellême*, près d'une forêt célèbre. — *Flers* (11 000 h.), *Vimoutiers*, *la Ferté-Macé*, villes industrielles. — *Bagnoles*. Eaux minérales.

Département du Calvados (450 000 hab.). — Chef-lieu : *Caen*, ville industrielle, commerçante et savante, sur l'Orne, qu'un canal longe, en formant un port propre aux bâtiments de 200 tonneaux. 42 000 hab.

Sous-préfectures : *Pont-l'Evêque*, sur la Touques, au milieu de la vallée d'Auge, la plus riche de France en herbages. — *Lisieux*, sur la même rivière. Lainages et toiles. 18 000 h. — *Falaise*. Teintureries, bonneterie ; foires du faubourg de Guibrai. — *Vire*, sur la rivière de même nom. Draps. — *Bayeux* (anc. *Aregenus*, puis *Bajocasses*). Belle cathédrale ; tapisserie célèbre de la reine Mathilde. 10 000 hab.

Autres lieux : *Honfleur*, port sur la Seine, presque en face du Havre. — *Isigny*, à l'embouchure de la Vire. Beurre et commerce de cidre. — *Trouville*, petit port, à l'embouchure de la Touques. — *Formigny*. Victoire de Charles VII sur les Anglais en 1450. — *Condé-sur-Noireau*. Toiles.

Département de la Manche (540 000 hab.). — Chef-lieu : *Saint-Lô*, sur la Vire. Belle cathédrale. 14 000 hab.

Sous-préfectures : *Cherbourg*, la ville la plus importante du département, avec un port militaire, un port de commerce et une vaste rade qui peut contenir 400 vaisseaux. 37 000 hab. — *Valognes*. — *Coutances* (anc. *Constantia* et *Unelli*), ville très-ancienne. Belle cathédrale. — *Avranches* (anc. *Ingena*, puis *Abrincatui* et *Abrincæ*). Fabriques de bougies et de toiles ; salines. — *Mortain*. Toiles, poteries de grès.

Autres lieux : *Granville*, port de mer, 13 000 hab. — *Mont-Saint-Michel*, montagne, village et château fort, tour à tour environnés par la mer et par une plaine de sable, selon que la marée est haute ou basse. — *Carentan*, petit port fortifié, à l'embouchure de la Taute et de la Douve. — *Saint-Vaast de la Hougue*, port fortifié et assez commerçant, sur la belle rade de *la Hougue* ou *la Hogue*, qui est protégée par le fort de même nom et par l'île fortifiée de Tatihou, et à côté de laquelle s'avance le cap de la Hougue, célèbre par la bataille navale de 1692. — *Villedieu-les-Poêles.* Grande fabrication de poêlerie et de chaudronnerie.

Département des Côtes-du-Nord (631 000 hab.). — Chef-lieu : *Saint-Brieuc*, près de l'anse de même nom, sur le Gouet, à l'embouchure duquel est le Légué, qui sert de port à cette ville. 16 000 habitants.

Sous-préfectures : *Dinan*, commerçante et industrielle, sur la Rance et à l'extrémité du canal d'Ille-et-Rance, avec un petit port. — *Guingamp.* Belle église; commerce de fil. — *Lannion*, sur le Guer, avec un petit port. — *Loudéac.* Fabriques de toiles.

Autres lieux : *Lamballe*, ancien chef-lieu du duché de Penthièvre. — *Tréguier*, très-commerçante, avec un vaste et beau port, sur une rivière de même nom.

7° BASSINS DE L'ELORN, DE L'AULNE, DE L'ODET, DE L'ELLÉ, DU BLAVET ET DE LA VILAINE.

Département du Finistère[1] (666 000 hab.). — Chef-lieu : *Quimper-Corentin*, sur l'Odet, avec un port, à peu de distance de la mer. 14 000 hab.

Sous-préfectures : *Brest*, importante place forte et port militaire, le plus beau et le plus sûr de l'Europe. Bel arsenal de marine, chantiers de construction; rade immense, qui s'étend au S. de la ville. 67 000 hab. — *Morlaix*, vers la Manche, avec un port sur la rivière de même nom. 15 000 hab. — *Châteaulin*, port sur l'Aulne, à l'extrémité du canal de Nantes à Brest. — *Quimperlé*, port sur l'Ellé.

Autres lieux : *Saint-Pol de Léon*, près de la Manche. — *Roscoff*, port assez fréquenté, près de Saint-Pol. — *Landerneau*, port à l'embouchure de l'Elorn dans la rade de Brest.

---

1. On écrit souvent, à tort, Finistère, puisque ce mot signifie *fin de la terre* (*finis terræ*); il indique la situation de ce département à l'extrémité occidentale de la France.

— *Le Conquet, Concarneau,* autres ports. — *Le Huelgoat* et *Poullaouen.* Importantes mines de plomb.

Département du Morbihan (507 000 hab.). — Chef-lieu : *Vannes* (anc. *Dariorigum,* ensuite *Veneti*), port de mer, sur le golfe du Morbihan, Commerce de blé et de sardines. 15 000 hab.

Sous-préfectures : *Lorient,* place forte et port militaire célèbre, au confluent du Scorff et du Blavet, à 4 kilom. de la mer. 35 000 hab. — *Pontivy* (appelée sous les deux empires *Napoléonville*), ancien chef-lieu du duché de Rohan, sur le Blavet et sur le canal de Nantes à Brest. — *Ploermel.*

Autres lieux : *Port-Louis,* port de mer, à l'embouchure du Blavet. — *Auray,* sur une rivière de même nom, qui y forme un petit port. Bataille de 1364 entre les comtes de Blois et de Montfort. — *Sarzeau,* près du golfe du Morbihan, sur la presqu'île de Ruis. Salines. — *Hennebont,* port sur le Blavet. Siége soutenu par Jeanne de Montfort contre Charles de Blois en 1341. — *Carnac* et *Locmariaker.* Curieux monuments druidiques.

Département d'Ille-et-Vilaine (603 000 hab.). — Chef-lieu : *Rennes* (anc. *Condate,* puis *Redones*), au confluent de l'Ille et de la Vilaine. Blanchisseries de cire ; commerce de toiles et de beurre. 57 000 hab.

Sous-préfectures : *Saint-Malo,* port de mer et place très-forte, sur l'île d'Aaron, à l'embouchure de la Rance. Armements considérables pour la grande pêche (morue, etc.). 10 000 hab. — *Fougères,* autrefois place très-forte. — *Vitré,* sur la Vilaine. — *Montfort-sur-Meu* ou *Montfort-la-Canne.* Commerce de lin et de toiles. — *Redon,* sur la Vilaine et sur le canal de Nantes à Brest ; avec un port.

Autres lieux : *Saint-Servan* (anc. *Aletum* ou *Aletha*), très-près de Saint-Malo, avec un port de commerce et un port militaire, sur la Rance. 12 000 hab. — *Cancale,* sur la rade de même nom. Huîtres renommées. — *Dol,* autrefois place très-forte. Dolmen remarquable. — *Saint-Aubin du Cormier.* Bataille de 1488.

8° BASSIN DE LA LOIRE.

Départements traversés par la Loire.

Département de la Haute-Loire (314 000 hab.). — Chef-lieu : *Le Puy* (anc. *Anicium* et *Civitas Vellavorum*), au pied du mont Corneille, près de la Loire. Fabriques de dentelles et de blondes. 20 000 hab.

Sous-préfectures : *Issingeaux* (anc. *Icidmagus*). Fabriques de dentelles et de blondes. — *Brioude,* sur l'Allier. Belle église Saint-Julien.

Département de la Loire (591 000 hab.).—Chef-lieu : *Saint-Étienne,* sur le Furens. Manufactures d'armes, fabriques de quincaillerie, de coutellerie, de rubans et de lacets et riches mines de charbon de terre. 126 000 hab.

Sous-préfectures : *Montbrison,* longtemps chef-lieu du département. — *Roanne,* sur la Loire. Commerce actif. 23 000 habitants.

Autres lieux : *Rive-de-Gier,* sur le canal de Givors et sur le Gier. Mines de charbon de terre ; fabriques d'acier. 15 000 hab. — *Saint-Chamond.* Fabriques de rubans, de lacets et de clouterie ; mines de charbon de terre. 14 000 hab. — *Saint-Galmier* et *Saint-Alban.* Eaux minérales.

Département de la Nièvre (347 000 hab.). — Chef-lieu : *Nevers* (anc. *Noviodunum, Nevirnum* ou *Nivernum*), sur la Loire, près du confluent de la Nièvre. Forges considérables et fonderies importantes ; commerce de fer, de quincaillerie, de bois, de belles faïences et de vins. 23 000 hab.

Sous-préfectures : *Clamecy,* sur l'Yonne et sur le canal du Nivernais. Commerce de bois et de charbon de bois.—*Château-Chinon,* près de l'Yonne, au milieu des montagnes du Morvan. Même commerce. — *Cosne* (pron. *Cône*) (anc. *Condate*), sur la Loire. Coutellerie, fabriques d'ancres et de quincaillerie.

Autres lieux : *Pouilly-sur-Loire.* Vins blancs renommés. — *La Charité,* sur la Loire. — *Donzy.* Forges importantes. — *Decize,* dans une île de la Loire, à la jonction du canal du Nivernais. Houille, pierres meulières, forges. — *Guéri-*

gny, avec les forges de la Chaussade, où l'on fabrique des ancres et autres articles pour la marine. — *Pougues* et *Saint-Honoré*. Établissements thermaux. — *Imphy* et *Fourcham-bault*. Forges et hauts fourneaux.

Département du Loiret (361 000 hab.). — Chef-lieu : *Orléans* (*Aurelianum*, et, plus anciennement, *Genabum*, suivant l'opinion commune), sur la Loire. Belle cathédrale ; raffineries de sucre ; commerce de vin, de vinaigre et de bois. Deux siéges fameux : en 450, par Attila, et en 1428, par les Anglais, que Jeanne Darc repoussa. Combats dans la ville et au voisinage, dans la guerre de 1870-1871. Orléans a beaucoup souffert de l'occupation des Prussiens. 52 000 hab.

Sous-préfectures : *Montargis*, sur le Loing, vers la jonction des canaux du Loing, de Briare et d'Orléans. — *Pithiviers*. — *Gien*, sur la Loire.

Autres lieux : *Briare*, à la jonction du canal de même nom et de la Loire. — *Sully-sur-Loire*, érigé en duché par Henri IV en faveur de son ministre Rosny. — *Olivet*, dans une agréable situation, sur le Loiret, près de la source remarquable de cette rivière. — *Beaugency*, sur la Loire. Commerce de vins. — *Patay*. Victoire de Jeanne Darc sur les Anglais en 1429 ; combats au voisinage entre les Français et les Prussiens en 1870. — *Jargeau*, souvent assiégée au XVe siècle. — *Coulmiers*. Victoire des Français sur les Prussiens en 1870. — *Villorceau* (près de Beaugency) et *Beaune-la-Rolande*. Batailles entre les Français et les Prussiens en 1870.

Département de Loir-et-Cher (273 000 hab.). — Chef-lieu : *Blois*, sur la Loire. Beau pont ; ancien château, fameux dans l'histoire des Valois. 20 000 hab.

Sous-préfectures : *Vendôme*, sur le Loir. Commerce de blé et de ganterie. Bataille entre les Français et les Prussiens en 1870. — *Romorantin*, ancienne capitale de la Sologne. Fabriques de draps. Édit célèbre publié en 1560.

Autres lieux : *Saint-Aignan*, sur le Cher. Grandes carrières de silex. — *Chambord*. Beau château, élevé sous François Ier. — *Chaumont-sur-Loire*. Antique château, dans une situation magnifique. — *Fréteval*. Victoire de Richard Cœur-de-Lion en 1194, et combat entre les Français et les Prussiens en 1870. — *Josnes*, près de la forêt de Marchenoir; quartier général de l'armée de Chanzy en 1870.

Département d'Indre-et-Loire (325 000 hab.). — Chef-lieu : *Tours* (anc. *Cæsarodunum*, puis *Turones*), sur la Loire, vers le confluent d'un bras du Cher. Pont et cathédrale remarquables; commerce de soieries, de fruits, de librairie, etc. 48 000 hab. Siége de la délégation du gouvernement de la France en 1870. Emplacement du château du *Plessis-lez-Tours*, qui fut habité par Louis XI.

Sous-préfectures : *Chinon*, sur la Vienne. Ruines du château qui fut la résidence de Charles VII. — *Loches*, sur l'Indre. Ancien château royal.

Autres lieux : *Amboise*, sur la Loire. Château agréablement placé, où séjournèrent Charles VII, Louis XI, Charles VIII et François II. — *La Haye-Descartes*, sur la Creuse. Patrie du philosophe Descartes. — *Richelieu*. Château qui fut la résidence de l'illustre ministre de même nom. — *Mettray*, près de Tours. Colonie agricole pour les jeunes condamnés. — *Abilly*. Grande fabrication de machines agricoles. — *Bourgueil*. Vins renommés; ancienne abbaye.

Département de Maine-et-Loire (518 000 hab.). — Chef-lieu : *Angers* (anc. *Juliomagus*, puis *Andecavi*), sur la Maine. Commerce de vins, de bestiaux et d'ardoises. Vieux château fort. 57 000 hab.

Sous-préfectures : *Saumur*, sur la Loire. Château fort, école de cavalerie. 13 000 hab. — *Baugé*. Bataille de 1421. — *Segré*. Commerce de toiles. — *Cholet*. Fabriques de toiles et de mouchoirs; commerce de bœufs. 14 000 hab.

Autres lieux : *Beaupréau*. Foires célèbres et grand commerce de bestiaux. — *Chalonnes*, sur la Loire. Fabriques de mouchoirs et mines de houille. — *Les Ponts-de-Cé*, sur la Loire. Ville souvent citée dans l'histoire des guerres dont l'Anjou fut le théâtre, particulièrement en 1620 et 1793. — *Fontevrault*. Ancienne abbaye célèbre, aujourd'hui maison de détention. — *Saint-Florent*, où commença la guerre de la Vendée en 1793.

Département de la Loire-Inférieure (613 000

hab.). — Chef-lieu : *Nantes* (anc. *Condevincum*, puis *Nannetes*), sur la Loire, au confluent de l'Erdre et de la Sèvre Nantaise. Belle ville et port très-commerçant. 122 000 hab.

Sous-préfectures : *Paimbœuf*, port sur la Loire, près de l'embouchure de ce fleuve. — *Saint-Nazaire*, à l'embouchure de la Loire, avec un beau port, qui prend une rapide importance. 20 000 hab. — *Châteaubriant*. Ancien et célèbre château. — *Ancenis*, petit port assez animé, sur la Loire.

Autres lieux : *Savenay*. M rais salants. — *Guérande*, près de la mer. Traité de 1365. — *Machecoul*, ancienne capitale du duché de Retz. — *Indre*, sur la Loire, à peu de distance et au-dessous de Nantes, avec l'île d'*Indret*, qui a une célèbre usine de la marine de l'État. — *Le Croisic* et *Pornic*, petits ports de mer. — *Clisson*. Beau château, berceau d'une famille célèbre.

Départements du bassin de la Mayenne, affluent de droite de la Loire.

Département de la Sarthe (446 000 hab.). — Chef-lieu : *Le Mans* (anc. *Subdinum*, puis *Cenomani*), sur la Sarthe, Bougies, toiles, volailles renommées. 50 000 hab. — Bataille perdue par les Français, le 11 janvier 1871.

Sous-préfectures : *Mamers*. Bestiaux et toiles. — *Saint-Calais*. — *La Flèche*, sur le Loir. Prytanée militaire.

Autres lieux : *Sablé*, sur la Sarthe. Mines de houille. Traité de 1448. — *Château-du-Loir*. Plusieurs combats aux environs dans la guerre contre les Prussiens, en 1870. — *Conlie*. Camp établi pour l'armée française dans la guerre de 1870-1871.

Département de la Mayenne (352 000 hab.). — Chef-lieu : *Laval*, sur la Mayenne. Commerce de fil et de toiles. 27 000 hab.

Sous-préfectures : *Mayenne*, sur la rivière de même nom. Fabriques de toiles. Duché fameux au XVIe siècle. 10 000 hab. — *Château-Gontier*, sur la Mayenne.

Autres lieux : *Ernée*. Grande fabrication de chaussures. — *Craon*. Berceau de deux familles illustres.

Départements sur la rive gauche de la Loire.

Département de l'Allier (406 000 hab.).—Chef-lieu : *Moulins*, sur l'Allier. 22 000 hab.

Sous-préfectures : *Montluçon*, sur le Cher et sur le canal du Berri. Manufacture de glaces. 23 000 hab. — *Gannat*. Commerce de blé. — *La Palisse*. Ancien château de l'illustre guerrier Chabannes de la Palisse.

Autres lieux : *Bourbon-l'Archambault*. Eaux minérales. A donné son nom aux Bourbons et au Bourbonnais. — *Souvigny*. Belle église gothique, avec les tombeaux des ducs de Bourbon. — *Vichy*, sur l'Allier. Eaux minérales très-renommées. — *Saint-Pourçain*. Vins estimés. — *Néris*. Eaux minérales. — *Commentry*. Exploitation importante de houille.

Département du Cher (346 000 hab.). — Chef-lieu : *Bourges* (anc. *Avaricum*, puis *Bituriges*), très-ancienne ville, au centre de la France, au confluent de l'Yèvre et de l'Auron. Belle cathédrale; hôtel de Jacques Cœur. Draps et toiles peintes; forges et hauts fourneaux; commerce de laine. Antiquités; séjour de Charles VII pendant l'invasion des Anglais; *pragmatique sanction* de 1438; école d'artillerie (36 000 hab.).

Sous-préfectures : *Sancerre*, sur une montagne, près de la Loire. Bons vins. Siége et famine de 1573. — *Saint-Amand-Montrond*, jolie ville, près du Cher et du canal du Berri. Industrie du fer et de la porcelaine.

Autre lieu : *Vierzon*, sur le Cher et sur le canal du Berri. Forges, hauts fourneaux, porcelaine.

Départements situés à quelque distance et à gauche de la Loire, dans les bassins de l'Allier, du Cher, de l'Indre et de la Vienne.

Département du Puy-de-Dôme (570 000 hab.). — Chef-lieu : *Clermont-Ferrand* (anc. *Nemetum*). Étoffes de laine. Fontaine pétrifiante de Saint-Allyre ; belle cathédrale. 42 000 hab. Concile de 1095, où fut résolue la première croisade. Dans le voisinage, emplacement de l'ancienne *Gergovie*.

Sous-préfectures : *Riom*, ville industrielle et commerçante. 11 000 hab. — *Thiers*. Coutellerie, papeteries, tanneries

17 000 hab. — *Ambert*. Fabriques de papier, de toiles et de dentelles; commerce de mercerie. — *Issoire*, près de l'Allier.

Autres lieux : *Billom*, ancienne capitale du fertile pays de la Limagne. — *Aigueperse*, patrie du chancelier de L'Hôpital. — *Volvic*. Carrières de basalte. — *Royat*, village avec des grottes curieuses et des eaux minérales. — *Les Bains du Mont-Dore*, village célèbre par ses eaux minérales. — *Pontgibaud*. Mines de plomb.

Département de la Creuse (278 000 hab.). — Chef-lieu : *Guéret*, petite ville de 6000 hab., sur une montagne, entre la Creuse et la Gartempe. Commerce de bestiaux.

Sous-préfectures : *Aubusson*, sur la Creuse. Manufactures de tapis et de tapisseries. — *Boussac*, sur un rocher escarpé. — *Bourganeuf*. Tour célèbre, que Zizim (Djem), frère de Bajazet II, reçut pour habitation de Pierre d'Aubusson.

Autres lieux : *Felletin*, sur la Creuse. Manufactures de tapis. — *Évaux*. Eaux minérales. — *Ahun*. Mines de houille; antiquités romaines et celtiques.

Département de l'Indre (281 000 hab.). — Chef-lieu : *Châteauroux*, sur l'Indre. Fabriques de draps et de machines. 19 000 hab.

Sous-préfectures : *Issoudun* (anc. *Auxellodunum*). Draps, commerce de fer. 14 000 hab. — *Le Blanc*, sur la Creuse. Forges dans le voisinage. — *La Châtre*, sur l'Indre.

Autres lieux remarquables : *Valençay*. Beau château, qui appartenait au prince de Talleyrand. — *Buzançais*, ville industrielle (laine et forges), sur l'Indre.

Département de la Haute-Vienne (336 000 hab.). — Chef-lieu : *Limoges* (anc. *Augustoritum*, puis *Lemovices*), sur la Vienne. Porcelaine, toiles, étoffes de laine. 59 000 hab.

Sous-préfectures : *Bellac*. Siége de 1591. — *Rochechouart*, sur la pente d'une montagne escarpée. — *Saint-Yrieix*. Carrière de kaolin; fabriques de porcelaine.

Autres lieux : *Saint-Léonard*, sur la Vienne. Porcelaine, cuirs et basanes. — *Saint-Junien*, sur la Vienne. Ganterie.

— *Chalus.* Siége de 1199, où mourut Richard Cœur-de-Lion. — *La Roche l'Abeille.* Bataille de 1569, gagnée par le duc d'Anjou.

Département de la Vienne (331 000 hab.). — Chef-lieu : *Poitiers* (anc. *Limonum*, puis *Pictavi*), sur le Clain, affluent de la Vienne. Antiquités, belle cathédrale ; fabriques de draps, commerce de grains et de laine. 33 000 hab. Victoire de Charles Martel sur les Sarrasins en 732, et du prince Noir sur le roi Jean en 1356.

Sous-préfectures : *Châtellerault*, sur la Vienne. manufacture d'armes blanches, coutellerie renommée. 18 000 hab. — *Loudun* (anc. *Juliodunum*). — *Montmorillon*, sur la Gartempe. — *Civray*, sur la Charente.

Autres lieux : *Vouillé*, près de Poitiers. Victoire de Clovis sur les Visigoths en 507, suivant l'opinion commune ; mais des renseignements récents font croire que cette bataille a eu lieu plutôt à *Voulon*, dans le S. du département. — *Moncontour*. Victoire du duc d'Anjou en 1569. — *Lusignan*, a donné son nom à une famille célèbre dans les croisades.

9° BASSINS DU LAY, DE LA SÈVRE NIORTAISE, DE LA CHARENTE ET DE LA SEUDRE

Département de la Vendée (412 000 hab.). — Chef-lieu : *La Roche-sur-Yon* (*Napoléon-Vendée* sous les deux empires, *Bourbon-Vendée* sous les Bourbons), jolie ville. 9000 hab.

Sous-préfectures : *Fontenay-le-Comte*, sur la Vendée. — *Les Sables-d'Olonne*, port de mer. Commerce de grains.

Autres lieux : *Luçon*, siége épiscopal de Richelieu ; port au moyen d'un canal qui communique avec la mer.— *Maillezais.* Abbaye célèbre au moyen âge.

Département des Deux-Sèvres (337 000 hab.). — Chef-lieu : *Niort*, sur la Sèvre Niortaise. Fabriques de serges, de droguets et de gants. 21 000 hab.

Sous-préfectures : *Bressuire*, souvent nommée dans les guerres de la Vendée.— *Parthenay.* Tanneries et corroieries. — *Melle.* Commerce de mulets, qui

Autres lieux : *Thouars*. Château magnifique, qui a été le séjour de la célèbre famille de la Trémoille. — *Châtillon*. Victoire des Vendéens en 1793.

Département de la Charente (374 000 hab.). — Chef-lieu : *Angoulême* (anc. *Iculisma*, *Æquolesima* ou *Agesina*), sur la Charente. Fabriques de beau papier, de lainage et de faïence. 36 000 hab.

Sous-préfectures : *Confolens*, sur la Vienne. — *Ruffec*, près de la Charente. Commerce de grains et de truffes. — *Cognac*, sur la Charente. Eaux-de-vie renommées. — *Barbezieux*. Commerce de toiles et de truffes.

Autres lieux : *Jarnac*, sur la Charente. Victoire des catholiques sur les calvinistes en 1569. — *La Rochefoucauld*, berceau d'une famille célèbre. — *Ruelle*. Importante fonderie de canons pour la marine.

Département de la Charente-Inférieure (466 000 hab.). — Chef-lieu : *La Rochelle*, place forte et port de mer. Raffinerie de sucre ; manufactures de faïence ; commerce d'esprits et d'eaux-de-vie. Une des places principales des calvinistes pendant les guerres de religion du XVIe et du XVIIe siècle. Siége fameux de 1628. 20 000 hab.

Sous-préfectures : *Rochefort*, jolie ville, place forte et port militaire de 1re classe, sur la Charente, près de son embouchure. Grand arsenal et bel hôpital de la marine; chantiers de construction ; fonderie de canons. 27 000 hab. — *Saintes* (anc. *Mediolanum*, ensuite *Santones*), sur la Charente. Antiquités romaines ; commerce d'eaux-de-vie renommées. 14 000 habit. — *Saint-Jean d'Angély*. Commerce d'eaux-de-vie. — *Marennes*, port de mer, vers l'embouchure de la Seudre. Huîtres renommées. — *Jonzac*. Commerce d'eaux-de-vie. — *Brouage*, port autrefois florissant, aujourd'hui comblé.

Autres lieux : *Marans*, port sur la Sèvre Niortaise, près de son embouchure. Commerce de sel et de blé. — *Taillebourg*, sur la Charente. Victoire de saint Louis sur les Anglais en 1242. — *Tonnay-Charente*, port sur la Charente.

10° BASSIN DE LA GARONNE.

Départements traversés par la Garonne

Département de la Haute-Garonne (478 000 hab.).
— Chef-lieu : *Toulouse* (anc. *Tolosa*), sur la Garonne, vers

Toulouse. — Le Capitole.

la jonction du canal du Midi et du canal latéral à la Garonne.
Capitole (hôtel de ville); Académie des Jeux floraux. Faux et
limes excellentes, instruments aratoires ; fonderie de canons.
132 000 hab. Bataille de 1814 entre le maréchal Soult et les
Anglo-Espagnols.

Sous-préfectures : *Villefranche de Lauraguais*, vers le
canal du Midi. — *Muret*, sur la Garonne. Siége et bataille
de 1213, dans la guerre des Albigeois. — *Saint-Gaudens*,
sur la Garonne. Belle église ; manufacture de porcelaine.

Autres lieux : *Bagnères de Luchon*. Eaux minérales. —
Revel, ville industrielle, dans une belle plaine. — *Saint-*

Bertrand de Comminges. Exploitation de marbres et de cuivre. — *Saint-Béat.* Carrières de très-beaux marbres.

Département de Tarn-et-Garonne (222 000 hab.). — Chef-lieu : *Montauban*, sur le Tarn ; une des principales places des calvinistes pendant les guerres de religion. Industrie du coton, de la laine et de la soie. Siége de 1621, soutenu victorieusement contre Louis XIII. Prise en 1629 par Richelieu, qui en fit raser les fortifications. 26 000 hab.

Sous-préfectures : *Moissac*, sur le Tarn. Ancienne abbaye célèbre. 10 000 hab. — *Castel-Sarrasin*, près de la Garonne.

Autres lieux : *Saint-Antonin*, sur l'Aveyron. Commerce de cuirs. — *Beaumont de Lomagne*, très-jolie ville.

Département de Lot-et-Garonne (317 000 hab.). — Chef-lieu : *Agen* (anc. *Aginnum*), sur la Garonne. belle promenade du Gravier. Commerce de minoterie, c'est-à-dire de farine ; prunes renommées. 20 000 hab.

Sous-préfectures : *Villeneuve-sur-Lot*. 14 000 hab. — *Nérac*, sur la Baïse, ancienne capitale du duché d'Albret. Château où Henri IV a séjourné. — *Marmande*, sur la Garonne.

Autre lieu : *Tonneins*, sur la Garonne.

Département de la Gironde (735 000 hab.). — Chef-lieu : *Bordeaux* (anc. *Burdigala*), sur la Garonne ; la quatrième ville de France par sa population, qui est de 215 000 hab. Beau port ; promenades de Tourny ; ponts, places, quais et théâtre remarquables. Siége de la délégation du gouvernement en 1870 et 1871, ensuite de l'Assemblée nationale et du gouvernement nommé par elle, en 1871.

Sous-préfectures : *Libourne*, sur la Dordogne, port commerçant. 15 000 hab. — *Blaye* (anc. *Blavia*), petit port, sur la rive droite de la Gironde. Citadelle importante. — *Lesparre*, dans le pays de Médoc, resserré entre la Gironde et l'Océan, et riche en vins excellents. — *La Réole*, sur la Garonne. — *Bazas* (anc. *Vasatæ* ou *Cossium*). Bœufs renommés.

Autres lieux : *Saint-Émilion*, près de la Dordogne. Excellents vins. — *Coutras*. Victoire de Henri IV en 1587. — *Castillon*. Bataille gagnée par Charles VII sur les Anglais en 1451. — *Bourg-sur-mer*, petit port sur la Dordogne, très-près du Bec d'Ambez. Bons vins. — *Arcachon* et *la Teste*, sur le bassin d'Arcachon, vers les Landes et à côté de grandes forêts de pins. — *Pauillac*, port sur la Gironde, dans le Médoc. Commerce de vins. — *Sauternes*. Vins blancs renommés.

Départements traversés par la Dordogne.

Département du Cantal (232 000 hab.). — Chef-lieu : *Aurillac*. Commerce de dentelles, de chaudronnerie et de bestiaux. 11 000 hab. Ancien monastère illustré par Gerbert.

Sous-préfectures : *Saint-Flour*, sur un rocher de basalte. — *Murat*, au pied du Cantal. — *Mauriac*, près de la Dordogne.

Autres lieux : *Chaudesaigues*. Eaux thermales célèbres. — *Salers*. Bestiaux renommés.

Département de la Corrèze (314 000 hab.). — Chef-lieu : *Tulle*, dans une gorge étroite, sur la Corrèze. Manufacture d'armes; commerce de fer et de cuivre. 13 000 hab.

Sous-préfectures : *Brive* (anc. *Briva Curetia*), sur la Corrèze, dans une petite plaine riante. 12 000 hab. — *Ussel*, ancien chef-lieu du duché de Ventadour.

Autres lieux : *Bort*, sur la Dordogne. Colonnes de basalte, nommées *Orgues de Bort*. — *Uzerche*, remarquable par sa situation pittoresque, sur la Vézère. — *Turenne*, ancienne vicomté qui a appartenu à l'illustre famille de ce nom. — *Arnac-Pompadour*. Château et haras célèbres.

Département de la Dordogne (490 000 hab.). — Chef-lieu : *Périgueux* (anc. *Vesunna*, en français *Vésone*, puis *Petrocorii*), sur l'Isle. Antiquités ; belle cathédrale. 24 000 hab.

Sous-préfectures : *Nontron*. Coutellerie. — *Ribérac*, jolie petite ville. — *Bergerac*, sur la Dordogne ; autrefois ville très-forte. Vins renommés. 13 000 hab. — *Sarlat.* Près de là sont les grottes fameuses de *Miremont* et des *Eyzies.*

Autres lieux remarquables : *Brantôme.* Ancienne abbaye. — *Salignac*, près de Sarlat. Berceau de la famille de Fénelon. — *Saint-Michel*, à l'O. de Bergerac. Château de *Montaigne*, où est né le célèbre écrivain de même nom.

Départements des bassins de l'Ariége, du Tarn et du Lot, affluents de droite de la Garonne.

Département de l'Ariége (245 000 hab.). — Chef-lieu : *Foix*, sur l'Ariége. Commerce d'acier et de limes. 6000 hab.

Sous-préfectures : *Pamiers*, sur l'Ariége, plus considérable que le chef-lieu. Faux et limes. — *Saint-Girons.* Forges ; grand commerce avec l'Espagne.

Autres lieux : *Mirepoix*, ancienne capitale d'un pays de même nom. — *Massat.* Mines de fer et forges. — *Tarascon-sur-Ariége.* Grotte de Bédaillat. — *Ax*, sur l'Ariége. Eaux minérales. — *Vic-Dessos.* Mines de fer de Rancié et forges. — *Bélesta.* Forges ; fontaine intermittente de Fontestorbes.

Département du Tarn (359 000 hab.). — chef-lieu : *Albi* (anc. *Albiga*), sur le Tarn. Belle cathédrale. 19 000 h.

Sous-préfectures : *Castres.* Draps. 26 000 hab. — *Lavaur.* Manufactures de soieries. — *Gaillac*, sur le Tarn. Vins estimés.

Autres lieux : *Rabastens*, sur le Tarn. — *Sorèze.* École célèbre ; dans le voisinage, magnifique bassin de Saint-Féréol, qui fournit de l'eau au canal du Midi. — *Mazamet.* Draps. 14 000 hab. — *Carmaux.* Mines de houille.

Département de la Lozère (138 000 hab. — Chef-lieu : *Mende*, sur le Lot. Serges. 7000 hab.

Sous-préfectures : *Marvejols*, détruite en 1586 par Joyeuse, et rebâtie par Henri IV. — *Florac*, près du Tarn.

Autres lieux : *Villefort.* Mines de plomb argentifère et de cuivre. — *Châteauneuf-de-Randon.* Siége de 1380, pendant lequel mourut du Guesclin. — *Bagnols-les-Bains.* Eaux minérales renommées.

Département de l'Aveyron (414 000 hab.). — Chef-lieu : *Rodez* (anc. *Segodunum*, puis *Ruteni*), sur l'Aveyron. Belle cathédrale. Fabriques de draps. 13 000 hab.

Sous-préfectures : *Villefranche*, sur l'Aveyron. Industrie active. 10 000 hab. — *Espalion*, sur le Lot. — *Milhau* ou *Millau*, sur le Tarn, ville industrielle. Mégisseries, commerce de peaux. 16 000 hab. — *Saint-Affrique*. Commerce de draps et de fromages.

Autres lieux : *Aubin* et *Decazeville*. Houille et forges. — *Roquefort*. Fromages renommés. — *Cransac*. Mines de houille et eaux minérales.

Département du Lot (277 000 hab.). — Chef-lieu : *Cahors* (anc. *Divona*, puis *Cadurci*), sur le Lot. Commerce de vins. 14 000 hab.

Sous-préfectures : *Gourdon*. Commerce de vins. Dans le voisinage, château de *la Mothe-Fénelon*, où est né Fénelon. — *Figeac*, sur le Lot.

Autre lieu : *Luzech*, qui, suivant des commentateurs, correspond à l'*Uxellodunum* si célèbre par la résistance qu'elle opposa à César.

Département du bassin du Gers, affluent de gauche
de la Garonne.

Département du Gers (284 000 hab.). — Chef-lieu : *Auch* (anc. *Elimberris*, *Augusta Ausciorum* ou *Auscii*), sur le Gers. Magnifique cathédrale. 14 000 hab.

Sous-préfectures : *Condom*, sur la Baïse. — *Lectoure*, sur le Gers Antiquités curieuses. — *Lombez*, ancien siége des États de Comminges. — *Mirande*, sur la Baïse. Commerce de blé, de vins et d'eaux-de-vie.

Autre lieu : *Eauze*, l'ancienne *Elusa*.

11° Bassin de l'Adour.

Département des Hautes-Pyrénées (238 000 h.). — Chef-lieu : *Tarbes* (anc. *Castrum Bigorrense* ou *Turba*), sur l'Adour. 21 000 hab.

Sous-préfectures : *Bagnères de Bigorre* (anc. *Aquæ Con-*

venarum), sur l'Adour. Sources minérales très-fréquentées. — *Argelès*, dans une vallée magnifique.

Autres lieux remarquables : *Campan*, dans une très-belle vallée de même nom. Carrières de beau marbre. — *Sarrancolin*. Autres carrières de marbre. — *Baréges, Saint-Sauveur* et *Cauterets*. Eaux minérales renommées. — *Lourdes*, petite place forte, sur le Gave de Pau.

Département des Basses-Pyrénées (432 000 h.). — Chef-lieu : *Pau*, sur le gave de même nom. Château où est né Henri IV. 29 000 hab.

Sous-préfectures : *Bayonne* (anc. *Lapurdum*), sur l'Adour, près de son embouchure et au confluent de la Nive; port très-commerçant et place forte du premier ordre. 27 000 h. *Saint-Esprit*, sur la rive droite de l'Adour, aujourd'hui faubourg de Bayonne, et auparavant ville à part, dans le département des Landes, a une population presque tout entière israélite. — *Orthez*, ville industrielle et commerçante, autrefois capitale du Béarn, sous la maison de Moncade. — *Oloron-Sainte-Marie*, sur le gave d'Oloron. — *Mauléon*, sur le gave de Mauléon.

Autres lieux : *Salies*. Commérce de sel et de jambons. — *Eaux-Chaudes* et *Eaux-Bonnes*. Célèbres établissements thermaux. — *Saint-Jean de Luz*, port de mer et place forte. — *Saint-Jean Pied-de-Port*, place forte. — *Biarritz*, petit port, jolie situation. — *Hendaye*. Eaux-de-vie renommées. — *Jurançon*. Vins fameux.

Département des Landes (304 000 hab.). — Chef-lieu : *Mont-de-Marsan*, sur la Midouze. Commerce de vins, d'eaux-de-vie, de liége et de résine. (9000 hab.).

Sous-préfect. : *Dax* (anc. *Aquæ Turbellicæ*), sur l'Adour. Eaux thermales. 10 000 hab. — *Saint-Sever*, sur l'Adour.

Autres lieux : *Pouy-Saint-Vincent de Paul*, village près de Dax, patrie de saint Vincent de Paul. — *Labrit*, autrefois *Albret*, berceau d'une famille illustre. — *Aire* (anc. *Atures* ou *Adura*), ville très-ancienne, sur l'Adour; fut le siége de l'empire d'Alaric.

12° BASSINS DU TECH, DE LA TET, DE L'AGLY, DE L'AUDE ET DE L'HÉRAULT.

Département des Pyrénées-Orientales (198 000 hab.). — Chef-lieu : *Perpignan*, sur la Tet, à peu de distance de la Méditerranée, place très-forte. Commerce de vins. 28 000 hab.

Sous-préfectures : *Prades*, sur la Tet. — *Céret*, sur le Tech.

Autres lieux : *Rivesaltes*, sur l'Agly. Excellents vins. — *Collioure* (anc. *Caucoliberris*) et *Port-Vendres* (anc. *Portus Veneris*), ports de mer et places fortes. — *Bellegarde, Prats-de-Mollo, Mont-Louis, Villefranche, Salces*, places fortes. — *Vernet-les-Bains, Amélie-les-Bains* et *Molitg*. Eaux thermales renommées. — *Banyuls-sur-mer*. Vins de grenache.

Département de l'Aude (300 000 hab.). — Chef-lieu : *Carcassonne* (anc. *Carcaso*), sur l'Aude, près du canal du Midi. Fabriques de draps. 26 000 hab.

Sous-préfectures : *Castelnaudary*, sur le canal du Midi. Bataille de 1632. 10 000 hab. — *Narbonne* (anc. *Narbo Martius*), ville très-ancienne, près de la Méditerranée, à laquelle elle communique par le canal de la Roubine de Narbonne, et où elle a le port fortifié de *la Nouvelle*. Belle cathédrale. Miel renommé. 20 000 hab. — *Limoux*, sur l'Aude. Vins estimés.

Département de l'Hérault (445 000 hab.). — Chef-lieu : *Montpellier*, sur le Lez, où elle possède le port Juvénal, à peu de distance de la Méditerranée et de l'emplacement de l'ancienne Maguelonne. Place du Peyrou ; école de médecine et beau jardin botanique. Étoffes de laine, siamoises ; vert-de-gris ; commerce de vins et d'eaux-de-vie. 55 000 h.

Sous-préfectures : *Béziers* (anc. *Biterræ* ou *Bœterræ*), sur l'Orb et sur le canal du Midi ; situation délicieuse. 38 000 hab. — *Lodève*. Fabriques de draps. 10 000 hab. — *Saint-Pons de Thomières*. Draps.

Autres lieux : *Cette* (anc. *Sigium* ou *Setium*), place forte et port de mer, sur une langue de terre qui sépare l'étang de Thau de la Méditerranée. Grand commerce de vins, d'eaux-de-vie et de liqueurs. 29 000 hab. — *Pézenas*, dans une très-agréable position. Commerce de vins et d'eaux-de-vie.— *Agde* (anc. *Agatha*), place forte et port très-commerçant, sur l'Hérault, près de son embouchure. — *Frontignan* et *Lunel*. Vins renommés. — *Ganges*, sur l'Hérault. Soieries. — *Clermont-l'Hérault*. Draps. — *Bédarieux*. Draps. 8000 hab. — *Graissessac*. Houillères.

13° BASSIN DU RHÔNE.

Départements de la rive droite du Rhône.

Département de l'Ain (365 000 hab.). — Chef-lieu : *Bourg en Bresse*, ou simplement *Bourg*. Belle église de Brou. 16 000 hab.

Sous-préfectures : *Trévoux*, dans une jolie situation, sur la Saône; ancien collége célèbre des jésuites. — *Nantua*, sur un joli lac. — *Belley*, ancienne capitale du Bugey. Pierres lithographiques. — *Gex*, autrefois à la Suisse. Fromages renommés.

Autres lieux : *Ferney*, célèbre par le séjour de Voltaire.— *Pont-de-Vaux*, près de la Saône. — *Seyssel*, sur le Rhône. Mines d'asphalte. — *Oyonnax*. Tabletterie.

Département du Rhône (705 000 hab.). — Chef-lieu : *Lyon* (anc. *Lugdunum*), la seconde ville de France, au confluent du Rhône et de la Saône. Cathédrale Saint-Jean; superbe hôtel de ville ; palais Saint-Pierre, qui renferme un riche musée d'arts et d'antiquités; palais du Commerce; place Bellecour; parc de la Tête-d'Or. Nombreuses fabriques de belles soieries. Les anciens faubourgs de *la Guillotière* (avec *les Brotteaux*), de *la Croix-Rousse* et de *Vaize* sont devenus des parties de Lyon. 343 000 hab.

Une seule sous-préfecture : *Villefranche-sur-Saône*. Commerce de bestiaux, de chevaux et de toiles. 13 000 hab.

Autres lieux : *Tarare*. Mousselines. 15 000 hab. — *Beaujeu*. Commerce des vins renommés du Beaujolais. — *Givors*, sur le Rhône, à l'endroit où aboutit un canal auquel elle donne son nom. Commerce de houille. 10 000 hab. — *Condrieu*. Vignobles fameux. — *Ampuis*. Vins de Côte-Rôtie. — *Chessy et Sain-Bel*. Mines de cuivre.

Lyon.

Département de l'Ardèche (384 000 hab.). — Chef-lieu : *Privas*. Commerce de cuirs. 8000 hab.

Sous-préfectures : *Tournon*, sur le Rhône. — *Largentière*.

Autres lieux : *Annonay*, la plus importante ville du département. Papeteries, mégisseries, filatures de soie ; invention des aérostats par les frères Montgolfier. 16 000 hab. — *Aubenas*, sur l'Ardèche. Commerce de soie et de marrons. — *Viviers*, sur le Rhône. — *Saint-Péray*. Vins renommés. — *Vals*. Eaux minérales.

Département du Gard (424 000 hab.). — Chef-lieu : *Nîmes* (anc. *Nemausus*), près du Gard. Plusieurs monuments antiques, tels que l'Amphithéâtre ou les Arènes, la Maison-Carrée, un arc de triomphe, la tour Magne. A quelque dis-tance, le pont du Gard, magnifique aqueduc romain. Soieries. 63 000 hab., dont un grand nombre calvinistes.

Sous-préfectures : *Alais*. Fabriques de rubans de soie; forges; charbon de terre. 20 000 hab. — *Uzès*. — *Le Vigan*. Eaux minérales, pierres lithographiques.

Autres lieux : *Le Pont-Saint-Esprit*, sur le Rhône. — *Beaucaire*, sur le Rhône. Foires célèbres. 10 000 hab. — *Saint-Gilles*. Commerce de vins. — *Aigues-Mortes*, à 4 kilomètres de la Méditerranée, avec laquelle elle communique par le canal de la Grande-Roubine, et à la jonction des canaux des Étangs et de Beaucaire; petit port d'où saint Louis partit en 1248 pour sa première croisade. — *Saint-Hippolyte*. Château de *Florian*, où est né l'auteur de ce nom. — *La Grand'Combe* (10 000 hab.), *la Levade* et *Bessèges*. Charbon de terre.

Départements de la rive gauche du Rhône.

Département de la Haute-Savoie (274 000 hab.). — Chef-lieu : *Annecy*, sur le lac de même nom. 11 000 hab.

Sous-préfectures : *Thonon*, sur le lac de Genève. — *Bonneville*, sur l'Arve. — *Saint-Julien*, au S. O. de Genève.

Autres lieux : *Évian*, *Saint-Gervais*, connus par leurs eaux minérales. — *Chamonix*, au pied du mont Blanc, dans une vallée fameuse par ses vastes glaciers et ses beautés sauvages.

Département de la Savoie (268 000 hab.). — Chef-lieu : *Chambéry*. 19 000 hab.

Sous-préfectures : *Albertville*. Mines d'argent et de plomb. — *Moutiers de Tarantaise* (l'anc. *Darantasia*), sur l'Isère. — *Saint-Jean de Maurienne*, sur l'Arc.

Autres lieux : *Montmélian*, sur l'Isère, ancienne place forte, citée souvent dans les guerres entre la France et la Savoie. — *Aix-les-Bains*, célèbre par ses eaux minérales, près du lac du Bourget. — *Lans-le-Bourg*, au pied du mont

Cenis, vers l'endroit où la route faite sous Napoléon Iᵉʳ, en 1805, commence à gravir cette montagne. — *Modane*, près du long tunnel qui franchit les Alpes au mont Tabor, pour le passage du chemin de fer de France en Italie.

Département de l'Isère (581 000 hab.). — Chef-lieu : *Grenoble* (anc. *Cularo*, puis *Gratianopolis*), sur l'Isère, place forte. Ganterie renommée. 45 000 hab.

Sous-préfectures : *Vienne* (anc. *Vienna*), ville très-ancienne, sur le Rhône. Fabriques de draps ; mines de plomb argentifère. 26 000 hab. Concile de 1311, où fut aboli l'ordre des Templiers. — *La Tour-du-Pin*. — *Saint-Marcellin*, près de l'Isère. Vins estimés.

Autres lieux : *Bourgoin*. Manufactures d'indiennes. — *Voiron*. Fabriques de toiles. — *La Côte Saint-André*. Fabriques de liqueurs. — *Sassenage*. Fromages renommés. — *La Grande-Chartreuse*, monastère célèbre. — *Uriage* Eaux thermales très-fréquentées. — *Allevard*. Eaux thermales aussi, et mines de cuivre aurifère, de plomb et de fer. — *Le Pont de Beauvoisin*, sur le Guier. — *Le Fort Barraux*, place forte, sur l'Isère. — *Voiron*, ville industrielle (11 000 hab.).

Département de la Drôme (322 000 hab.). — Chef-lieu : *Valence* (ancienne *Valentia*), sur le Rhône. Soieries. 23 000 hab.

Sous-préfectures : *Montélimar*, près du Rhône. 12 000 h. — *Die* (anc. *Dea*), sur la Drôme. Commerce de soie. — *Nyons*.

Autres lieux : *Romans*, ville très-commerçante, sur l'Isère. 13 000 hab. — *Tain*, sur le Rhône. Célèbre vignoble de l'*Ermitage*, dans le voisinage. — *Crest*, sur la Drôme. Commerce de soie. — *Dieulefit*. Eaux minérales. — *Grignan ;* château qu'habitèrent Mᵐᵉ de Sévigné et sa fille.

Département de Vaucluse (256 000 hab.). — Chef-lieu : *Avignon* (anc. *Avenio*), sur le Rhône ; longtemps la résidence des papes, qui l'ont ornée d'un grand nombre de beaux édifices (entre autres un palais célèbre). Commerce de vins, d'huiles, de parfums, de soieries, de garance. 38 000 h.

Marseille. — Vue du port.

Sous-préfectures : *Carpentras* (anc. *Carpentoracte*), qui a été la capitale du Comtat Venaissin. 10 000 hab. — *Orange* (anc. *Arausio*), autrefois capitale d'une principauté de même nom. Monuments romains. 10 000 hab. — *Apt* (anc. *Apta Julia*). Manufacture de faïence. Cathédrale curieuse.

Autres lieux : *Cavaillon* (anc. *Cabellio*), sur la Durance. Commerce de melons, de fruits secs et confits. — *L'Ile*, ville industrielle, sur la Sorgues. — *Vaucluse*, village près de la fontaine de même nom. — *Vaison* (anc. *Vasio*), qui fut, sous les Romains, une ville importante.

Département des Bouches-du-Rhône (556 000 h.). — Chef-lieu : *Marseille* (anc. *Massilia* ou *Massalia*), sur une baie du golfe du Lion ; la troisième ville de France par sa population, qui est de 319 000 hab., et notre premier port de commerce. Belle rue de la Canebière, cours Belzunce, etc. Fabriques de savon renommé. Outre le port principal, on distingue le port de la Joliette et cinq autres. A peu de distance, sont les îles fortifiées de Ratonneau, de Pomègue et du Château-d'If.

Sous-préfectures : *Aix* (*Aquæ Sextiæ*), ancienne capitale de la Provence. Huile d'olive très-estimée ; eaux minérales. 29 000 hab. — *Arles* (anc. *Arelate*), sur le Rhône, vers l'endroit où il se divise en deux bras pour former l'île de la Camargue. Antiquités romaines et du moyen âge (amphithéâtre, etc.); port communiquant avec la mer par le canal d'Arles à Bouc. 25 000 hab.

Autres lieux : *Tarascon* (anc. *Tarasco*), sur le Rhône, en face de Beaucaire. 11 000 hab. — *Salon*. — *Lambesc*. — *Saint-Remi*. Soie. Arc de triomphe romain. — *Les Martigues*, vers l'étang de Berre, avec un port qui se trouve à *Bouc*. — *La Ciotat*, port de mer. Vins muscats; chantiers de construction.

Départements du bassin de la Saône, affluent de droite
du Rhône.

Département du Jura (289 000 hab.). — Chef-lieu : *Lons-le-Saunier* (anc. *Ledo Salinarius*). Salines de Montmorot. 11 000 hab.

Sous-préfectures : *Dole*, sur le Doubs, dans une jolie vallée. 13 000 hab. — *Poligny*. — *Saint-Claude*. Ouvrages de bois, de corne, d'écaille, d'os et d'ivoire.

Autres lieux : *Salins*. Importantes salines. — *Arbois* et *Château-Chalon*. Vins renommés. — *Morez*. Horlogerie.

Département du Doubs (306 000 hab.). — Chef-lieu : *Besançon* (anc. *Vesontio*), place forte, sur le Doubs. Horlogerie. 54 000 hab. Investie par les Prussiens en 1871.

Sous-préfectures : *Baume-les-Dames*, près du Doubs ; ancien monastère célèbre. — *Montbéliard*, patrie de Georges Cuvier. — *Pontarlier*, sur le Doubs. Forges et hauts fourneaux.

Autres lieux : *Osselle*. Grottes célèbres. — *Ornans*. — *Blamont* et *Château-de-Joux*, deux forteresses, sur la frontière. — *Alaise*, que plusieurs archéologues regardent comme l'ancienne *Alesia*.

Département de la Haute-Saône (304 000 hab.). — Chef-lieu : *Vesoul*, au pied de la montagne appelée Motte de Vesoul. 8000 hab.

Sous-préfectures : *Gray*, à la tête de la navigation de la Saône. Commerce de grains et de fer. — *Lure*, sur l'Oignon. Ancienne abbaye célèbre.

Autres lieux : *Luxeuil*. Eaux minérales ; ancien monastère, fameux sous les Mérovingiens. — *Port-sur-Saône*. Fer et bestiaux. — *Héricourt*, ville industrielle (toiles peintes, etc.). Bataille perdue par les Français en 1871. — *Villersexel*. Victoire des Français sur les Prussiens dans la même année.

Département de la Côte-d'Or (378 000 hab.). — Chef-lieu : *Dijon* (anc. *Divio*), belle ville, sur l'Ouche et sur le canal de Bourgogne ; longtemps le siége de la brillante cour des ducs de Bourgogne. Belle cathédrale. 48 000 hab. Occupation prussienne en 1870 et 1871.

Sous-préfectures : *Beaune*. Vins renommés. 11 000 hab. — *Châtillon-sur-Seine*. Congrès de 1814. Forges, carrières de pierres de construction. — *Semur*. Château de Bourbilly, qu'habita Mme de Sévigné.

Autres lieux : *Auxonne*, place forte, sur la Saône. — *Saint-*

Jean de Lône ou *Belle-Défense*, à la jonction de la Saône et
du canal de Bourgogne. Courageuse résistance de 1636,
contre les Impériaux. — *Cîteaux*, ancienne abbaye. — *Nuits*.
Vins très-estimés. Deux combats entre les Français et les
Prussiens en 1870. —*Vougeot, Pommard, Volnay, Vosne, Ge-
vrey* (avec le clos de *Chambertin*), villages intéressants par leurs
vins renommés.— *Fontaine-Française*. Victoire de Henri IV
sur Mayenne et les Espagnols en 1595. — *Montbard*, patrie
de Buffon et de Daubenton. — *Alise* ou *Sainte-Reine*, considérée généralement comme l'ancienne *Alesia*, connue par
la résistance que César y opposa à tous les Gaulois confédérés.

Département de Saône-et-Loire (614 000 hab.).—
Chef-lieu : *Mâcon* (anc. *Matisco*), sur la Saône. Vins très-
estimés. 18 000 hab.

Sous-préfectures : *Autun* (anc. *Augustodunum*, et, suivant
l'opinion commune, la ville plus ancienne de *Bibracte*, que
plusieurs archéologues placent cependant à quelque distance
de là, au mont Beuvray). Antiquités romaines. 13 000 h.
— *Charolles*. Bœufs renommés. — *Chalon-sur-Saône* (anc.
Cabillonum), ville très-commerçante, à la jonction du canal
du Centre et de la Saône. 21 000 hab. — *Louhans*. Commerce de blé.

Autres lieux : *Le Creusot*. Mines de charbon de terre, et
grands établissements pour le travail du fer et du cuivre, la
fabrication des machines à vapeur, etc. 26 000 hab. — *Epi-
nac*. Houille et fer. —*Montceau-les-Mines*, au milieu de riches
mines de houille (11 000 hab.). — *Bourbon-Lancy*, près de
la Loire. Eaux minérales. — *Cluny*. Ancienne et belle abbaye, aujourd'hui École normale de l'enseignement secondaire
spécial. — *Tournus*, sur la Saône. —*Digoin*, ville commerçante, à la jonction du canal du Centre et de la Loire. —
Romanèche. Mine de manganèse; vignobles fameux des *Tho-
rins* et du *Moulin-à-Vent*. — *Pouilly* et *Fuissé* (près de
Mâcon). Vins blancs renommés.

Départements du bassin de la Durance, affluent de gauche du Rhône.

Département des Hautes-Alpes (119000 hab.). — Chef-lieu : *Gap* (anc. *Vapincum*). 9000 hab.

Sous-préfectures : *Embrun* (anc. *Ebrodunum*), place forte, sur un rocher escarpé. — *Briançon* (anc. *Brigantio*), autre place forte, sur la Durance. C'est une des villes les plus élevées de France.

Autre lieu : *Mont-Dauphin*, petite place forte.

Département des Basses-Alpes (136000 hab.). — Chef-lieu : *Digne* (anc. *Dinia*), dans une position pittoresque. 7000 hab.

Sous-préfectures : *Sisteron* (anc. *Segustero*), sur la Durance. — *Forcalquier*. — *Barcelonnette*, sur l'Ubaye. — *Castellane*.

Autres lieux : *Manosque*. Commerce de fruits et de soie. — *Colmars*, place forte. Source intermittente. — *Seyne*, *Tournoux*, *Entrevaux*, petites places fortes.

14° BASSINS DE L'ARGENS, DU VAR ET DE LA ROIA.

Département du Var (296000 hab.). — Chef-lieu : *Draguignan*. Commerce d'huile d'olive 10000 hab.

Sous-préfectures : *Toulon* (*Telo Martius*), ville forte, port militaire du premier ordre et le premier arsenal de la France, sur la Méditerranée, avec une rade superbe. Grand commerce de vins, d'huile et de savon. 70000 hab. (y compris les marins, les étrangers, etc.). Siége fameux, où se dévoila le génie militaire du jeune Bonaparte (Napoléon Ier). — *Brignoles*. Très-beau climat; prunes estimées.

Autres lieux : *Hyères*, agréablement située près de la Méditerranée, en face des îles d'Hyères; climat très-doux. 12000 hab. — *Fréjus* (anc. *Forum Julii*), à peu de distance du golfe de même nom, où *Saint-Raphaël* lui sert de port. C'est là que débarqua Bonaparte à son retour d'Égypte en 1799. — *La Seyne*, port. Grands chantiers de construction. 10000 hab. — *Saint-Tropez*, sur le golfe de Grimaud, près duquel s'élève la montagne historique de *Fraxinet*, où les Sarrasins avaient construit un château fort.—*Saint-Maximin*. Belle église gothique.

Département des Alpes-Maritimes (204 000 hab.). — Chef-lieu : *Nice*, port de mer, célèbre par la douceur de son climat. 53 000 âmes.

Sous-préfectures : *Grasse*, renommée par ses parfums, ses fruits et ses huiles. 13 000 hab. — *Puget-Théniers*, sur le Var.

Autres lieux : *Villefranche*, avec une magnifique rade, à l'est de Nice. — *Menton*, autre ville maritime, admirablement située, près de la petite principauté de *Monaco*. — *Antibes*, ville forte, sur la Méditerranée. — *Cannes*, petit port, près duquel Napoléon Ier débarqua, en 1815, à son retour de l'île d'Elbe; très-beau climat (14 000 hab.). En face, sont les deux îles de *Lérins* (*Sainte-Marguerite* et *Saint-Honorat*).

15° ILE DE CORSE.

Département de la Corse (263 000 hab.). — Chef-lieu : *Ajaccio*, sur la côte occidentale ; place forte et beau port ; lieu de naissance de Napoléon Ier. 17 000 hab.

Sous-préfectures : *Bastia*, place forte de première classe et bon port, sur la côte orientale. 18 000 hab. — *Corté*, place forte, au centre de l'île, sur le Tavignano.— *Calvi*, sur la côte N. O. — *Sartène*, dans le S.

Autres lieux : *Saint-Florent*, petite place forte, sur la côte N. de l'île. — *Bonifacio*, beau port et place forte, à l'extrémité S. de l'île, sur les Bouches de Bonifacio. — *Aleria*, ville antique, sur la côte orientale. — *Porto-Vecchio*, dans le S. E., avec un vaste et beau port. — *Orezza*, qui a des eaux minérales.

Chemins de fer. — La France a aujourd'hui environ 23 000 kilomètres de chemins de fer en exploitation.

Paris est le centre de ces chemins. Huit lignes en partent :

1° Le CHEMIN DU NORD se dirige sur *Creil*, en se divisant en deux branches : l'une directe, par *Chantilly;* l'autre avec un grand détour à l'ouest, par *Pontoise.* — De *Creil,* la ligne se porte sur *Amiens, Arras* et *Douai.* Là le chemin se divise en deux embranchements : l'un sur *Valenciennes,* d'où il passe en Belgique, pour se rendre à *Mons* et à *Bruxelles;* — l'autre embranchement va à *Lille,* entre aussi en Belgique, passe à *Gand,* et arrive *Malines,* d'où une ligne importante va rejoindre, par *Liége,* les chemins de fer d'Allemagne, en touchant *Aix-la-Chapelle* et *Cologne.* Un chemin plus direct d'*Arras* à *Lille* passe par *Lens.* — A Amiens, naît sur la gauche un embranchement qui se dirige sur *Abbeville* et *Boulogne,* où il se termine en face du port anglais de *Folkestone.* Il s'y rattache des rameaux sur le *Tréport* et *Saint-Valery sur Somme.* — A Lille, un embranchement se porte à l'ouest, sur *Hazebrouck;* de là deux chemins se dirigent, l'un sur Dunkerque, l'autre sur *Saint-Omer* et sur *Calais,* en face du port anglais de *Douvres.* Une branche va d'*Haze brouk* sur *Béthune,* et se rattache au chemin d'Arras à Lille. — A *Creil,* commence un embranchement sur *Compiègne, Saint-Quentin, Maubeuge.* Près de cette dernière ville, deux branches se dirigent en Belgique : l'une sur *Mons* et *Bruxelles;* l'autre sur *Charleroi,* pour gagner *Liége* et *Cologne.* Un embranchement, passant à *Cambrai,* va rejoindre le chemin de Douai à Mons, avec une ramification sur *Anzin;* un autre embranchement va à *Reims,* par *Laon;* un autre à *Saint-Gobain.*

Une ligne qui se sépare de celle de Paris à Creil, un peu avant Saint-Denis, se porte sur *Soissons* et *Reims;* plus loin, il s'en sépare une sur *Senlis.* — Un autre chemin unit *Creil* à *Beauvais.*

2° Le CHEMIN DE ROUEN ET DU HAVRE, tracé dans la vallée de la Seine, envoie, dans le département de la Seine-Inférieure, un embranchement sur *Dieppe* et un autre sur *Fécamp.* — Près de Paris, il s'en sépare un chemin qui se rend à *Saint-Germain,* et un autre qui se rend à *Versailles,* avec le surnom de la *rive droite,* parce que, dans Paris, l'embarcadère commun à tous ces chemins se trouve à droite de la Seine. Il se détache encore un chemin sur *Argenteuil,* avec prolongement jusqu'au chemin de Paris à Pontoise. — Un autre embranchement se porte sur *Caen*, en passant par *Évreux* et *Lisieux*, et se termine à *Cherbourg*. De cet embranchement se séparent d'autres branches : une sur *Pont-l'Évêque*, *Honfleur* et *Trouville*; une autre sur *Alençon*, avec un rameau sur *Falaise*; un troisième sur *Saint-Lô*. — La ligne de Paris à Rouen et celle de Paris à Caen sont reliées entre elles par un chemin qui passe à *Elbeuf*, avec embranchement sur *Pont-Audemer*.

Un chemin de fer qui part du même embarcadère de la rive droite se rend à *Auteuil*, en passant dans le *Bois de Boulogne* et à *Passy*.

3° Le CHEMIN DE RENNES ET DE BREST commence à Paris, à gauche de la Seine, passe à Versailles, puis à *Chartres*, en franchissant le plateau de la Beauce ; va ensuite au *Mans*, à *Laval*, à *Rennes* ; coupe la chaîne Armoricaine, passe à *Saint-Brieuc* et se termine à *Brest*. — Un embranchement unit *Rennes* à *Redon*, où il rejoint la ligne de *Nantes* à *Vannes*, à *Lorient*, à *Quimper* et à *Châteaulin*, par *Savenay*; un autre se dirige sur *Saint-Malo*. — Près du *Mans*, naît un embranchement qui va toucher *Alençon* et *Argentan*, et qui se joint au chemin d'Évreux à Cherbourg. — Du Mans, partent encore des lignes sur *Angers* et sur *Tours*. — A *Saint-Cyr*, commence un embranchement sur *Dreux*, *Laigle*, *Flers*, *Vire* et *Granville*.

(Ce chemin et le précédent forment le réseau général des CHEMINS DE L'OUEST.)

4° Le CHEMIN D'ORSAY ET LIMOURS, avec embranchement sur *Sceaux*, est peu étendu.

5° Le CHEMIN D'ORLÉANS est continué, d'un côté par le CHEMIN DE TOURS ET BORDEAUX, de l'autre par le CHEMIN DE VIERZON. Il suit d'abord la vallée de la Seine; il franchit le plateau d'Orléans, et parcourt, d'une part les vallées de la Loire et de la Vienne, de l'autre celle du Cher. — Un embranchement se sépare du chemin d'Orléans pour se rendre à *Corbeil*, d'où il est prolongé sur *Montargis*. — Le chemin d'Orléans à Bordeaux passe par *Blois*, *Tours*, *Poitiers*, *Angoulême*. — On peut aller de Paris à Bordeaux par une autre voie, qui se détache, à *Bretigny*, du chemin de Paris à Orléans, parcourt le plateau de la Beauce, passe à *Vendôme* et va aboutir à *Mettray*, près de Tours.

De Tours une ligne se porte sur *Nantes*, par *Angers*, et se prolonge jusqu'à *Saint-Nazaire*, par *Savenay*, d'où une branche se porte sur *Redon*, *Vannes*, *Lorient*, *Quimper*, *Châteaulin* et *Landerneau*, avec embranchement sur *Pontivy*. D'autres voies unissent *Angers* à *Cholet* et *Niort*, et *Nantes* à *la Roche-sur-Yon* et aux *Sables-d'Olonne*. Des embranchements vont de *Tours* et d'*Angers* au *Mans*. — Près de Poitiers, un embranchement se porte sur *Niort*, et, de là, sur *la Rochelle* et sur *Rochefort*.

Le chemin d'*Orléans* à *Vierzon* se divise, dans cette dernière ville, en deux branches. L'une va à *Bourges*, puis, se mêlant au RÉSEAU DE LYON, se rend à *Moulins*, à *Clermont*, à *Issoire*, à *Brioude*, à *Villefort*, à *Alais*, à *Nîmes*. Elle se rattache à *Nevers*, envoie des embranchements de *Bourges* à *Saint-Amand-Montrond* et *Montluçon*, de *Moulins* à *Montluçon*, *Guéret* et *Limoges*, de *Saint-Germain des Fossés* à *Roanne* et à *Vichy*, de *Lempdes* à *Murat*, *Aurillac* et *Figeac*.

L'autre branche, qui part de *Vierzon*, va à *Châteauroux*, se prolonge jusqu'à *Limoges*, et, de là, coupant les montagnes du Limousin, arrive jusqu'à *Périgueux*, qui est réunie, d'un côté au chemin de *Bordeaux*, d'un autre à *Agen*, et en troisième lieu à *Brive* et *Figeac*, avec rameau sur *Tulle*.

De Bordeaux, un chemin conduit à *Bayonne*, puis en *Espagne*, en passant au pied des Pyrénées occidentales; il a des embranchements sur *Arcachon*; sur *Mont-de-Marsan*, d'où la ligne continue vers *Tarbes* et *Bagnères de Bigorre*; enfin sur *Pau*.

Une autre ligne, qui suit longtemps la vallée de la Garonne, puis le canal du Midi en coupant les Cévennes, unit *Bordeaux* à *Cette*, par *Agen*, *Montauban* et *Toulouse*. De cette dernière ville, un embranchement se rend à *Villefranche d'Aveyron*, *Figeac*, *Aurillac*, etc.; un autre se porte sur *Montréjeau* et

Tarbes, avec rameau sur *Bagnères de Luchon ;* une autre branche se rend à *Foix*.

De Montauban un embranchement se dirige sur *Villefranche d'Aveyron*, puis sur *Figeac* et *Brive*, avec branches sur *Rodez* et sur *Aurillac*. — D'*Agen* une ligne va rejoindre *Auch, Tarbes*, etc.

Les chemins de Bordeaux à Bayonne et à Cette, et tous ceux qui s'y rattachent, font partie de ce qu'on appelle le RÉSEAU DU MIDI. (Voyez page 85.)

6° Le CHEMIN DE PARIS A LYON par la *Bourgogne* passe à *Melun*, à *Moret*, d'où part une branche sur *Montargis* et *Nevers ;* — à *Montereau*, d'où il envoie un embranchement sur *Troyes ;* — à *Sens*, à *Joigny*, à *Tonnerre*, à *Dijon*, à *Chalon-sur-Saône*, à *Mâcon*, à *Villefranche*. Ce chemin suit d'abord la vallée de la Seine, puis celle de l'Yonne et de l'Armançon, coupe la Côte d'Or, et suit enfin la vallée de la Saône.

De *Villeneuve-Saint-George* il part un embranchement qui se raccorde, à *Juvisy*, au chemin d'Orléans, et va rejoindre *Corbeil* et *Montargis*. — Près de Joigny, il s'en détache un sur *Auxerre*, *Clamecy*, etc. — Un autre embranchement se rend à *Châtillon-sur-Seine*. — Du chemin de Paris à Lyon se sépare la ligne qui va de *Dijon* à *Auxonne*, à *Dole*, à *Besançon*, à *Belfort* et à *Mulhouse*. — D'*Auxonne* un rameau va sur *Gray*. — De *Dole* un embranchement se porte sur *Lons-le-Saunier* et *Bourg*, avec des rameaux qui vont à *Salins* et à *Pontarlier*, puis à *Neuchâtel* (en Suisse), après avoir franchi le Jura. — De *Chagny*, près de Chalon, part un bras sur *Montceau-les-Mines* et *Digoin*, dans la vallée même du canal du Centre, avec un embranchement de *Montchanin* sur *le Creusot*.

Genève est unie au chemin de Lyon par une ligne bifurquée en deux embranchements : l'un partant de *Mâcon* et passant par *Bourg*, l'autre partant de *Lyon* et allant rejoindre le premier. Cette ligne de Genève met la ligne de Paris à Lyon en communication avec le chemin qui, parcourant la Savoie et passant à *Aix-les-Bains*, à *Chambéry* et à *Saint-Jean-de-Maurienne*, se dirige vers les Alpes, qu'il franchit, par un long tunnel, en un point situé entre le mont Tabor et le mont Cenis. — *Bourg* est unie directement à *Lyon* par un chemin qui parcourt la région marécageuse de la Dombes. — Un rameau va d'*Aix-les-Bains* à *Annecy.*

Mâcon communique à la ligne de *Chagny* à *Digoin* par un chemin qui passe à *Charolles* et à *Paray-le-Monial.*

Chalon-sur-Saône communique par des chemins directs à *Lons-le-Saunier* et à *Dole.*

Le chemin de Paris à Lyon par le *Bourbonnais* se détache, à *Moret,* de celui de la Bourgogne, passe à *Montargis,* à *Nevers,* à *Moulins;* se sépare, à *Saint-Germain des Fossés,* de la ligne de Clermont, se rend à *Roanne,* et là se divise en deux branches : l'une, plus directe, sur *Lyon,* par *Tarare;* l'autre, plus longue, par *Saint-Étienne.* A la ligne de Roanne à Saint-Étienne se rattache un embranchement sur *Montbrison.*

Il se sépare du chemin du Bourbonnais un rameau qui, de Nevers, va gagner *le Creusot,* en coupant les montagnes du Morvan, et envoie un embranchement à *Autun.*

Le chemin de *Lyon* à *Saint-Etienne* a un embranchement dans la direction du *Puy.*

Le CHEMIN DE LYON A LA MÉDITERRANÉE est la continuation de celui de Paris à Lyon ; il longe le Rhône, en passant à *Valence,* à *Avignon,* à *Tarascon,* à *Arles,* et il aboutit à *Marseille.* Ainsi, une longue et magnifique voie parcourt la France entière, depuis la mer du Nord jusqu'à la Méditerranée. — Trois embranchements, partant de *Lyon,* de *Saint-Rambert* et de *Valence,* se portent sur *Grenoble,* d'où un chemin va gagner *Chambéry;* d'autres embranchements du chemin de Lyon à la Méditerranée se dirigent sur *Annonay,* sur *Privas,* sur *Carpentras,* sur *Aix;* une branche importante se rend à *Toulon,* d'où elle se porte sur *Nice;* un rameau s'en détache sur *Draguignan.*

De *Tarascon* se sépare une ligne qui, passant à *Beaucaire,* se rend à *Nimes.* De Nimes partent deux branches : d'une part, sur *Montpellier* et *Cette;* de l'autre, sur *Alais, la Le-*

ivade, *Villefort* et *Brioude*, avec des rameaux sur *Bességes*
et *la Grand'Combe.*

CHEMINS DE FER DU MIDI. — La ligne qui joint *Cette*
à *Bordeaux* passe par *Agde* (d'où un embranchement sur
Lodève), par *Béziers* (et de là un embranchement sur
Graissessac), puis par *Narbonne*, *Carcassonne* et *Toulouse*;
projette un embranchement de *Narbonne* à *Perpignan* et vers
le pied oriental des *Pyrénées*, pour entrer en Espagne, puis un
autre de *Castelnaudary* à *Castres* et *Albi*, avec rameaux de
Castres à *Mazamet* et d'*Albi* à *Carmaux.*—Les chemins du
Midi comprennent aussi la ligne de *Bordeaux* à *Bayonne.*
(Voy. le CHEMIN D'ORLÉANS.)

7° Le CHEMIN DE STRASBOURG OU DE L'EST passe par
Meaux, *Châlons-sur-Marne*, *Bar-le-Duc*, *Nancy*, *Luné-*
ville, *Sarrebourg* et *Saverne*; suit en grande partie la vallée
de la Marne, et franchit les chaînes de l'Argonne occidentale,
de l'Argonne orientale et des Vosges septentrionales. Il s'en
détache, à *Épernay*, une ligne qui se dirige sur *Reims*. De
Reims, une autre se rend dans les *Ardennes*, c'est-à-dire à
Mézières, d'où elle se bifurque sur *Givet*, d'un côté, et sur
Sedan, *Montmédy* et *Thionville*, de l'autre. De *Reims* encore, un chemin va à *Châlons-sur-Marne* par *Mourmelon*,
d'où une ligne se dirige sur *Sainte-Menehould* et *Verdun.*
— Près de *Nancy*, un embranchement se porte sur *Metz* et
Forbach, et se relie avec les chemins de la Prusse et de la
Bavière rhénanes. De *Metz* se détache une ligne qui se rend
à *Thionville* et *Luxembourg.* — De *Lunéville* part un em-
branchement sur *Saint-Dié.*

De *Strasbourg*, un chemin se rend à *Mayence*, en passant
près de *Wissembourg*,; un autre à *Bâle*, par *Colmar* et
Mulhouse, en suivant la vallée de l'Ill, avec des embranchements qui se détachent sur *Sainte-Marie aux Mines*, sur
Thann, etc. De *Strasbourg* aussi part un chemin qui se dirige sur *Kehl*, dans le grand-duché de Bade.
Mulhouse est reliée à *Paris* par un chemin plus direct,
qui, se séparant du chemin de Strasbourg près de Paris,
passe à *Nogent-sur-Seine*, à *Troyes*, à *Chaumont*, à *Langres*,

à *Vesoul*, à *Belfort*. Ce chemin suit longtemps les vallées de la Seine et de la Marne supérieure, coupe le plateau de Langres, et passe au pied méridional des Vosges. Il envoie de petits embranchements à *Coulommiers*, à *Provins*, à *Bar-sur-Seine* et *Châtillon*, à *Neufchâteau*. — Mulhouse est aussi jointe à Dijon par un chemin qui passe à *Besançon*, à *Dôle* et à *Auxonne*.

Ce dernier chemin est uni à celui de Paris à Mulhouse par un autre qui se dirige d'*Auxonne* sur *Gray*, et de *Gray* sur *Vesoul*, d'un côté, et sur *Langres*, de l'autre. — Enfin deux lignes transversales, passant l'une à *Joinville*, l'autre à *Épinal*, sont un lien entre le chemin de Paris à Mulhouse et celui de Paris à Strasbourg.

8° Le CHEMIN DE VINCENNES, DE SAINT-MAUR ET DE LA VARENNE n'a qu'un parcours peu considérable.

Il faut ajouter à toutes ces voies le CHEMIN DE CEINTURE de Paris, reliant entre elles les lignes qui partent de cette ville.

La télégraphie électrique, établie généralement le long des chemins de fer et des routes, compte 52 000 kilomètres de lignes.

Population, langues. — La France compte environ 37 millions d'habitants. Elle en avait 26 millions en 1790, 30 millions en 1820, 38 millions avant le désastreux traité de 1871. Il y a, en moyenne, 70 habitants par kilomètre carré sur le territoire français.

Les parties septentrionales sont généralement les plus peuplées. Les départements de la Seine, du Nord, de la Seine-Inférieure et du Pas-de-Calais sont à la fois les plus populeux et les plus industrieux. Il faut y joindre le département du Rhône, à l'E.

C'est dans les Basses-Alpes, les Hautes-Alpes, les Landes, la Lozère, l'Indre et la Corse, que la population est le plus clair-semée.

Les dix départements qui ont, d'une manière absolue, le plus d'habitants, sont ceux de la Seine, du Nord, de la Seine-Inférieure, du Pas-de-Calais, de la Gironde, du Rhône, du

Finisterre, des Côtes-du-Nord, de Saône-et-Loire, de la Loire-Inférieure.

Les dix villes les plus considérables sont : Paris, Lyon, Marseille, Bordeaux, Lille, Toulouse, Saint-Étienne, Nantes, Rouen et le Havre.

Quoique formés, dans l'origine, d'éléments assez divers, celtique, romain, germanique, normand, les Français sont aujourd'hui la nation la plus homogène de l'Europe. Leur. caractère général est la vivacité. Ils ont l'imagination ardente, un caractère bouillant. Ils sont célèbres, entre tous les peuples, par leur urbanité, la finesse de leur esprit, leurs penchants généreux et hospitaliers, mais on leur reproche de l'inconstance ; ils se rebutent aisément, et abandonnent souvent leurs premiers projets pour de nouveaux.

Outre le français, on parle quelques autres langues sur différents points : le flamand, dans une partie de la Flandre et de l'Artois ; le bas-breton, reste de la langue celtique, dans l'ouest de la Bretagne ; le provençal, dans le midi de la France ; le basque, dans les Pyrénées occidentales, et l'italien, en Corse. Avant nos dernières pertes, on ajoutait à ces langues l'allemand, parlé dans une grande partie de l'Alsace et dans le N. E. de la Lorraine. Des patois sont en usage dans un grand nombre de localités ; mais ces patois et les mœurs locales tendent peu à peu à disparaître, par suite des communications de jour en jour plus faciles, d'une administration et d'une législation uniformes, et de la division en départements, qui fait oublier les anciennes rivalités et les étroits patriotismes des provinces.

Gouvernement, administration générale. — Le gouvernement est une république. A la tête du gouvernement, sont : un Président de la république, un Sénat, une Chambre des députés et dix ministères : 1° le min. de la justice ; 2° le min. des affaires étrangères ; 3° le min. des finances ; 4° le min. de l'intérieur et des cultes ; 5° le min. de la guerre ; 6° le min. de la marine et des colonies ; 7° le min. de l'instruction publique et des beaux-arts ; 8° le min. de l'agriculture et du commerce ; 9° le min. des travaux publics ; 10° l e min. des postes et des télégraphes.

Chaque dép. est *administré civilement*, sous la direction du ministère de l'intérieur, par un *préfet*, assisté d'un conseil de préfecture ; les arrond. sont administrés par un *sous-préfet*, excepté ceux qui ont pour chef-lieu le ch.-l. du dép. et qui sont sous la direction immédiate du préfet. Chaque arrond. comprend un certain nombre de divisions, moitié judiciaires, moitié civiles, nommées *cantons*, à la tête desquelles sont, pour la partie judiciaire, des juges de paix. Chaque canton comprend plusieurs *communes*, dont chacune est dirigée par un *maire* et un *conseil municipal*. Un *conseil général* élu par les cantons siège au chef-lieu de départ. ; un *conseil d'arrondissement*, élu aussi par les cantons, siège au chef-lieu d'arrond.

Nous avons 362 arrond., 2863 cantons et 36 056 communes.

L'instruction publique compte (y compris l'Algérie) *dix-sept académies universitaires*, à la tête de chacune desquelles est un recteur, qui a la surveillance des cours publics, des lycées, des colléges, etc.

Voici le tableau des académies et des départements qu'elles comprennent :

SIÉGES DES ACADÉMIES.	DÉPARTEMENTS COMPRIS DANS LES ACADÉMIES.
AIX.	Basses-Alpes, Alpes-Maritimes, Bouches-du-Rhône, Corse, Var, Vaucluse.
BESANÇON.	Doubs, Jura, Haute-Saône.
BORDEAUX	Dordogne, Gironde, Landes, Lot-et-Garonne, Basses-Pyrénées.
CAEN.	Calvados, Eure, Manche, Orne, Sarthe, Seine-Inférieure.
CHAMBÉRY	Savoie, Haute-Savoie.
CLERMONT.	Allier, Cantal, Corrèze, Creuse, Haute-Loire, Puy-de-Dôme.
DIJON	Aube, Côte-d'Or, Haute-Marne, Nièvre, Yonne.
DOUAI.	Aisne, Ardennes, Nord, Pas-de-Calais, Somme.
GRENOBLE	Hautes-Alpes, Ardèche, Drôme, Isère.
LYON.	Ain, Loire, Rhône, Saône-et-Loire.
MONTPELLIER.	Aude, Gard, Hérault, Lozère, Pyrénées-Orientales.
NANCY.	Meurthe-et-Moselle, Meuse, Vosges.
PARIS	Cher, Eure-et-Loir, Loir-et-Cher, Loiret, Marne, Oise, Seine, Seine-et-Marne, Seine-et-Oise.
POITIERS.	Charente, Charente-Inférieure, Indre, Indre-et-Loire, Deux-Sèvres, Vendée, Vienne, Haute-Vienne.
RENNES.	Côtes-du-Nord, Finisterre, Ille-et-Vilaine, Loire-Inférieure, Maine-et-Loire, Mayenne, Morbihan.
TOULOUSE.	Ariége, Aveyron, Haute-Garonne, Gers, Lot, Hautes-Pyrénées, Tarn, Tarn-et-Garonne.
ALGER.	Alger, Constantine, Oran.

Le corps enseignant des dix-sept académies constitue l'*Université*. Il y a, en outre, plusieurs facultés libres. — L'enseignement se divise en *supérieur, secondaire* et *primaire*.

L'enseignement supérieur se partage en cinq facultés : théologie, droit, médecine, sciences et lettres.

L'enseignement secondaire est donné par les lycées, les colléges, les grands et les petits séminaires ou établissements secondaires ecclésiastiques, et un grand nombre d'institutions particulières. — Il faut distinguer l'enseignement secondaire spécial, qui forme les élèves pour l'industrie, le commerce et l'agriculture.

L'enseignement primaire compte une multitude d'écoles entretenues par les communes, et d'écoles particulières. Les écoles normales primaires sont destinées à former des instituteurs. L'instruction primaire est sous la direction des préfets, pour tout ce qui concerne le personnel et le matériel ; mais le recteur a la haute surveillance de l'enseignement.

C'est l'est de la France qui l'emporte, et de beaucoup, pour l'instruction populaire : la Franche-Comté, la Lorraine, la Champagne, le N. E. de la Bourgogne, forment, sous ce rapport, une région d'honneur.

A la tête des sociétés savantes chargées de maintenir la pureté de la langue, de recueillir les découvertes, de perfectionner les arts et les sciences, se trouve l'*Institut de France*, qui se divise en cinq *Académies :* l'Académie française, l'Académie des inscriptions et belles-lettres, l'Académie des sciences, l'Académie des beaux-arts, et l'Académie des sciences morales et politiques.

La justice est rendue, dans chaque canton, par des juges de paix ; au-dessus, sont des tribunaux de première instance, aussi nombreux que les arrondissements. On appelle de ces tribunaux à des cours d'appel, au nombre de vingt-sept (y compris l'Algérie), établies à Agen, Aix, Alger, Amiens, Angers ; — Bastia, Besançon, Bordeaux, Bourges ; — Caen, Chambéry ; — Dijon, Douai ; — Grenoble ; — Limoges, Lyon ; — Montpellier ; — Nancy, Nîmes ; — Orléans ; — Paris, Pau, Poitiers ; — Rennes, Riom, Rouen ; — Toulouse.

Au-dessus de ces cours est celle de cassation, qui siége à Paris.

Dans chaque département, il y a une cour d'assises, tribunal correctionnel temporaire, qui se tient ordinairement au chef-lieu, et où les citoyens sont appelés à siéger comme jurés.

Enfin les tribunaux de commerce sont établis dans les principales villes commerçantes.

Religion. — La très-grande majorité de la population française est catholique. Ce culte compte 36 millions d'âmes, et comprend, avec l'Algérie, 87 diocèses, dont 18 archevêchés et 69 évêchés (en n'y renfermant plus les évêchés de Metz et de Strasbourg).

Voici le tableau des archevêchés, avec les évêchés suffragants :

ARCHEVÊCHÉS.	ÉVÊCHÉS SUFFRAGANTS.
Aix.	Gap, Digne, Marseille, Fréjus, Nice, Ajaccio.
Albi.	Mende, Rodez, Cahors, Perpignan.
Auch.	Tarbes, Aire, Perpignan.
Avignon.	Valence, Viviers, Nîmes, Montpellier.
Besançon.	Verdun, Nancy, Saint-Dié, Belley.
Bordeaux	Luçon, Poitiers, la Rochelle, Angoulême, Périgueux, Agen.
Bourges.	Limoges, Clermont-Ferrand, Tulle, Saint-Flour, le Puy.
Cambrai.	Arras.
Chambéry	Annecy, Moutiers de Tarantaise, Saint-Jean de Maurienne.
Lyon.	Langres, Dijon, Autun, Saint-Claude, Grenoble.
Paris.	Meaux, Versailles, Chartres, Orléans, Blois.
Reims.	Amiens, Beauvais, Soissons, Châlons-sur-Marne.
Rennes.	Vannes, Saint-Brieuc, Quimper.
Rouen.	Évreux, Bayeux, Coutances, Sées.
Sens.	Troyes, Nevers, Moulins.
Toulouse.	Montauban, Carcassonne, Pamiers.
Tours.	Le Mans, Laval, Nantes, Angers.
Alger	Constantine, Oran.

Les luthériens (Église de la confession d'Augsbourg) sont beaucoup moins nombreux en France depuis la perte des départements de l'E. ; la Franche-Comté et Paris en comptent cependant un assez grand nombre.

Les calvinistes (Église réformée) sont principalement répandus dans le Midi et dans quelques parties de l'O. et de l'E. : le Gard, l'Ardèche, la Drôme, la Lozère, Tarn-et-Garonne et les Deux-Sèvres en renferment le plus. Il y en a aussi beaucoup à Paris.

Les luthériens et les calvinistes forment ensemble les protestants, dont le nombre total actuel n'est pas de plus de 600 000.

Les israélites (environ 50 000) ont un consistoire central à Paris.

Sous le **rapport militaire**, la France est partagée (sans l'Algérie) en 18 régions de corps d'armée : 1re région, chef-lieu Lille ; — 2e Amiens ; — 3e Rouen ; — 4e le Mans ; — 5e Orléans ; — 6e Châlons-sur-Marne ; — 7e Besançon ; — 8e Bourges ; — 9e Tours ; — 10e Rennes ; — 11e Nantes ; — 12e Limoges ; — 13e Clermont-Ferrand ; — 14e Grenoble ; — 15e Marseille ; — 16e Montpellier ; — 17e Toulouse ; — 18e Bordeaux.

Pour l'administration de la **marine militaire**, il y a 5 préfectures maritimes, qui ont pour chefs-lieux les cinq grands ports maritimes de l'État : la 1re préfecture est Cherbourg ; la 2e, Brest ; la 3e, Lorient ; la 4e, Rochefort ; la 5e, Toulon.

Finances. — Le *revenu* de l'État est d'environ 2 milliards 800 millions de francs ; les *dépenses* offrent à peu près le même chiffre. La *dette publique* et les *dotations* s'élèvent à plus de 24 milliards de capital.

La cour des comptes vérifie et juge les comptes des services publics.

Parmi les administrations qui dépendent du ministère des finances, on remarque : celle de l'enregistrement et des domaines, qui est chargée d'établir et de percevoir les droits d'enregistrement sur les actes publics et sous seing privé, et d'administrer les propriétés de l'État ; — l'administration des contributions directes (impôt foncier, personnel, etc.) ; — l'administration des douanes et des contributions indirectes (droits sur les boissons, les cartes à jouer, le sucre indigène, etc.) ; — celle des tabacs ; — la commission des mon-

naies. (L'administration des forêts, autrefois réunie au min.
des finances, dépend aujourd'hui de celui de l'agriculture.)

La Banque de France est un établissement très-important,
fondé par actions, qui a le privilége d'émettre des billets à
vue au porteur.

Industrie et commerce. — L'INDUSTRIE agricole est
la principale des industries de la France ; elle s'exerce sur
25 à 26 millions d'hectares de terres labourables, consacrées
aux céréales, aux racines et aux prairies artificielles, 2 millions d'hectares de vignes, 5 millions d'hectares de prairies
naturelles, etc. : la valeur seule des céréales produites est
d'environ 2 milliards de francs ; il y a 7 millions d'hectares
de forêts.

L'industrie manufacturière a fait de grands progrès depuis
un demi-siècle ; elle n'a de rivale que l'industrie anglaise, si
merveilleusement favorisée par les bas prix des matières premières ; elle lui est même supérieure par les produits où l'art
et le goût ont la principale part. On peut mentionner, parmi
les ouvrages où elle excelle, les soieries, surtout celles de Lyon ;
les cachemires ; les draps de Sedan, de Louviers, d'Elbœuf et
du Languedoc ; les basins, les toiles fines, les batistes et les
gazes de Saint-Quentin, de Valenciennes, de Cambrai, etc. ;
les tulles, les dentelles, les blondes ; les tissus divers de coton,
dont la Normandie, la Flandre et la Picardie sont les principaux centres (on pouvait y ajouter naguère les toiles peintes
de Mulhouse et autres villes d'Alsace) ; ce qu'on appelle les
articles de Paris, c'est-à-dire les bronzes, les plaqués, la
bijouterie, l'orfévrerie, l'horlogerie, surtout celle de préci-
sion, l'ébénisterie, la tabletterie, la librairie, les instruments
de musique, de chirurgie et de mathématiques, la quincaillerie, l'ameublement, la passementerie, la carrosserie, les
modes, les fleurs artificielles, la mercerie, la lingerie, etc.

Le COMMERCE de la France a pris, depuis un demi-siècle,
un développement considérable. Il faut le distinguer en *commerce intérieur* et *commerce extérieur*. Le premier, qui
s'exerce entre les différentes parties du pays lui-même, représente une valeur de 20 à 30 milliards ; le second a lieu avec

l'étranger, et se partage encore en deux sections : le *commerce général* et le *commerce spécial*.

Le commerce général comprend, dans les importations, tout ce qui arrive par terre ou par mer, soit pour la consommation, soit pour l'entrepôt, soit pour la réexportation et le transit ; dans les exportations, il embrasse tous les produits envoyés à l'étranger, sans distinction de leur origine française ou étrangère.

Le commerce spécial n'a rapport, pour l'importation, qu'aux marchandises destinées à entrer dans la consommation intérieure, et, pour l'exportation, qu'aux marchandises nationales.

La France est, après l'Angleterre, le pays d'Europe qui fait le commerce le plus considérable.

La valeur totale annuelle du commerce extérieur général était, dans la période de 1825 à 1830, de 1 milliard 200 millions de francs. Aujourd'hui elle est d'environ 8 milliards, dont 4 milliards pour l'exportation et 4 milliards pour l'importation. Le commerce spécial offre, à l'exportation, 3 milliards et demi, et à l'importation, une valeur à peu près égale.

Les principaux articles d'exportation sont : les vins, les eaux-de-vie, les céréales, l'huile, le vinaigre, les fruits, les œufs, le savon, le sel, les étoffes de soie et de laine, la lingerie, les peaux préparées, la bonneterie, la tapisserie, les toiles de lin, de chanvre et de coton, les dentelles, le papier, les caractères d'imprimerie, les livres, l'horlogerie, la bijouterie, l'ébénisterie, les objets de modes, la mercerie, la tabletterie, les bronzes, les sucres raffinés, etc. — Les importations se composent principalement : de coton, de métaux, de houille, de bois de construction et d'ébénisterie, de chevaux, de moutons, de gros bétail, d'huile pour fabriques, d'indigo, de laines, de soies gréges, de peaux, de fourrures, de sucre, de café. — Les pays avec lesquels les relations commerciales de la France ont le plus d'activité sont l'Angleterre, les États-Unis, la Belgique, la Suisse, l'Italie, l'Espagne, l'Allemagne, l'Algérie, la Russie, la Turquie, les Pays-Bas, le Brésil, les colonies françaises, l'Amérique ci-devant espagnole, les Antilles espagnoles.

La marine commerciale française offre, pour le commerce extérieur, un mouvement de 20 000 navires environ (c'est-à-dire 20 000 entrées et sorties), jaugeant 3 millions et demi de tonneaux, sur 50 000 navires (jaugeant 10 millions de tonneaux) qui composent le mouvement total de la navigation au long cours ; la marine à vapeur française y entre pour 4000 à 5000 voyages et un million et demi de tonneaux, représentés par environ 400 bâtiments. L'effectif de toute la marine marchande française est de 15 000 navires. Le cabotage, c'est-à-dire la navigation côtière, qui rentre dans le commerce intérieur, compte 80 000 navires, jaugeant 3 millions de tonneaux et montés par plus de 300 000 marins. La grande pêche, celle de la morue et d'autres poissons qu'on va chercher au loin, occupe de 1300 à 1400 navires. Le nombre total des ports maritimes de France est de 400

Armée ; marine. — L'armée de la France a reçu une nouvelle et grande organisation. L'armée active sur le pied de paix se compose d'environ 450 000 hommes.

La marine de l'État compte 226 bâtiments, dont 50 cuirassés, 39 croiseurs de 1re, 2e et 3e classes, 16 avisos de station, etc.

Possessions extérieures de la France[1]. — La France possède, hors de l'Europe :

1° Le *gouvernement général d'Algérie*, situé dans le nord de l'Afrique, et qui est divisé en trois départements : ceux d'*Alger*, de *Constantine* et d'*Oran*. Il a une étendue à peu près comparable à celle du territoire français, et une population de 3 millions d'habitants. On comprend sans peine l'importance militaire d'une contrée si considérable, qui est aux portes de la France, et qui commande une grande partie de la Méditerranée et du continent africain.

2° Les *colonies africaines* : le *Sénégal et Gorée*, dans l'O. de l'Afrique ; l'établissement de *Gabon*, aussi dans l'O.

---

1. Voyez, pour les détails, la *Description particulière de l'Asie, de l'Afrique, de l'Amérique et de l'Océanie* (classe de seconde).

de l'Afrique; l'île de la *Réunion*, celles de *Sainte-Marie*, de *Mayotte* et quelques autres, au S. E. de cette partie du monde; le port d'*Obokh* et quelques autres points de la côte E.

Village de l'Algérie.

3° Les ***colonies asiatiques :*** les établissements de l'*Hindoustan*, dont le chef-lieu est *Pondichéry*; — la *Basse-Cochinchine*, dont le chef-lieu est *Saï gon :* c'est une importante possession, de près d'un million et demi d'hab., qui, située dans l'Indo-Chine, à l'extrémité S. E. de l'Asie, sur la route de l'Europe et de l'Hindoustan à la Chine et au Japon, et près des plus riches parties de l'Océanie, permet à la France de surveiller ses intérêts dans l'extrême Orient, à côté des progrès considérables qu'y font l'Angleterre et la Russie.

4° Les ***colonies américaines :*** plusieurs des îles Antilles, particulièrement la *Guadeloupe* et la *Martinique;* — la *Guyane française*, dans le N. E. de l'Amérique méridionale; les îles *Saint-Pierre* et *Miquelon*, près de la côte de Terre-Neuve.

5° Les ***colonies océaniennes :*** la *Nouvelle-Calédonie*, les îles *Marquises* ou *Mendaña*, les îles *Tahiti*, les îles *Toua-motou* et quelques autres îles voisines.

La population totale des possessions de la France hors de l'Europe est de plus de 5 millions d'habitants, ce qui porte la population de toute la domination française à 41 millions et demi.

ÎLES BRITANNIQUES

Géographie physique des îles Britanniques. — Le nom de GRANDE-BRETAGNE (en anglais *Great-Britain*) désigne proprement la plus grande des îles Britanniques, mais on l'emploie aussi pour embrasser toute la monarchie anglaise. Le cœur de cette monarchie, ce sont les *îles Britanniques* (en anglais *British Islands*), placées au N. O. de la France, dont le pas de Calais et la Manche les séparent; la mer du Nord les baigne à l'E., et l'océan Atlantique proprement dit les environne au N. O., à l'O. et au S. O.

Elles forment le principal archipel de l'Europe, et s'étendent depuis le 50e jusqu'au 61e degré de latitude N.; vers l'E., elles touchent presque au méridien de Paris, et, vers l'O., elles vont jusqu'au 13e degré de longitude. Elles occupent ainsi plus de degrés en latitude et en longitude que la France; mais, dans tout cet espace, il y a beaucoup d'eau, et le territoire des îles Britanniques, évalué à 300 000 kilomètres carrés, n'est réellement qu'un peu plus de la moitié du territoire français; cependant il y a 34 millions d'habitants, c'est-à-dire plus des cinq sixièmes de la population de la France.

Cet archipel a deux îles principales : la *Grande-Bretagne* et l'*Irlande*, séparées l'une de l'autre par le canal du *Nord*, la mer d'*Irlande* et le canal *Saint-George*.

La Grande-Bretagne, la plus considérable de ces deux îles, se compose de l'*Angleterre*, du *pays de Galles* et de l'*Écosse*. Elle a une forme à peu près triangulaire, et s'allonge du N. au S. l'espace de 900 kilomètres; elle va en s'élargissant vers le midi, où elle présente une étendue de 500 kilomètres de l'E. à l'O. A l'extrémité septentrionale du triangle britannique, on voit les caps *Dunnet* et *Duncansby*; à l'extrémité S. O., les trois caps *Land's End* ou *Finisterre*, *Cornouaille* et *Lizard*;

— à l'extrémité S. E., les caps *South-Foreland* et *North-Foreland*.

Les côtes sont très-sinueuses : celles de l'O., principalement, sont découpées par des golfes profonds, et offrent beaucoup de promontoires escarpés et de presqu'îles montagneuses : on voit d'abord s'allonger au S. O. la péninsule de *Cornouaille* (*Cornwall*), terminée par le cap *Land's End* ; au N. de cette presqu'île, s'ouvre le grand golfe qu'on appelle *Canal de Bristol* ; puis, entre ce golfe et la mer d'Irlande, est la presqu'île de *Galles*, échancrée à l'O. par la baie de *Cardigan*. La mer d'Irlande fait pénétrer dans la Grande-Bretagne la baie de *Morecambe*, le golfe de *Solway*, et, plus au N., le golfe de *Clyde*, fermé à l'O. par la longue presqu'île de *Cantyre*.

Les côtes orientales de la Grande-Bretagne sont généralement assez basses, particulièrement en Angleterre ; les enfoncements principaux y sont l'estuaire de la *Tamise*, le golfe de *Wash*, l'estuaire de l'*Humber*, le golfe de *Forth*, le golfe de *Tay* et le golfe de *Murray*.

L'Irlande, en anglais *Ireland*, en irlandais *Erin*, a une figure à peu près ovale, et s'allonge du N. N. E. au S. S. O. Son étendue, dans ce sens, est de 450 kilomètres. Le cap *Malin* en forme la pointe septentrionale, et le cap *Clear*, la pointe méridionale ; au N. E., le cap *Bengore* s'élève majestueusement à plus de 100 mètres au-dessus du niveau de la mer : c'est là que se trouve la *Chaussée* ou *Pavé des géants*, assemblage étrange et grandiose de plusieurs milliers de colonnes basaltiques rangées avec une symétrie admirable.

La côte occidentale de cette île est déchirée et escarpée, comme celle de la Grande-Bretagne : on y distingue les grandes baies de *Galway* et de *Donegal* et l'estuaire du *Shannon*.

Les autres îles de l'archipel Britannique sont : les îles *Shetland* et les *Orcades*, au N. de la Grande-Bretagne ; — les *Hébrides*, au N. O. ; — l'île de *Man* et celle d'*Anglesey*, dans la mer d'Irlande ; — l'île de *Wight*, sur la côte S. de l'Angleterre ; — les îles *Sorlingues* ou *Scilly*, au S. O. — Les îles *Anglo-Normandes*, dans la Manche, près des côtes de France, dépendent aussi de l'Angleterre.

La GRANDE-BRETAGNE est divisée en trois versants : le versont de l'E., le versant du S. et le versant de l'O. Le premier est incliné vers la mer du Nord; le second, vers la Manche; le troisième, vers l'Atlantique et la mer d'Irlande.

Le versant de la mer du Nord est séparé des deux autres par une arête qui se prolonge à travers toute l'île depuis le pas de Calais jusqu'au cap Duncansby. Elle n'offre d'abord, dans le S. de l'Angleterre, que des collines insignifiantes; mais elle s'élève ensuite avec les montagnes du *Pic*, célèbres par leurs curiosités naturelles; puis elle porte le nom de chaîne *Pennine* ou de monts *Moorlands*, en projetant à l'O. un groupe considérable appelé monts *Cumbriens* (1000 m.); plus loin, elle offre les monts *Cheviot*, sur la frontière de l'Angleterre et de l'Écosse; vers le centre de celle-ci, elle rencontre la chaîne imposante des monts *Grampiens*.

Deux rameaux principaux se détachent de cette arête vers l'O. : l'un s'avance au S. O., sous le nom de montagnes de *Cornouaille*; l'autre va former les montagnes du *pays de Galles* ou les monts *Cambriens*, dont le point le plus haut est le *Snowdon* (1120 m.).

Les points culminants de la Grande-Bretagne sont le *Ben-Macdhui* et le *Ben-Nevis*, dans les monts Grampiens : ils ont 1400 mètres au-dessus de la mer. Plus au N., est le *Ben-Wyvis*, presque aussi élevé.

Il y a dans la Grande-Bretagne une remarquable abondance de cours d'eau, et leurs embouchures forment généralement de larges estuaires. Sur le versant oriental, on trouve : la *Tamise* (en anglais *Thames*), qui baigne Londres et qui est formée par la réunion de la *Thame* et de l'*Isis*; son cours est de 320 kilom.; — la *Grande-Ouse*, qui tombe dans le golfe de Wash; — l'*Humber*, qui est formé par la jonction du *Trent* et de l'*Ouse;* — la *Tweed*, sur la frontière de l'Angleterre et de l'Écosse; — le *Forth* et le *Tay*, qui coulent en Écosse et sont tributaires des golfes auquels ils donnent leur nom.

Sur le versant occidental, on trouve, en allant du N. au S. : la *Clyde*, qui débouche au fond du golfe de ce nom; — la *Mersey*, la *Dee*, qui arrivent à la mer d'Irlande; — la *Saverne*, en anglais *Severn*, qui coule dans le pays de Galles et en Angleterre, et débouche au fond du canal de Bristol, en même temps que la *Wye*, au N., et l'*Avon*, au S. Elle a 300 kil.

Le principal cours d'eau du versant du S. est une autre rivière *Avon*, qui tombe dans la Manche, à l'O. de l'île de Wight.

Les lacs sont peu nombreux en Angleterre; les seuls qu'on y remarque sont dans le nord, entre les monts Moorlands et la mer d'Irlande; le principal est le *Winandermere*.

Le pays de Galles est parsemé d'une infinité de petits lacs très-pittoresques, parmi lesquels on distingue celui de *Bala*.

Il y a en Écosse un grand nombre de beaux lacs : on les désigne par le nom commun de *loch*. Le principal est le *loch Lomond*, long de 35 kilomètres, et situé un peu au N. de l'embouchure de la Clyde, dans laquelle il s'écoule.

On remarque aussi le *loch Tay*, formé par le fleuve de même nom, et le *loch Ness*, qui s'écoule dans le golfe de Murray.

On a réuni par d'innombrables canaux les cours d'eau de la Grande-Bretagne, surtout en Angleterre. On remarque particulièrement les deux lignes qui unissent la Tamise au Trent, et dont la partie principale s'appelle *Grand-Junction*. On peut encore signaler le *Grand-Trunk*, qui joint le Trent à la Mersey; le canal de *Tamise-et-Saverne*, entre ces deux fleuves; le canal de *Forth-et-Clyde*, qui réunit les deux principaux fleuves d'Écosse; le canal *Calédonien*, qui passe par le loch Ness et va du golfe de Murray à la côte occidentale.

L'IRLANDE n'a pas de grande chaîne de montagnes, mais beaucoup de petits groupes, distribués surtout près les côtes; les parties les plus montueuses du pays sont vers le S. O.

L'île se divise en deux versants : le versant de l'Atlantique, qui occupe le N., l'O. et le S. de l'île, et le versant de l'E., qui est incliné vers la mer d'Irlande, le canal du Nord et le canal Saint-George.

Sur le premier de ces versants, on voit le *Shannon*, qui a un cours de 350 kilomètres, à travers le centre et l'O. de l'Irlande : c'est le plus long fleuve des îles Britanniques; il forme beaucoup de lacs et a une fort large embouchure. On remarque, vers le S., le *Barrow* et la *Suir*, qui tombent dans le grand havre de Waterford.

Sur le versant de la mer d'Irlande, on peut citer la *Boyne*, célèbre par une bataille livrée sur ses bords en 1690, et la *Liffey* ou *Anna*, qui passe à Dublin.

Le *Grand Canal* et le *canal Royal* unissent la mer d'Irlande à l'Atlantique, en joignant la Liffey au Barrow et le Barrow au Shannon.

L'Irlande est pleine de lacs, presque tous tributaires de l'Atlantique. Le *lough* [1] *Neagh*, au N., est le plus grand lac de toutes les îles Britanniques ; il a 35 kilomètres de longueur, et s'écoule dans l'Océan par la rivière Bann.

Le *lough Foyle* est entre les caps Malin et Bengore.

Au N. O., est le joli *lough Erne*, divisé en deux masses distinctes, et qui verse ses eaux dans la baie de Donegal.

Le *lough Ree* et le *lough Derg* sont les plus grands lacs que forme le Shannon. Le *lough Corrib* est près et au N. de la baie de Galway, dans laquelle il s'écoule.

Enfin, au milieu des montagnes du S. O. de l'Irlande, on visite avec intérêt le *lough Lean*, ou plutôt les lacs de *Killarney*, car c'est la réunion de trois lacs, extrêmement pittoresques, dont les eaux s'écoulent dans l'Océan par la rivière Lean.

Outre ces lacs, l'Irlande a malheureusement un grand nombre de fondrières ou *bogs*. On en remarque surtout de très-vastes au centre de l'île.

Principales divisions administratives, villes principales. — L'ANGLETERRE (*England*) occupe la partie méridionale de la Grande-Bretagne. C'est la contrée la plus importante, la plus riche et la plus peuplée des îles Britanniques ; elle contient 24 millions d'habitants, sur une étendue de 130 000 kilomètres carrés.

Les parties les plus montueuses de ce pays sont au N. et au S. O. On trouve, à l'E., quelques espaces marécageux. Mais, en général, l'Angleterre est agréablement coupée de vallées et de collines ; une fraîche verdure y charme presque partout les regards ; de jolis parcs, des champs bien cultivés, de gras pâturages, le tableau animé d'une industrie active, y offrent une intéressante variété d'aspects.

Il y a peu de pays aussi riches en mines : le charbon de terre, le fer, le cuivre, le plomb et l'étain donnent surtout d'énormes produits. L'Angleterre ne récolte pas assez de grains pour sa consommation. On y élève beaucoup de beaux

1. *Lough* signifie lac en irlandais.

bestiaux; les chevaux anglais sont superbes, et les moutons de cette contrée fournissent une laine très-fine.

L'Angleterre est divisée en quarante *comtés*, appelés en anglais *counties* ou *shires*. On ajoute ordinairement ce dernier mot au nom du comté : ainsi, on dit l'*Yorkshire*, pour le *comté d'York;* le *Devonshire*, pour le *comté de Devon*, etc.

Il y a vingt comtés maritimes et vingt comtés intérieurs.

Cette *région maritime* et cette *région intérieure* ont elles-mêmes des subdivisions naturelles, établies au moyen des bras de mer et des rivières.

Région maritime. — Sur les côtes de la mer du Nord, on voit sept comtés. — D'abord trois comtés entre le Tweed et l'embouchure de l'Humber : ce sont ceux de *Northumberland*, de *Durham* et d'*York*.

Le premier est célèbre par ses mines de houille; il possède aussi de riches mines de fer, et a pour ch.-l. *Newcastle*, sur la Tyne, port très-commerçant (140 000 h.). — *Tynemouth*, unie à *North-Shields*, forme une ville florissante de 40 000 h., avec un port à l'emb. de la Tyne. — *Hexham* rappelle la bataille de 1464. — *Berwick* est un port sur la frontière de l'Écosse.

Le comté de Durham a un chef-lieu de même nom; mais la plus grande ville y est *Sunderland*, avec un bon port et 108 000 h. On remarque aussi *Gateshead* et *South-Shields*, villes de 50 000 h., sur la Tyne, et le port de *Hartlepool*.

Le comté d'York est le plus grand et l'un des plus industrieux du royaume. *York*, sur l'Ouse, en est le chef-lieu. Cette antique cité, de 45 000 habit, est le siége d'un archevêché, et possède une belle cathédrale gothique. — *Hull* ou *Kingston-sur Hull*, sur la rive gauche de l'Humber, au confluent du Hull, est le port principal du comté : on y compte 140 000 hab. — C'est dans la partie occid. du pays que sont les villes les plus manufacturières : on y remarque *Sheffield*, peuplée de près de 280 000 âmes, et célèbre par sa coutellerie; *Leeds*, qui a plus de 300 000 habit. et de nombreuses manufactures d'étoffes de laine; — *Bradford*, ville de 180 000 âmes, célèbre par ses ardoises, ses forges, ses fonderies; — Ce comté renferme encore *Scarborough*, avec un bon port et des eaux minérales, — *Halifax*, *Wakefield* (bataille de 1460), *Huddersfield* (70 000 h.), *Towton* (bataille de 1461).

Entre l'Humber et le Wash, il n'y a qu'un comté : celui de *Lincoln*, qui était en grande partie occupé par des bruyères et des marais, mais qui s'améliore tous les jours ; il possède d'excellents pâturages. Le chef-lieu est *Lincoln*, où se trouve une magnifique cathédrale. — Près de *Grantham*, est le château de *Woolstorpe*, où est né l'illustre Newton. — *Boston*, ville de 15 000 âmes, appartient à ce comté.

Trois comtés, ceux de *Norfolk*, de *Suffolk* et d'*Essex*, sont renfermés entre le Wash et l'estuaire de la Tamise.

Le premier est célèbre par sa belle culture, ses moutons et son orge, dont on fait de la drèche pour la bière. Le chef-lieu est *Norwich*, ville de 80 000 habitants, fameuse par ses manufactures de crêpes, de bombasins, de stoffs. — On remarque aussi le port d'*Yarmouth*, à l'embouchure de l'Yare.

Le comté de Suffolk a pour chef-lieu *Ipswich* (45 000 habitants.).

Le comté d'Essex est voisin de la capitale, et parsemé d'une foule d'élégantes maisons de campagne. On y distingue *Chelmsford*, chef-lieu, *Colchester*, ville très-ancienne, et *West-Ham* (65000 h.), v. industrielle, très-près de Londres.

Un comté est compris entre l'estuaire de la Tamise et la Manche, et s'étend sur la côte du Pas de Calais ; c'est celui de *Kent*, situé à l'angle S. E. du royaume. Il est très-fertile et abonde en beaux paysages. Les îles de *Thanet* et de *Sheppey*, dans l'estuaire de la Tamise, en font partie. Ce comté a deux chefs-lieux : *Maidstone* (26 000 habitants) et *Cantorbéry* ou *Canterbury* (20 000 habitants), ville très-ancienne, qui a une belle cathédrale, et dont l'archevêque a le titre de primat d'Angleterre. On y remarque encore : *Greenwich* (140 000 habitants), sur la Tamise, célèbre par son magnifique hôpital de la marine et par son observatoire, où les astronomes anglais font passer le premier méridien ; — *Woolwich*, sur le même fleuve, avec un important arsenal de la marine royale ; — *Rochester* et *Chatham*, ports célèbres, sur la Medway ; — *Douvres*, en anglais *Dover* (25 000 habitants), autre port fameux, situé en face et de Calais, intéressant par le grand mouvement des passagers ; — *Folkestone*, port également très-fréquenté, en face de Boulogne ; — *Sydenham*, village près duquel s'élève le fameux palais de Cristal ; — *Deptford*

(30 000 habitants), sur la Tamise; — *Gravesend* (20 000 h.),
sur le même fleuve, *Sheerness*, *Sandwich*, *Ramsgate* ports.

Trois comtés, ceux de *Sussex*, de *Southampton* et de
Dorset, sont baignés seulement par la Manche.

Le comté de Sussex, couvert en partie par les collines des
South-Downs, qui nourrissent des moutons renommés, a
pour chef-lieu *Chichester*. — On y remarque *Hastings*, célèbre par la victoire de Guillaume le Conquérant en 1066; —
Brighton, belle ville maritime de 100 000 âmes, près de laquelle est le port de *Newhaven*; — la jolie petite ville de
Worthing, maritime aussi; — *Lewes*, qui rappelle la bataille
de 1264.

Le comté de Southampton, qu'on appelle encore *Hants*
ou *Hampshire*, est un des plus beaux et des plus commerçants
du royaume. L'île de *Wight*, surnommée le *Jardin de l'Angleterre*, et où se trouve la jolie résidence royale d'*Osborne*,
fait partie de ce comté. L'ancienne cité de *Winchester* en
est le chef-lieu. — On y trouve aussi *Southampton*, port florissant de 55 000 âmes, au fond d'une baie, et *Portsmouth*,
fameuse place maritime, qui se compose de *Portsmouth proprement dite* et de *Portsea*, peuplées ensemble de 127 000
âmes; on y voit le plus bel arsenal de la marine anglaise.
Près et à l'O., est le port de *Gosport*.

Le comté de Dorset, très-fertile, a pour chef-lieu *Dorchester*, jolie ville. Il renferme au S. le port de *Weymouth*
et la petite île (ou plutôt presqu'île) de *Portland*, où l'on
remarque d'énormes masses de superbes pierres de taille.

Vis-à-vis de ces deux comtés, se trouve, assez près des
côtes de France, le groupe des intéressantes îles Anglo-
Normandes, composées surtout de *Jersey*, de *Guernesey* et
d'*Aurigny*. — *Saint-Hélier*, ville principale de ces îles, est
chef-lieu de Jersey, qui est la plus grande île du groupe et la
plus fertile, la plus remarquable par son doux climat.

A l'extrémité S. O. de l'Angleterre, sont les comtés de
Devon et de *Cornouaille*, baignés d'un côté par la Manche et
de l'autre par le canal de Bristol.

Le Devonshire offre le contraste de cantons fertiles et de
cantons stériles. Le chef-lieu est *Exeter*, ville de 35 000 ha-

bitants, vers l'embouchure de l'Exe dans la Manche ; la ville la plus importante est *Plymouth*, port militaire célèbre, qui, joint à *Devonport*, a plus de 120 000 âmes.

Le comté de Cornouaille, en anglais *Cornwall*, est un pays aride, mais riche en mines d'étain et de cuivre. Le chef-lieu est la petite ville de *Bodmin*. On remarque au S. le port très-commerçant de *Falmouth*. De ce comté dépendent les petites îles *Sorlingues* ou *Scilly*, les anciennes *Cassitérides*, d'où les Phéniciens tirèrent une grande quantité d'étain.

. Trois comtés environnent le fond du Canal de Bristol : ce sont ceux de *Somerset*, de *Glocester* et de *Monmouth*.

Le comté de Somerset est renommé par son cidre et son excellente bière ; la plus grande ville, *Bristol*, ne se trouve qu'en partie dans ce comté : c'est une florissante et ancienne cité, peuplée de 200 000 habit., et située sur l'Avon, qui est navigable pour les plus gros navires. — *Bath* (55 000 hab.), sur la même rivière, est une belle ville, renommée par ses eaux minérales. — *Wells* est le chef-lieu du comté.

Le comté de Glocester ou Gloucester, où le médecin Jenner a découvert la vaccine, renferme une partie de *Bristol*, et a pour chef-lieu *Glocester*, sur la Saverne. — On y trouve aussi *Cheltenham*, ville de 45 000 âmes, avec des eaux minérales célèbres ; — *Stroud*, peuplée de 40 000 hab. ; — *Tewkesbury*, fameuse par la victoire d'Édouard d'York sur Marguerite d'Anjou en 1471.

Le comté de Monmouth a pour ch.-l. la ville de même nom.

Le long de la mer d'Irlande, il y a quatre comtés : ceux de *Chester*, de *Lancastre* de *Westmoreland* et de *Cumberland*.

Le comté de Chester, appelé aussi *Cheshire*, est renommé par ses salines et ses fromages ; il a pour chef-lieu la vieille cité de *Chester*, de 35 000 âmes, sur la Dee. On y remarque aussi *Macclesfield*, ville manufacturière, de 40 000 âmes ; — *Stockport*, de 55 000 habit., sur la Mersey ; — et le port de *Birkenhead* (65 000 h.), sur la Mersey, en face de Liverpool.

Le comté de Lancastre, ou le *Lancashire*, abonde en mines de houille, et l'industrie y est admirable. Le chef-lieu est le port de *Lancastre*, en anglais *Lancaster* ; mais les villes les plus importantes sont *Manchester* et *Liverpool*. — Manchester, peuplée de 540 000 habitants (en y comprenant *Salford*), est le centre du travail du coton et d'une immense fabrication de mousselines, de basins, de percales, de velours, de soieries, etc. — Liverpool, qui s'étend magnifiquement sur la rive droite de la Mersey, reçoit chaque année dans son port plus de 30 000 navires; elle a aussi 540 000 h. — Le comté de Lancastre renferme encore *Bolton*, ville de 85 000 h.; *Preston*, aussi de 85 000 h.; *Blackburn*, de 76 000; *Oldham*, de 90 000; *Rochdale*, de 63 000; *Ashton-under-Lyne*, de 35 000; *Bury*, de 38 000; *Saint-Helen's* (45 000); *Burnley* (40 000); *Barrow*, port de création récente, qui a pris un grand accroissement et qui a déjà 70 000 h.

Le Westmoreland est un pays de montagnes, de marais et de lacs; il ne touche à la mer que par le fond de la baie de Morecambe. Le chef-lieu est la petite ville d'*Appleby*.

Le Cumberland, autre contrée montueuse, a plusieurs jolis lacs; on y a exploité d'abondantes mines de graphite ou plombagine, aujourd'hui à peu près épuisées. Le chef-lieu est *Carlisle*, ville de 30 000 âmes, sur l'Eden. On y remarque le port commerçant de *Whitehaven*.

A l'O. de ce comté, se trouve, au milieu de la mer d'Irlande, l'île montagneuse de *Man*, qui a pour chef-lieu *Castletown*, et qui forme une petite division administrative séparée.

Région intérieure. — Parmi les comtés qui ne touchent pas à la mer, quatre se trouvent dans le bassin de la Saverne : ce sont ceux de *Salop*, de *Hereford*, de *Worcester* et de *Warwick*.

Le comté de Salop, qu'on nomme aussi *Shropshire*, est riche en fer, en houille et en manufactures; il a pour chef-lieu *Shrewsbury*, sur la Saverne.

Le comté de Hereford, renommé pour ses fruits de vergers, n'a de remarquable que la ville de même nom, son chef-lieu.

Le comté de Worcester présente une charmante variété de superbes prairies et de champs bien cultivés; il a pour chef-lieu *Worcester*, célèbre par la victoire que Cromwell y remporta sur Charles II et les Écossais en 1651. On y voit encore *Dudley*, ville manufacturière de 45 000 habitants.

Le comté de Warwick, placé au centre même de l'Angleterre, est remarquable par sa grande industrie; le chef-lieu est la ville de même nom ; mais les lieux les plus importants sont *Birmingham*, ville de 380 000 âmes, fameuse par ses manufactures d'armes et ses autres industries ; — *Coventry*, de 40 000 âmes, célèbre par ses rubans et son horlogerie ; — *Stratford-sur-Avon*, patrie de Shakspeare.

Dans le bassin du Trent, il y a quatre comtés : *Stafford*, *Derby*, *Nottingham* et *Leicester*.

Le c. de Stafford, un des plus industrieux du royaume, a pour villes principales : *Stafford*, chef-lieu ; *Wolverhampton* (75 000 h.), et *Walsall* (50 000 h.), connues par leurs ouvrages de serrurerie ; — *Stoke-sur-Trent* (130 000 h.), *Bursiem* (30 000 h.), toutes deux centres d'une grande fabrication de porcelaine et de poterie ; *Hanley*, ville de 50 000 h., également manufacturière.

Le comté de Derby est couvert par les montagnes du Pic (en anglais *Peak*), que leurs sites pittoresques, leurs cavernes, leurs jolies cascades, font regarder comme la région la plus curieuse de l'Angleterre. Le chef-lieu est *Derby* (50 000 h.).

Le comté de Nottingham a pour chef-lieu la belle ville de même nom, peuplée de 95 000 âmes, et centre d'une grande fabrication d'étoffes de soie et de coton.

Le comté de Leicester nourrit des moutons renommés et a une agriculture très avancée ; son chef-lieu est *Leicester*, ville de 117 000 h., importante par ses manufactures de lainages.

Cinq comtés se présentent dans les bassins tributaires du Wash, c'est-à-dire dans les bassins du Nen, de la Grande-Ouse, etc. : ce sont ceux de *Rutland*, de *Huntingdon*, de *Northampton*, de *Cambridge* et de *Bedford*.

Le Rutland est le plus petit des comtés d'Angleterre ; mais c'est un des plus riants. Il a pour chef-lieu *Oakham*.

Le comté de Huntingdon a pour chef-lieu la ville de ce nom.

Le comté de Northampton est une des parties les plus saines et les plus belles du royaume ; le chef-lieu porte le même nom. On y voit aussi *Peterborough*, avec une belle cathédrale, les ruines du château de *Fotheringay*, où habita et mourut Marie Stuart, et *Naseby*, qui rappelle la bataille de 1645.

Le comté de Cambridge offre de vastes marais ; le chef-lieu, *Cambridge*, est une ville de 30 000 âmes, importante par son université, composée de treize collèges.

Le comté de Bedford est un pays varié et agréable; le chef-lieu porte le même nom.

Les bassins des deux Avon (l'Avon tributaire du canal de Bristol, et l'Avon tributaire de la Manche) comprennent à peu près le comté de *Wilts*, dont le chef-lieu est *Salisbury*, sur l'Avon méridional. Près de là sont les ruines druidiques de *Stonehenge*. — *Marlborough* a donné son nom à un célèbre général.

Enfin, le riche bassin de la Tamise renferme les comtés de *Hertford*, de *Buckingham*, d'*Oxford*, de *Berks*, de *Surrey* et de *Middlesex*.

Le comté de Hertford a pour chef-lieu la petite ville de même nom, et renferme celle de *Saint-Alban's*, où les partisans de la maison d'York et ceux de la maison de Lancastre se livrèrent deux batailles fameuses, en 1455 et 1461.

Le comté de Buckingham (par abréviation le *Bucks*) est renommé pour sa fertilité, surtout dans la vallée d'*Aylesbury*, arrosée par la Thame; le chef-lieu est *Buckingham*.— On remarque, sur la Tamise, *Eton*, qui a un collége célèbre.

Le beau comté d'Oxford a pour chef-lieu la ville de ce nom, peuplée de 30 000 habitants, située sur l'Isis, et remarquable par son université, composée d'une vingtaine de colléges.

Le chef-lieu du Berkshire est *Reading*, sur la Tamise; non loin de là se trouve *Windsor*, où s'élève, dans une situation délicieuse, une des principales résidences royales d'Angleterre.

Le comté de Surrey, qui s'étend au sud de Londres, est parsemé de maisons de plaisance. *Guildford*, le chef-lieu, n'est qu'une petite ville. — On y distingue, sur la Tamise, *Kew*, château royal et jardin botanique; *Richmond*, parc royal. — *Croydon* (55 000 h.), grand marché de grains.

Le Middlesex, qui tire son nom de ce qu'il était le pays des *Saxons du milieu*, est un des plus petits comtés d'Angleterre, mais c'est le plus riche, le plus populeux et le plus commerçant; il renferme en effet (du moins en grande partie) la métropole de l'Angleterre, LONDRES.

Londres, en anglais *London*, capitale de toute la monarchie Britannique, est la ville la plus grande et la plus peuplée de l'Europe. On y compte 3 500 000 hab. (4 500 000 en y comprenant toute la juridiction de la police métropolitaine). Elle est baignée par la Tamise, qui la divise en deux parties : celle qui est au N., ou à la gauche du fleuve, est la plus considérable, et comprend la *Cité de Londres*, ou simplement la *Cité*, à l'E.; la *Cité de Westminster*, avec *Mary-le-Bone*, à l'O.; *Finsbury*, au N. La Cité est le quartier des négociants; Westminster et Mary-le-Bone sont les quartiers de la cour et de la noblesse.

Londres. — Vue générale.

La partie située sur la rive droite de la Tamise est dans le comté de Surrey, et comprend le *Bourg de Southwark*, ou simplement le *Bourg* (Borough), et *Lambeth*. Ce sont surtout les quartiers des manufactures.

Le plus beau pont est celui de Waterloo. Il existe un chemin souterrain ou *tunnel*, au moyen duquel on passe sous le fleuve, dans la partie orientale de la ville. Ce qui forme le *port* de Londres occupe dans la Tamise une longueur d'environ 7 kilomètres, et tout cet espace est constamment occupé par d'innombrables navires; il y a, en outre, à droite et à gauche du fleuve, plusieurs grands *docks* ou bassins, qui servent à recevoir une quantité immense de bâtiments. Les rues de cette vaste cité sont belles et larges, principalement à l'O., dans

Westminster; il faut surtout remarquer celles qu'on appelle Piccadilly, Regent-street, Oxford-street, Strand. A l'extrémité orientale, il y a des quartiers d'un aspect misérable.

Presque toutes les places ou *squares* ont, au milieu, une pelouse de gazon ou une plantation d'arbres. Les plus vastes sont celles de Russell, de Lincoln's Inn, de Trafalgar, dans l'O.

Les maisons sont beaucoup moins élevées qu'à Paris, et les édifices publics sont généralement moins magnifiques. Un des principaux est l'église de Saint-Paul, dans la Cité. On remarque, dans la même partie, la Tour de Londres, assemblage confus de bâtiments divers, et le Monument de Londres, colonne très-élevée, qui rappelle un grand incendie arrivé en 1666.

Dans la cité de Westminster, on distingue la magnifique église gothique de l'ancienne abbaye de Westminster; le palais de Saint-James, réunion de plusieurs bâtiments anciens, autrefois séjour des souverains; le palais de White-Hall, qui fut aussi leur résidence; le palais de Buckingham, leur résidence ordinaire actuelle; le palais de Westminster ou du Parlement.

C'est autour de Westminster et de Mary-le-Bone que se trouvent les principaux jardins publics servant de promenades; tels sont : le parc Saint-James, le jardin du Palais, le Green-Park ou parc Vert, le Hyde-Park, les jardins de Kensington, le parc du Régent. Le parc Victoria est dans le N. E.

Les environs de la métropole britannique sont fort agréables; d'élégantes maisons de campagne, des jardins charmants, de jolis villages, des collines verdoyantes et de belles routes y flattent partout les regards. — On remarque, dans le comté de Middlesex, à l'O. de Londres, sur la Tamise, la résidence royale de *Hampton-Court*. — On y trouve aussi le célèbre collége de *Harrow*.

La PRINCIPAUTÉ DE GALLES, en anglais *Wales*, est située à l'O. de l'Angleterre, et s'avance entre la mer d'Irlande, au N., le canal Saint-George, à l'O., et le canal de Bristol au S. La grande quantité de montagnes qui hérissent la surface de ce pays, et les aspects très-pittoresques qu'il offre à chaque pas, l'ont fait surnommer la *Petite Suisse*. Le sol y est peu fertile, l'agriculture n'y est pas très-florissante, mais l'industrie manufacturière y est fort active; il y a de riches mines de fer, de plomb, de cuivre, de houille, et d'abondantes carrières d'ardoise. On y compte 1 400 000 habitants.

Le pays de Galles se divise en deux parties : *Galles septentrionale* (*North Wales*) et *Galles méridionale* (*South Wales*). Chacune comprend six comtés.

Dans la *division du N.*, qui est la moins fertile et la moins peuplée, on trouve les comtés de *Flint*, de *Denbigh*, de *Carnarvon*, de *Merioneth* et de *Montgomery;* ils ont des chefs-lieux de même nom, excepté l'avant-dernier, dont les chefs-lieux sont *Dolgelly* et *Bala*.

Le sixième comté est formé de l'île d'*Anglesey*, riche en mines de cuivre, et séparé de l'île de la Grande-Bretagne par le détroit de Menai, qu'on passe sur un pont de fer d'une longueur et d'une hardiesse remarquables. Le chef-lieu est *Beaumaris*, sur la côte orientale. — A l'O. de cette île, est celle de *Holy-Head*, beaucoup plus petite, et où se trouve une ville de même nom, placée en face de Dublin.

La *division méridionale* du pays de Galles a quatre comtés maritimes : *Cardigan, Pembroke, Carmarthen, Glamorgan;* — et deux comtés intérieurs : *Brecknock* et *Radnor*.

Quatre chefs-lieux portent le même nom que les comtés. *Presteign* est le chef-lieu du Radnor, et *Cardiff*, ville de 75 000 habitants, est celui du Glamorgan. — On remarque encore, dans ce dernier comté, la ville maritime de *Swansea*, peuplée de 60 000 âmes; — *Merthyr-Tydvil*, ville manufacturière, de 50 000 habitants, qu'ont enrichie ses mines de fer et de houille; — *Neath*, qui a des mines de houille et des usines à fer et à cuivre.

Le havre de *Milford*, dans le comté de Pembroke, est un des plus vastes et des plus sûrs du monde.

L'ÉCOSSE, en anglais *Scotland*, est une contrée longue et irrégulière, qui occupe toute la partie de la Grande-Bretagne située au N. du golfe de Solway, des monts Cheviot et de l'embouchure du Tweed. Elle est moins grande et beaucoup moins peuplée que l'Angleterre : on n'y compte que 3 millions et demi d'habitants.

Elle présente deux grandes régions physiques : l'une, au N., nommée les *Terres hautes* ou *Highlands*, est montagneuse et aride, mais intéressante par ses curiosités naturelles; l'autre, au S., appelée les *Terres basses* ou *Lowlands*, a des plaines riantes, des collines agréablement boisées, des vallées larges et fertiles, et partout s'y présente le tableau d'une brillante industrie.

Les habitants de ces deux régions ne diffèrent pas moins entre eux que la nature de leur sol. Les Écossais des *Lowlands* sont aussi avancés dans la civilisation que les Anglais, tandis que les *Highlanders* ont conservé d'antiques préjugés, des mœurs originales et un peu rudes. Cependant ces traits distinctifs s'effacent de jour en jour : la civilisation du Midi s'introduit dans le Nord.

L'Écosse est partagée en trente-trois comtés, qu'on classe en *comtés du S.*, *comtés du milieu* et *comtés du N.*

Les **comtés du S.**, placés au midi du golfe de Forth, du canal de Forth-et-Clyde et de l'embouchure de la Clyde, sont au nombre de treize. Quatre, ceux de *Linlithgow*, d'*Edinbourg* ou *Mid-Lothian*, d'*Haddington* et de *Berwick*, sont baignés par le golfe de Forth et la mer du Nord. — Cinq s'étendent au bord de la mer d'Irlande et des golfes de Solway et de Clyde : ce sont ceux de *Dumfries*, de *Kirkcudbright*, de *Wigtown*, d'*Ayr* et de *Renfrew*. — Il y en a quatre dans l'intérieur : *Lanark*, *Peebles*, *Selkirk* et *Roxburgh*.

Le comté de Linlithgow a pour chef-lieu une ville de même nom, où l'on voit les ruines du château dans lequel naquit Marie Stuart.

Le comté d'Édinbourg renferme la capitale de l'Écosse, *Édinbourg*, en anglais *Edinburgh*, belle ville, peuplée de 220 000 habitants. La position en est superbe : elle s'étend sur trois collines, à quelque distance de la côte méridionale du golfe de Forth, et elle est environnée de tous côtés, excepté au N., par des rochers pittoresques. L'une des plus belles rues est le *High-street*, qui a une longueur d'une demi-lieue. A l'E., on voit le vieux palais de Holyrood, qui fut pendant plusieurs siècles le séjour des rois d'Écosse. Diverses parties de la ville sont réunies entre elles par des ponts jetés avec hardiesse d'une colline à l'autre. Édinbourg a une célèbre université, et beaucoup de sociétés savantes et d'institutions littéraires. — Près et au N. de cette capitale, est *Leith*, ville de 53000 âmes, située sur le Forth : c'est le port d'Édinbourg.

Le comté d'Haddington a pour chef-lieu la ville de même nom, et renferme aussi *Dunbar*, célèbre par divers événements, particulièrement dans l'histoire de Marie Stuart.

Le comté de Berwick, dont le chef-lieu est *Greenlaw* doit son nom à la ville maritime *Berwick*, qui est située en Angleterre à l'embouchure du Tweed.

Les comtés de Dumfries, de Kirkcudbright et de Wigtown ont pour chefs-lieux des villes maritimes de même nom.

Le long comté d'Ayr et le petit comté de Renfrew, situés sur la côte orientale du golfe de Clyde, ont aussi des chefs-lieux de même nom. On trouve dans le dernier trois villes importantes : *Greenock*, port très-fréquenté, de 70 000 âmes, à l'embouchure de la Clyde; — *Paisley*, célèbre par ses fabriques de soie et de coton, et peuplée de 50 000 âmes; — *Port-Glasgow*, sur la Clyde.

Le comté de Lanark n'a qu'un chef-lieu peu considérable, nommé aussi *Lanark;* mais il renferme la riche ville de *Glasgow*, située sur la Clyde, et peuplée de 560 000 habitants : cette grande cité est remplie de manufactures, et a un port très-animé; il y a une importante université.

Les comtés de Peebles et de Selkirk ont des chefs-lieux de même nom. — Le comté de Roxburgh, couvert par les monts Cheviot, a pour chef-lieu *Jedburgh*.

Les **comtés du milieu**, au nombre de quinze, forment une région qui s'étend depuis le golfe de Forth et l'embouchure de la Clyde, au S., jusqu'au golfe de Murray, au N. Neuf se trouvent sur la côte orientale de l'Écosse : ce sont ceux de *Stirling, Clackmannan, Fife, Angus, Kincardine, Aberdeen, Banff, Elgin* et *Nairn*. — Sur la côte occidentale, il y en a trois : ceux de *Dumbarton*, d'*Argyle* et de *Bute*. — On en voit deux dans l'intérieur : ceux de *Kinross* et de *Perth*. — Enfin le plus grand de tous, celui d'*Inverness*, touche d'un côté à l'Atlantique et de l'autre au golfe de Murray.

Le comté de Stirling, dont le chef-lieu porte le même nom, renferme le populeux village de *Carron*, qui possède de grandes forges, et *Falkirk*, où furent livrées de célèbres batailles en 1298 et 1746.

Le comté de Clackmannan, le plus petit de l'Écosse, a un chef-lieu de même nom.

Celui de Fife, situé entre les golfes de Forth et de Tay, a
pour chef-lieu *Cupar*, et renferme à l'E. *Saint-André* ou
Saint-Andrew's, qui fut autrefois la ville la plus somptueuse
de l'Écosse, et qui a une université célèbre, mais bien déchue

Le comté d'Angus se nomme aussi *Forfar*, à cause de son
chef-lieu ; il a pour villes principales *Dundee*, port florissant,
avec 140 000 âmes, à l'embouchure du Tay, et *Montrose*,
autre port, de 15 000 habitants.

Le comté de Kincardine a pour chef-lieu *Bervie*.

Celui d'Aberdeen a un chef-lieu de même nom, ville très-
importante par son port, son université, son industrie et sa
population de 100 000 âmes. On y voit aussi la belle résidence
royale de *Balmoral*.

Les comtés de Banff, d'Elgin et de Nairn portent le nom de
leur chef-lieu.

Le comté de Dumbarton, qui renferme le charmant lac
Lomond, a pour chef-lieu la ville de *Dumbarton*, à l'embouchure de la Clyde.

Le comté d'Argyle, dont le chef-lieu est *Inverary*, est de
toutes parts découpé par des golfes profonds : il renferme au
S. O. la longue presqu'île de Cantyre, et comprend à l'O.
plusieurs des îles Hébrides, entre autres, *Ila* ou *Islay*, *Jura*,
Mull, *Staffa*, fort petite, mais célèbre par la grotte de Fingal,
caverne remarquable formée par des colonnes de basalte, et
Iona ou *I-colmkill*, où saint Columba, venu de l'Irlande au
VIe siècle, fonda un monastère fameux : c'est de là que le
christianisme se répandit en Écosse.

Le comté de Bute est formé des îles d'*Arran* et de *Bute*,
situées dans le golfe de Clyde. Le chef-lieu est *Rothesay*,
dans l'île de Bute.

Le comté de Kinross a pour chef-lieu la ville de même nom.

Le comté de Perth, en grande partie couvert par les monts
Grampiens, offre à chaque pas des sites pittoresques, des
cataractes, et de beaux lacs, dont les plus remarquables sont
le lac Tay et le lac Ketterin. Le chef-lieu est *Perth*, fort
jolie ville de 25 000 âmes, sur le Tay. Près de là est *Scone*,
célèbre autrefois par une abbaye où étaient couronnés les rois
d'Écosse, sur la *pierre de la destinée*.

Le comté d'Inverness renferme quelques-unes des plus

hautes sommités des monts Grampiens, et c'est là que s'offrent les aspects les plus sauvages et les plus grandioses des *Highlands*. Le chef-lieu est *Inverness*, au fond du golfe de Murray. La bruyère de *Culloden*, à l'E. de cette ville, fut le théâtre de la défaite de Charles Stuart, en 1746. Plusieurs des Hébrides, *Skye, North-Uist, South-Uist*, dépendent de ce comté. La partie méridionale de l'île *Lewis*, la plus grande île de tout l'archipel, lui appartient aussi, de même que *Saint-Kilda*, la plus occidentale.

Résumons ce qui concerne les *Hébrides*. — Ces îles, appelées en anglais *Western islands (îles Occidentales)*, anciennement *Ebudes*, forment deux archipels distincts : l'un comprend les *Hébrides proprement dites* ou *extérieures*, séparées du reste de l'Écosse par le détroit de Minch, et dirigées du N. N. E. au S. S. O., sur une ligne assez régulière; les principales sont *Lewis, North-Uist, South-Uist*, etc. — L'autre archipel se compose des *Hébrides intérieures*, qu'on appelle aussi *Hébrides sporades*, parce qu'elles sont *éparses* le long de la côte de la Grande-Bretagne ; on y remarque *Skye, Mull*, etc.

Les **comtés du** *N.* sont ceux de *Ross*, de *Cromarty*, de *Sutherland,* de *Caithness* et des *Orcades.*

Le chef-lieu du comté de Ross est *Tain.* — Celui du petit comté de Cromarty porte le même nom. — Le Sutherland a pour chef-lieu *Dornoch.* — *Wick* est le chef-lieu du Caithness.

Le comté des Orcades ou Orkney se compose du groupe des Orcades et celui des îles Shetland. Les îles Orcades sont en grande partie couvertes de bruyères et de marais. La principale est *Mainland* ou *Pomona;* on y trouve *Kirkwall*, chef-lieu du comté. — Les îles Shetland, âpres et stériles, mais habitées par une population vigoureuse, hardie et hospitalière, ont pour île principale une autre *Mainland*. Les habitants sont des pêcheurs habiles.

L'IRLANDE renferme 5 500 000 âmes. Elle en avait 8 millions il y a trente ans; c'est un des rares pays d'Europe où la population va en décroissant : l'émigration enlève chaque année à cette île de nombreux habitants. — Le sol est très-fertile, et cependant offre presque partout l'aspect de la misère, parce que l'agriculture n'y est pas aussi encouragée que

dans le reste du Royaume-Uni ; les pommes de terre forment
à peu près la seule nourriture des paysans. Le lin et le chanvre sont abondants, et l'on fabrique beaucoup de toile.

Le ciel de l'Irlande est brumeux, la température y est humide, mais douce. Les beaux pâturages de ce pays nourrissent
d'excellents bestiaux. Il y a des marbres magnifiques, et des
mines de houille, de plomb et même d'or.

L'île est divisée en quatre provinces : l'*Ulster*, au N. ; le
Leinster, à l'E. ; le *Connaught*, à l'O. ; et le *Munster*, au S.
Elle se subdivise en trente-deux comtés.

La province d'*Ulster* en comprend neuf. Quatre sont maritimes : ce sont ceux de *Donegal*, de *Londonderry*, d'*Antrim*
et de *Down*. — Tous portent le nom de leur chef-lieu. *Londonderry* est une ville de 25 000 habit., située sur la Foyle,
et célèbre par le siége qu'elle soutint en 1688 contre Jacques II
et les Français. — Il faut encore remarquer l'importante place
maritime de *Belfast*, peuplée de 175 000 âmes, dans le comté
d'Antrim. C'est dans le même comté qu'on trouve, au N., la
Chaussée des Géants, et, au S. O., le grand lac Neagh.

Les cinq comtés intérieurs de l'Ulster sont : *Tyrone*, *Armagh*, *Monaghan*, *Fermanagh* et *Cavan*. — Trois des chefs-
lieux portent le même nom. *Armagh* est une très-ancienne
ville, autrefois plus importante, et qui est le siége de l'archevêché primatial de l'Irlande. *Omagh* est le chef-lieu du Tyrone, et *Enniskillen*, le chef-lieu du Fermanagh, sur la belle
rivière qui unit les deux parties du lac Erne.

La province de *Leinster* renferme douze comtés. Il y en
a six maritimes : *Louth*, *Meath*, *Dublin*, *Wicklow*, *Wexford*
et *Kilkenny*. — *Dundalk* est le chef-lieu du comté de Louth ;
Trim est celui du comté de Meath.

Dublin, chef-lieu du comté de même nom, est la capitale
de l'Irlande. Cette grande et belle ville s'élève sur les deux
rives de la Liffey, au fond d'une baie magnifique, bordée d'un
amphithéâtre de collines que tapissent de nombreux villages,
des jardins charmants et d'élégantes maisons de campagne.
On y compte 315 000 habitants.

Wicklow, *Wexford* et *Kilkenny* sont les chefs-lieux des
comtés de même nom. Cette dernière ville est très-belle.

Les six comtés intérieurs sont : *Longford*, *West-Meath* *King's-county* ou le *comté du Roi*, *Queen's-county* ou l? *comté de la Reine*, *Kildare* et *Carlow*.

Le premier de ces comtés a pour chef-lieu la ville de même nom. — *Mullingar* est le chef-lieu de West-Meath. — Le comté du Roi a pour chef-lieu *Tullamore*; — et le comté de la Reine, *Maryborough*. — *Naas* est le chef-lieu du comté de Kildare; — et le comté de Carlow a un chef-lieu de même nom.

Le province de **Connaught**, comprise entre les baies de Donegal et de Galway, offre des côtes très-découpées et un sol parsemé de lacs, de marais et de montagnes.

Elle a cinq comtés : quatre baignés par l'Atlantique : ceux de *Leitrim*, *Sligo*, *Mayo* et *Galway*, et un seul intérieur, celui de *Roscommon*. — *Carrick-sur-Shannon* est le chef-lieu du Leitrim; — *Sligo*, du comté de même nom; — *Castlebar*, du Mayo. — *Galway*, port de mer et chef-lieu du comté de même nom, est la ville la plus importante de la province; on n'y compte cependant que 13 000 habitants. — *Roscommon* est le chef-lieu du comté de même nom.

La province de **Munster**, dont la côte est aussi déchirée par d'innombrables baies, contient six comtés, dont cinq se trouvent sur l'Océan ou sur l'estuaire du Shannon, et un dans l'intérieur : les premiers sont *Clare*, *Kerry*, *Cork*, *Waterford*, *Limerick*; le comté intérieur est *Tipperary*.

Le comté de Clare, renfermé entre la baie de Galway et l'embouchure du Shannon, a pour chef-lieu *Ennis*.

Tralee est le chef-lieu du comté de Kerry, où se trouvent les lacs pittoresques de Killarney, et dont fait partie l'île de *Valencia*, point de départ du télégraphe transatlantique qui se rend à Terre-Neuve.

Le comté de Cork, le plus populeux de l'Irlande, a pour chef-lieu la commerçante ville de *Cork*, située à l'extrémité d'une profonde baie, et peuplée de plus de 80 000 habitants — Tout près est le port de *Queenstown*.

Le comté de Waterford a un chef-lieu de même nom, qui est un port florissant, à l'embouchure de la Suir; on y remarque un quai superbe.

Le comté de Limerick a pour chef-lieu *Limerick*, ville de
40 000 habit., remarquable par l'activité de son commerce,
et située sur le Shannon, que les navires remontent jusque-là.

Clonmell est le chef-lieu du Tipperary.

Chemins de fer, télégraphie. — L'Angleterre est le
pays d'Europe qui a le plus de chemins de fer. Londres est
le centre des principaux : il en part huit lignes très-impor-
tantes, sans compter celles qui conduisent à des lieux voisins. Ces huit lignes sont :

1° Le *Grand chemin du Nord*, sur *Peterborough*, *York*,
Newcastle et *Édinbourg*, avec des embranchements très-
nombreux.

2° Le *chemin du Nord-Ouest*, sur *Birmingham*, avec des
embranchements considérables, dont les principaux sont ceux
qui conduisent à *Liverpool*, par *Manchester*, d'une part, et
par *Chester*, de l'autre, et celui qui, parcourant le nord du
pays de Galles, va passer da..s un tube sur le détroit de *Menai*, franchit l'île d'*Anglesey*, et se termine à *Holy-Head*,
en face de Dublin.

3° Le *Grand chemin de l'Ouest*, sur *Bath* et *Bristol*, et,
de là, sur *Exeter* et *Plymouth*, avec embranchements sur
le pays de Galles du Sud, etc.

4° Le *chemin du Sud-Ouest*, sur *Winchester*, *Southampton*
et *Portsmouth*, avec embranchement sur *Dorchester*, etc.

5° Au S., le *chemin de Brighton*, avec l'embranchement
du *Sud-Est* sur *Folkestone* et *Douvres*, et un embranchement sur *Portsmouth*.

6° A l'E., le *chemin de Rochester*, *Chatham*, *Cantorbéry*,
Ramsgate.

7° Le *chemin des comtés de l'Est*, sur *Ipswich* et *Norwich*.

8° Le *chemin de Cambridge*, au N. E.

En Écosse, on remarque les chemins qui, d'*Édinbourg*,
conduisent à *Glasgow*, à *Dundee* et à *Aberdeen*.

En Irlande, il s'en trouve aussi un assez grand nombre :
Dublin est unie à *Cork* par un chemin qui envoie des embranchements à *Waterford*, à *Limerick*, aux *lacs de Killarney*. Cette capitale communique par un autre chemin de fer
avec *Mullingar* et *Galway*, et par un troisième avec *Belfast*.

des chemins conduisent de cette dernière à *Down*, à *Armagh*, à *Antrim*, à *Londonderry*.

Des télégraphes électriques sous-marins mettent en communication l'*Angleterre* avec la *France*, les îles *Anglo-Normandes*, l'*Irlande*, la *Belgique*, le *Hanovre*, la péninsule *Cimbrique*, la *Norvège;* — l'*Irlande* avec l'*Amérique*.

Chemins de fer exploités : 28 000 kil. —Lignes télégr. : 39 000 kil.

Population, langue, gouvernement et religion. — Les 34 millions d'habitants qui composent la population des îles Britanniques se partagent en quatre peuples principaux : les *Anglais*, les *Gallois*, les *Écossais* et les *Irlandais*.

La langue anglaise, dont le fond est le saxon, mais qui a beaucoup emprunté du français, domine parmi tous ces peuples ; cependant des restes remarquables de l'ancienne langue celtique se retrouvent encore dans le pays de Galles, dans la Haute-Écosse et en Irlande. On appelle *erse* l'ancien idiome celtique conservé dans cette dernière île ; tel qu'il est modifié aujourd'hui, il s'appelle *irish* ou irlandais ; le *gaëlique* est l'ancien langage celtique conservé dans le pays de Galles et l'Écosse ; le *kymrique* est un ancien idiome, qui s'est mélangé avec le celtique et qui se montre également dans ces deux pays.

Les Anglais sont grands et robustes, généralement bien faits : une nourriture abondante et animale fait acquérir à beaucoup d'entre eux une corpulence remarquable. Leur teint est blanc. Ils ont plus ordinairement les cheveux blonds ou roux plutôt que châtains ou noirs. Leur caractère est réfléchi ; il règne dans leur société un ton de réserve et un air de roideur. Toutes les classes d'individus cherchent, en Angleterre, à se procurer les douceurs et les commodités de la vie, en un mot le confortable ; l'habitant des campagnes lui-même a des meubles propres et commodes ; il est presque aussi bien vêtu que l'habitant des villes. On reproche de l'orgueil à ce peuple ; mais il est brave, et, malgré sa froideur, il est obligeant. Il a l'esprit élevé et le jugement fort droit.

L'Écossais est hospitalier, religieux et fier. Son caractère est moins grave que celui de l'Anglais ; il se passionne aisément.

Il y a peu de peuples aussi beaux que les Irlandais : sous les haillons mêmes de la misère, on trouve dans les campagnes une population grande, vigoureuse, aux traits réguliers et nobles. Cette nation est vive et spirituelle ; mais elle a beaucoup de vanité et de mobilité d'esprit.

Les îles Britanniques forment un royaume dont le titre est *Royaume-Uni de Grande-Bretagne et d'Irlande (United Kingdom of Great-Britain and Ireland.)*

Le gouv. est une monarchie constitutionnelle : les femmes peuvent régner ; le roi ou la reine partage le pouvoir avec deux chambres : la *Chambre des lords* ou des *pairs*, choisis par le souverain ; et la *Chambre des communes*, composée de membres élus par la nation. Les deux chambres forment le *Parlement.* La reine du Royaume-Uni a ajouté récemment à son titre celui d'impératrice des Indes.

L'Église *anglicane* ou *protestante épiscopale* est l'Église *établie* en Angleterre ; elle reconnaît pour chef suprême le souverain même de la Grande-Bretagne ; elle a, en Angleterre, deux archevêques, ceux de Cantorbéry et d'York, et vingt-six évêques. On appelle *dissidents* ceux qui ne professent pas cette religion.

L'Église *établie* en Écosse est le *presbytérianisme*, qui tient de près au calvinisme ; il ne reconnaît pas d'évêques ni d'archevêques, et a des synodes provinciaux, avec une assemblée générale annuelle à Édinbourg.

Les Irlandais professent, en très-grande majorité, le *catholicisme ;* cependant la religion *établie*, en Irlande, était encore, il y a peu de temps, la religion anglicane. Une loi a enfin aboli cette injustice.

Il y a en Angleterre quatre universités : celles de Cambridge, d'Oxford, de Londres et de Durham ; il y en a quatre aussi en Écosse : celles d'Édinbourg, de Glasgow, de Saint-André et d'Aberdeen ; l'Irlande en a deux à Dublin.

Importance militaire, industrielle et commerciale de la Grande-Bretagne en Europe et hors d'Europe, etc. — Outre les îles Britanniques proprement dites, la Grande-Bretagne a de nombreuses possessions répandues sur tout le globe : ce sont de vastes et riches territoires, dans le sud de l'Asie et de l'Afrique, dans l'Océanie, dans le nord de l'Amérique ; ce sont aussi des stations excellentes pour le commerce, et dont l'heureuse position permet de communiquer aisément avec les contrées les plus favorables aux grandes transactions; ce sont encore des stations militaires admirablement choisies pour commander l'entrée des mers, les principaux détroits enfin, toutes les importantes communications. Elle possède, en Europe, *Gibraltar* et les îles de *Malte* et de *Helgoland*. — En Asie, elle a la plus grande partie de l'*Hindoustan*, *Ceylan*, une partie de l'*Indo-Chine*, avec les îles *Andaman*, *Nicobar*, *Poulo-Pinang* et *Singapour*; l'île de *Hong-kong*, en Chine; *Aden*, en Arabie; l'île de *Périm*, à l'entrée de la mer Rouge. Elle occupe l'île de *Chypre*. — En Afrique, elle a les colonies du *Cap* et de *Natal*, le *Transvaal*, *Maurice*, *Rodrigue*, les *Séchelles*, *Sainte-Hélène*, l'*Ascension*, les îles *Tristan da Cunha*; la côte de *Sierra-Leone*, la *Côte d'Or* et quelques autres parties de la *Guinée*; la colonie de la *Gambie*. — En Amérique, le *Dominion de Canada*, comprenant, outre le Canada, la *Nouv.-Écosse*, le *Nouv.-Brunswick*, l'île de *Cap-Breton*, l'île du *Prince-Édouard*, l'île de *Vancouver*, la *Colombie anglaise* et d'autres parties des régions boréales de l'Amérique; *Terre-Neuve*, le *Labrador*, les *Bermudes*, le *Yucatan* ou *Honduras anglais*, la *Guyane anglaise*, la *Jamaïque*, la *Trinité*, la *Barbade*, les *Lucayes*, et d'autres îles *Antilles*; les îles *Malouines* ou *Falkland*, la *Terre des Etats*. — Dans l'Océanie, la *Nouvelle-Galles méridionale*, la *Victoria*, le *Queensland* et d'autres parties de l'*Australie*; la *Tasmanie*, la *Nouvelle-Zélande*, les îles *Viti*, *Chatam*, *Auckland*, *Macquarie*, et quelques autres îles dans la *Polynésie* et la *Mélanésie*; *Labouan*; une influence dominatrice sur le N.-O. et le N. de *Bornéo*; les îles des *Cocos*.

L'empire Britannique s'étend ainsi sur un espace immense, qu'on peut évaluer à 20 millions de kilomètres carrés, et les populations qui lui sont soumises, soit immédiatement, soit indirectement, s'élèvent à 240 millions d'âmes. Sa brillante et active marine sert de lien à tant de territoires épars dont il se compose.

La force armée britannique est formée : 1° de l'*armée* proprement dite, comptant environ 250 000 hommes, et dont la plus grande partie est occupée à garder ou à agrandir les colonies; 2° de la *milice* ou garde civique; 3° de la *yeomanry* ou corps de cavaliers volontaires établis pour le maintien de l'ordre. Mais le principal élément de la force de l'Angleterre, c'est sa marine. La marine militaire britannique est la plus puissante du monde. La flotte se compose de 548 bâtiments, dont 254 en activité; 68 sont blindés. Le nombre des marins et des hommes des troupes de la marine est d'à peu près 80 000.

Le revenu du Royaume-Uni s'élève à environ 2 milliards de francs. Le capital de la dette publique se monte à 20 milliards.

L'Angleterre est le pays du monde où l'industrie et le commerce ont été portés au plus haut point : la moitié de la population vit du travail des fabriques. Le grand nombre des machines, l'abondance de la houille, la facilité des communications, l'extrême division du travail, les vastes possessions des Anglais dans toutes les parties du monde, leur esprit entreprenant et persévérant, ont imprimé à leur patrie une activité industrielle et commerciale inconnue ailleurs.

Cette nation excelle dans la fabrication des tissus de coton, de laine, de lin; dans la quincaillerie, la coutellerie et tous les ouvrages en fer, en acier et en cuivre; dans la confection des machines, l'imprimerie, la gravure, la préparation des peaux, les cristaux, la poterie, la papeterie, le tissage de la soie, la bière.

L'Angleterre est le pays le plus commerçant du globe, et sa capitale, Londres, est le port le plus animé, le plus fréquenté qu'il y ait. Liverpool, Bristol, Hull, Southampton, Newcastle, sont ensuite les grands ports de commerce. — En Écosse, les princip. ports sont Leith (port d'Édinbourg), Glasgow, Dundee, Aberdeen; — en Irlande, Dublin, Cork, Belfast. Limerick,

Les villes industrielles et commerçantes de l'intérieur sont Manchester, Birmingham, Leeds, Bolton, Preston, Sheffield, Bradford, Nottingham, Leicester, toutes en Angleterre.

Les exportations du Royaume-Uni s'élèvent à 6 ou 7 milliards de francs. Ce sont surtout des articles de fabrique anglaise, ou des produits des industries minière et agricole : tissus de coton, lainages, soieries, fer en fonte ou en barre, autres métaux, houille, machines, coutellerie, quincaillerie, poterie, verrerie, savonnerie, objets de librairie, armes et munitions, cuirs, bestiaux, chevaux, etc.

Les importations s'élèvent à environ 9 milliards de francs.

Elles comprennent des matières nécessaires à l'industrie (telles que coton, laine, soie, lin), les denrées coloniales (thé, sucre, café, etc.), le blé, les vins, les articles de l'industrie parisienne, les œufs et les fruits de France, etc.

Le mouvement annuel de la navigation au long cours dans la Grande-Bretagne présente environ 100 000 navires entrant et sortant, et chargés de 50 millions de tonneaux. La part qui revient au pavillon britannique dans ce nombre est de 60 000 navires et de 33 millions de tonneaux. Les bâtiments appartenant à la marine marchande anglaise (sans les colonies) sont au nombre de 25 500, dont 4 335 à vapeur.

BELGIQUE.

Géographie physique de la Belgique. — La BELGIQUE est un petit royaume qui a été formé, en 1831, de la partie méridionale de l'ancien royaume des Pays-Bas. Elle est bornée au S. et au S. O. par la France, au N. O. par la mer du Nord, au N. par le royaume actuel des Pays-Bas, à l'E. par quelques parties de ce royaume et par la Prusse. Sa latitude moyenne est à 50 degrés et demi. Ce pays a environ 300 kilomètres de l'E. à l'O., 220 kilom. du N. au S., et 29 500 kilomètres carrés. On y compte 5 400 000 hab.

Le sol est généralement plat; cependant on remarque, dans le S. E., les montagnes des *Ardennes*, qui sont presque partout revêtues de forêts, et qui présentent, en beaucoup d'endroits, des rochers et des escarpements assez pittoresques.

En général, le terrain est très-fertile, agréablement varié par des prairies, des bois et de belles cultures de céréales, de lin, de houblon, de tabac, de garance. Les jardins sont nombreux et admirablement tenus, et les fleurs forment même un objet important de commerce. — Il y a de riches mines de charbon de terre, de fer et de zinc.

Au N. E., sont quelques vastes landes, dans le territoire de la *Campine*, qui s'améliore cependant de jour en jour.

Ce royaume appartient tout entier au bassin de la mer du Nord. Les principaux fleuves sont la *Meuse* et l'*Escaut*.

La *Meuse* coule du S. O. au N. E., dans la partie orientale, en recevant à droite l'*Ourthe*, et à gauche la *Sambre*. — L'*Escaut*, le plus important des fleuves belges pour la navigation, coule aussi du S. O. au N. E., et il parcourt la partie occidentale. Il reçoit, à gauche, la *Lys*; à droite, la *Dender* et le *Rupel*, formé par la réunion de la *Nèthe* et de la *Dyle*. La Nèthe est elle-même produite par la jonction de la *Grande* et de la *Petite Nèthe*; la Dyle a pour affluent la *Senne*.

Il y a beaucoup de canaux dans cet industrieux et commerçant pays : c'est surtout au milieu et à l'O. qu'on les rencontre. Il faut distinguer le canal de *Gand* à *Bruges*, de *Bruges* à l'*Écluse* et à *Ostende*; ceux de *Bruxelles* et de *Louvain*, qui s'étendent depuis Bruxelles et depuis Louvain jusqu'au Rupel; celui de *Mons* à *Condé*, qui unit Mons à l'Escaut, en France; le canal de la *Campine*, de la Nèthe à la Meuse, et le canal du *Nord*, qui se rattache au canal de la Campine et va rejoindre le Rhin.

Principales divisions administratives, villes importantes. — La Belgique se divise en neuf provinces : quatre se trouvent dans le bassin de l'Escaut : ce sont la *Flandre occidentale*, la *Flandre orientale*, la province d'*Anvers*, le *Brabant méridional*; — une à la fois dans les bassins de l'Escaut et de la Meuse : c'est le *Hainaut*; — quatre dans le bassin de la Meuse : ce sont les provinces de *Namur*, du *Luxembourg belge*, de *Liége* et du *Limbourg belge*.

La FLANDRE OCCIDENTALE, la seule province belge qui soit baignée par la mer, est une riche et populeuse contrée : elle a pour chef-lieu *Bruges* (en flamand *Brugge*), ville de 50 000 âmes, où la peinture à l'huile fut inventée par Jean Van Eyck, dans le XVe siècle, et où Philippe le Bon institua l'ordre de la Toison d'Or. — On y voit aussi *Ostende*, port célèbre; — *Nieuport*, autre port; — *Ypres*; — *Courtrai* (28 000 h.) (bat. de 1302 et 1793); —*Roosebeke* (bat. 1382).

La FLANDRE ORIENTALE, traversée par l'Escaut, est aussi une des provinces les plus peuplées et les plus industrieuses de la Belgique.

Le chef-lieu est *Gand* (en flamand *Gent*), vaste et belle ville et port commerçant, au confluent de l'Escaut et de la Lys; siége d'une grande industrie du coton (130 000 hab.).

Les autres villes considérables de la province sont : *Alost*, sur la Dender, *Lokeren* et *Saint-Nicolas*, renommées par leur active industrie; — *Audenarde*, sur l'Escaut; — *Termonde* ou *Dendermonde*, au confluent de la Dender et de l'Escaut; — *Rupelmonde*, sur l'Escaut, en face de l'embouchure du Rupel, lieu de naissance du géographe Mercator.

La province d'ANVERS, la plus septentrionale du royaume, est limitée à l'O. par l'Escaut, et arrosée au S. O. par le Rupel, qui y reçoit la Nèthe et la Dyle. Elle offre un aspect riche vers les bords de ces divers cours d'eau; mais, à l'E., elle renferme une partie de la triste contrée de Campine.

Cette province a pour chef-lieu *Anvers* (en flamand *Antwerpen*). C'est une place forte, très-belle, et l'une des villes les plus commerçantes de l'Europe. On y compte 160 000 habitants. L'Escaut y est large et profond, et il forme un port magnifique. On y admire l'église Notre-Dame, surmontée d'une flèche très-élevée. C'est la patrie des grands peintres Vandyck et Teniers, et du célèbre géographe Ortélius. Ce fut le principal séjour de Rubens.

On trouve, dans le S., *Malines* (en flamand *Mechelen*), jolie ville de 40 000 âmes, sur la Dyle, avec des fabriques de belles dentelles et de meubles, des filatures de lin et une magnifique cathédrale. — Autres villes: *Turnhout, Lierre.* — L'intéressante colonie de *Gheel* pour les aliénés est dans cette province.

Le BRABANT MÉRIDIONAL, le cœur du royaume, est la seule province qui ne touche à aucun des États qui environnent la Belgique; il est arrosé du S. au N. par la Dyle et la Senne. Le sol est un peu montueux au S.; ailleurs il est plat, très-fécond et admirablement cultivé.

Le chef-lieu est BRUXELLES (en flamand *Brussel*), capitale du royaume, belle et grande ville, située sur la Senne, et peuplée de 200 000 h. (390 000 avec les communes annexes). On y remarque la belle promenade du Parc, les palais du Roi et de la Nation, le palais Ducal, la cathédrale de Sainte-Gudule, l'hôtel de ville, l'observatoire, le jardin botanique.

Près et au N. de cette capitale, est *Laeken*, village remarquable par un magnifique château royal.

Louvain (en flamand *Leuven*), est une jolie ville de 33 000 habitants, célèbre par son université, sa bière et son admirable hôtel de ville.

Bruxelles. — Hôtel de ville.

Dans le S. de la province, on distingue la petite ville de *Nivelles* (*Nyvel*), dont un des anciens princes fut Jean de Nivelles, qui embrassa le parti de Charles le Téméraire contre Louis XI, malgré les ordres de son père.

Entre Bruxelles et Nivelles, est le village de *Waterloo*, trop fameux par la grande bataille du 18 juin 1815. *Mont-Saint-Jean*, *Braine l'Alleud*, la *Belle-Alliance*, *Genappe*, les *Quatre-Bras*, au S. de Waterloo, sont souvent cités dans l'histoire de cette bataille. — Cette prov. contient encore *Ramillies*, où Marlborough fut vainqueur en 1706.

Le HAINAUT, placé au sud de la Flandre orientale, s'étend le long de la frontière de France ; il est traversé par l'Escaut, à l'O., et par la Sambre, à l'E. Il est arrosé de l'E. à l'O. par la Haine, à laquelle il doit son nom, et qui va se jeter dans l'Escaut sur le territoire français.

Il y a dans ce pays d'abondantes mines de charbon de terre.

Le chef-lieu est *Mons* (en flamand *Bergen*), avec 25000 habitants.

La plus grande ville de la province est *Tournai* (en flamand *Doornik*), peuplée de 32000 âmes et située sur l'Escaut. On remarque aussi *Charleroi*, à l'E., sur la Sambre, au milieu de riches charbonnages ; — *Chimay* et *Enghien*, qui ont donné leur nom à des familles illustres.

Il s'est livré dans le Hainaut un grand nombre de batailles mémorables. Près et à l'O. de Mons, est le village de *Jemmapes*, où les Français défirent les Autrichiens en 1792. — Vers la limite orientale de la province, se trouve le bourg de *Fleurus*, célèbre par une bataille entre les Espagnols et l'Union protestante, en 1622, et par trois victoires que les Français remportèrent sur les alliés : la première en 1690, la seconde en 1794, et la troisième en 1815. — Non loin de là, vers le N. O., on voit le bourg de *Seneffe*, où les Français vainquirent les Hollandais en 1674 ; — le village de *Steinkerque*, fameux par la victoire de Luxembourg sur les alliés, en 1692. — Enfin, près et à l'E. de Tournai, on rencontre le village de *Fontenoy*, où les armées françaises conduites par le maréchal de Saxe furent victorieuses des Anglais et des Hollandais en 1745.

La province de NAMUR, renfermée entre le Luxembourg et le Hainaut, est traversée du S. au N. par la Meuse, qui y reçoit la Sambre. On y voit un mélange de montagnes, de plaines et de vallées : les sites y sont variés et agréables.

Namur (en flamand *Namen*), en est le chef-lieu. C'est une ville très-forte, de 27000 âmes, située au confluent de la Meuse et de la Sambre, et qui a des fabriques d'armes et de coutellerie fine. Prise par Louis XIV en 1692.

Il faut aussi remarquer *Dinant*, sur la Meuse ; — *Philippeville* et *Marienbourg*, places fortes, que la France a longtemps possédées et qui lui ont été enlevées par les traités de 1815. — *Ligny*, près de Fleurus, fut en partie le théâtre de la bataille de ce nom, en 1815.

Le LUXEMBOURG BELGE, placé à l'angle S. E. du royaume, est couvert de montagnes et de forêts.

Le chef-lieu est la petite ville d'*Arlon*. On y remarque

aussi celle de *Bouillon*, qui a été la capitale d'un célèbre duché de même nom.

La province de LIÉGE, qui touche à la Prusse, est arrosée par la Meuse et l'Ourthe. Il s'y trouve quelques montagnes arides au S. ; mais, en général, le pays offre de belles vallées et des pâturages. Il y a d'inépuisables mines de houille.

Le chef-lieu est *Liége* (en allemand *Lüttich*, en flamand *Luik*), ville de 120 000 habitants, située au confluent de la Meuse et de l'Ourthe, et intéressante par son grand commerce, par ses fabriques d'armes, ses manufactures de glaces, de cristaux et de draps, ses exploitations de houille.

On remarque dans la province : *Verviers*, ville de 40 000 âmes, avec de florissantes fabriques de draps; — les importantes mines de zinc de la *Vieille-Montagne*; — *Spa*, petite ville, qui a des eaux minérales très-fréquentées, et des fab. de jolis ouvrages de bois et de fer-blanc; — *Seraing* (25 000 h.), qui a des forges importantes; — *Nerwinde* (*Neerwinden*), où les Français livrèrent deux batailles : en 1693, contre les Hollandais, et en 1793, contre les Autrichiens; — *Rocour* (à tort appelé *Raucoux*), où les Français furent vainqueurs en 1746.

Le LIMBOURG BELGE, à l'E. de la province d'Anvers, a pour chef-lieu *Hasselt;* mais la plus grande ville est *Saint-Trond.* — *Laeffelt* (à tort *Lawfeld*), à l'E. est célèbre par une victoire des Français en 1747. — On voit dans le N. O. une partie de la Campine.

Chemins de fer. — La Belgique a beaucoup de chemins de fer : *Malines* et *Bruxelles* en sont les deux principaux centres. Quatre grandes lignes partent de Malines : la première, au N., se dirige sur *Anvers;* — la deuxième, à l'E., sur *Louvain, Liége, Verviers, Aix-la-Chapelle* et *Cologne;* — la troisième, au S., sur *Bruxelles;* — la quatrième, à l'O., sur *Gand, Courtrai* et *Lille*, avec des embranchements sur *Bruges* et *Ostende*, et sur *Tournai.* — Une ligne va directement d'*Anvers* à *Gand*, et une autre de *Bruges* à *Courtrai.*

De *Bruxelles* partent aussi quatre lignes : sur *Gand ;* sur *Namur;* sur *Mons*, et, par suite, sur *Paris*, par *Valenciennes* ou par *Maubeuge;* enfin, comme on vient de le voir, sur *Malines.* — Un chemin de *Liége* à *Namur* et de *Namur*

à *Charleroi*, de là à *Saint-Quentin*, conduit de *Liège* à *Paris*.
— Une branche qui s'en détache va de *Namur* à *Luxembourg*.
—Une autre unit *Charleroi* au chemin de Bruxelles à Mons.

Chemins de fer exploités : 3 700 kil. — Lig. télég. : 5 200 kil.

Population, langue, gouvernement, religion, etc.
— Le peuple belge compte environ 5 millions d'âmes ; il est
gai, spirituel, et a le sentiment des beaux-arts. La peinture
et la musique sont cultivées par lui avec passion. L'industrie
manufacturière et agricole est très-avancée. Le français est la
langue de la partie éclairée de la population. Le flamand (qui
a du rapport avec l'allemand) et le wallon (qui est une sorte
de patois français) se parlent dans les campagnes, le premier
au N. O., le second au S. E. L'allemand est répandu sur
quelques points du Luxembourg.

Le gouvernement est une monarchie constitutionnelle ;
il y a deux chambres, élues par la nation : le *Sénat* et la
Chambre des représentants. — La religion catholique est la
plus générale ; mais tous les autres cultes y jouissent de la plus
entière liberté. Il y a un archevêché à Malines. — Les universités de Gand et de Liége sont des institutions de l'État ;
celles de Bruxelles et de Louvain sont des institutions libres.

L'armée a des cadres et un armement disposés pour
75 000 hommes ; mais l'effectif sous les armes n'est que de
30 000 hommes. Sur le pied de guerre, l'effectif serait de
100 000 hommes.

Le revenu de l'État est d'environ 250 millions de francs.
La dette publique est de 1 milliard.

Industrie et commerce. — La Belgique est, avec l'Angleterre, la France et l'Allemagne, la plus industrieuse région de l'Europe ; elle fabrique des toiles renommées, de
belles dentelles, des étoffes de laine, de coton et de soie, des
ouvrages de fer, d'acier et de laiton, des armes, de la coutellerie, des voitures.

Ce petit royaume a un commerce très-étendu. Il possède
deux ports principaux : Anvers et Ostende. Les exportations
(commerce spécial [1]) sont de 1100 millions, et les importa-

1. Voyez, page 93, ce qu'on entend par *commerce spécial* et par
commerce général.

tions, de 1 300 millions. Les exportations consistent en toiles de lin et de chanvre, draps, dentelles, tulles, lin, graines oléagineuses, charbon de terre, houblon, sucre raffiné, marbres, chevaux, bétail, armes et munitions de guerre, ouvrages de fer, zinc, verrerie, peaux. — La Belgique importe des étoffes de laine et de soie, des cotons imprimés, du café, du sucre, du coton, des grains, des métaux, des machines, des bois, des fruits, des vins, des eaux-de-vie. Elle envoie en France plus de marchandises qu'elle n'en reçoit. Mouv. des ports en 1877 : 4 500 000 tonneaux (entr. et sorties réunies).

PAYS-BAS.

Géographie physique des Pays-Bas. — Les PAYS-BAS, appelés aussi *Néderlande* ou *Néerlande* (en hollandais *Nederlanden* ou *Neerlanden*), ou quelquefois *Hollande*, d'après leur province la plus importante et la langue hollandaise qu'on parle dans tout le royaume, ont pour bornes : au N. et à l'O., la mer du Nord ; au S., la Belgique ; à l'E., l'Allemagne. Ils sont à la latitude moyenne du 52ᵉ degré. Leur longueur, du N. E. au S. O., est d'environ 355 kilom. ; leur moyenne largeur est de 180 kilom., et leur superficie, de 32 000 kil. carrés. On y compte environ 4 millions d'hab.

Le golfe principal qu'on rencontre sur les côtes des Pays-Bas est le *Zuider-zee* (c'est-à-dire *mer du Sud*, par opposition à la mer du Nord). La plus grande partie de ce golfe était autrefois le lac *Flévo*, qu'une immense inondation confondit avec la mer en 1282 ; l'entrée et les rivages intérieurs en sont parsemés de dangereux bancs de sable. On entreprend le dessèchement de la partie S. de ce golfe, et l'on a desséché le golfe de l'Y, qui était une extension S. O. du Zuider-zee.

Sur la limite de l'Allemagne, s'enfonce un autre golfe, le *Dollart* (produit aussi par une inondation de la mer, en 1277).

Souvent encore, sur d'autres points, l'Océan s'est avancé avec fureur dans ce pays très bas, même en beaucoup d'endroits au-dessous du niveau de la mer, et il a couvert des cantons populeux. Pour se garantir contre ces débordements et ceux des fleuves, les Hollandais ont élevé un grand nombre de digues, et creusé de larges fossés.

Malgré cette incommode situation, qui a donné lieu aux noms de Pays-Bas et de Hollande [1], l'aspect de la contrée est riche et beau ; une infinité de villes, de bourgs et de villages opulents s'y offrent de toutes parts ; d'excellents pâturages y nourrissent de nombreux et superbes troupeaux ; l'industrie et la patience des habitants ont couvert le sol de riches cultures de blé, de lin, de tabac, de garance ; et les jardins sont parés de mille plantes d'agrément. Les terrains conquis sur la mer et protégés par les digues se nomment *polders*. C'est principalement par la navigation et la pêche que le peuple hollandais a atteint une brillante prospérité.

Le pays est partout plat.

Les cours d'eau sont fort nombreux ; les principaux sont le *Rhin*, la *Meuse*, qui parcourent le royaume de l'E. à l'O., et l'*Escaut*, qui coule dans le S. O.

Le Rhin, nommé en hollandais *Rhyn* ou *Ryn*, se disperse en plusieurs branches, dont l'une, qu'on désigne sous le nom de *Vieux-Rhin*, tombe directement dans la mer du Nord, près de Leyde ; à gauche, le *Waal*, le *Leck* et *Neder Yssel*, vont se réunir à la Meuse ; à droite, l'*Yssel* et le *Vecht*, qui se joint à l'*Amstel*, débouchent dans le Zuider-zee.

La Meuse (en hollandais *Maas*) va, un peu au S. du Vieux-Rhin, se jeter dans la mer du Nord, par trois larges embouchures. Elle reçoit à droite la *Roer*, qui vient de l'Allemagne.

L'Escaut (en hollandais *Schelde*), à peine entré dans le royaume, se divise en deux branches très-considérables, qu'on nomme *Escaut oriental* et *Escaut occidental* ou le *Hond*, et qui sont séparées l'une de l'autre par les îles de la Zélande. Ce sont, en réalité, plutôt des golfes de la mer du Nord que des branches d'un fleuve.

Le lac le plus important était naguère encore celui de *Harlem*, formé par une inondation de la mer au XVIe siècle, près et au S. O. du Zuider-zee. Il communiquait vers le S. au Vieux-Rhin, et vers le N. à l'Y, bras du Zuider-zee. Par de grands et ingénieux travaux, on l'a desséché dans ce siècle. — Le lac de *Biesbosch* a été produit, en 1421, par une effroyable inondation de la Meuse, qui rompit ses digues

1. Holland signifie *pays creux* en hollandais.

et engloutit soixante-douze villages, avec 100 000 habitants.

Le sol est presque partout humide, tourbeux, et, quoiqu'on ait fait d'immenses travaux pour dessécher le terrain, de grands marécages s'étendent encore dans diverses parties des Pays-Bas. Les marais de *Peel* et de *Bourtange* sont parmi les plus considérables.

Les canaux de navigation sont fort nombreux. Le canal de la *Nord-Hollande*, qui s'étend d'Amsterdam à Nieuwe-Diep, dans le territoire placé à l'O. du Zuider-zee, est peut-être le plus beau canal du globe : il porte jusqu'à de lourds vaisseaux de guerre. On vient de faire un autre canal, celui de *l'Y*, qui va d'Amsterdam à la *mer du Nord*, en suivant le lit desséché de l'ancien golfe de l'Y.

Principales divisions administratives; villes importantes. — Ce royaume est divisé en onze provinces. Cinq se trouvent autour du Zuider-zee : ce sont celles de *Frise*, d'*Over-Yssel*, de *Gueldre*, d'*Utrecht*, de *Hollande septentrionale*. — Quatre autres sont maritimes, sans être baignées par le Zuider-zee : ce sont la *Hollande méridionale*, la *Zélande*, le *Brabant septentrional* et la province de *Groningue*. — Il y en a deux qui ne sont pas maritimes : la *Drenthe* et le *Limbourg hollandais*.

La Frise, qui tire son nom de l'ancien peuple des Frisons, est située à l'E. de l'entrée du Zuider-zee. Le chef-lieu est *Leeuwarden*, qui compte 27 000 âmes. — *Harlingen*, place forte et port commerçant, est sur le Zuider-zee. — L'île d'*Ameland*, au N., dépend de la province.

L'Over-Yssel s'étend au S. de la Frise, sur la côte orientale du Zuider-zee. La rivière à laquelle cette province doit son nom l'arrose à l'O. — *Zwolle*, le chef-lieu, renferme 22 000 hab. On y remarque encore la place très-forte de *Deventer*, sur l'Over-Yssel, et *Kempen*, autrefois plus importante.

La Gueldre, au S. O. de l'Over-Yssel, est baignée au N. O. par le Zuider-zee, limitée au S. par la Meuse, et traversée par le Rhin. C'est là que ce dernier fleuve commence à se partager en divers branches.

Arnhem ou *Arnheim*, le chef-lieu, est une ville de 39 000 âmes. sur le Rhin. — *Nimègue* (en hollandais *Ny-*

megen), sur la Meuse, est une place forte, de 25 000 habitants, célèbre par le traité de paix de 1678 et 1679.

Le fort de *Schenk* (à tort *Skenk*) et le petit lieu de *Tolhuis* (à tort *Tholus*), célèbres dans l'expédition de Louis XIV en 1672, sont vers le point où le Waal se sépare du Rhin proprement dit.

La province d'UTRECHT, à l'O. de la Gueldre et au S. du Zuider-zee, est la plus petite du royaume, mais une des plus populeuses et des plus riches. Le Vieux-Rhin la traverse. Le chef-lieu, *Utrecht*, est situé sur ce fleuve : c'est une ville de 67 000 habitants, célèbre par ses fabriques de draps et de velours, et par les traités de 1579 et de 1713.

La HOLLANDE PROPRE s'allonge du S. au N., le long de la mer, depuis l'embouchure la plus méridionale de la Meuse jusqu'à l'entrée du Zuider-zee, où elle se termine en pointe. C'est la contrée la plus importante du royaume : on y remarque une population très-agglomérée, un nombre infini de digues et de canaux, et partout la nature vaincue par un art patient et habile. Elle est divisée en deux provinces distinctes : la *Hollande septentrionale* et la *Hollande méridionale*.

La HOLLANDE SEPTENTRIONALE renferme AMSTERDAM, la capitale du royaume, peuplée de 300 000 habitants, et située sur le bord méridional de l'Y, près de l'extrémité S. O. du Zuider-zee. La rivière Amstel la traverse, et va s'y jeter dans l'Y ; une foule de canaux la coupent et y forment quatre-vingt-dix îles, qui communiquent entre elles par deux cent quatre-vingt-dix ponts. C'est une des plus belles cités de l'Europe ; il y règne beaucoup de mouvement et d'activité. Parmi les monuments, il faut distinguer surtout le Palais-Royal (ancien hôtel de ville), la Bourse, les églises Saint-Nicolas et Sainte-Catherine, et le magnifique pont de l'Amstel.

Le chef-lieu de la Hollande septentrionale est *Harlem* ou *Haarlem*, près et au N. O. de l'emplacement de l'ancien lac de même nom. Cette ville, de 36 000 âmes, a de célèbres blanchisseries, un superbe hôtel de ville, une belle cathédrale, où se trouve un orgue fameux ; elle dispute à Mayence et à Strasbourg la gloire de la découverte de l'imprimerie.

Un peu au N. E. d'Amsterdam, on remarque *Broek*, célèbre par son excessive propreté; au N. O., est *Saardam* ou *Zaandam*, également très-propre et célèbre par ses papeteries, ses chantiers de marine, ses nombreux moulins à vent, son commerce, et la résidence de Pierre le Grand, qui y apprit la construction des vaisseaux.

Alkmaar et *Horn*, dans le N. de la province, sont importantes par le commerce du fromage de Hollande.

A l'extrémité N. de la Hollande, sont la place forte du *Helder* (21 000 h.), avec un port militaire, et *Nieuwe-Diep*, avec un port de commerce. Le Helder est fameux par une bataille navale entre les Hollandais et les Anglais en 1653, et par des combats entre les Français et les Anglais en 1799.

Plusieurs îles dépendent de la Hollande septentrionale : on distingue surtout, devant l'entrée du Zuider-zee, celle de *Texel*, célèbre par divers combats navals, et parce qu'un régiment de cavalerie française y prit, en 1794, une flotte que la glace bloquait dans les eaux de cette île. On remarque, au N. E. de Texel, les îles de *Vlieland* et de *Ter Schelling*.

La HOLLANDE MÉRIDIONALE a pour chef-lieu *la Haye*, en hollandais *'S Gravenhage* ou *Haag*, résidence du roi et siége des principales administrations du royaume. Cette belle ville s'élève non loin de la mer du Nord, dans un territoire frais et riant. On y compte 108 000 habitants. — A peu de distance, est le château de *Ryswyk*, où fut conclue la paix de 1697.

On trouve, un peu au N. E. de la Haye, sur le Vieux-Rhin, *Leyde* (en hollandais *Leyden*, anc. *Lugdunum Batavorum*), peuplée de 40 000 âmes, et fameuse par ses draps, par son université et par ses anciennes imprimeries des Elzevir. Patrie du grand médecin Boerhaave et du peintre Rembrandt.

Au S. E. de la Haye, on distingue *Delft*, avec 25 000 hab. — *Rotterdam*, port très-commerçant, avec 143 000 âmes, sur la branche septentr. de la Meuse ; patrie d'Érasme. — *Dordrecht* (27 000 h.), sur une île qui fut formée par la terrible inondation de la Meuse, en 1421. — *Schiedam* (22 000 h.)

Au S., entre les embouchures de la Meuse, la Hollande méridionale possède les îles d'*Ysselmonde*, de *Voorne*, de *Beyerland*, d'*Over-Flakkee* et de *Goeree*.

La province de ZÉLANDE, dont le nom exact est *Zeeland* (pays de la mer), est située au S. O. de la Hollande propre, et presque entièrement composée d'îles que baignent les bouches de l'Escaut. Les principales sont : *Schouwen, Duiveland* et *Tholen*, entre l'Escaut oriental et la branche la plus méridionale de la Meuse ; — ensuite *Walcheren, Nord-Beveland* et *Sud-Beveland*, entre les deux Escauts.

Middelbourg, chef-lieu de la province, est dans l'île de *Walcheren*, et renferme 20 000 habitants ; c'est un port au moyen d'un canal. — Sur la côte méridionale de la même île, se trouve *Flessingue*, en hollandais *Vlissingen*, importante par son beau port et ses vastes chantiers.

A la pointe occidentale de l'île de Walcheren, on remarque les magnifiques digues de *West-Kapelle*.

Le BRABANT SEPTENTRIONAL est une grande province qui s'étend de l'O. à l'E., au S. de la Hollande et de la Gueldre, et à l'E. de la Zélande. La Meuse le borne au N. Le chef-lieu est *Bois-le-Duc*, en hollandais *'S Hertogenbosch*, ville de 25 000 âmes. — On distingue, dans la même prov., *Tilbourg*, avec 25 000 hab. ; — la place forte de *Breda*, qui a été le siége de plusieurs congrès et traités aux XVIe, XVIIe et XVIIIe siècles, et qui fut prise par Dumouriez en 1793 ; — *Berg-op-Zoom*, qui a soutenu des siéges fameux, en 1747 et 1814.

La province de GRONINGUE, qui est à la fois la plus septentrionale et la plus orientale du royaume, a pour chef-lieu *Groningue*, peuplée de 40 000 hab., et port au moyen d'un canal.

La DRENTHE, à l'E. de la Frise, est la moins importante, la moins peuplée des provinces hollandaises. Elle a pour chef-lieu la petite ville d'*Assen*.

Le LIMBOURG HOLLANDAIS est une province étroite, qui s'étend du S. au N., le long de la Meuse, au S. E. du Brabant septentrional. Il a pour chef-lieu *Maestricht* ou *Maastricht*, place très-forte, de 30 000 âmes, sur la Meuse, et près de la montagne de Saint-Pierre, fameuse par ses immenses carrières. On y remarque aussi *Ruremonde* ou *Roermond*, au confluent de la Roer et de la Meuse ; et *Venlo*, place forte, sur la Meuse.

Cette province faisait partie, sous le nom de *duché de Limbourg*, de la confédération Germanique, dissoute en 1866.

(Le *grand-duché de Luxembourg*, qui faisait aussi partie de cette confédération, et qui forme maintenant un État à part, quoique appartenant au *roi* des Pays-Bas, sera décrit plus loin.)

Chemins de fer. — Les principaux chemins de fer des Pays-Bas vont d'*Amsterdam* à *la Haye*, par *Harlem;* de *la Haye* à *Rotterdam;* de *Rotterdam* à *Amsterdam;* d'*Amsterdam* à *Utrecht;* d'*Utrecht* à *Arnhem;* d'*Arnhem* en *Prusse*, etc.

Chemins de fer exploités : 1 800 kil. — Lignes télégr. : 3 500 kil.

Population, langue, gouvernement, religion, etc. — La population des Pays-Bas n'est que d'environ 3 700 000 habitants; mais les colonies importantes que ce royaume possède en Amérique, en Afrique et surtout dans l'Océanie, en renferment 25 millions. — On parle, dans les Pays-Bas, le *hollandais*, une des langues tudesques ou germaniques ; l'allemand est répandu sur quelques points du Limbourg.

L'humidité du climat rend les Hollandais en apparence lourds et flegmatiques. Mais ils sont au fond intelligents et laborieux ; on peut louer leur persévérance, leur patience, leur sage esprit de calcul, leur extrême propreté. Leurs mœurs sont douces et régulières.

Le gouvernement est une monarchie constitutionnelle ; il y a deux chambres : la *première*, composée de membres nommés par le souverain ; et la *seconde*, dont les membres sont élus par les provinces. Ces deux chambres forment les *États généraux*.

La religion de la majorité est le calvinisme. Il y a aussi un assez grand nombre de luthériens et de catholiques.

L'instruction publique est florissante : il y a trois académies ou universités : celles de Leyde, d'Utrecht et de Groningue, et une académie militaire à Breda.

L'armée est de 93 000 hommes (avec les colonies). La marine compte 115 bâtiments.

Les revenus de l'État sont de 200 millions de francs, et la dette publique s'élève à 2 000 000 000.

Industrie et commerce. — La Néderlande fabrique des

toiles très-estimées, des cuirs, du papier, des produits chimiques; elle a des distilleries importantes et fournit une grande abondance de fromages renommés. La pêche est un de ses plus importantes industries.

Cette contrée a un commerce maritime très-animé : ses principaux ports sont Amsterdam, Rotterdam, Dordrecht, Flessingue. Les importations s'élèvent à 1 420 000 000 de fr.; les exportations, à 1 100 000 000 (colonies comprises). On exporte du beurre, du fromage, des poissons conservés, de la garance, du pastel, des graines oléagineuses, du lin et du chanvre, de la toile, du genièvre ; on importe du sucre et d'autres denrées coloniales, du coton, des vins, de l'eau-de-vie, de la laine, des graines oléagineuses, du bois, des résines, etc. La Néderlande revend une grande partie de ces marchandises, et le commerce de *commission* y est très-étendu.

Mouvement des ports : 8 à 9 millions de tonneaux.

Possessions hors de l'Europe. — Les colonies néerlandaises renferment 25 millions d'habitants. Les principales sont : en Amérique, la *Guyane hollandaise, Saint-Eustache, Curaçao* et quelques autres *Antilles ;* — dans l'Océanie, *Java, Madura; Banca, Billiton,* une partie de *Sumatra* et de *Timor,* plusieurs autres îles de la *Sonde ;* une grande partie de *Bornéo,* de *Célèbes,* des *Moluques;* l'archipel de *Rio;* une partie de la *Nouvelle-Guinée.* Les possessions océaniennes sont de beaucoup les plus importantes. Elles forment ce qu'on appelle ordinairement les *Indes orientales néerlandaises.* La Hollande avait, sur la côte de Guinée, des possessions qu'elle a cédées à l'Angleterre.

GRAND-DUCHÉ DE LUXEMBOURG

Le GRAND-DUCHÉ DE LUXEMBOURG, qui reconnaît pour souverain le roi des Pays-Bas, sans faire partie de ce royaume, forme un pays neutre entre la Belgique, la France et la Prusse. Il était compris dans la confédération Germanique, avant la dissolution de cette confédération en 1866.

Les montagnes des *Ardennes,* couvertes généralement de forêts, occupent une partie considérable du territoire; la

Moselle forme la limite orientale, et c'est à son bassin qu'appartient presque entièrement le grand-duché. Elle reçoit la *Sure*, qui a pour affluent l'*Alzette*.

La superficie est de 2600 kilomètres environ.

La population, de 200 000 habitants, parle diverses langues : le français (surtout), le wallon, l'allemand.

Luxembourg.

La capitale est LUXEMBOURG, ville de 15 000 habitants, autrefois célèbre par ses fortifications, sur l'Alzette.

Le chemin de fer de *Guillaume-Luxembourg* va de *Luxembourg* à *Namur* et à *Metz*. Un autre chemin unit cette ville à *Trèves*.

MONARCHIE SCANDINAVE OU SUÈDE ET NORVÉGE

Géographie physique de la Suède et de la Norvége. — La SUÈDE et la NORVÉGE, quoique deux royaumes distincts, ne composent qu'une monarchie, la monarchie Scandinave, formée de la grande péninsule de Scandinavie, qui est située dans la partie la plus septentrionale de l'Europe, entre 55° 25′ et 71° 10′ de latitude N.

Cette péninsule tient au continent, au N. E., par l'isthme de Laponie, et touche de ce côté à la Russie, vers laquelle elle est en partie limitée par le Torneå et la Tana. Dans toutes les autres directions, elle est entourée par la mer : au N., se trouve l'océan Glacial ; à l'O., l'Atlantique, avec la mer du Nord ; au S. O., le Skager-Rack, le Cattégat et le Sund séparent cette contrée du Danemark ; au S. et à l'E., s'étend la mer Baltique, que les Suédois et les Allemands appellent *mer de l'Est*, et qui forme au N. le grand golfe de Botnie.

La monarchie Scandinave a 1900 kilomètres de longueur, 800 de largeur et environ 762 000 kilomètres carrés, dont 445 000 pour la Suède et 317 000 pour la Norvége : elle est bien plus grande que la France, mais elle compte beaucoup moins d'habitants : sa population ne s'élève qu'à environ 6 300 000 âmes, dont 4 500 000 pour la Suède et 1 800 000 pour la Norvége.

Les côtes de la Scandinavie sont découpées par d'innombrables golfes ou *fiords*, surtout au N. et à l'O., où ils s'enfoncent profondément dans les terres et ressemblent à de larges fleuves. On remarque principalement le golfe *Varanger*, sur la frontière de la Russie ; le golfe *Occidental*, sur la côte N. O. de la presqu'île, entre le continent et le groupe des îles *Lofoden ;* le golfe de *Trondhiem* et celui de *Bukke*, sur la côte occidentale ; le golfe de *Christiania*, au S.

Quatre caps principaux terminent la Scandinavie : le cap *Nord*, à l'extrémité septentrionale de la monarchie, dans une des îles Lofoden ; le cap *Nordkyn*, à l'extrémité N. de la partie continentale de la Norvége ; le cap *Lindesnæs*, à l'extrémité S. O. du même pays, et le promontoire de *Falsterbo*, à l'extrémité méridionale de la Suède.

Un grand nombre d'îles sont répandues sur les côtes scandinaves. Outre l'archipel *Lofoden* ou *Lofoten*, on remarque, au S. E., les deux îles d'*OEland* et de *Gottland ;* à l'E., les nombreuses petites îles qu'on nomme les *Scherens de*

Stockholm ; à l'O., une multitude de petites îles éparses sur la côte de Norvége.

Les deux grands pays qui composent la péninsule Scandinave sont fort différents l'un de l'autre pour l'aspect physique qu'ils présentent. La Suède offre une surface généralement plate ; la Norvége est presque partout hérissée de montagnes ; mais l'une et l'autre sont remarquables par l'abondance de leurs rivières et de leurs lacs, par leurs points de vue pittoresques, leurs grandes et sombres forêts, leurs hivers longs et rigoureux. Cependant la Norvége, grâce au courant du Golfe (Gulf-stream) et aux vents tempérés de l'Atlantique, est moins froide qu'on ne pourrait le supposer. Généralement on respire, dans ces contrées, un air sain. Il pleut beaucoup sur les côtes O. de la Norvége.

Les étés sont fort courts, mais très-chauds, à cause de la grande longueur des jours ; et la végétation y croît avec une rapidité surprenante. Dans les parties septentrionales, qui s'avancent dans la zone glaciale, le Soleil reste en été sur l'horizon pendant plusieurs semaines de suite, et en hiver il est invisible pendant le même intervalle ; mais la tristesse de cette longue nuit est diminuée par un crépuscule de plusieurs jours, par des aurores boréales très-brillantes et par la clarté de la Lune, qui donnent un degré suffisant de lumière pour les occupations ordinaires.

Le sol est assez fertile dans les parties méridionales ; on y récolte surtout du blé, du seigle, de l'orge, de l'avoine, des pommes de terre et du lin. Les forêts sont formées de pins, de frênes, d'aunes, de bouleaux et de très-beaux sapins.

Les parties septentrionales sont presque dépourvues de plantes, et les chétives récoltes qu'espère le cultivateur sont même souvent détruites par les gelées : aussi les malheureux habitants se trouvent-ils très-fréquemment réduits à se nourrir d'une pâte faite avec l'écorce amère du pin. On trouve cependant, sur les rochers les plus arides et les plus sauvages de ces cantons reculés, des mousses et des lichens propres à la nourriture de l'homme, à la teinture et à divers autres usages. On y remarque un animal bien précieux, le renne, espèce de cerf dont le lait et la chair servent d'aliment, et qu'on attelle aux traîneaux. On y trouve aussi des castors et beaucoup d'autres animaux à fourrures. C'est la patrie principale des lemmings ou rats de Norvége, qui causent de grand dégâts par la quantité de grains qu'ils enfouissent dans leurs profonds souterrains.

Les *monts Dofrines* ou *Alpes Scandinaves* sont la chaîne principale de la péninsule ; ils y entrent par l'isthme de Laponie, et forment sur une grande étendue la limite entre la Suède et la Norvége. Parvenus à peu près vers le milieu de la Scandinavie, ils se divisent en deux grandes branches, dont l'une va au S. O., à travers la Norvége, et se termine au cap Lindesnæs ; l'autre se prolonge au S., à travers la Suède, jusqu'au promontoire de Falsterbo.

Les Dofrines séparent la Suède de la Norvége sous le nom de monts *Kiœlen*. Ils couvrent ensuite l'intérieur de la Norvége en portant successivement les noms de *Dovre-field*, *Lang-field*, *Sogne-field ;* ils y offrent les hauts sommets de l'*Ymies*, du *Hor-Ungerne*, de *Skagstœlsting*, du *Snehœttan* (*Bonnet de neige*), qui atteignent de 2500 à 2600 mètres d'altitude.

Ces montagnes sont presque partout couvertes de neiges éternelles et de glaciers (glacier de *Justedal*, etc.). Elles forment un assemblage de groupes irréguliers plutôt qu'une chaîne proprement dite.

La Scandinavie est divisée en trois versants maritimes : celui du N. et de l'O., incliné vers l'océan Glacial, l'Atlantique et la mer du Nord ; celui du S., incliné vers le Skager-Rak, le golfe de Christiania et le Cattégat ; enfin le versant du S. E. et de l'E., penché vers la Baltique et le golfe de Botnie.

Sur le premier de ces versants, on voit, dans le N. de la Norvége, la *Tana*, qui se rend dans un golfe de même nom, formé par l'océan Glacial.

Sur le second, est un fleuve plus important, le *Glommen*, qui va se jeter dans le golfe de Christiania ; il se grossit du *Vormen*, qui sert d'écoulement au lac *Miœs*, le plus grand de la Norvége. Un autre lac *Miœs*, plus au S., reçoit le *Maan-elv*, qui forme la célèbre cataracte de *Riukan-foss*, une des plus belles de l'Europe. On distingue encore, sur le versant du S., la *Gotha* (en suédois *Gœtha-elf*), qui est tributaire du Cattégat, et qui forme la cataracte de *Troll-hœttan :* ce fleuve sert d'écoulement au lac *Vener*, le plus considérable de la péninsule Scandinave. Le même lac reçoit au N. une grande rivière nommée *Klar-elf*.

Sur le versant de la Baltique et du golfe de Botnie, on trouve, au S. E., la *Motala*, par laquelle s'écoule le long lac *Vetter*. En s'avançant vers le N., on rencontre le lac *Hielmar*; et, très-près de là, le lac *Mœlar*, qui communique avec la mer par un détroit; ensuite, le *Dal-elf*, qui est le plus grand fleuve de la presqu'île scandinave; le *Luled*, qui sert d'écoulement à un lac du même nom, et qui produit la superbe cataracte de *Niaumelsaskas* (le *saut du Lièvre*) ; le *Kalix*, et enfin le *Torneä*, qui sort du lac de même nom et qui se grossit du *Muonio*.

Un grand canal naturel, nommé *Tarendo-elf*, unit le Torneä au Kalix.

Le principal canal artificiel de la monarchie est celui de *Gœtha*, qui unit le Cattégat à la Baltique, en réunissant les lacs *Vener* et *Vetter*.

Principales divisions administratives, villes importantes. — La **Suède**, en suédois *Sverige*, se divise en trois parties : le *Nordland* ou *Norrland*; le *Svealand*, ou la *Suède moyenne*; le *Gœtland* (c'est-à-dire la *Gothie*) ou la *Suède méridionale*. Ces grandes divisions se partagent en vingt-quatre préfectures ou *lœn*, qui généralement portent le nom de leur chef-lieu.

Le NORDLAND comprend quatre préfectures : celles de *Botnie septentrionale* et de *Botnie occidentale*, qui renferment la *Laponie suédoise* et qui ont pour chefs-lieux, la première, *Piteå*, la seconde, *Umeå*; — celle de *Vester-Norrland*, qui est fertile et agréable, malgré sa position septentrionale, et qui a pour chef-lieu *Hernœsand*; — celle d'*Iemtland*, la seule des quatre qui ne touche pas à la mer : chef-lieu, *OEstersund*.

La SUÈDE MOYENNE contient huit préfectures. Il y en a deux au N. : celle de *Gefleborg*, et celle de *Stora-Kopparberg*, qui a porté autrefois le nom de *Dalécarlie*, et qui est célèbre par ses mines de cuivre et de fer; — trois à l'E. : celles d'*Upsal*, de *Stockholm* et de *Nykœping*, formées des anciennes prorinces d'*Upland* et de *Sudermanie ;* — deux au milieu : *Vestéras* et *Œrebro ;* — une à l'O. : *Carlstad*.

Les villes principales de la Suède moyenne sont : STOCK-HOLM, capitale de la Suède, peuplée de 157 000 âmes, florissante par le commerce maritime, et admirablement située sur deux presqu'îles et plusieurs petites îles du détroit qui unit le lac Mælar à la Baltique. — *Gefle* (19 000 h.), port commerçant ; — *Falun*, chef-lieu du Stora-Kopparberg ; — *Upsal* ou *Upsala* (14 000 hab.), une des villes les plus agréables du nord de l'Europe, et connue par sa magnifique cathédrale, sa savante université, son observatoire ; — *Nykœping*, jolie ville et port ; — *Œrebro*, assez loin dans l'intérieur.

La GOTHIE a un sol fertile et un climat assez doux ; elle renferme les deux tiers de la population de la Suède. Il s'y trouve douze préfectures, dont huit maritimes : à l'E., celles de l'*Œstergœtland* (*Ostrogothie*) et de *Calmar ;* — au S., celle de *Blekinge*, et celles de *Christianstad* et de *Malmœhus*, qui répondent à l'ancienne *Scanie ;* — à l'O., celles de *Halland* et de *Gœtheborg ;* — enfin la préfecture de *Gottland*, qui est une île.

Les quatre préfectures intérieures sont celles de *Skaraborg*, d'*Elfsborg*, d'*Iœnkœping* et de *Kronoberg*.

Les villes les plus importantes de la Gothie maritime sont : *Linkœping*, chef-lieu de l'Œstergœtland. — *Norrkœping*, port sur la Motala, avec 27 000 habitants — *Calmar*, célèbre par l'acte d'union des trois couronnes de Suède, de Norvége et de Danemark, en 1397 ; sur un détroit du même nom qui la sépare de l'île d'Œland. — *Carlscrone* (17 000 h.), forteresse et port de mer, chef-lieu du Blekinge. — *Gœtheborg* ou *Gothembourg*, à l'embouchure de la Gotha, port très-commerçant et la seconde ville du royaume par sa population (75 000 hab.). — *Malmœ*, chef-lieu du Malmœhus, vers l'extrémité S. O. de la Gothie, avec 35 000 hab. — *Lund* (12 000 hab.), célèbre par son université et par une bataille entre les Suédois et les Danois en 1675.

Visby, chef-lieu de l'île de Gottland, sur la côte occidentale de laquelle elle est placée, a été, au moyen âge, une grande ville, et elle offre des ruines curieuses de ses beaux monuments.

Iœnkœping (14000 h.) princ. ville de l'intérieur de la Gothie.

La **Norvège**, nommée en norvégien *Norge*, et en suédois *Norrige*, se divise en deux parties : 1° la NORVÈGE MÉRIDIO-NALE, qui comprend les diocèses ou *stifts* d'*Akershus* ou *Christiania*, de *Christiansand*, de *Hamar*, de *Bergen* et de *Trondhiem* ; — 2° la NORVÈGE SEPTENTRIONALE, qui forme le diocèse de *Tromsœ*. — L'administration civile compose dix-huit préfectures ou *amt*.

CHRISTIANIA, située au fond du golfe de même nom, est la capitale de la Norvége et le chef-lieu du diocèse d'Akershuus ; elle renferme 77 000 habitants ; l'aspect en est beau et pitto-resque.—*Drammen*, au S. O. de Christiania, est une ville de 19.000 âmes, avec un port où s'arrêtent les navires qui ne peuvent s'avancer jusqu'à Christiania. — *Kongsberg*, près de là, a de célèbres mines d'argent. — *Frederikshald*, au S. E. de la même capitale, est célèbre par la mort de Charles XII, qui y fut tué en 1718.

La ville très-commerçante de *Christiansand* (12 000 h.) est vers l'extrémité mérid. de la Norvége, sur le Skager-Rack. — *Arendal*, au N. E. de Christiansand, est un port commerçant aussi. — *Stavanger*, ville de 20 000 âmes, au N. O. de Chris-tiansand, est le port norvégien le plus important pour la pêche.

Bergen, place maritime, de 35 000 âmes, a été longtemps la ville la plus considérable de la Norvége, et son port est tou-jours très-important, surtout pour la pêche. — *Trondhiem* (qu'on appelle ordinairement en français *Drontheim*) est dans une situation riante, sur un long golfe de même nom, avec 23 000 habitants. — *Rœraas*, au S. E. de Trondhiem, est fameuse par ses mines de cuivre.

Le diocèse de Tromsœ, composé de la Laponie norvégienne, comprend le *Finmark*, c'est-à-dire le pays des *Finnois*, et le *Nordland* norvégien. On y voit le port de *Tromsœ* et la ville la plus septentrionale de l'Europe, *Hammerfest*, bâtie dans l'île Qvalœ, une des Lofoden. Ce lieu si reculé a un port fréquenté en été par de nombreux navires pêcheurs et mar-chands.

C'est vers les côtes du Nordland, dans la partie S. O. de l'archipel Lofoden, que se trouve le fameux gouffre de *Mal-strœm*.

Chemins de fer. — Les principaux chemins de fer de Suède sont :

1° Le chemin de l'O., de *Stockholm* à *Gœtheborg*, avec embranchement sur *Christiania*.

2° Le chemin du S., se détachant du premier et se rendant à *Malmœ*, par *Norrkœping*, d'un côté, et par *Iœnkœping*, de l'autre.

3° Le chemin du N. O., se rendant à *Œrebro*, etc.

4° Les chemins du N. conduisant de *Stockholm* à *Upsal*, etc.

5° Les chemins du Nordland (quelques tronçons faits).

En Norvège, on remarque le chemin de *Christiania* à *Trondhiem* par *Eidsvold*, avec embranchement d'*Eidsvold* à *Kloften*, dans la direction de *Stockholm*.

Chemins de fer exploités des deux royaumes : 6 300 kil.

Lignes télégraphiques des deux royaumes : 15 000 kil.

Population, langue, gouvernement, religion, etc. — Les 6 millions d'habitants de la péninsule Scandinave appartiennent à quatre peuples différents : les *Suédois*, les *Norvégiens*, les *Lapons* et les *Finnois*.

Les Suédois sont généralement grands, robustes, accoutumés à une vie frugale et simple, et remarquables par des mœurs honnêtes et hospitalières. C'est un peuple essentiellement guerrier et patient, calme et persévérant.

Les Norvégiens offrent à peu près le même aspect physique : ils ont l'air sérieux et sont fort hospitaliers. Ils se distinguent par leur caractère d'indépendance et de franchise.

La langue suédoise et le danois, qu'on parle en Norvége, appartiennent à la même origine que l'allemand ; ce sont des idiomes mâles et énergiques. Les sciences sont cultivées avec succès dans la Scandinavie, et le peuple y est généralement éclairé.

Les *Lapons* ou *Sam* forment, dans le N. de la Suède et de la Norvége, un peuple à part, remarquable par sa très-petite taille, son visage large, sa peau brune et huileuse, sa voix aigre et désagréable. Ils sont très-doux, gais, assez intelligents, et très-agiles, mais fort portés à la paresse. La civilisation a peu pénétré chez eux. La plupart sont nomades. Ils se nourrissent du produit de leur chasse, de celui de leur pêche, et

du lait et de la chair de leurs rennes. Leur langue se rapproche
du finnois.

Il n'y a qu'un petit nombre de Finnois dans la Norvége septentrionale et dans l'O. de la Suède. Nous retrouverons ce
peuple en plus grand nombre dans la Russie.

Le gouvernement de la Suède et de la Norvége est une monarchie constitutionnelle. Quoique réunies sous un même
sceptre, ces deux contrées ont leurs lois spéciales, leurs assemblées légistatives indépendantes (*Landsting* et *Volksting*
en Suède, *Storthing* en Norvége), leurs douanes distinctes.
Le luthéranisme est la religion dominante. Il y a pour toute la
péninsule un archevêché, celui d'Upsal.

L'instruction publique est florissante. Il y a, en Suède, deux
universités : celles d'Upsal et de Lund, et une école de médecine à Stockholm. La Norvége a une université à Christiania.

L'armée suédoise se compose de trois éléments : l'*indelta*,
sorte de colonisation militaire, comptant environ 36 000 hommes ; la *vœrfvade*, formée d'enrôlements volontaires (8 000
hommes) ; la *bevœring* ou *landvœrn*, levée par le moyen de
la conscription, et pouvant réunir 86 000 hommes, mais non
permanente. La milice compte 29 000 h., dont 8000 pour la
milice particulière de l'île de Gottland. — L'armée norvégienne possède une organisation à part ; elle offre, en troupes
permanentes, environ 18 000 hommes, et, en landværn,
19 000 hommes. — La marine militaire de la Suède compte
137 bâtiments ; celle de la Norvége, 123

Le revenu de la Suède est d'environ 140 millions de francs,
et celui de la Norvége, de 35 millions. La dette de la Suède
est de 100 millions de francs ; celle de la Norvége, de 50 millions.

Industrie et commerce. — La Scandinavie est fort riche
en mines : il y a surtout d'excellent fer, du cuivre et de l'argent. Les forêts sont considérables, et donnent des sapins et
des pins renommés, pour lesquels sont établies de nombreuses
scieries. Cette péninsule n'est pas un pays manufacturier : les
paysans fabriquent eux-mêmes presque tous les objets dont ils
ont besoin. Il y a cependant des distilleries de grains, des brasseries, des tanneries, des fabriques de toile. La construction

des navires pour le compte des autres peuples est une industrie particulière aux Suédois et aux Norvégiens.

Les exportations de la Suède sont de 275 millions de francs ; les importations de 350 millions. Les exportations de la Norvége s'élèvent à 140 millions de francs, et les importations à 230 millions.

La Scandinavie exporte du fer, du cuivre, des bois de construction, du goudron, du poisson. Elle importe du coton, des cotonnades, de la laine, des lainages, des denrées coloniales, des vins, etc. Stockholm et Gothembourg, en Suède : Christiania, Bergen, Arendal, Trondhiem, en Norvége, sont les principaux ports commerçants de la monarchie.

La Norvége est remarquable par une marine marchande extrêmement active. Elle possède 7800 navires. La Grande-Bretagne, les États-Unis, la France et l'Italie sont les seules puissances qui possèdent, d'une manière absolue, un matériel de navigation supérieur à celui de ce pays, et le sien est *relativement* supérieur à tous les autres. Le mouvement de la navigation au long cours y est de 16 à 18 000 navires chargés, dont 10 000 pour le pavillon norvégien ; le mouvement de la navigation, pour la Suède, donne 22 000 navires chargés, dont 13 000 suédois. La Suède a environ 4400 navires marchands.

Possessions hors de l'Europe. — La Suède possédait hors de l'Europe l'île de *Saint-Barthélemy*, une des Petites Antilles. Elle vient de la céder à la France.

On rattache volontiers à la Scandinavie l'archipel du *Spitzberg* (ou plutôt *Spitzbergen*), situé assez loin au N. de cette contrée, et qui est glacial et inhabité. Les Suédois et les Norvégiens s'y rendent pour la pêche de la baleine ; ils y ont fait d'importantes expéditions scientifiques. — L'île des *Ours (Bœren)* est entre la Scandinavie et le Spitzberg.

DANEMARK.

Géographie physique du Danemark. — Le DANEMARK, en danois *Danmark*, en allemand *Dænemark*, est situé dans le N. de l'Europe, entre la Baltique, à l'E., et la mer du Nord, à l'O. ; au S. de la péninsule Scandinave, dont il est séparé par le *Skager-Rack*, le *Cattégat* et le *Sund*. Sa latitude moyenne est au 55e degré et demi.

Il est composé de deux parties : à l'E., *l'archipel Danois*, et, à l'O., la partie N. de la *presqu'île Cimbrique.* Le premier comprend les îles de *Seeland* (en danois *Siælland*), *Mœen, Fionie* (en danois *Fyen*, en allemand *Fuhnen*), *Langeland, Laaland, Falster, Bornholm,* etc. Parmi les bras de mer qui baignent ces îles, on remarque surtout les trois passages qui font communiquer le Cattégat à la Baltique : c'est-à-dire le *Sund*, entre Seeland et la Suède; le *Grand-Belt*, entre Seeland et Fionie, et le *Petit-Belt*, entre Fionie et la presqu'île Cimbrique. La partie danoise de la presqu'île Cimbrique comprend le *Jutland.* Elle s'allonge du S. au N., et se termine par le cap *Skagen;* elle est coupée au milieu par le long bras de mer nommé *Liim-fiord.*

L'archipel et la presqu'île réunis offrent une étendue d'environ 38 200 kilomètres carrés. La population est de 2 000 000 d'habitants.

Naguère la monarchie Danoise s'étendait au S. jusqu'à l'Elbe, et renfermait environ 2 800 000 âmes, sur une étendue de 56 000 kilomètres carrés. Mais une guerre récente qu'elle a eu à soutenir contre les Austro-Prussiens lui a fait perdre le Slesvig, le Holstein et le Lauenbourg, situés au S. du Jutland et formant, avec celui-ci, ce que les anciens appelaient la *Chersonèse Cimbrique.*

Le Danemark a un climat généralement assez doux pour la latitude; le sol y est assez fertile, surtout dans les îles. Il y a de bons pâturages, de bonnes récoltes de blé, de chanvre, de lin, de tabac, de houblon, de colza.

Il n'y a ni montagnes ni fleuves considérables.

Principales divisions administratives ; villes importantes. — L'île de Seeland a sur sa côte orientale la capitale du royaume, COPENHAGUE (en danois *Kiœbenhavn*), à l'endroit le plus large du Sund : c'est une des plus belles villes de l'Europe, un des ports les plus fréquentés du Nord, et sa population s'élève à 200 000 âmes. — *Elseneur* (en danois *Helsingœr*), dans le N. E. de la même île, est un port très-commerçant, à l'endroit le plus resserré du Sund.

La belle île de Fionie a pour chef-lieu *Odense*.

Le Jutland est un pays très-froid, peu fertile, rempli de petits lacs, de sables et de bruyères. Les villes principales y sont: *Viborg*, au centre; — *Aalborg* (14000 h.), au N. E., près de l'entrée et sur la côte méridionale du Liim-fiord; — *Aarhus* (25000 h.) et *Randers* (13000 h.), à l'E.; — *Fredericia*, place forte, au S. E.

Chemins de fer. — Les principaux chemins de fer danois sont : dans les îles, de *Copenhague* à *Elseneur*; de *Copenhague* à *Korsœer*; d'*Odense* à *Nyborg* et à *Middelfart*; — sur le continent, d'*Aarhus* à *Randers* et à *Viborg*; de *Fredericia* à *Flensbourg* (dans le Slesvig).

Chem. de fer exploités : 1400 kil. — Lig. télégr. : 3200 kil.

Population, langue, gouvernement, religion, etc. — Le peuple danois se distingue par des mœurs honnêtes, par de précieuses vertus privées et par l'amour de l'ordre et du travail. L'instruction est très répandue en Danemark. La langue danoise est une de celles qui appartiennent à la souche tudesque.

Le gouvernement est une monarchie, limitée par un parlement nommé *Rigsdag*, formé de deux assemblées : le *Landsthing* et le *Folkething*.

Le luthéranisme est la religion dominante.

L'armée est de 50000 hommes, en y comprenant la réserve, évaluée à 16000 hommes.

La marine militaire compte 62 bâtiments.

Le revenu de l'État s'élève à 65 millions de francs. Un des principaux éléments du revenu du royaume, le droit payé par tous les navires de commerce qui passaient par le *Sund*, a été aboli en 1857, par le rachat qu'en ont fait les principales puissances maritimes. — La dette publique est de 155 millions de fr.

Industrie, commerce. — Le Danemark est un pays essentiellement agricole et maritime; les productions territoriales et la pêche en constituent la principale richesse. Il y a peu de fabriques d'étoffes ou autres. Ce royaume tire donc de l'étranger ses articles de luxe et la plupart de ceux qui sont d'un usage plus général.

Les exportations danoises s'élèvent à environ 240 millions de francs; les importations, à 325 millions.

Copenhague. — Vue générale.

Le Danemark exporte ses produits agricoles, de la bière, des esprits, des bœufs, des chevaux, des peaux, du poisson, des plumes d'eider, etc. Il importe des produits manufacturés, des vins, du fer, de l'huile, des fruits, des bois. Copenhague et Elseneur en sont les principaux ports.

Une heureuse situation maritime a élevé ce petit royaume à un rang très-brillant parmi les nations commerçantes.

Possessions hors du Danemark proprement dit. — Le Danemark possède, dans le N. de l'océan Atlantique, les îles *Fœrœer*, situées au N. O. des îles Britanniques ; elles sont assez riches en troupeaux et ont une population laborieuse. On trouve sur leurs côtes beaucoup de nids de ces précieux canards nommés eiders, dont la plume est un objet important de commerce.

L'*Islande* (en danois *Island*, en anglais *Iceland*, c'est-à-dire terre de glace), qu'il convient de rattacher à l'Amérique plutôt qu'à l'Europe, se trouve sur la limite de l'océan Atlantique et de l'océan Glacial arctique. C'est un des pays les plus froids et les plus stétriles, mais un des plus intéressants par ses curiosités naturelles. Il est hérissé de montagnes volcaniques, qui font souvent des éruptions, et dont la plus célèbre est le mont *Hekla*, au S. Les côtes sont déchirées par d'innombrables golfes ; l'intérieur est parsemé de beaucoup de lacs, et l'on y trouve de nombreuses sources chaudes, telles que les *Geisirs*, qui s'élancent, en jets magnifiques et intermittents, à une grande hauteur.

L'île ne produit ni blé ni arbres : les pommes de terre y sont le principal objet de culture, et l'on n'y voit que quelques maigres arbrisseaux. Il y a de bons pâturages et d'assez nombreux troupeaux. Le chef-lieu, *Reikiavik*, sur la côte S. O., mérite à peine le nom de ville. Les autres endroits remarquables sont : *Skalholt*, vers le mont Hekla, et *Holar*, sur la côte septentrionale.

L'Islande, quoique plus grande que l'archipel Danois et la presqu'île Cimbrique réunis, ne renferme que 70 000 âmes. Ses habitants descendent généralement des Norvégiens qui la colonisèrent dans le IXe siècle. La langue islandaise est un dialecte du danois.

Le *Groenland*, autre dépendance du Danemark, est une grande terre très-froide et peu connue, qui fait partie de l'Amérique, mais sans tenir au continent américain : on y a formé, sur la côte occidentale, plusieurs établissements pour la pêche. Les principaux sont *Julianeshaab*, *Godthaab* et *Godhavn*.

Le Danemark possède aussi les îles *Sainte-Croix*, *Saint-Thomas* et *Saint-Jean*, dans la partie septentrionale des Petites Antilles.

ALLEMAGNE EN GÉNÉRAL

En 1871, s'est formé l'*empire d'Allemagne*, sous l'influence de la Prusse. Cet empire ne contient pas *tous les pays allemands*, car quelques-uns se trouvent dans les possessions autrichiennes. Cependant, désormais, nous n'appellerons *Allemagne* que ce qui constitue le nouvel empire.

Description physique. — L'ALLEMAGNE, en allemand *Deutschland* (c'est-à-dire le pays des *Deutsch*), en anglais *Germany*, est une vaste contrée qui s'étend dans le milieu de l'Europe, à l'E. des Pays-Bas, de la Belgique et de la France, au N. de la Suisse et de l'Italie, à l'O. de la Russie, au N. O. de l'empire Austro-Hongrois, au S. du Danemark. Elle est baignée au N. par la mer Baltique et la mer du Nord ou d'Allemagne. Ailleurs ses frontières naturelles sont, à l'O., du côté de la France, sur une certaine étendue, les Vosges, depuis le traité de 1871 ; — au S., le Rhin et le lac de Constance, du côté de la Suisse, et des rameaux des Alpes, du côté de l'empire Austro-Hongrois ; — à l'E., vers le même empire, les monts du Bœhmer-wald, de l'Erz-gebirge, du Riesen-gebirge et des Sudètes. — Du côté de l'empire Russe, les frontières n'ont rien de naturel, et suivent vaguement de vastes plaines. Vers le Danemark, dans la presqu'île Cimbrique, elles ne sont déterminées non plus par aucune ligne matérielle remarquable.

La latitude est entre le 47ᵉ degré et le 55ᵉ et demi ; la longitude s'étend du 3ᵉ degré au 21ᵉ E. Ce pays a 900 kilomètres du N. au S. ; 1100 kil. de l'E. N. E. à l'O. S. O., et 541 000 k. carrés (sans comprendre, nous le répétons, les parties allemandes de l'Autriche). Sa population est d'environ 43 millions d'habitants. Les côtes de l'Allemagne sont presque partout basses et comme noyées ; les abords en sont difficiles, à cause des nombreux bancs dont elles sont bordées. En allant de l'O. à l'E., on y voit, dans la mer du Nord, le *Dollart*, baie qui s'est formée tout à coup au XIIIᵉ siècle ; puis le golfe de l'*Iahde* et celui de *Helgoland*, dans lequel s'ouvre l'estuaire de l'*Elbe*. — La côte de la Baltique est caractérisée par de grandes lagunes ou *haff*, sorte de golfes intérieurs séparés de la pleine mer par des langues de terre étroites : ces lagunes sont le *Pommersche-Haff* ou *havre de Poméranie*, ou simplement le *Haff* ; le *Frische-Haff* ou *havre d'Eau douce*, et le *Curische-Haff* ou le *havre des Cures*. Le golfe de *Lübeck* et celui de *Dantzig* sont les principaux golfes extérieurs de cette mer en Allemagne. *Rügen*, *Fehmern* et *Alsen* sont d'importantes îles des côtes allemandes dans la Baltique. Il y a, dans la mer du Nord, un grand nombre de petites îles, généralement très-basses et habitées par des populations frisonnes.

Aspect général, montagnes. — Le midi de l'Allemagne est très-montagneux : les Alpes y présentent leurs sommets couverts de neiges et de glaces ; mais, à leur pied, s'ouvrent des vallées riantes et chaudes. Le milieu offre un mélange agréable de collines, de vallons fertiles et de belles forêts. Le N. a des plaines sablonneuses, de tristes landes, des marécages, et il y règne un climat froid et humide.

L'Allemagne est traversée par la grande arête qui sépare l'Europe en versants du nord et du sud.

Cette arête se présente à l'E. avec les monts *Sudètes ;* elle uit, en s'avançant vers l'O. et le S. O., les monts *Moraves*, le *Bœhmer-wald* (ou la *Forêt de Bohême*), le *Fichtel-gebirge* [1] (*montagnes des Pins*), le *Jura franconien*, les *Alpes Rudes* ou *Alpes de Souabe* (qu'on appelle aussi *Jura de*

---

1. *Gebirge* signifie montagnes, et *Wald*, forêt.

Souabe), la *Forêt-Noire* ou *Schwarz-wald*, les *Alpes de Constance*, les *Alpes de l'Algau.*

Un rameau qui se sépare des Alpes de l'Algau court de ʻO. à l'E. dans le S. de l'empire d'Allemagne sous le nom d'*Alpes Bavaroises.*

Plusieurs branches détachées, au N., de l'arête principale du partage des eaux de l'Europe, se répandent sur les limites ou dans les parties moyennes et septentrionales de l'Allemagne. La première qui se présente, si l'on va de l'E. à l'O., est celle du *Riesengebirge* (*montagnes des Géants*), qui s'avance entre le bassin de la Baltique et celui de la mer du Nord.

La seconde comprend l'*Erz-gebirge* (*montagnes des Mines*), où l'on trouve beaucoup de métaux.

La troisième est formée du *Franken-wald* ou de la *Forêt de Franconie*, et du *Thüringer-wald* ou de la *Forêt de Thuringe*, à laquelle on voit se joindre, plus loin, les montagnes du *Harz*, célèbres par leurs mines de fer, de plomb, d'argent, de cuivre, de zinc et d'or, et par leurs curiosités naturelles.

Cours d'eau, canaux, lacs. — L'Allemagne est divisée en deux grands versants : celui du N., incliné vers les mers que forme l'Atlantique, et celui du S., incliné vers la mer Noire.

Le versant du N. comprend le versant de la mer Baltique et celui de la mer du Nord.

Sur le versant de la Baltique, on voit couler l'*Oder*, qui reçoit la *Warthe* par la rive droite et se jette dans le *Pommersche-Haff.*

A travers les pays slaves et lettons que la Prusse a englobés dans les territoires dits allemands, coulent la *Vistule* et le *Niémen*, tributaires aussi de la Baltique : la première se jette dans le golfe de Dantzig et dans le Frische-Haff ; le second, dans le Curische-Haff.

On remarque encore, sur le même versant, la *Trave*, qui vient déboucher à l'extrémité S. O. de la Baltique.

Sur le versant de la mer du Nord, on trouve d'abord l'*Eider*, puis l'*Elbe*, grand et beau fleuve qui descend des montagnes des Géants, franchit un col étroit resserré entre ces montagnes et l'Erz-gebirge, et arrive à la mer par une large embouchure. Ses affluents sont, à droite, le *Havel*, dont le cours est plein de lacs, et qui se grossit lui-même de la *Sprée ;* à gauche, la *Moldau*, la *Mulde* et la *Saale*, qui arrosent quelques-unes des plus belles contrées de l'Allemagne.

Un peu à l'O. de l'Elbe, on rencontre le *Weser*, qui se forme par la réunion de la *Fulde* et de la *Werra*, reçoit à droite l'*Aller*, et se jette aussi dans la mer par une large embouchure.

L'*Iahde*, près et à l'O. du Weser, tombe dans une baie à laquelle elle donne son nom, et qui fut produite, en 1218, par une inondation de la mer.

Les bords du Rhin.

L'*Ems* est un petit fleuve qui a son embouchure sur la frontière des Pays-Bas, où une grande expansion de son estuaire forme la baie de *Dollart*, due à une autre inondation du XIIIe siècle.

Le plus occidental et le plus grand fleuve de ce versant est le *Rhin*, appelé en allemand *Rhein*. Il vient de la Suisse, se-pare longtemps l'Allemagne de cette république, et traverse l'O. de l'empire Allemand, où il offre un courant large et magnifique, bordé de rives fertiles; il y reçoit, à gauche, la *Moselle* (en allemand *Mosel*), grossie de la *Sarre* ou *Saar*, et, à droite, le *Necker* ou *Neckar*, le *Main*, la *Lahn*, la *Ruhr* et la *Lippe*.

Le versant de la mer Noire se trouve encaissé, en Allemagne, entre l'arête principale du partage des eaux, au N. et à l'O., et les Alpes, au S. Au fond de ce grand bassin naturel coule le *Danube*, en allemand *Donau*, qui descend de la forêt Noire, se dirige à l'E., et va, bien loin de l'Allemagne, tomber dans la mer Noire. Il reçoit, à gauche,. l'*Altmühl;* à droite, le *Lech*, l'*Isar*, l'*Inn*, très-grande rivière, qui, en se mêlant au Danube, est aussi volumineuse que ce fleuve même.

Le canal *Louis* ou *Charlemagne*, entre l'Altmühl et la Regnitz, affluent du Main, joint le Danube au Rhin, et par conséquent la mer Noire à la mer du Nord.

Les canaux de *Frédéric-Guillaume* et de *Finow* s'éten-dent de la Sprée et du Havel à l'Oder, et joignent ainsi ce dernier à l'Elbe.

Le canal de *Steckenitz* joint l'Elbe à la Trave, et, par suite, la mer du Nord à la mer Baltique. — Le canal de *Kiel* ou de *Slesvig-Holstein* unit aussi ces deux mers, en s'étendant de la Baltique à l'Eider. — On projette un canal plus profond et plus large, qui, traversant le Holstein, unira de même ces deux mers.

On remarque parmi les lacs : dans le N., celui de *Müritz*, qui s'écoule dans l'Elbe; dans le S., celui de *Chiem*, qui verse ses eaux dans l'Inn, et ceux de *Würm* et d'*Ammer*, qui s'écoulent dans l'Isar. Le lac de *Constance*, que les Allemands appellent *Boden-see*, étend sa magnifique masse d'eau sur la frontière de l'Allemagne et de la Suisse.

Productions. — L'Allemagne est riche en mines : il y a de l'or, de l'argent, du cuivre, du fer, du plomb, de l'étain, du mercure, du manganèse, du cobalt, de l'arsenic, du sel gemme, de l'alun, de la houille, des pierres précieuses.

Le sol est généralement fertile et bien cultivé. Les céréales,

les pommes de terre, le chanvre, le lin, les plantes oléagineuses, le houblon, la garance, le pastel, le tabac, la vigne (qui est cultivée jusqu'au 51° parallèle), la betterave à sucre, sont les principaux produits végétaux.

Les bœufs, les moutons, les chevaux, les porcs, sont nombreux et estimés.

Géographie politique. — Divisions générales. — La confédération Germanique, constituée en 1815, fut dissoute en 1866, à la suite des victoires de la Prusse sur l'Autriche et sur divers États allemands, et l'on forma alors la confédération de l'Allemagne du Nord, en laissant une existence indépendante et isolée aux États de l'Allemagne du Sud. En 1871, à la suite de la guerre avec la France, fut établi le nouvel empire d'Allemagne, reconnaissant pour empereur le roi de Prusse, et comprenant, outre l'Allemagne du Nord et celle du Sud, le gouvernement d'*Alsace-Lorraine*, conquis sur la France. L'empire d'Allemagne renferme : 1° la *Prusse*, qui a la direction générale du corps germanique; 2° le royaume de *Bavière*; 3° le royaume de *Saxe*; 4° le royaume de *Würtemberg*; 5° le grand-duché de *Bade*; 6° le grand-duché de *Hesse*; 7° les deux grands-duchés de *Mecklenbourg*; 8° les villes libres Hanséatiques de *Lübeck*, de *Hambourg* et de *Brême*; 9° le grand-duché d'*Oldenbourg*, 10° les duchés de *Saxe*, les principautés de *Reuss*, les principautés de *Schwarzbourg* et le duché d'*Anhalt*, dont l'ensemble forme les États de *Thuringe*; 11° le duché de *Brunswick*; 12° les principautés de *Lippe*; 13° celle de *Waldeck*; 14° le gouvernement d'*Alsace-Lorraine*. — En tout, 26 États.

Chemins de fer. — Une grande ligne, qui se rattache à celles de Belgique et du nord de la France, entre dans l'Allemagne occidentale par *Aix-la-Chapelle* et *Cologne*, et se prolonge à travers l'Allemagne centrale jusqu'à *Berlin*, en se divisant en deux branches principales : l'une par *Hanovre*, *Brunswick* et *Magdebourg*; l'autre par *Cassel*, *Gotha*, *Erfurt*, etc. A cette double ligne se rattachent des chemins qui vont, vers le nord, à *Emden*, à *Brême*, à *Hambourg*, dans le *Holstein* et dans le *Mecklenbourg*; vers le sud, à *Francfort*, à *Cobourg*, à *Leipzig*, à *Chemnitz*, à *Dresde*, et de là à *Vienne*.

— Il y a un chemin de *Leipzig* à *Augsbourg*, par *Nuremberg*, avec embranchement sur *Fürth* et *Anspach*. — D'*Augsbourg* un chemin va à *Munich*, qui est elle-même unie à *Vienne*, à *Inspruck*, à *Landshut*, à *Passau*, à *Ratisbonne;* un autre chemin se rend d'*Augsbourg* à *Ulm* et à *Stuttgart;* un autre va de cette ville au lac de *Constance*. — Un chemin conduit aussi d'*Ulm* au même lac. — De *Francfort* une grande ligne s'étend au sud, le long de la rive droite du Rhin, jusqu'à *Bâle*, en passant par *Darmstadt* et *Carslruhe*, et en se rattachant à *Stuttgart*. — Un chemin qui part encore de *Francfort*, à l'est, va rejoindre la ligne de *Leipzig* à *Augsbourg*. Un autre qui en part à l'ouest, se rend à *Mayence* et à *Wiesbaden*. — De *Mayence*, des lignes se dirigent sur *Strasbourg*, *Mulhouse, Bâle, Metz*.

Chem. de fer exploités en 1879 : 29800 kil.—Lig. télégr.: 60000 k.

Gouvernement, religion, habitants, mœurs, instruction, langues, armée, marine. — Les 26 États dont se compose aujourd'hui l'Allemagne reconnaissent l'autorité générale de l'empereur, qui est en même temps roi de Prusse ; un parlement, le *Reichstag*, qui siége à Berlin, représente tous les États allemands.

Toutes les religions sont tolérées en Allemagne, et l'on y trouve une grande diversité de cultes. Au S., la religion catholique domine (environ 16 millions d'individus la professent) ; au N., les luthériens et les calvinistes (27 000 000), sont les plus nombreux. Le culte israélite compte plus de 500 000 individus.

La population de l'empire d'Allemagne appartient à six familles principales : 1° les *Allemands proprement dits* (en allemand *Deutsch* ou *Teutsch*, d'où le mot français *Tudesques*); 2° les *Slaves*, dont les *Wendes* et les *Polonais* sont les principales divisions : 3° les *Lettons*, dans la partie la plus orientale de l'empire; 4° les *Frisons*, qui habitent les côtes basses de la mer du Nord; 5° les *Wallons* (d'origine française), vers le cours inférieur du Rhin ; 6° les *Danois*, dans la péninsule Cimbrique. Il y a un assez grand nombre de *Juifs*, répandus à peu près partout.

Les Allemands sont en général grands et robustes; la plupart ont les cheveux blonds et les yeux bleus. C'est un peuple grave, réfléchi, laborieux. Doué d'un esprit observateur et méthodique et d'un génie inventif, il a fait faire de grands progrès aux sciences et aux arts.

Cependant il faut reprocher à l'Allemand sa facile exaltation, les écarts fréquents de son imagination, une certaine âpreté dans son amour du gain.

L'instruction est fort répandue en Allemagne; il y a de florissantes universités et une infinité de gymnases, d'écoles, de musées, de sociétés littéraires, de bibliothèques publiques. Beaucoup d'esprits éminents y ont enrichi la littérature et fait avancer les sciences. La langue allemande est riche, et se prête admirablement à la composition des mots.

Armée sur pied de paix : 450 000 h.; en temps de guerre : 1 400 000 h. Marine : 80 bât — Revenu : 700 millions de fr.

Industrie et commerce. Zollverein. — L'industrie de l'Allemagne offre un grand développement; elle consiste en tissus de lin et de coton, draps, blondes, dentelles, soieries, ouvrages de fer et d'acier de la Saxe, de la Prusse et de la Styrie, ouvrages d'or et d'argent de la Bavière et de la Hesse, pendules de bois de la forêt Noire, ouvrages de bois et autres articles de Nuremberg, orfèvrerie, quincaillerie, verres de Bohême, glaces, cuirs, porcelaine de Saxe, etc.

Depuis 1833, il s'est formé, sous l'influence de la Prusse, une association commerciale appelée *Zollverein* (union des douanes), avec une frontière générale de douanes, de sorte que tous les États de l'association ont été enfermés dans l'uniformité d'un même tarif. Il faut en excepter les ports francs de Brême, de Hambourg, d'Altona et quelques autres points. Le gr.-duché du Luxembourg est compris dans cette union.

C'est surtout par les ports de Hambourg, de Brême et de Lübeck que se fait le commerce maritime de l'Allemagne; mais la plus grande partie du commerce s'opère par la voie de terre. Ce pays exporte des laines, des bois, des fils de chanvre et de lin, des toiles, des peaux, de la houille, des métaux, des ouvrages de fer, d'acier, de cuivre, des graines oléagineuses, des céréales, des vins du Rhin, des bestiaux, de l'horlogerie en bois, de la bimbeloterie, de la mercerie, des livres, des instruments aratoires, du houblon, des eaux minérales, des jouets d'enfants, de la potasse. Il importe des denrées coloniales, des cotons bruts et filés, des vins de France, de la soie, des bois de teinture, de l'huile, des articles de Paris, etc.

Exportations du Zollverein (sans les monnaies et les métaux) plus de 3 milliards de fr. ; — importations : 4 milliards ; —transit : 1600 millions. — Eff. de la mar. march. allem., en 1878 : 4805 bâtiments.

PRUSSE

Situation géographique. — La PRUSSE, en allemand *Preussen*, qui se composait récemment encore de deux parties séparées par divers États de l'Allemagne, est maintenant un territoire compacte et ininterrompu, qui s'étend de l'E. à l'O., depuis la Russie jusqu'aux Pays-Bas, à la Belgique et au Luxembourg (sans avoir vers ces pays des limites bien naturelles), et du N. au S., depuis la mer Baltique et la mer du Nord jusqu'aux monts Sudètes et des Géants, du côté de l'empire Austro-Hongrois, et jusqu'au Main, du côté de la Bavière et du grand-duché de Hesse. C'est le principal des États de l'empire d'Allemagne.

Sa latitude moyenne est au 55° degré et demi. Sa longueur, du N. E. au S. O., est de 1200 kilomètres ; sa plus grande largeur, du N. O. au S. E., de 8000 kilomètres. Sa superficie embrasse 348 000 kilomètres carrés ; elle n'était que de 279 000 kilomètres avant les conquêtes de 1866. Sa population, qui n'était que de 19 millions d'habitants, s'élève aujourd'hui à 26 millions, sans comprendre le gouvernement d'Alsace-Lorraine (réuni à l'empire d'Allemagne en général, mais non à la Prusse en particulier).

La partie orientale du royaume présente, surtout dans le voisinage de la Baltique, de vastes plaines, monotones, remplies de petits lacs, de marais et de sable, et couvertes de bois. A mesure qu'on s'avance vers le S., le pays s'élève, et l'on trouve enfin d'assez hautes montagnes vers les frontières méridionales ; les monts *Sudètes* et les monts des *Géants* (*Riesen-gebirge*) ont une altitude de 1600 mètres.

Vers le milieu de la monarchie, s'élève le *Harz* (1140 mètres), riche en productions minérales. — Dans l'O., sont les monts *Eifel*, de nature volcanique, et ceux du *Hunsrück*.

Les fleuves sont distribués en deux versants maritimes : ceux de la Baltique et de la mer du Nord.

Sur le versant de la Baltique, on remarque : l'*Oder*, qui se grossit de la *Neisse* et de la *Warthe*, et qui va se jeter dans le *Pommersche-Haff* ou *Haff* proprement dit, espèce de lac qui communique avec la Baltique, et au N. O. duquel est l'île de Rügen, la plus grande île de la Prusse ; — la *Vistule*, en polonais *Wisla*, en allemand *Weichsel*, divisée, vers son embouchure, en trois branches, dont deux vont dans le *Frische-Haff*, et la troisième se rend directement dans la mer par le golfe de Dantzig ; — le *Pregel*, qui tombe dans ce même Frische-Haff ; — le *Niémen* ou *Memel*, qui se jette dans le *Curische-Haff*..

Sur le versant de la mer du Nord, coulent l'*Eider*, uni à la mer Baltique par le canal de *Kiel* ou de *Slesvig-Holstein* ; — l'*Elbe*, qui reçoit la *Mulde*, la *Saale* et le *Havel*, grossi de la *Sprée* ; — le *Weser*, qui se forme de la réunion de la *Werra* et de la *Fulde* ; — l'*Iahde*, qui a une très-large embouchure ; — l'*Ems*, qui se jette dans la mer, sur la frontière des Pays-Bas ; — le *Rhin*, qui est très-beau sur le territoire prussien, et qui reçoit, à droite, la *Lahn*, la *Ruhr* et la *Lippe* ; à gauche, la *Moselle*, grossie de la *Sarre* (en allemand *Saar*).

La Prusse est tout entière inclinée au N., et le climat y est généralement un peu froid ; il est très-humide vers la Baltique. La région qui appartient au versant de la mer du Nord est la plus variée dans ses aspects, la plus fertile, la plus industrieuse et la plus peuplée. Il y a beaucoup de mines (fer, houille, plomb, argent, cuivre, zinc, etc.).

Vers le Frische-Haff et le Curische-Haff, on recueille de l'*ambre jaune*.

Description politique. — Divisions et villes principales. — On peut diviser la Prusse en deux divisions générales : 1° les *anciennes provinces* ; 2° les *nouvelles acquisitions*.

Les ANCIENNES PROVINCES sont au nombre de huit :
Deux sont situées *ethnographiquement* hors de l'Alle-

magne et habitées généralement par des populations slaves et lettonnes. Ce sont celles de *Prusse* et de *Posen*. Les six autres, plus allemandes dans leur population, sont la *Poméranie*, le *Brandebourg*, la *Silésie*, la *Saxe*, la *Westphalie* et le *Rhin*.

La province de **Prusse**, divisée en *Prusse orientale* et *Prusse occidentale*, porta seule longtemps le nom de Prusse. C'est la partie la plus orientale du royaume ; elle s'étend sur la côte de la Baltique, vers le golfe de Dantzig, autour du Curische-Haff et du Frische-Haff, et sur les bords de la Vistule, du Pregel et du Niémen. Le terrain y est presque partout plat, et offre un mélange de landes sablonneuses, de lacs, de bois et de dunes ; cependant il y a aussi des plaines fertiles en blé. On parle, dans ce pays, le polonais et le letton. Néanmoins l'allemand est usité dans les classes élevées.

Le chef-lieu de la province de Prusse, et particulièrement de la Prusse orientale, est *Kœnigsberg*, en polonais *Krolewiecz*, place forte, sur le Pregel, près de l'extrémité orientale du Frische-Haff : cette ville a 18 kilomètres de tour, et cependant elle ne compte que 122 000 habitants : le plus beau quartier est celui de l'île de Kneiphof. Il y a une importante université, et c'est la patrie du célèbre philosophe Kant.

A l'O. de Kœnigsberg, on voit la forteresse de *Pillau*, à l'extrémité d'une étroite presqu'île qui s'avance entre la Baltique et le Frische-Haff : les environs, couverts de jolis jardins, de bois et de villages riants, ont été appelés le *paradis terrestre* de la Prusse. — *Memel* est une autre place forte et un port florissant, à l'extrémité septentrionale et à l'embouchure du Curische-Haff. — *Tilsit*, sur le Niémen, est célèbre par l'entrevue de Napoléon Ier et d'Alexandre Ier, en 1807, et par le traité de paix qui y fut alors conclu. — *Friedland* et *Eylau*, au S. E. de Kœnigsberg, sont fameuses par deux victoires des Français en 1807.

Dantzig ou *Danzig* (qu'on écrit souvent en français *Dantzick*), en polonais *Gdansk*, est le chef-lieu de la Prusse occidentale, et l'une des principales places maritimes de la Prusse ; elle renferme 98 000 âmes. Le bras occidental de la

Vistule la baigne, et se jette près de là dans le golfe de Dantzig. Il y a des raffineries de sucre et des distilleries d'eau-de-vie. (Prise par Lefebvre en 1807 ; siége soutenu par Rapp en 1813.)

Près de la rive méridionale du Frische-Haff, est *Elbing* (34 000 h.).—Dans le S. de la Prusse occid., on trouve la vieille cité de *Thorn*, remarquable par son pont immense sur la Vistule, par son savon et par la naissance de Copernic.

La province de **Posen** ou de **Poznanie**, au S. de la province de Prusse, est une grande et fertile plaine, traversée par la Warthe et la Netze. Les habitants sont d'origine polonaise. Le commerce y est entre les mains des juifs.

Posen, en polonais *Poznan*, capitale de la province, et située sur la Warthe, renferme 61 000 habitants. — *Gnesne* ou *Gnesen* est intéressante par son ancienneté, par son importance passée, et par sa foire de deux mois, où il se vend beaucoup de bœufs et de chevaux. — *Bromberg* a 31 000 h.

La **Poméranie**, en allemand *Pommern*, s'étend le long de la côte de la Baltique, et comprend la partie inférieure du cours de l'Oder et le grand lac nommé Pommersche-Haff. C'est un pays bas, froid et humide. Trois îles en dépendent : l'île de *Rügen*, qui offre des côtes très-découpées, des escarpements très-pittoresques et un sol fertile ; — les îles d'*Usedom* et de *Wollin*, entre le Pommersche-Haff et la Baltique.

Stettin, chef-lieu de la province, sur l'Oder, est une ville de 81 000 âmes, et aujourd'hui le premier port de commerce de la Prusse. — *Swinemunde*, sur l'île d'Usedom, a un port excellent, qui est comme une annexe de Stettin.

Stralsund, port de mer, en face de l'île de Rügen, compte 27 000 habitants. C'était une des forteresses les plus redoutables de l'Europe sous les Suédois, qui ont longtemps possédé une grande partie de la Poméranie. (Prise par le maréchal Brune en 1807). — *Greifswalde* est connue par son université, et elle a un port sur la Baltique.

La province de **Brandebourg**, au S. de la Poméranie, est le cœur de la monarchie. Elle correspond aux parties de l'ancienne *Marche de Brandebourg* qui s'appelaient *Marches de Priegnitz*, de l'*Uker*, *Moyenne-Marche* et *Nouvelle-Marche*. L'Oder l'arrose à l'E. ; l'Elbe la limite à l'O. ; le Havel et la Sprée serpentent dans l'intérieur du pays. Le canal de Frédéric-Guillaume unit cette dernière rivière à l'Oder, et le canal de Finow joint le Havel au même fleuve. Le sol est plat, généralement sablonneux, et parsemé de beaucoup de lacs. L'agriculture y est très-avancée.

Le chef lieu est *Potsdam*, jolie ville, sur le Havel, avec 45 000 habitants. Il y a de célèbres châteaux royaux, entre autres celui de *Sans-Souci*, qui était la résidence favorite du grand Frédéric.

C'est dans le Brandebourg que se trouve BERLIN, capitale du royaume. Cette grande ville est située sur la Sprée, dans une plaine sablonneuse et monotone. Elle a 1 million d'h., (1 018 818, rec. de 1877.) Les rues en sont larges et bien alignées. Parmi les édifices les plus remarquables sont le palais du Roi, l'Arsenal, qui passe pour être le plus vaste de l'Europe, le palais de l'Université et plusieurs églises. La plus belle place est le Lustgarden, et la plus belle rue, la rue des Tilleuls. Les sciences et les lettres sont brillamment cultivées dans cette capitale. Il y a une colonie d'environ 15000 Français, descendants des réformés que l'intolérance religieuse, sous Louis XIV, força de s'y réfugier. — A l'O., sont les beaux jardins de *Charlottenbourg.*

Brandebourg, en allemand *Brandenburg*, sur le Havel, est une ville industrielle, qui doit sa prospérité aux protestants français réfugiés (27 000 h.) — *Spandau* (27 000 h.), place forte, est aussi sur le Havel.

Francfort-sur-l'Oder, dans l'E. de la province, est une jolie ville de 47 000 âmes. Il s'y tient des foires renommées.

La **Silésie**, en allemand *Schlesien*, s'allonge au S. E. du Brandebourg. L'Oder la parcourt dans toute sa longueur.

La partie orientale est composée de plaines qui se confondent avec celles de la Pologne ; au S. et à l'O., le pays est couvert de montagnes, qui appartiennent aux Sudètes et au Riesen-gebirge. Cette partie est fort riche en minéraux utiles, surtout en houille, en zinc, en plomb, en cobalt et en fer. La Silésie renferme aussi de magnifiques forêts, des terrains bien cultivés et des pâturages excellents, qui nourrissent de très-beaux moutons. Les laines et les toiles de cette province sont renommées.

Le chef-lieu est *Breslau*, sur l'Oder, surnommée la *troisième capitale de la Prusse*. Elle est fort grande, peuplée de 239 000 habitants, et ornée de plusieurs beaux édifices, dont le plus remarquable est la cathédrale. Il s'y tient des foires importantes, et il y a une célèbre université.

Les autres villes considérables de la province sont *Gross-Glogau*, place forte, sur l'Oder ; — *Neisse*, autre place forte, sur la rivière de même nom ; — *Gœrlitz*, ville de 45 000 habitants ; — *Liegnitz*, intéressante par ses draps, sa garance et son grand commerce de plantes potagères ; — *Schweidnitz*, intéressante par sa bière et son commerce de grains.

La province de **Saxe** (*Sachsen*), une des plus riches et des plus peuplées de la monarchie, est formée en partie de la *Vieille Marche* de Brandebourg. L'Elbe, la Mulde et la Saale l'arrosent. Les montagnes du Harz, si importantes par leurs mines, y présentent, à l'O., le mont Brocken.

Le ch.-l. de la prov. est *Magdebourg*, belle ville et place forte, sur l'Elbe (88 000 h.) ; avec ses annexes (123 000). Otto de Guericke, inventeur de la machine pneumatique, y est né.

Les autres villes remarquables sont : *Halberstadt*, ville manufacturière de 28 000 âmes ; — *Quedlinbourg*, patrie du célèbre poëte Klopstock ; — *Wittenberg*, sur l'Elbe, patrie de l'astronome Kepler, fameuse autrefois par son université et où Luther a commencé ses prédications réformistes ; on y voit le tombeau de cet homme célèbre et celui de Mélanchthon ; — *Halle*, ville de 60 000 âmes, sur la Saale, avec une université ; — *Mersebourg*, renommée par sa bière ; — *Erfurt*, avec d'imposantes fortifications, de grandes fabriques de rubanerie et 48 000 h. (entrevue de 1808) ; — *Lützen*, célèbre par la victoire et la mort de Gustave-Adolphe en 1632, et par une victoire de Napoléon Ier en 1813 ; — *Eisleben*, patrie de Luther ; — *Rossbach*, où Frédéric II fut vainqueur en 1757.

La **Westphalie**, en allemand *Westphalen*, est généralement couverte de petites montagnes. Le Weser et l'Ems l'arrosent. On y récolte beaucoup de lin et de chanvre ; on y élève de beaux bestiaux et des porcs, et il y a des mines de houille.

Münster, chef-lieu de la province, a 36 000 âmes.

Minden, sur le Weser, n'est pas éloignée du défilé de la Porte Westphalienne, dans la forêt Teutoburgienne, où les légions de Varus furent massacrées par les Germains. Cette partie de l'Allemagne est remarquable aussi pour avoir été le séjour de Witikind le Grand. — *Iserlohn* est animée par une grande industrie (bronze, aiguilles à coudre, dés).—*Dortmund* (68 000 h.) et *Bochum* (28 000 h.) ont des mines de houille.

La province du **Rhin** est la plus occidentale des provinces prussiennes. Elle offre généralement un mélange agréable de vallées et de montagnes (Eifel, Hunsrück, etc.). Le Rhin parcourt du S. au N. ce beau pays, et y reçoit la Ruhr, la Lippe, la Moselle, grossie de la Sarre; dans l'O. coule la Roer, affluent de la Meuse. L'industrie des tissus et des métaux est très-active dans cette province, surtout au N. Il y a de riches mines de houille et des vignobles.

Le chef-lieu est *Coblentz*, ville très-forte et bien bâtie, de 34 000 âmes, au confluent de la Moselle et du Rhin, dans un territoire riche en sites variés et pittoresques. La place forte d'*Ehrenbreitstein* est située vis-à-vis, sur la rive droite du Rhin.

La plus grande ville de la province est *Cologne*, en allemand *Kœln* (anc. *Colonia Agrippina*), ville de 135 000 âmes, sur le Rhin. Les maisons en sont bâties dans le style gothique. Il y a de nombreuses églises, parmi lesquelles on distingue la cathédrale. De célèbres distilleries préparent l'eau spiritueuse appelée *eau de Cologne*. C'est le lieu de naissance de saint Bruno, fondateur de l'ordre des chartreux. Le peintre Rubens, né à Siegen, en Westphalie, y a séjourné longtemps.

La plus importante ville ensuite est *Aix-la-Chapelle*, en allemand *Aachen*, peuplée de 80 000 âmes, et qui fut illustrée par le séjour de Charlemagne. On y admire l'hôtel de ville et la cathédrale. Il y a des bains d'eaux thermales, et les environs sont très-riants. (Paix de 1668 et de 1748).

Cette province renferme un grand nombre d'autres villes intéressantes. On remarque *Clèves* ou *Kleve*, agréablement située près du Rhin; — *Wesel*, place forte, au confluent de la Lippe et du Rhin; prise par Louis XIV en 1762; — *Crevelt* ou *Crefeld*, très-jolie ville, de 63 000 h., avec des manufactures de soieries; — *Düsseldorf*, agréablement placée sur le Rhin, et peuplée de 80 000 h.; — *Rheinberg*, souvent citée dans l'histoire des guerres (prise par Louis XIV en 1672, victoire des Français en 1760, etc.); — *Klosterkamp*, connue par une

victoire des Français en 1760, et par le dévouement du che-
valier d'Assas ; — *Elberfeld*, avec 80 000 âmes et de nombreuses fabriques de soieries, etc. ; — *Barmen*, très-industrieuse et peuplée de 87 000 âmes ; — *Essen, Solingen,
Remscheid*, qui se distinguent aussi par leur industrie ; —
Duisbourg, qui a été le séjour de l'illustre géographe Mercator ;
— *Zülpich*, autrefois *Tolbiac*, célèbre par une victoire de
Clovis sur les Allemands ; — *Bonn*, jolie ville, sur le Rhin,
avec une université ; — *Juliers* ou *Jülich*, recommandable
par son antiquité et ses fabriques de draps ; — *Eupen*, connue
aussi par ses draps ; — *Trèves*, en allemand *Trier* (anc. *Augusta Treverorum*), agréablement placée sur la Moselle ; jadis
grande ville de la Gaule, et longtemps, au moyen âge, une des
premières cités de l'Allemagne ; — *Sarrelouis* ou *Saarlouis*,
place forte, sur la Sarre ; — *Sarrebrück* ou *Saarbruck*, ville
industrielle, sur la même rivière, avec des mines de houille ;
— *Kreuznach*, qui a des eaux minérales renommées.

Parmi les anciennes possessions de la Prusse, ajoutons :

1° Le petit pays de **Hohenzollern**, berceau de la famille
royale qui gouverne la Prusse, et situé dans le sud de l'Allemagne, entre le royaume de Würtemberg et le grand-duché
de Bade ; les montagnes de la forêt Noire et les Alpes de
Souabe le couvrent ; le Danube et le Neckar l'arrosent. Le
chef-lieu est *Sigmaringen*.

2° Les deux petits territoires de l'**Iahde**, à droite et à
gauche de l'estuaire de ce nom, dans l'Oldenbourg. On vient
d'y former le port militaire très-important de *Wilhelmshaven*.

Les NOUVELLES ACQUISITIONS de la Prusse se composent
des pays suivants :

1° Au N., est la province de **Slesvig-Holstein**, formée des
anciens duchés de **Slesvig** et de **Holstein**.

Ces pays ont été démembrés, en 1864, de la monarchie
danoise, par suite d'une guerre faite au Danemark par les
Austro-Prussiens. Ils sont entre la mer du Nord, à l'O., la
Baltique, à l'E., et l'Elbe, au S. L'Eider coule au milieu, en
séparant le Slesvig du Holstein. Le sol est généralement fertile.

Le duché de *Slesvig* (nom danois) ou *Schleswig* (nom
allemand) occupe le milieu de la presqu'île Cimbrique, et

touche au Jutland vers le **N.** Le ch.-l. de ce pays et de toute la prov. est *Slesvig*, située au fond du long golfe de la *Slie*.

On remarque encore *Flensbourg* ou *Flensborg*, port florissant, sur un autre golfe de la même mer ; — *Eckernfœrde*, dans le S. E. du Slesvig, avec un excellent port ; — la belle île d'*Als* ou *Alsen*, sur la côte orientale, en face de la forteresse de *Düppel* ou *Dybbel*, célèbre dans les guerres de 1849 et 1864.

Les habitants du N. du Slesvig sont *Danois ;* ceux du S. sont *Allemands.* Dans les terres basses de l'O., qui ressemblent beaucoup à la Hollande, habitent les *Frisons*, habiles dans l'art d'élever des digues et de cultiver les *polders*.

Le duché de *Holstein*, dans le S. de la presqu'île, est un pays fertile et riche, surtout en excellents pâturages, qui nourrissent des chevaux renommés. Les côtes orientales, sur la Baltique, offrent de bons ports, une navigation sûre ; celles de l'O. sont basses et bordées de bancs de sable.

Les villes principales sont : *Kiel* (37 000 habitants), avec une université célèbre et un port très-important, sur un golfe de la Baltique, près de l'extrémité orientale du canal de Kiel ; — *Rendsbourg*, place forte, sur le même canal ; — *Altona* (84 000 h.), port sur l'Elbe, très-près et à l'O. de Hambourg ; — *Glückstadt*, aussi sur l'Elbe.

L'île de *Fehmarn* ou *Fehmern*, dans la Baltique, se trouve vers l'extrémité orientale du Holstein.

2° Le duché de **Lauenbourg**, à l'E. du Holstein, forme une division distincte et a pour chef-lieu une ville de même nom, sur l'Elbe. C'était aussi une possession danoise.

3° La province du **Hanovre**, formée de l'ancien royaume de même nom, peuplé de 1 900 000 habitants, s'étend à la gauche de l'Elbe et sur les deux rives du Weser ; elle occupe sur la mer du Nord la plus grande partie de la côte renfermée entre l'embouchure de l'Elbe et celle de l'Ems.

Elle se compose de deux régions principales, séparées l'une de l'autre par le duché de Brunswick : la partie septentrionale est la plus grande; on y trouve. sur plusieurs points, des marais, des landes, où ne croissent que des bruyères et des forêts de pins ; sur d'autres, des cantons très-fertiles. Les terrains bas du bord de la mer sont, comme la Hollande, exposés à de terribles inondations.

La partie méridionale est couverte de montagnes qui appartiennent à la chaîne du Harz : il y a des sites très-variés et beaucoup de richesses minérales.

Le chef-lieu est *Hanovre*, en allemand *Hannover*, sur la Leine, affluent de l'Aller. Cette ville, de 107 000 habitants, se trouve au milieu d'une riante plaine. C'est la patrie de l'illustre astronome W. Herschel.

Les autres villes remarquables de la partie du Hanovre placée au N. du duché de Brunswick sont : *Hildesheim ;* — *Goslar*, connue par sa riche mine de cuivre et sa bière ; — *Celle* ou *Zell*, sur l'Aller ; — *Lunebourg*, avec d'importantes salines, et dans le voisinage de vastes landes auxquelles elle donne son nom ; — *Stade*, port très-fréquenté et forteresse, sur un affluent de l'Elbe : — *Harbourg*, sur l'Elbe, en face de Hambourg ; — *Embden* ou *Emden*, ville maritime, à l'embouchure de l'Ems ; — *Osnabrück*, où fut conclu en 1648 un traité entre les Suédois et l'empereur d'*Allemagne ;* — *Hastenbeck*, où les Français furent vainqueurs en 1757.

Dans le S., on remarque *Gœttingue*, en allemand *Gœttingen*, qui possède une célèbre université, une bibliothèque de 300 000 vol. et un riche jardin botanique ; — *Klausthal, Andreasberg*, situées au milieu du Harz et environnées de mines.

(A quelque distance de la côte du Hanovre, on trouve, dans la mer du Nord, la petite île de *Helgoland* ou *Heligoland*, qui appartient à la Grande-Bretagne. Son nom signifie *terre sainte ;* les anciens l'appelaient *Hertha*, nom de la déesse de la Terre, à laquelle elle était consacrée.)

4° La province de **Hesse-Nassau**, formée de l'ancienne **Hesse-Électorale**, de l'ancien landgraviat de **Hesse-Hombourg**, de l'ancien duché de **Nassau**, du territoire de **Francfort-sur-le-Main**, et d'une partie de la **Franconie** enlevée à la Bavière en 1866, touche au Main par son extrémité méridionale ; elle est limitée à l'O. par le Rhin, et arrosée dans son intérieur par la Fulde et la Werra.

Le sol de l'ancienne Hesse-Électorale est généralement couvert de montagnes, qui appartiennent presque toutes à des branches occidentales du Thüringer-wald ; beaucoup de ces hauteurs sont d'origine volcanique : la plus remarquable est le Meissner, couronné d'énormes rochers basaltiques.

Le chef-lieu de la province, capitale de l'ancien Électorat, est *Cassel*, ville de 53 000 âmes, agréablement située sur la Fulde. Dans les environs, est la belle résidence de *Wilhelms-hœhe*, qui servit de lieu de captivité à Napoléon III en 1870 et 1871.

Vue générale d'Ems.

Les autres villes intéressantes de l'Électorat sont : *Smal-calde* ou *Schmalkalden*, célèbre par ses salines, ses fabriques de quincaillerie, les mines de fer de son territoire, et surtout par la ligue qu'y formèrent les princes protestants pour résis-ter à Charles-Quint ; — *Fulde*, avec une belle cathédrale, sur la rivière de même nom, au milieu d'un pays industrieux et fertile ; — *Marbourg*, sur la Lahn, avec une université ; — *Hanau*, ville manufacturière et fort commerçante, de 22 000 habitants, sur le Main ; — *Nauheim*, avec des eaux minérales renommées et une exploitation de sel.

L'ancien landgraviat de *Hesse-Hombourg* est un très-petit

pays, dont le chef-lieu est *Hombourg*, célèbre par ses bains d'eaux minérales.

L'ancien duché de *Nassau*, à l'O. du pays de Hesse, est une contrée agréable, qui offre un mélange de montagnes (mont Taunus, etc.) et de vallées. Le Rhin le borne à l'O., et le Main au S. La Lahn le parcourt de l'E. à l'O. — *Wiesbaden* (44 000 h.), l'anc. capitale du duché, est une jolie ville, qui a des sources thermales renommées. — *Biberich*, à 4 kilomètres de Wiesbaden, a un beau château. — Non loin de ces villes, est le village de *Nieder-Selters*, connu par ses eaux minérales, qu'on appelle vulgairement eaux de Seltz.— On remarque aussi, dans l'ancien duché de Nassau, les sources minérales d'*Ems*, sur la Lahn, et, le long du Rhin, les vignobles fameux de *Johannisberg* et de *Weinberg*.

Francfort-sur-le-Main (en allemand *Frankfurt-am-Main*) était le siége de la diète de la confédération Germanique. On y compte 103 000 habitants; les environs sont très-agréables. Deux grandes foires y attirent un nombre immense de négociants. C'est la patrie de l'illustre poëte Gœthe. Un traité y a été signé entre la France et la Prusse en 1871.

Chemins de fer. — La Prusse est un des pays d'Europe où il y a le plus de chemins de fer. De *Berlin* partent sept lignes princip. : l'une au N., sur *Stettin*; la seconde à l'E., sur *Kœnigsberg*; la troisième encore à l'E., sur *Francfort-sur-l'Oder*; la quatrième au S. E., sur *Breslau* et *Cracovie*, ayant communication avec *Varsovie*; la cinquième au S., sur *Dresde*; la sixième à l'O., sur *Potsdam*; la septième au N. O., sur *Hambourg*. — Une grande ligne qui se rattache à celles de Belgique et du nord de la France, entre dans l'Allemagne occidentale par *Aix-la-Chapelle* et *Cologne*, et se prolonge à travers l'Allemagne centrale jusqu'à *Berlin*, en se divisant en deux branches principales : l'une par *Hanovre*, *Brunswick* et *Magdebourg*, l'autre par *Cassel*, *Gotha* et *Dessau*. A cette double ligne se rattachent des chemins qui vont, vers le nord, à *Emden*, à *Brême*, à *Hambourg*, dans le *Holstein* et le *Slesvig*, et dans le *Mecklenbourg*; vers le sud, à *Francfort-sur-le-Main*, à *Cobourg*, à *Leipzig*, à *Chemnitz*, *Dresde*, *Vienne*.—Étendue des ch. de fer : 11 400 k.

Population, langues, religion, gouvernement; force armée, instruction. — La population du royaume de Prusse est à peu près de 26 millions d'habitants, qui, pour la langue et l'origine, se divisent en quatre peuples principaux : 1° les *Allemands*, en grande majorité; 2° les *Slaves*, qui comprennent particulièrement les *Polonais* et les *Wendes*; 3° les *Lettons*; 4° les *Frisons*. La langue allemande est la plus répandue; et, même dans les provinces les plus orientales, où les langues polonaise et lettonne sont générales, elle est parlée par beaucoup de monde. Le wende est assez commun dans le Brandebourg et la Silésie; le frison, dans le N. O. du royaume; le danois, dans le N. du Slesvig.

Toutes les religions sont tolérées. Les protestants sont les plus nombreux; les uns suivent la règle de Luther, les autres celle de Calvin; généralement les deux cultes se confondent sous le nom de religion *évangélique*. Il y a environ 7 millions de catholiques, répandus surtout dans les provinces les plus orientales et les plus occidentales.

Le gouvernement est une monarchie constitutionnelle; il y a une *première* Chambre (celle des seigneurs) et une *seconde* Chambre (celle des députés). Leur réunion forme le *Landtag*.

C'est un des États de l'Europe les plus éclairés; l'instruction populaire y est fort répandue. La Prusse a onze universités: Berlin, Bonn, Kœnigsberg, Halle, Breslau, Greifswalde, Münster, Braunsberg (prov. de Prusse), Gœttingue, Marbourg, Kiel. Elle est à la tête de l'Allemagne par ses travaux scientifiques et industriels.

La Prusse s'est mise aussi à la tête du mouvement commercial allemand dès 1833, en organisant le *Zollverein* (union des douanes). Un *Parlement douanier*, siégeant à Berlin, règle les intérêts généraux de cette union.

L'organisation militaire de la Prusse, une des meilleures d'Europe, se compose de l'armée permanente, de la milice nationale (*landwehr*) et de la levée en masse (*landsturm*).

Le Prussien est, de tous les peuples allemands, le plus essentiellement militaire, le plus méthodique, le plus régulier, mais aussi le plus rude, le plus fier, le plus implacable.

La marine militaire prend un grand accroissement. Elle a à Kiel une station admirable; on s'occupe de créer un grand port de guerre dans l'île de Rügen, et il y en a un important à *Wilhelmshaven*, sur l'estuaire de l'Iahde.

Industrie, commerce. — Les provinces où le sol est le plus fertile sont la Silésie et la Prusse rhénane; le sol du Brandebourg est le plus maigre. Les grains, les légumes, le lin, le chanvre, le safran, le tabac, le houblon, les vins du Rhin, le gros bétail, les moutons, les porcs, sont parmi les principales productions de ce royaume. On trouve de l'ambre jaune sur les côtes de la Baltique, et ailleurs des mines de fer, de houille, de cuivre, de plomb, particulièrement dans la Saxe, la Silésie, la Prusse rhénane, le Hanovre.

L'industrie de la Prusse est extrêmement active, et l'on admire surtout celle de la Prusse rhénane. On peut citer les tissus de lin et de coton, les draps, les soieries, les ouvrages de fer et d'acier, la sellerie, la carrosserie, les tanneries, les brasseries, les produits chimiques, les papiers, la typographie.

Le commerce est très-florissant, et favorisé par la navigation de grands et beaux fleuves : le Rhin, le Weser, l'Elbe, l'Oder, la Vistule. On exporte des draps, des toiles, des soieries, des peaux, des métaux, de la houille, des graines oléagineuses, de l'ambre jaune; on importe des denrées coloniales, des vins de France, des articles de Paris, de la soie, etc. Les principaux ports sont *Stettin-Swinemunde, Dantzig, Kœnigsberg-Pillau, Stralsund, Barth, Memel, Kiel, Eckernfœrde, Flensbourg, Altona, Stade, Emden.*

Nous avons déjà parlé du *Zollverein*, à la tête duquel la Prusse s'est placée.

ÉTATS SECONDAIRES DE L'EMPIRE D'ALLEMAGNE.

Il y a, sur le VERSANT DE LA BALTIQUE, les deux grands-duchés de **Mecklenbourg :** le grand-duché de **Mecklenbourg-Schwerin** et le grand-duché de **Mecklenbourg-Strelitz.**

Le premier est le plus considérable, et comprend, sur la Baltique, une assez grande étendue de côtes. C'est un pays plat, sablonneux, rempli de forêts et de lacs, dont le plus remarquable est celui de Müritz. Il nourrit des chevaux renommés. Sa population est de 554 000 habitants. — La capitale est SCHWERIN, jolie ville de 28 000 âmes, sur le bord occidental d'un lac auquel elle donne son nom : le palais du grand-duc est dans une des charmantes îles de ce lac.

Les autres villes importantes sont : *Rostock*, ville maritime, de 34 000 habitants ; — *Wismar*, autre port de mer ; — *Güstrow*, intéressante par son commeece et son industrie.

Le grand-duché de Mecklenbourg-Strelitz, formé de deux parties placées à l'E. et à l'O. du grand-duché de Mecklenbourg-Schwerin, a pour capitale la jolie petite ville de NEU-STRELITZ, dans la partie orientale.

Sur le même versant, est **Lübeck**, la plus septentrionale et la moins considérable des trois villes libres Hanséatiques (c'est-à-dire *alliées pour le commerce*) [1], sur la Trave, avec un port très-important, non loin de la Baltique, dans une situation agréable. Elle a 45 000 habitants. — *Travemunde*, qui en dépend, est un port assez animé, à l'embouchure de la Trave.

VERSANT DE LA MER DU NORD. — **Hambourg**, la plus grande et la plus commerçante des villes libres Hanséatiques de l'Allemagne, s'élève sur la rive droite de l'Elbe, entre le Hanovre et le Holstein. L'activité de son port, l'affluence des étrangers, l'habileté commerciale de ses habitants, ses immenses entrepôts de marchandises, surtout de sucre et de café, en font une des villes les plus intéressantes du monde. Elle renferme 265 000 âmes. — *Cuxhaven*, à l'embouchure même de l'Elbe, est un port annexe de Hambourg.

Brême, en allemand *Bremen*, est située sur le Weser entre le Hanovre et l'Oldenbourg. Ce fut la première des villes Hanséatiques, et elle est encore une des places les plus commerçantes de l'Allemagne. Elle compte 103 000 habitants. Ses raffineries de sucre et sa bière sont renommées. C'est la patrie de l'astronome Olbers. — *Bremerhaven*, plus près de l'embouchure du Weser, reçoit les gros bâtiments qui ne peuvent remonter à Brême.

Le grand-duché d'**Oldenbourg** ou de **Holstein-Olden-**

1. Les villes Hanséatiques étaient autrefois bien plus nombreuses, et il y en avait hors de l'Allemagne, aussi bien que dans ce pays.

bourg est composé de trois parties, dont la principale, nommée *duché d'Oldenbourg*, est enclavée dans la province de Hanovre, et s'étend sur la rive gauche du Weser et autour de la baie de l'Iahde. C'est un pays plat, généralement sablonneux et parsemé de petits lacs et de marais. La population est de 320 000 habitants. La capitale est OLDENBOURG, petite ville de 16 000 habitants, sur la Hunte, affluent du Weser.

La Prusse a, dans ce pays, deux petits territoires situés de chaque côté de l'Iahde et qui sont très-utiles à sa marine militaire. Le port de *Wilhelmshaven* y est sa principale station.

La principauté de *Birkenfeld*, enclavée dans la province prussienne du Rhin, et la principauté de Lübeck ou d'*Eutin*, enclavée dans l'E. du Holstein, sont les autres parties du grand-duché.

Le royaume de **Saxe**, en allemand *Sachsen*, est le plus oriental et le plus considérable des États secondaires du nord de l'Allemagne. Il est renfermé entre la Prusse, au N., les duchés de Saxe, à l'O., et la Bohême, au S. L'Erz-gebirge le limite vers cette dernière. L'Elbe et la Mulde le parcourent du S. au N. C'est un beau pays, riche tout à la fois par ses productions végétales, par ses mines de fer, d'argent, d'étain, etc., et par son active industrie. Il renferme plus de 2 millions et demi d'hab.

La capitale est DRESDE, en allemand *Dresden*, belle ville de près de 200 000 h., sur l'Elbe, qu'on y passe sur un pont magnifique. Les environs offrent des sites variés, et l'on y remarque le château de Pillnitz, fameux par un congrès de 1791.

Meissen, aussi sur l'Elbe, est connue par sa porcelaine.

Leipzig (appelée ordinairement en français *Leipsick*), sur l'Elster Blanc [1], affluent de la Saale, est, après Dresde, la ville la plus importante du royaume : on y compte 127 000 âmes. Elle possède une importante université et fait un commerce considérable, surtout en livres ; ses trois grandes foires attirent beaucoup de monde. Il se livra, dans ses plaines, en 1813, une bataille sanglante entre les Français et les alliés.

Chemnitz est une ville industrielle, surtout pour le coton, et renferme 78 000 hab. — *Freiberg* est remarquable par son industrie minéralogique et par son école des mines. — *Zwic-*

---

1. L'Elster Noir est une autre rivière, qui se jette dans l'Elbe par la rive droite.

kau, Plauen, sont aussi des villes industrielles. — *Bautzen*, à l'E., dans le pays de Lusace, est célèbre par une bataille entre les Français et les alliés, en 1813. — Le château d'*Hubertsbourg*, près de Leipzig, est connu par la paix de 1763.

Les duchés de **Saxe**, les principautés de **Reuss** et celles de **Schwarzbourg** forment un ensemble d'États entremêlés, qu'on trouve à l'O. du royaume de Saxe, au S. de la province prussienne de Saxe, à l'E. des pays de Hesse, et qui correspond à peu près à l'ancienne *Thuringe*. En général, le sol en est fertile, l'aspect varié, et la population industrieuse. L'Elster Blanc, la Saale et la Werra arrosent cette région, et le Thüringer-wald y est la principale chaîne de montagnes.

Le plus important de ces petits États est le grand-duché de **Saxe-Weimar-Eisenach**, qui renferme 290 000 habitants, et qui a pour capitale WEIMAR, à peine peuplée de 18 000 âmes, mais célèbre par la culture des sciences et des lettres. — Les autres villes remarquables du grand-duché sont : *Iéna*, fameuse par son université et par la victoire des Français sur les Prussiens en 1806 ; — *Eisenach*, jolie ville, un des berceaux du luthéranisme.

Le duché de **Saxe-Cobourg-Gotha** a deux capitales : COBOURG, ville de 15 000 hab., dans une belle vallée, et GOTHA, la plus importante et la plus jolie ville des duchés de Saxe, celle qui possède les établissements scientifiques les plus intéressants, entre autres, un observatoire, une bibliothèque de 150 000 volumes et un grand établissement géographique ; il y a 23 000 hab.

Le duché de **Saxe-Meiningen** a pour capitale la jolie petite ville de MEININGEN, sur la Werra ; il renferme *Hildburghausen*, autre petite ville agréable ; — *Sonnenberg*, connue par ses fabriques de quincaillerie et de jouets d'enfants ; — *Friedrichshall*, où sont des salines et des eaux médicinales célèbres.

Le duché de **Saxe-Altenbourg**, le plus oriental des quatre duchés de Saxe, a pour capitale ALTENBOURG, ville de 22 000 h.

Les principautés de **Reuss**, enclavées dans les parties orientales des duchés de Saxe, se composent de deux États : la principauté de la *branche aînée*, capitale GREITZ, et la principauté de la *branche cadette*, qui a pour capitale GERA (20 000 h.).

Les principautés de **Schwarzbourg** sont enclavées dans les duchés de Saxe et dans la province prussienne de ce nom. Elles se divisent en deux États : *Schwarzbourg-Rudolstadt et Schwarzbourg-Sondershausen :* capitales, RUDOLSTADT et SONDERSHAUSEN.

Le duché d'**Anhalt** est enclavé dans la province prussienne de Saxe, et s'étend sur les bords de l'Elbe, de la Mulde et de la Saale. Le Harz le couvre vers l'O. La capitale est la jolie ville de DESSAU, de 20 000 habitants, sur la Mulde ; les autres villes principales sont *Bernbourg* et *Kœthen*.

Le duché de **Brunswick** est formé de plusieurs territoires détachés, qui sont enclavés dans la Prusse. Les montagnes du Harz le couvrent en grande partie ; le Weser, la Leine et l'Aller le parcourent. Le sol y est fertile ; les mines y sont abondantes, et il y règne une industrie active.

La capitale est BRUNSWICK, en allemand *Braunschweig*, grande et assez belle ville, peuplée de 66 000 habitants, et située sur l'Oker, affluent de l'Aller. — *Wolfenbüttel*, la seconde ville du duché, a une riche bibliothèque.

Les principautés de **Lippe**, situées entre les provinces prussiennes de Hanovre et de Westphalie, sont au nombre de deux : la principauté de **Lippe-Detmold** ou **Lippe** proprement dite, et celle de **Schaumbourg-Lippe**.

La première, la plus méridionale et la plus importante, est arrosée par la Lippe, et a pour capitale DETMOLD.

La principauté de Schaumbourg-Lippe a pour capitale la petite ville de BUCKEBOURG.

La principauté de **Waldeck**, également enclavée en Prusse, se trouve au N. O. de l'ancienne Hesse-Électorale ; elle est formée de deux portions, dans la plus considérable desquelles sont AROLSEN, capitale de l'État, et *Corbach* ; dans l'autre, située au nord, on remarque *Pyrmont*, célèbre par ses eaux minérales.

Le grand-duché de **Hesse** ou la **Hesse-Darmstadt** est un pays agréable et fertile, surtout sur les bords du Rhin et sur ceux du Main, au S. duquel la plus grande partie de cet État est placée ; on y voit une agréable succession de riches vignobles, de beaux vergers et de champs de céréales. La population est de 835 000 habitants.

La capitale est DARMSTADT, ville de 45 000 âmes. — Mais la plus grande ville est *Mayence* (en allemand *Mainz*, anc. *Mogontiacum*), place très-forte, qui s'élève dans un pays superbe, au confluent du Rhin et du Main ; elle a 57 000 hab. Gutenberg, inventeur de l'imprimerie, y naquit en 1400, et cette cité fut, avec Strasbourg, le berceau de l'art typographique.

On trouve encore dans le grand-duché de Hesse, *Worms*, antique cité, sur le Rhin ; — *Offenbach*, florissante par son industrie (portefeuilles, gaînerie, etc.)

Une partie, appelée *Hesse supérieure*, est détachée du reste du grand-duché et située au N. du Main. On y remarque *Giessen*, qui a une université.

PAYS PARTAGÉS ENTRE LES VERSANTS DE LA MER DU NORD ET DE LA MER NOIRE. — La **Bavière**, en allemand *Baiern*, est l'État le plus considérable du sud de l'Allemagne ; elle renferme 75 000 kilomètres carrés et 5 millions d'habit. ; elle se compose de deux parties séparées : la *Bavière orientale* et la *Bavière rhénane*.

La première, qui est beaucoup plus étendue que l'autre, comprend, au S. E., la *Bavière propre* ; — au N., le *Haut-Palatinat* et l'ancienne *Franconie* ; — au S. O., une partie de l'ancienne *Souabe*. — Elle est traversée au milieu par le Danube, qui coule de l'O. à l'E. et reçoit le Lech, l'Isar, l'Inn, l'Altmühl. Dans le N., on voit le Main, qui se dirige de l'E. à l'O., et qui a pour affluent principal la Regnitz. Au N. du Main, on remarque les montagnes du Rhœn-gebirge et du Franken-wald ; entre cette rivière et le Danube, s'élèvent le Fichtel-gebirge et le Jura franconien. Dans le S., le pays est couvert par des ramifications des Alpes, particulièrement par les montagnes de l'*Algau* et les *Alpes Bavaroises*, et renferme les lacs de Chiem, de Würm et d'Ammer ; il s'avance au S. O. jusqu'au lac de Constance.

MUNICH (en allemand *München*), capitale du royaume, est une grande et belle ville, située sur l'Isar et peuplée de 200 000 habitants. Elle possède de nombreux et importants établissements relatifs aux beaux-arts et aux sciences : tels sont le musée de peinture, la bibliothèque royale (de 800 000 volumes), l'université, etc. La lithographie y a été inventée.

Autres villes du bassin du Danube : *Augsbourg* (anc. *Augusta Vindelicorum*), riche et très-commerçante, entourée d'une magnifique plaine et peuplée de 57 000 h. (Confession d'Augsbourg, 1530 ; Alliance d'Augsbourg, 1534 ; Intérim d'Augsbourg, 1548 ; Ligue d'Augsbourg, 1686.) — *Memmingen ;* — *Ingolstadt*, avec 20 000 h , sur le Danube ; — *Ratisbonne* (en allemand *Regensburg*), au confluent de la Regen et du Danube : ville ancienne, qui fut longtemps le siége de la diète de l'empire Germanique, et qui compte 32 000 h. ; — *Landshut*, belle ville, sur l'Isar ; — *Passau*, place forte, au confluent de l'Inn et du Danube ; — *Eichstœdt*, qui fut l'apanage d'Eugène Beauharnais ; — *Hochstœdt*, *Blenheim* (ou plutôt *Blindheim*), *Donauwerth*, *Nordlingen*, *Eckmühl*, *Hohenlinden*, célèbres par des batailles.

Dans le bassin du Main, on distingue *Anspach* ou *Ansbach*, située sur la Rezat, affluent de la Regnitz, et ornée de belles promenades ; — *Schwabach*, renommée par ses fabriques d'aiguilles, d'épingles, etc. ; — *Nuremberg* ou *Nürnberg*, sur la Pegnitz, affluent de la Regnitz : ville de 91 000 âmes, intéressante par son grand commerce et ses nombreuses fabriques d'instruments de musique et de mathématiques, de lunettes, de jouets d'enfants, de chapelets, etc., par ses curieuses constructions du moyen âge, par la naissance du célèbre peintre Albert Dürer, enfin par plusieurs inventions (celles des montres, des pendules, des filières à tirer le fil de fer, des fusils à vent, des batteries d'armes à feu, de la clarinette, du laiton et de la fameuse sphère terrestre de Martin Behaim, faite en 1492) ; — *Fürth* (27 000 h.), autre ville industrieuse, avec une université juive ; — *Erlangen*, qui possède une université protestante ; *Bamberg* (27 000 hab.), sur la Regnitz, avec le magnifique château de Petersberg ; — *Bayreuth*, belle ville, sur le Main, au pied du Fichtel-gebirge ; — *Schweinfurt*, très-commerçante, sur la même rivière ; — *Würzbourg*, ville de 45 000 habitants, aussi sur le Main, avec une citadelle célèbre, une université et des vignobles renommés ; — *Aschaffenbourg*, où l'on remarque un magnifique château ; — *Dettingen*, bataille d 1743 ; — *Kissingen*, avec des eaux minérales.

Au bord du lac de Constance, se trouve *Lindau*.

La division nommée Bavière rhénane ou cercle du Palatinat

Munich. — La Mariensæule.

s'étend sur la gauche du Rhin, au N. de l'Alsace et au S. O. de la Hesse-Darmstadt. C'est une partie de l'ancien Bas-Palatinat ou Palatinat du Rhin. La chaîne des Vosges en couvre une partie, et y présente le mont Tonnerre ou Donnersberg. Ce pays est fertile, très-riant, et l'agriculture, l'industrie et l'instruction y sont fort avancées.

Le chef-lieu de la Bavière rhénane est *Spire* (en allemand *Speyer*), près du Rhin. Autres villes : *Kaiserslautern;* — *Deux-Ponts* (*Zweybrücken*), qui fut la capitale d'un duché de même nom. — *Landau,* anc. place forte, qui a appartenu à la France. — *Germersheim,* qui a d'importantes fortifications.

Le royaume de **Würtemberg** compte environ 1 900 000 habitants. On y trouve à chaque pas le contraste d'une nature sauvage et pittoresque avec une région fertile et embellie par les soins de l'homme. C'est un des pays les plus peuplés et les plus industrieux. Les Alpes de Souabe, qu'on appelle aussi Jura de Souabe et Rauhe-Alb (Alpes Rudes), traversent ce royaume de l'E. à l'O., et y présentent des masses âpres et rocailleuses. Les montagnes de la Forêt-Noire s'élèvent sur la limite occidentale. Des forêts d'arbres fruitiers s'étendent sur les parties basses de leurs pentes, et l'on y remarque surtout le merisier, dont le fruit distillé donne le kirschwasser. Au N. des Alpes de Souabe, coule le Neckar, affluent du Rhin; au S. de cette chaîne, on voit le Danube. Le Würtemberg s'étend vers le midi jusqu'au lac de Constance.

La capitale, STUTTGART, se trouve dans une jolie vallée, près du Neckar; la ville proprement dite est mal bâtie, mais les faubourgs sont beaux. La population est de 107 000 âmes. — *Canstadt,* près de Stuttgart, sur le Neckar, dans une position charmante, a des eaux minérales. — *Louisbourg* ou *Ludwigsburg,* un peu au N. de Stuttgart, sur le Neckar, est une résidence royale, et possède un beau château. — *Heilbronn* se recommande par son industrie; — *Hall,* par ses sources salées; — *Wildbad,* par ses eaux minérales. — *Tübingen,* connue par son université, s'élève près du Neckar. — *Esslingen,* sur la même rivière, rappelle le poëte Wieland, qui y fut élevé. — *Marbach* est la patrie de Schiller; — *Weil,* celle de Kepler. — *Reutlingen* est peuplée de 15 000 habitants.

Toutes les villes précédentes sont dans le bassin du Rhin.

On remarque dans celui du Danube *Ulm*, place forte et commerçante, de 30 000 h., célèbre par la capitulation de 1805 ; — *Biberach*, où naquit Wieland et où Moreau fut vainqueur en 1796.

Le grand-duché de **Bade**, en allemand *Baden*, est un pays long et étroit, qui est resserré entre le Würtemberg et le Rhin, et qui se prolonge du N. au S., depuis le Main jusqu'au lac de Constance. La Forêt-Noire forme en grande partie la limite orientale de cet État, et elle en couvre le sud. Il y a des vignobles renommés vers les bords du Rhin et du lac de Constance, et vers ceux du Main et du Neckar, qui arrosent le nord du pays. Le Danube a sa source dans la partie orientale. La population du grand-duché est de 1 500 000 habitants.

La capitale est CARLSRUHE, ville de 43 000 habitants, fort belle et très-régulièrement bâtie : toutes ses principales rues partent du château ducal, en divergeant comme les branches d'un éventail.

Mannheim, dans le N., au confluent du Neckar et du Rhin, est belle, fort commerçante, et renferme 46 000 âmes. — *Heidelberg*, avec 22 000 habitants, sur le Neckar, a une fameuse université, et l'on y voit les magnifiques restes du château des électeurs palatins [1]. Dans les caves de ce château est un foudre qui contient 280 000 litres.

Vers le milieu du gr.-duché, on voit : *Rastatt*, place forte, célèbre par les conférences de 1714 et de 1798 ; — *Bade* ou *Baden*, surnommée *Baden-Baden*, et ainsi appelée de ses *bains* d'eaux minérales, fréquentés par un grand nombre de riches étrangers ; — *Sassbach*, où Turenne fut tué en 1675 ; — *Kehl*, en face de Strasbourg.

Dans le S., on distingue : *Fribourg en Brisgau* (en allemand *Freiburg*), ville de 30 000 âmes, avec une importante

1. Les comtes palatins n'étaient d'abord que des magistrats temporaires chargés de rendre la justice dans divers palais (en latin *palatia*) de l'Allemagne. Au XIe siècle, cet emploi devint héréditaire dans une famille qui gouvernait le territoire de Heidelberg. On nomma *Palatinat* le pays qui était soumis à ces princes. On distinguait deux Palatinats : le *Palatinat du Rhin*, dont la partie principale est aujourd'hui la Bavière rhénane ; et le *Haut-Palatinat*, au nord du Danube, compris maintenant dans la Bavière orientale.

université ; — *Vieux-Brisach*, autrefois célèbre par ses fortifications, sur le Rhin ; — *Seckingen*, sur le Rhin, une des
anciennes *Villes Forestières* (près de la Forêt-Noire), souvent
citées dans les guerres d'Allemagne ; — *Constance* (en allemand *Constanz*), sur la frontière de la Suisse, à l'endroit où le
Rhin sort du lac de Constance pour entrer dans le lac Inférieur ;
il s'y tint, de 1414 à 1418, un célèbre concile.

Le gouv. d'**Alsace-Lorraine** (avec le titre de *terre d'empire, Reichsland*), formé de conquêtes faites sur la France
en 1870-1871, renferme l'anc. dép. français du *Bas-Rhin*,
la plus grande partie du dép. du *Haut-Rhin* et de celui de
la *Moselle*, le N. E. de celui de la *Meurthe* et une petite partie
de celui des *Vosges*. Les villes princip. sont : *Strasbourg*
(95 000 h.), capitale du gouv., *Metz* (45 000 h.), *Mulhouse*
(60 000 h.), *Colmar, Thionville, Sarreguemines, Château-
Salins, Sarrebourg, Dieuze, Wissembourg, Haguenau,
Saverne, Schlestadt, Sainte-Marie-aux-Mines, Guebwiller,
Thann* (voy. la descr. de la France). — L'Alsace-Lorraine a
1 550 000 h. et 14 500 kil. car. Elle est divisée en trois districts : la *Haute-Alsace*, la *Basse-Alsace* et la *Lorraine*.

AUTRICHE-HONGRIE.

Géographie physique. — L'empire d'AUTRICHE, en allemand *OEsterreich* (empire de l'est), a pris dans ces derniers
temps le nom d'*Autriche-Hongrie* ou d'empire *Austro-Hongrois* (*OEsterreich-Ungarn*, *OEsterreichisch-Ungarisches
Reich*). Il s'allonge de l'E. à l'O., et a pour bornes, au N., la
Prusse et la Russie ; à l'E., encore la Russie ; au S., la Roumanie, la Serbie, la Turquie et l'Adriatique, qui s'y enfonce en
formant les golfes de *Trieste* et de *Quarnero*, entre lesquels
s'avance la presqu'île d'*Istrie*. Il est limité au N. O. par la Saxe ;
à l'O., par la Bavière et la Suisse ; au S. O., par l'Italie.

Le Riesen-gebirge, les Sudètes et la Vistule forment une
partie de sa limite septentrionale ; son extrémité la plus
orientale est marquée par le confluent du Dniester et de la
Podhorce ; au S., les monts Carpathes méridionaux, le Danube
et la Save le limitent sur une assez grande étendue ; il est
borné au S. O., en partie, par les Alpes ; à l'O., encore par

les Alpes, et par le Rhin, le lac de Constance, l'Inn, le Bœhmer-wald et l'Erz-gebirge. La latitude moyenne est au 48e degré.

Cette monarchie a 1300 kilom. de l'E. à l'O. et 500 kilom. dans sa moyenne largeur, du N. au S. Sa superficie est de 624 000 kilom. carrés, et sa population de 38 millions d'hab.

L'Autriche-Hongrie est couverte par deux grands systèmes de montagnes. L'un s'étend à l'E. et au N., et comprend les *Carpathes*, les monts *Sudètes*, et les montagnes qui enveloppent le plateau de la Bohême, c'est-à-dire les monts *Moraves*, les montagnes de la *Forêt de Bohême* (*Bœhmer-wald*), l'*Erz-gebirge* et les montagnes des *Géants* (*Riesen-gebirge*). — L'autre, au S. O., est formé par les *Alpes*, qui y prennent les noms d'*Alpes Rhétiques*, de *Haut Tauern*, d'*Alpes Noriques*, d'*Alpes Styriennes*, de l'*Arlberg*, de l'*Algau*, d'*Alpes Bavaroises*, *Salzbourgeoises*, *Carniques*, *Juliennes*, *Dinariques*, *Cadoriques* et de *Karawanka*.

La partie la plus élevée du premier de ces systèmes est le *Tatra*, dans les Carpathes, dont les points culminants sont les monts *Gerlsdorf* et *Lomnitz*, hauts de 2700 mètres.

Les points culminants (env. 4000 mètres) sont le mont *Ortles* et le groupe de *Bernina*, dans les Alpes Rhétiques, et le *Gross-Glockner*, le *Venediger*, dans le Tauern.

Parmi les branches qui se rattachent aux Alpes, on peut citer le *Hausruck*, le *Wiener-wald* (terminé par le *Kahlenberg*), qui s'avancent vers le Danube. Le *Bakony* est un massif isolé, aussi vers le Danube. — Parmi les passages les plus célèbres qui coupent les Alpes autrichiennes, on remarque le *Semering*, le *Brenner* et le col de *Neumarkt*, franchis par des chemins de fer, et le *Stelvio*, sur la limite de l'Italie.

L'empire est partagé entre quatre versants de mer : tout ce qui est au nord de la grande arête principale européenne (passant par les Carpathes centrales, les Sudètes, les monts Moraves et la Forêt de Bohême) est réparti entre les bassins de la mer du Nord et de la Baltique. Tout ce qui est au S. appartient aux bassins de la mer Noire et de l'Adriatique.

Sur le versant de la mer du Nord coulent deux fleuves : l'*Elbe*, qui reçoit la *Moldau*; et le *Rhin*.

Sur le versant de la Baltique, on remarque l'*Oder* et la *Vistule*, à laquelle se joint le *San*.

Le versant de la mer Noire est le plus étendu : on y voit le *Danube*, qui, coulant d'abord à l'E., puis au S., parcourt le cœur de l'empire, et occupe le fond de cette immense vallée renfermée entre le Bœhmer-wald, les monts Moraves, les Sudètes, les Carpathes, d'un côté, et les Alpes, de l'autre. Il reçoit à droite l'*Inn*, grossi de la *Salza;* l'*Ens;* la *Leitha*, peu considérable, mais remarquable parce qu'elle sépare les pays allemands des pays hongrois; la *Raab;* la *Drave*, augmentée de la *Mur;* la *Save*, à laquelle s'unit la *Kulpa*. A gauche, ce grand fleuve a pour affluents la *Morava* ou *March*, le *Vag* ou *Waag*, le *Gran*, la *Theiss*, très-grande rivière, qui se grossit elle-même du *Szamos*, du *Kœrœs* et du *Maros*. La Theiss et le Danube coulent longtemps parallèlement, et ils sont unis par un canal important : le canal *François*.

Le *Pruth*, affluent du Danube, arrose quelque temps l'Autriche avant d'entrer en Roumanie.

Le *Dniester*, dans l'E. de l'empire, est encore un des cours d'eau principaux du bassin de la mer Noire.

Enfin, dans le bassin de la mer Adriatique, on trouve l'*Adige* et la *Sdobba* (dont le cours supérieur est l'*Isonzo*).

Il y a plusieurs grands lacs. Le plus considérable est le *Balaton* ou *Platten-see*, au centre de l'empire, à la droite du Danube, dans lequel il s'écoule par un filet d'eau. — Le lac marécageux de *Neusiedl*, au N. O. du Balaton, est desséché depuis peu de temps.

L'extrémité N. du lac de *Garde* touche l'empire au S. O. — Sur la frontière occidentale, est le lac de *Constance*.

Au milieu de l'Autriche-Hongrie, entre les deux grands systèmes de montagnes, il y a de vastes plaines, dont plusieurs sont marécageuses et malsaines; quelques-unes forment des steppes nues, d'autres sont belles et fertiles. Au N. E., on rencontre encore de grandes plaines, celles de la Galicie, d'un aspect un peu monotone. Les cantons voisins de l'Adriatique jouissent d'un climat fort chaud, et les oliviers, le cotonnier, y réussissent. On récolte des vins renommés dans plusieurs parties de l'empire. Les pâturages de la Hongrie nourrissent des bœufs et des chevaux excellents. Il y a de l'or, de l'argent, du cuivre, du fer, du mercure, de l'étain, de la houille, du sel, etc.

**Divers États et peuples qui composent l'empire. —
Grandes divisions administratives, principales villes.**
— L'empire Austro-Hongrois est partagé en dix-sept provinces. Sept, à l'O., sont presque entièrement allemandes : ce
sont le *pays au-dessous de l'Ens* et le *pays au-dessus de
l'Ens*, qui composent l'*archiduché d'Autriche;* le duché de
Salzbourg; la *Styrie*, le *Tyrol*, la *Carinthie*, la *Carniole*.
— Une, au S. O., contient un mélange d'Italiens, de Slaves
et d'Allemands : c'est le *Littoral Illyrien* (comprenant le
comté de *Gorice* et *Gradisca, Trieste* et l'*Istrie*).— Quatre,
au N., sont plus particulièrement slaves : ce sont la *Bohême*,
la *Moravie*, le *duché de Silésie*, où il y a aussi un assez
grand nombre d'Allemands, et qui faisaient même partie de
la Confédération germanique; la *Galicie*, qui est plus complétement slave que les trois pays précédents.

A l'E., sont cinq divisions à la fois slaves, hongroises et
roumaines, composant le royaume de *Hongrie-Transylvanie*,
le royaume de *Croatie-Esclavonie*, les anciens *Confins militaires*, le territoire de *Fiume*, la *Bukovine*.

Au S., se trouve le long de l'Adriatique une division principalement slave, la *Dalmatie*.

Sous un autre rapport, on divise l'Autriche-Hongrie en deux
parties : 1° les pays *Cisleithans* (en deçà de la Leitha), où
domine l'influence allemande, l'impulsion qui part de Vienne,
et qui ont pour représentation nationale le *Reichsrath*, siégeant
dans cette ville; — 2° les pays *Transleithans* (au delà de la
Leitha), dépendants de la couronne de Hongrie, et qui sont représentés par une diète siégeant à Buda-Pest. — Les premiers
de ces pays sont l'archiduché d'Autriche, le Salzbourg, la
Styrie, le Tyrol, la Carinthie, la Carniole, le Littoral Illyrien,
la Dalmatie, la Bohême, la Moravie, la Silésie, la Galicie, la
Bukovine. — Les seconds sont le royaume de Hongrie-Transylvanie, le royaume de Croatie-Esclavonie, le territoire de
Fiume et les anciens Confins militaires.

L'archiduché d'AUTRICHE est une belle et industrieuse
contrée, qui s'allonge de l'O. à l'E., sur les deux rives du
Danube, depuis l'Inn jusqu'à la March. Il forme deux provinces distinctes : le *pays au-dessous de l'Ens* ou la *Basse-*

Autriche, et le *pays au-dessus de l'Ens* ou la *Haute-Autriche*.

La chaîne des Alpes Styriennes borde l'archiduché au S., et elle projette dans l'intérieur le rameau du Wiener-wald, terminé par le mont Kahlenberg. Au N., s'élèvent le Bœhmer-wald et les monts Moraves. Au milieu, vers les rives du fleuve, il y a de très-belles plaines.

VIENNE, en allemand *Wien* (anc. *Vindobona*), chef-lieu du pays au-dessous de l'Ens, est en même temps capitale de l'archiduché et de l'empire. Elle s'étend près de la rive droite du Danube, qui est fort large en cet endroit, et y forme plusieurs îles bien boisées; elle est traversée par un bras canalisé de ce fleuve et par la rivière appelée *Vienne*. Cette grande cité renferme 721 000 hab. (1 020 000 avec 36 communes annexes); les faubourgs sont plus vastes et plus beaux que la ville proprement dite. On cite, parmi les principaux édifices, le palais impérial, ou *Burg*, et la cathédrale de Saint-Étienne.

Près et à l'O. de Vienne, est le beau château de *Schœnbrunn*, qui est souvent la résidence du souverain.

Au N. E. de la ville, au delà du Danube, est le village de *Wagram*, célèbre par une victoire des Français en 1809. — A l'E., *Essling*, *Gross-Aspern*, sur la rive gauche du Danube, et l'île de *Lobau*, formée par ce fleuve, sont célèbres aussi dans la guerre de 1809.

Lintz, place forte et chef-lieu du pays au-dessus de l'Ens, est située sur le Danube, et compte 34 000 habitants.

Le même pays renferme *Steyer*, sur l'Ens, avec des fabriques nombreuses d'instruments de fer, et *Gmunden*, près du charmant lac de Traun.

Le duché de SALZBOURG, au S. O. de l'archiduché d'Autriche, est un pays montagneux et pittoresque. *Salzbourg*, chef-lieu de ce duché, est sur la Salza, dans un territoire très-riche en précieuses productions minérales, surtout en sel. Elle a 20 000 habitants. — *Gastein* a de célèbres eaux minérales.

Le duché de STYRIE, en allemand *Steyermark*, se trouve au S. de l'archiduché d'Autriche. Des ramifications des Alpes Styriennes et Noriques le couvrent presque partout; la Drave et la Mur le parcourent. Les mines de fer y abondent.

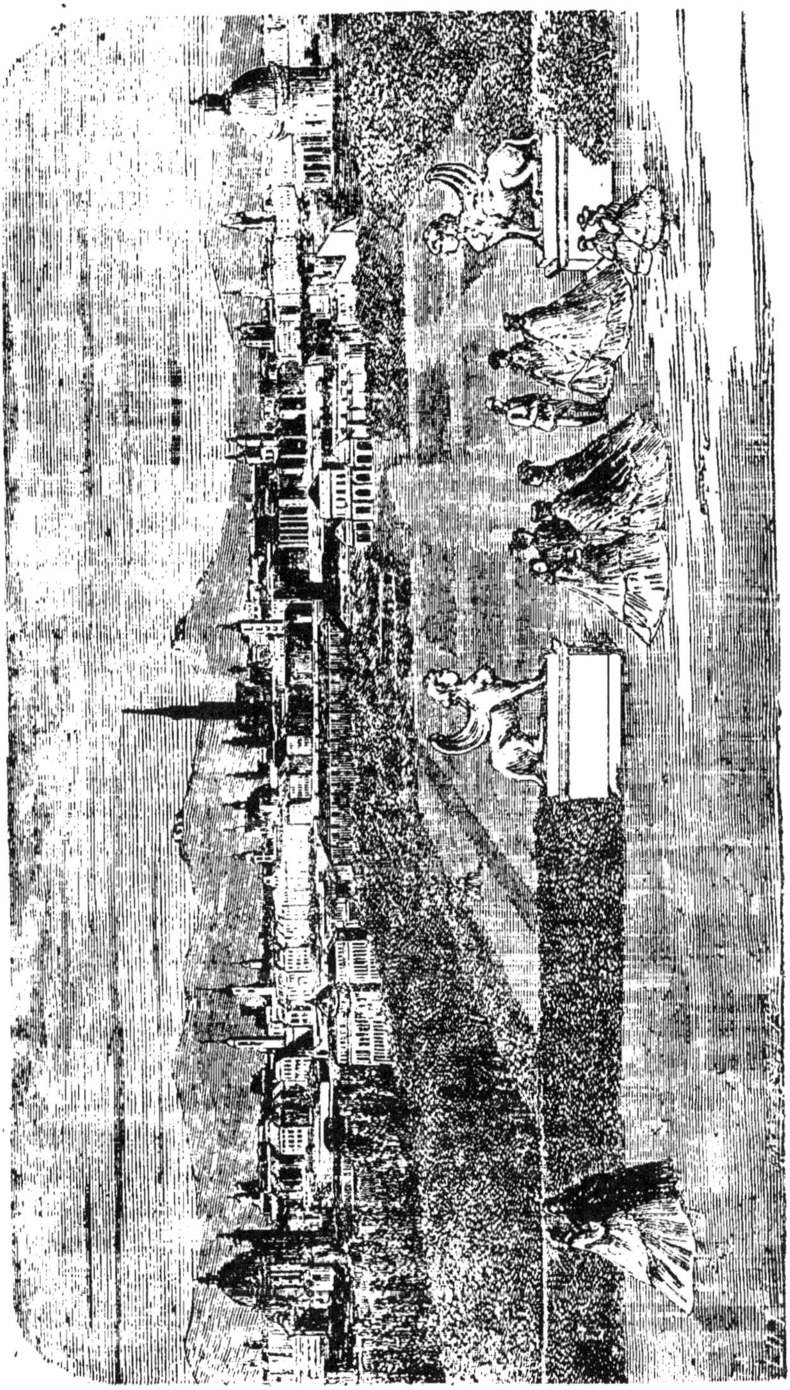

Vienne.

La capitale est *Gratz*, ville de 86 000 habitants, sur la Mur, avec d'importantes manufactures d'acier. On y remarque *Leoben*, célèbre par les préliminaires de paix de 1797.

Le comté de TYROL, dans lequel est compris, à l'O., le pays de *Vorarlberg*, est au S. O. de l'archiduché d'Autriche et au N. O. de l'Illyrie. Les Alpes Rhétiques, qui le traversent de l'O. à l'E., y répandent partout leurs ramifications ; on y voit à chaque instant des sites sauvages et curieu des rocs inaccessibles, des glaciers, des cascades et des avalanches. Ce qui est au N. des Alpes Rhétiques est physiquement allemand ; ce qui se trouve au S. constitue le Tyrol italien.

L'Inn coule dans le N., et l'Adige dans le S. Le Rhin et le lac de Constance marquent un peu la frontière de l'O.

Les habitants sont pauvres, francs, intelligents et ouvriers adroits ; beaucoup d'entre eux, ne pouvant trouver sur leur maigre sol une existence facile, émigrent et vont exercer divers métiers en Allemagne et en Italie.

La capitale est *Inspruck* ou plutôt *Innsbrück*, sur l'Inn, ville de 23 000 âmes, entre de hautes montagnes. — *Bregenz*, dans le Vorarlberg, est à l'extrémité S. E. du lac de Constance. — On remarque vers le S., dans la vallée de l'Adige, *Botzen* ou *Bolzano*, connue par ses foires ; — *Trente* (en allemand *Trient*), ville de 17 000 âmes, célèbre par le grand concile qui s'y tint contre les protestants au XVI° siècle ; — *Roveredo*, ville commerçante.

Le duché de CARINTHIE, en allemand *Kærnthen*, comprend le nord du ci-devant royaume d'Illyrie. Il est traversé de l'O. à l'E. par la Drave.

La capitale est *Klagenfurt*, avec d'importantes manufactures de draps et de céruse.

Le duché de CARNIOLE, en allemand *Krain*, renferme la partie centrale de l'Illyrie. Les Alpes Carniques et Juliennes la traversent. La Save en est la principale rivière. Il y a de belles vallées et beaucoup de curiosités naturelles ; entre autres, des cavernes très-remarquables et des abîmes où se perdent les rivières.

La capitale est *Laybach*, sur la Save, avec 26 000 âmes. On remarque dans le même pays : *Idria*, célèbre par ses riches mines de mercure, et près de laquelle on trouve le curieux lac intermittent de *Zirknitz*; — *Adelsberg*, qui a des cavernes fameuses par leur étendue et leurs stalactites.

Le LITTORAL ILLYRIEN, sur la mer Adriatique, comprend le comté de *Gorice* et *Gradiska*, la ville de *Trieste* avec son territoire, et le margraviat d'*Istrie*.

Gorice, *Gœritz* ou *Gœrz* (en italien *Gorizia*) est sur l'Isonzo, dans le Frioul autrichien. — *Gradisca* se trouve aussi sur l'Isonzo; — *Aquileja*, près de là, est aujourd'hui un lieu insignifiant, qui répond à l'antique et célèbre *Aquilée*.

Trieste et son territoire forment une petite division qu'animent le commerce et l'industrie. Trieste (en allemand *Triest*) est le principal port de l'empire, et se trouve au fond du golfe de même nom; ses nombreux bâtiments à vapeur se dirigent vers tous les points de la Méditerranée; elle compte 110 000 habitants.

L'Istrie renferme : *Rovigno*, port de la côte occidentale de cette presqu'île; — *Pola*, avec un bon port et des antiquités intéressantes.

Les îles de *Veglia*, de *Cherso* et de *Lussin*, au S. E. de l'Istrie, dépendent de cette province.

Le royaume de BOHÊME, en allemand *Bœhmen*, considéré ordinairement, mais peu exactement, comme un pays allemand, puisqu'il est en grande partie habité par la population slave des Tchèkhes, est situé à l'angle N. O. de l'empire, et encaissé, d'une manière remarquable, entre le Bœhmer-wald, les monts Moraves, le Riesen-gebirge et l'Erz-gebirge. L'Elbe, qui l'arrose, trouve à peine un passage étroit entre ces deux dernières chaînes, pour sortir de ce bassin naturel. C'est un pays très-peuplé, très-industrieux, et ses verreries, ses draps, ses toiles, donnent lieu à un grand commerce. On y trouve de beaux grenats (nommés rubis de Bohême), des saphirs, etc.

La capitale est *Prague* (en allemand *Prag*), agréablement située sur la Moldau. C'est une ville très-forte, peuplée de 190 000 âmes, et où fleurissent des manufactures nombreuses et une célèbre université. Un important traité de paix y fut conclu en 1866 entre l'Autriche et la Prusse. — *Reichenberg*, au pied du Riesen-gebirge, est une ville de 22 000 âmes, connue par ses draps. — *Tœplitz, Carlsbad, Sedlitz* (ou mieux *Seidlitz*), *Marienbad, Franzensbad, Pullna*, au N. O., vers l'Erz-gebirge, ont des eaux minérales très-fréquentées. — *Sadowa*, près de *Kœniggrœtz*, est un village fameux par une grande victoire remportée par les Prussiens sur les Autrichiens en 1866.

Le margraviat de MORAVIE (en allemand *Mœhren*) est à l'E. de la Bohême, dont les monts Moraves le séparent. Les monts Sudètes le couvrent au N. La partie méridionale a des plaines fertiles. La Morava est la principale rivière. Les Slovaques en sont la population dominante.

Brünn, la capitale de la Moravie, est une belle ville et une place forte. On y compte 74 000 habitants, et il y a d'importantes manufactures de draps. — On remarque encore dans la Moravie : *Austerlitz*, petite ville fameuse par une grande victoire des Français en 1805 ; — *Olmütz*, ville forte, ancienne capitale du margraviat ; — *Iglau*, au pied des monts Moraves ; — *Kremsir*, belle ville, avec un magnifique château.

Le duché de SILÉSIE, bien moins considérable que la Silésie prussienne, dont nous avons déjà parlé, est au N. de la Moravie, et a pour capitale *Troppau*.

Le royaume de GALICIE (en allemand *Galizien*, en polonais *Halicz*), forme, avec le grand-duché de *Cracovie*, une longue division qui s'étend du N. O. au S. E. ; séparé du reste de la monarchie par les monts Carpathes, il se confond insensiblement avec les plaines de la Pologne. Le sol est fertile, mais mal cultivé. Les habitants sont, la plupart, Polonais et Ruthènes. La Vistule, le San et le Dniester arrosent cette contrée.

La capitale est *Lemberg*, *Lwow* ou *Leopol*, belle ville de 88 000 habitants. On y compte, comme dans tout le reste de la Galicie, un grand nombre de juifs, occupés généralement des affaires commerciales. — *Brody* a 25 000 habitants, presque tous de cette nation. — *Halicz*, sur le Dniester, est remarquable par ses sources salées, et parce qu'elle fut autrefois la capitale de la Galicie, à laquelle elle a donné son nom. — *Bochnia* et *Wieliczka* sont de petites villes fameuses par leurs mines de sel gemme, les plus considérables de l'Europe. *Tarnow* a 22 000 hab. ; *Tarnopol*, 20 000 hab.

Cracovie (en allemand *Krakau*, en polonais *Krakow*),

est la capitale du grand-duché de Cracovie, qui forme la Galicie occidentale. Elle a été longtemps capitale de la Pologne, fut érigée en 1815 en république protégée par la Russie, l'Autriche et la Prusse, et a été réunie à l'Autriche en 1846. Elle est baignée par la Vistule et renferme 50 000 habitants.

La BUKOVINE, au N. de la Transylvanie et au S. E. de la Galicie, est un pays montagneux et pittoresque, qui a pour capitale *Tschernowitz* (34 000 hab.). Les habitants sont principalement des Roumains.

Le royaume de HONGRIE-TRANSYLVANIE (en allemand *Ungarn-Siebenbürgen*, et en hongrois *Magyar-Orszag-Erdely*), est la plus grande des divisions de l'empire, et l'on y compte 14 millions d'habitants. Il s'étend dans le centre et le S. E. de la monarchie. Le Danube (qui y forme les îles de *Schütt* (Grande et Petite), de *Saint-André*, de *Csepel*, etc.) et la Theiss en parcourent le cœur; la Drave et la Save l'arrosent au S. O.; le lac Balaton s'y trouve à l'O. Deux des plus vastes plaines de l'Europe composent l'intérieur du pays : l'une vers le milieu, et l'autre vers le S. Cette dernière offre, aux bords du Danube et de la Theiss, d'immenses marais, et il y règne un air malsain, des chaleurs insupportables. Le S. O. du royaume est couvert par les ramifications des Alpes; le N. et le N. E. le sont par les Carpathes. Le sol est très-fertile dans la plus grande partie de la contrée : on y récolte d'excellents vins, beaucoup de céréales et de bons fruits. Les mines de la Hongrie sont célèbres : on y trouve de l'or, de l'argent, du cuivre, du sel, et il y a de nombreuses sources minérales.

Les *Magyars* ou *Hongrois* sont un peuple vigoureux, fier et martial, au caractère enjoué, aux manières franches, hospitalières et cordiales. Leur langue, harmonieuse et riche, diffère entièrement de celles des nations au milieu desquelles ils vivent, et ressemble aux idiomes qu'on parle dans le N. et l'E. de la Russie d'Europe, c'est-à-dire aux idiomes *finnois*. Ce peuple est en effet venu de pays fort éloignés de celui qu'il habite aujourd'hui; il est sorti de l'Asie, et il a séjourné ensuite longtemps dans les régions voisines des monts Ourals et au N. O. de la mer Caspienne.

La Hongrie est divisée en quatre cercles : cercles *en deçà du Danube, au delà du Danube, en deçà de la Theiss, au delà de la Theiss.*

La capitale de la Hongrie est *Buda-Pest,* formée de deux villes : 1° *Pest,* située sur la rive gauche du Danube, importante par son commerce, par ses établissements littéraires et scientifiques, particulièrement son université ; 2° *Buda* ou *Ofen,* place forte, sur la rive droite du même fleuve. Ces deux villes réunies ont 320 000 habitants.

Les autres lieux principaux sont :

A l'O., *Presbourg* ou *Posony,* belle ville de 47 000 habitants, qui a été la capitale du royaume ; elle est sur le Danube, près de la frontière de l'archiduché d'Autriche. (Traité de 1805.) — *Gran* ou *Esztergom,* sur le même fleuve, patrie de saint Étienne, et siége de l'archevêché primatial de la Hongrie, avec une magnifique cathédrale. — *Comorn,* importante place forte, sur le Danube. — *Wieselbourg,* sur le même fleuve, dans un pays très-fertile en blé et qu'on a surnommé le *grenier de Vienne.* — *Stuhl-Weissenbourg* ou *Albe-Royale,* ville très-ancienne, remarquable parce que les rois de Hongrie y étaient anciennement couronnés et ensevelis. — *Œdenbourg* ou *Soprony,* qui a de grands marchés de bestiaux et de porcs. — *Raab* ou *Gyœr,* très-commerçante en blé, sur la rivière de même nom. — *Saint-Gothard,* théâtre de la victoire de Montecuculli sur les Turcs en 1664.

Au N., *Schemnitz,* célèbre par ses mines d'or, d'argent, de plomb et de cuivre, et par son école de minéralogie. — *Erlau* ou *Eger* et la petite ville de *Tokay* (ou plutôt *Tokaj*), toutes deux fameuses par leurs excellents vins. — *Kaschau,* assez grande ville. — *Miskolcz,* qui a 22 000 habitants.

Au S., *Ketskemet,* qui renferme 42 000 hab. — *Mohacz,* sur le Danube, fameuse par les batailles de 1526 et de 1687 entre les Hongrois et les Turcs. — *Szegedin,* ville de 70 000 h., tous Magyars, vers le confluent de la Theiss et du Maros; désolée par une immense inondation, en 1879. — *Arad,* qui a 33 000 âmes. — *Versecz* (20 000 habitants).

A l'E., *Debretzin,* peuplée de 46 000 âmes. — *Gross-Wardein* (en hongrois *Nagy-Varad*), place très-forte, qui en a 30 000, avec des carrières de beaux marbres.

Dans le S. E. de la Hongrie, est la **Voïvodina** (avec des

portions de la *Serbie* et du *Banat*), pays généralement fertile et beau. On y remarque *Temesvar*, forteresse fameuse; — la grande ville de *Marien-Theresienstadt* ou *Maria-Theresiopel*, peuplée de 57 000 h.; — *Neusatz*, place très-forte, sur le Danube, avec 20 000 h.; — *Zombor* (25 000 h.), près du canal François.

A l'E. de la Hongrie et à l'angle S. E. de l'empire, est la TRANSYLVANIE ou ERDELY. Ces deux noms signifient, l'un en latin, l'autre en hongrois, *au delà des forêts*, et ils viennent de ce que cette contrée s'étend, pour les Hongrois, au delà du territoire couvert de bois qui occupe les parties les plus orientales de leur pays. Les Allemands appellent la Transylvanie *Siebenbürgen*.

Les Carpathes couvrent partout cette région pittoresque. Le Szamos et le Maros en sont les principales rivières. Le règne minéral y est fort riche, surtout en or, en argent, en cuivre, en plomb, en sel gemme et en pierres précieuses.

Les habitants de la Transylvanie sont un mélange de différentes nations : les principales sont les *Roumains*, les *Hongrois*, les *Saxons*, les *Szeklers* ou *Sicliens*. Ces derniers ne paraissent être qu'une ancienne tribu hongroise, et sont tous voués au service militaire.

La capitale est *Klausenbourg* ou *Kolosvar*, ville de 27 000 h., sur le Szamos; mais la ville la plus considérable est *Cronstadt*, peuplée de 28 000 âmes, près de la frontière de Turquie. On remarque, en outre, *Hermanstadt*, qui a 19 000 h., et *Carlsbourg* ou *Albe-Julie*, dans la partie du pays la plus riche en or.

Au S. de la Hongrie, s'étend le royaume de CROATIE-ESCLAVONIE, qui est formé des parties *civiles* de la Croatie et de l'Esclavonie. Il a pour capitale *Agram* ou *Zagrab*, ville de 20 000 habitants, près de la Save, dans la Croatie. On distingue, dans l'Esclavonie, *Essek*, place forte, sur la Drave.

Au S. O. de la Croatie, se trouve le petit territoire de la ville libre royale de FIUME, port assez fréquenté, au fond du golfe de Quarnero.

Les anciens CONFINS MILITAIRES (en allemand *Militær Grenze*) composent une longue et étroite bande qui s'étend le long des frontières de la Turquie, depuis la mer Adriatique jusqu'à la Transylvanie. Ils différaient du reste de l'empire

par une organisation toute militaire, qui avait été établie
pour former une barrière contre l'empiétement des Turcs.
C'était une espèce de camp perpétuel, et tous les habitants y
étaient soldats et laboureurs à la fois. Depuis peu, l'organisation civile a été appliquée à ces territoires, qui ont été assimi-
lés, pour l'administration, au royaume de Hongrie-Transylvanie et à celui de Croatie-Esclavonie, et qui comprennent
quatre parties principales : la *Croatie*, l'*Esclavonie* et la
Serbie dites *militaires*, enfin le *Banat* dit aussi *militaire*.

La Croatie militaire, baignée au S. O. par la mer Adriatique, est un pays montagneux, escarpé et riche en curiosités
naturelles : on y remarque plusieurs rivières qui, ne trouvant
aucun débouché à la surface du sol, s'engouffrent dans la terre.
Zeng, port de mer assez commerçant, et l'importante place
forte de *Carlstadt*, sur la Kulpa, en sont les villes principales.

L'Esclavonie militaire est un beau pays, qui s'étend au S.
de l'Esclavonie civile, le long de la rive gauche de la Save, et
compte, parmi ses places fortes, *Gradiska*.

La Serbie militaire renferme, sur le Danube, *Peterwar-
dein*, une des places les plus fortes de l'Europe, célèbre par
une grande victoire que le prince Eugène y remporta sur les
Turcs en 1716 ; — *Carlowitz*, située dans un territoire
riche en vins renommés, et où fut conclu un traité fameux
en 1699, entre les Autrichiens et les Turcs ; — *Semlin*,
place forte.

Le Banat militaire a pour ville principale *Pancsova*.

Le royaume de DALMATIE (en allemand *Dalmatien*) est la
plus méridionale des divisions de l'Autriche-Hongrie. C'est une
contrée longue et étroite, qui s'étend du N. O. au S. E., entre
la mer Adriatique et la Turquie. Presque partout elle est couverte par les Alpes Dinariques, entre lesquelles s'ouvrent des
abîmes, des précipices profonds, et çà et là de petites plaines
fertiles, des vallées fort chaudes et très-riantes, où la vigne,
les oliviers, les figuiers, donnent des produits renommés. Les
principales rivières sont la Kerka et la Cettina, qui forment
de magnifiques cataractes. La mer a creusé dans ce pays beaucoup de petits golfes, et la côte présente un grand nombre de
presqu'îles, dont la principale est celle de *Sabioncello*. Une
multitude d'îles sont répandues dans cette partie de l'Adria-

Raguse.

tique et composent l'archipel *Dalmate-Illyrien*. On remarque surtout, comme dépendances de la Dalmatie, les îles *Pago*, *Grossa*, *Brazza*, *Lesina*, *Curzola*, *Meleda*, et *Lissa*, devenue célèbre en 1866 par une bataille navale entre les Autrichiens et les Italiens.

La capitale de la Dalmatie est *Zara*, petite ville maritime, qui ne compte que 20 000 âmes. — *Spalatro* ou *Spalato* est un autre port de mer, situé près de l'emplacement de l'ancienne Salone, célèbre par le séjour de l'empereur Dioclétien. — *Raguse*, aujourd'hui peu importante, a été longtemps une république puissante et l'une des principales places maritimes de l'Adriatique. — *Cattaro*, vers l'extrémité S. du royaume, dans un canton délicieux, est sur le golfe qu'on nomme Bouches de Cattaro.

Chemins de fer. — Il y a de nombreux chemins de fer dans l'Autriche. *Vienne* communique avec *Cracovie* et avec *Varsovie* par la grande ligne du *Ferdinand-Nord-Bahn*, à laquelle se rattachent les chemins de *Brünn* et d'*Olmütz*, qui se réunissent ensuite pour former la ligne dirigée sur *Prague*, d'où l'on va à *Dresde* et *Berlin*, d'une part, et à *Nuremberg*, de l'autre. Il s'y rattache aussi un chemin qui va à *Presbourg*, à *Buda-Pest*, à *Szegedin*, à *Temesvar*, à la frontière de Turquie, avec embranchements sur *Debretzin*, *Gross-Wardein*; un autre chemin se rend à *Stockerau*. — De *Vienne*, une ligne conduit à *Bruck-sur-Leitha*, à *Raab*, à *Comorn*; un autre, à *Neustadt*, à *Bruck en Styrie*, à *Gratz*, à *Laybach* et à *Trieste*, d'où une ligne se dirige sur *Venise*; un autre encore, à *Munich*, par *Lintz*, avec embranchement sur *Budweis*.

Chem. de fer exploités en 1876 : 18 400 k.—Lig. télégr. : 48 400 k.

Population, langues, gouvernement, religion. — La population de la monarchie autrichienne est une agglomération de peuples divers, profondément séparés entre eux par les mœurs, les institutions, le langage.

On compte 9 à 10 millions d'*Allemands*, près de 6 millions de *Hongrois* ou *Magyars*, 1 million d'*Italiens* (y compris les *Frioulens* et les *Ladins*, petit peuple du Tirol), 16 à 17 millions de *Slaves*. Ces derniers se divisent en un grand nombre de peuples, tels que les *Tchèkhes* ou *Bohèmes*, qui habitent la Bohême ; les *Slovaques*, dans la Moravie et la Hongrie ; les *Polonais*, dans la Galicie ; les *Russniaques* ou *Ruthènes*, dans la même contrée et dans la Hongrie ; les *Slavons* ou *Esclavons*, dans l'Esclavonie ; les *Slovènes* (comprenant les *Wendes* et les *Carniolais*), dans la Styrie et l'Illyrie ; les *Dalmates*, les *Morlaques*, les *Istriens*, les *Croates*, les *Serbes*, dans le S. de l'empire.

4 à 5 millions de *Roumains*, divisés en *Valaques* et *Moldaves*, et dont la langue dérive directement du latin, se trouvent dans les parties S. E. et orientales de l'Autriche.

Les *Juifs* sont plus nombreux en Autriche que dans la plupart des autres pays de l'Europe. C'est aussi l'un des États où l'on rencontre le plus de ces *Bohémiens* ou *Zigueunes*, populations errantes qu'il ne faut pas confondre avec les Bohêmes ou Tchèkhes ; là, comme dans les autres contrées, les Bohémiens mènent une vie vagabonde, et sont plongés dans la misère et l'avilissement. On croit que ce peuple singulier sort de l'Hindoustan.

Les langues parlées dans l'empire sont très-diverses. Cette divergence même des idiomes a fait adopter le latin comme un lien entre les différentes populations de la Hongrie et de la Transylvanie : il n'y a pas de pays où cette langue ancienne ait été parlée jusqu'à ces derniers temps plus facilement et plus généralement. Cet usage se perd aujourd'hui.

Le gouvernement est une monarchie, qui a été tout à fait absolue pendant longtemps, mais dont le pouvoir est aujourd'hui limité par le *Conseil de l'empire* ou *Reichsrath*, siégeant à Vienne, et par la *diète* de Hongrie et de tous les pays transleithans, siégeant à Buda-Pest. Il y a, de même, deux ministères distincts : l'un cisleithan, l'autre transleithan. Avant la dissolution de la confédération Germanique, en 1866, l'empereur d'Autriche faisait partie de cette confédér., pour l'archiduché d'Autriche, la Bohême, la Moravie, le duché de Silésie, le Salzbourg, la Styrie, le Tyrol, la Carinthie, la Carniole, etc. L'Autriche-Hongrie occupe depuis peu, provisoirement, la *Bosnie* et l'*Herzégovine*, dépendantes nominalement de la Turquie.

Le catholicisme est la religion dominante ; mais la liberté de conscience est entière ; et les religions protestante et grecque ont aussi, dans cet empire, de nombreux sectateurs.

L'instruction publique compte sept universités : Vienne, Prague, Pest, Gratz, Lemberg, Cracovie et Inspruck.

L'instruction primaire est fort répandue. Les moyens de communication et le commerce sont encouragés ; les perfectionnements de l'agriculture et de l'industrie sont favorisés.

L'armée, en temps de paix, est de 285 000 hommes. L'armée navale a 58 bâtiments. Le revenu de l'empire s'élève à 1400 millions de fr. La dette de l'État est de 5 à 6 milliards.

Les principaux produits de l'industrie sont les draps, les tissus de coton, les soieries, le fer, les ouvrages en métaux, les instruments aratoires, l'ébénisterie, les glaces, les verreries, les instruments de musique, les liqueurs. Le commerce maritime a lieu surtout par les ports de Trieste, de Fiume, de Zara, de Raguse, de Cattaro. Mais le commerce par terre est encore plus considérable. Les exportations, s'élevant à environ 1500 millions, consistent en lainages, métaux, instruments aratoires, soie, vins de Hongrie, bestiaux, grains, etc. Les importations sont de 1 milliard 700 000 000.

PRINCIPAUTÉ DE LIECHTENSTEIN.

A l'O. de l'empire Austro-Hongrois, se trouve la principauté de Liechtenstein, placée sur la rive droite du Rhin, à 20 kilom. au S. du lac de Constance, entre le Tyrol et la Suisse. Cet État souverain n'a que 7000 hab. La capitale est la très-petite ville de *Vadutz*, à côté de laquelle s'élève le château de *Liechtenstein*.

SUISSE

Géographie physique de la Suisse. — La SUISSE (en allemand *Schweiz*, en italien *Svizzera*), appelée aussi *Confédération helvétique*, d'après l'ancien peuple des Helvétiens, qui en habitait la plus grande partie, est placée presque au centre de l'Europe, sous la latitude moyenne de 47 degrés, entre la France, à l'O. et au S. O., l'Allemagne, au N. et à l'E., et l'Italie, au S. Le Doubs, le Jura et le lac de Genève la séparent de la première de ces contrées ; le Rhin et le lac de Constance marquent la limite vers l'Allemagne ; les Alpes, le lac Majeur et celui de Lugano forment la frontière du côté de l'Italie.

Ce pays a 360 kilomètres de longueur, de l'E. à l'O., et 200 de largeur, du N. au S.; la superficie est de 41 000 kilomètres carrés. On y compte 2 800 000 habitants.

La Suisse est célèbre par la variété de ses sites et par ses délicieux paysages, par ses beaux lacs, ses montagnes majestueuses, ses vallons pittoresques et ses nombreuses cascades.

Il y a, au N., quelques plaines ; mais tout le S. et le milieu sont hérissés de montagnes, qui sont des parties des Alpes, et que couvrent, en beaucoup d'endroits, des neiges éternelles et d'énormes glaciers. Ces masses de neige et de glace, et les hauts rochers qui les entourent, présentent les formes les plus imposantes; d'innombrables ruisseaux s'élancent de leur sein en écumant, ou en formant des nappes argentées. Mille autres accidents de la nature attirent les voyageurs dans cette intéressante région ; mais souvent aussi de grands dangers les y menacent. Ce sont tantôt d'effroyables précipices, tantôt des· éboulements de montagnes, qui changent subitement une contrée riante en un chaos où sont ensevelis pêle-mêle les hommes, les troupeaux et les habitations ; quelquefois ce sont des débordements furieux de torrents, dont le lit a été tout à coup interrompu par des matières tombées du haut des Alpes; souvent, enfin, des avalanches ou lavanches, formées par des monceaux de neige qui se détachent des hauteurs et se précipitent au fond des vallées avec une impétuosité et un bruit affreux. On a vu des hommes et des animaux renversés et privés de vie par le tourbillon d'air qu'elles produisent à quelque distance de leur passage. La moindre secousse, un son léger qui ébranle l'atmosphère, un oiseau qui se pose sur la pointe d'un rocher, suffisent pour détacher une avalanche : une très-petite pelote se produit d'abord, et elle s'accroît si fort en roulant, qu'avant d'arriver au fond de la vallée, elle peut acquérir la grosseur d'une colline; elle se réduit quelquefois, au moment de sa chute, en une poussière glacée, qui s'élève très-haut et se répand à une grande distance. C'est un des spectacles les plus beaux et les plus terribles qu'on puisse voir. Pour se garantir de ce redoutable fléau, on a construit beaucoup de voûtes maçonnées, et l'on a pratiqué dans le roc un grand nombre de cavités où l'on peut se réfugier.

La plus grande partie de la Suisse n'est pas propre à la culture; mais il y a, sur les flancs des montagnes, d'excellents pâturages, où paissent d'innombrables troupeaux de vaches, de bœufs, de moutons et de chèvres : on y fait, en plusieurs lieux, des fromages renommés.

Le climat offre, dans ce pays, des variations infinies : un hiver perpétuel règne au sommet des Alpes; mais, dans beaucoup de vallées, on jouit de la température la plus douce, et l'on y cultive le tabac, les figues, les amandes, les châtaigniers, les olives et la vigne.

La grande arête qui sépare l'Europe en deux versants généraux, celui du N. et celui du S., parcourt cette contrée au S. E., au S. et à l'O. Tout ce qui se trouve au N. de cette arête appartient au bassin de la mer du Nord : tout ce qui se trouve au S. fait partie du bassin de la Méditerranée et de deux de ses divisions, la mer Adriatique et la mer Noire.

A l'E., cette arête porte le nom d'*Alpes des Grisons*, depuis le Tyrol jusqu'aux cols du Septimer et de la Maloia, et elle se dirige du N. E. au S. O. — Dans la partie moyenne, elle va de l'E. à l'O., et s'appelle d'abord *Alpes Rhétiques occidentales*; ensuite, ce sont les *Alpes Lépontiennes orientales*, et plus à l'O., les *Alpes Bernoises*, qui se prolongent jusqu'au mont Diablerets, près du lac de Genève. La partie occidentale de l'arête s'étend d'abord au N. de ce lac sous la forme de faibles hauteurs, dont un des points principaux est le *Jorat*; elle se relève bientôt avec le *Jura*, qui se dirige du S. O. au N. E.

Trois arêtes secondaires de partage se détachent de l'arête principale. L'une est formée des *Alpes Rhétiques orientales*, qui s'élèvent entre les tributaires de la mer Noire et les tributaires de la mer Adriatique, et dont le groupe de *Bernina* est une des parties principales. — La seconde, plus haute que toutes les autres chaînes de la Suisse, s'étend sur la frontière méridionale du pays, et sépare le versant de l'Adriatique de celui de la Méditerranée propre; elle se compose des *Alpes Lépontiennes occidentales* et des *Alpes Pennines*.

— La troisième comprend les *Alpes d'Uri*, de *Glaris* et de *Schwitz*, qui, avec leur rameau, les Alpes d'*Unterwalden*, se dirigent au N. dans l'intérieur du pays. Il s'y rattache le mont *Rigi* (1800 m.), qui se trouve au centre même de la Suisse.

Les sommets que présentent toutes ces masses de montagnes affectent des formes très-différentes dans les Alpes et dans le Jura : celles-là sont de formation généralement primitive et projettent des pics irréguliers et déchirés, qui prennent le nom d'aiguilles, de cornes ou de dents; les monts calcaires du Jura forment des massifs allongés, droits et réguliers, généralement revêtus de grandes forêts de sapins.

Les plus importants massifs des Alpes des Grisons sont le *Selvretta*, le *Scaletta* et l'*Albula*. Le col de *Julier* est un des principaux passages qui s'y trouvent. — A ces Alpes se rattache la chaîne du *Rhœtikon*, qui sépare la Suisse du Tyrol.

Un des points les plus remarquables des Alpes Rhétiques occidentales est le *Splügen*, où passe une route célèbre. — Le *Bernardino*, où commencent les Alpes Lépontiennes, a aussi une route importante. — La *Maloia* est un passage fameux qui sépare les Alpes Rhétiques des Alpes des Grisons et que franchit la route entre la vallée de l'Inn et celle de l'Adda). On trouve dans les Alpes Lépontiennes orientales le col de *Lukmanier*, entre le Rhin antérieur et le Tessin.

Le *Saint-Gothard*, où passe une route fort connue et où l'on vient de percer un grand tunnel de chemin de fer, est un lieu remarquable où les Alpes Bernoises viennent se joindre aux Alpes Lépontiennes, et d'où s'échappent, dans toutes les directions, des cours d'eau tributaires de la mer du Nord, de la Méditerranée et de l'Adriatique. Il s'élève à 3100 mètres au-dessus de la mer. On le comprend, avec toutes les Alpes Lépontiennes orientales, sous le nom de *mont Adula*.

Dans les Alpes Bernoises, on distingue : le mont *Galenstok* et les cols de la *Fourche* et du *Grimsel*, qui avoisinent le glacier et les sources du Rhône : —le *Finster-Aarhorn*, qui a plus de 4360 mètres de hauteur; — le pic de la *Vierge* ou de la *Jungfrau*, et le *Mœnch*, qui ne sont guère moins élevés; — le col de la *Gemmi*, le glacier d'*Aletsch*, etc.

Dans les Alpes Rhétiques orientales, le pic *Scalino* et le *Bernina* atteignent près de 4000 mètres.

Dans les Alpes Lépontiennes occidentales, on remarque le *Simplon*, où les Français ont ouvert, en 1801, une belle route.

Le mont *Rosa*, où s'unissent les Alpes Lépontiennes et les Alpes Pennines, parvient à 4636 mètres; c'est le plus haut point des montagnes suisses, et il n'est surpassé, dans toutes les Alpes, que par le mont Blanc. A côté, est le col de *Saint-Théodule*.

Les principaux sommets des Alpes Pennines sont: le mont *Cervin* ou *Matterhorn*, qui élève jusqu'à près de 4600 mètres sa mince aiguille, la plus pointue de toute la chaîne; — le *Combin*, un peu moins haut, et le *Grand Saint-Bernard* (de 3600 m.), fameux par son hospice et par le passage qui le traverse et que franchirent les troupes françaises en 1800. L'hospice du Grand Saint-Bernard se trouve à 2400 mètres d'altitude; des religieux y reçoivent les étrangers.

Aux Alpes Pennines se rattachent les *Alpes Franco-Suisses* ou *Vallaisano-Chablaises*, qui séparent la France de la Suisse, et ont pour point principal la *Dent du Midi*. On y voit les cols de *Balme* et de la *Tête-Noire*. — Le col de *Brunig* franchit les Alpes d'Unterwalden, entre les bassins de la Reuss et de l'Aar.

Dans le *Jura*, on peut citer le mont *Tendre*, la *Dôle*, le *Chasseron*, la *Dent de Vaulion*, qui ont environ 1600 mètres; le mont *Terrible*, moins élevé, et les cols du *Val Travers* et de *Saint-Cergue*.

La Suisse est partagée entre les bassins de quatre mers : la mer du Nord, la Méditerranée, l'Adriatique et la mer Noire.

Elle envoie à la première la plus grande partie de ses eaux, par le *Rhin*, qui a ses trois sources (le *Rhin antérieur*, le *Rhin postérieur* et le *Rhin du milieu*) dans les Alpes Lépontiennes orientales, coule d'abord vers le N. E., forme le grand lac de *Constance*, et tourne ensuite à l'O. jusqu'à la frontière de France. Ce fleuve est fort rapide et offre plusieurs chutes, entre autres celle de Schaffhouse, qui a 22 mètres. La navigation sur une grande échelle ne commence qu'à Bâle.

Les principaux affluents du Rhin, en Suisse, sont la *Thur* et l'*Aar*. Celle-ci est la plus considérable, et parcourt du S. au N. toute la contrée; elle forme les lacs de *Brientz* et de *Thun*, et reçoit à droite : 1° la *Reuss*, qui produit le grand lac de

Lucerne ou des *Quatre-Cantons*, et a pour tributaire le lac de *Zug ;* 2° la *Limmat*, qui sert d'écoulement au lac de *Zürich* et au lac de *Wallen*. Par la rive gauche, l'Aar reçoit la *Sarine* ou *Saane*, et la *Thièle* ou *Zihl*, qui lui apporte les eaux des lacs de *Bienne*, de *Neuchâtel* et de *Morat*.

Sur le versant de la Méditerranée, on trouve le *Rhône*, qui descend avec impétuosité des glaciers du Grimsel et de la Fourche, à l'extrémité orientale des Alpes Bernoises, coule dans la longue vallée renfermée entre les Alpes Bernoises et les Alpes Lépontiennes et Pennines, et forme le magnifique lac *Léman* ou de *Genève*, étendu de l'E. à l'O. sous la figure d'un vaste croissant. Ce fleuve n'est pas navigable en Suisse. — Le *Doubs* appartient à son bassin.

Du côté de l'Adriatique, on voit couler le *Tésin*, *Tessin* ou *Ticino*, qui tombe dans le lac *Majeur*, d'où il sort en Italie pour aller se jeter dans le Pô.

Le lac de *Lugano* s'écoule dans le lac Majeur.

Sur le versant de la mer Noire, on ne remarque que l'*Inn*, affluent du Danube, et qui parcourt la longue vallée de l'Engadine.

Divisions principales ; villes importantes. — La Suisse est composée de vingt-deux cantons confédérés, distribués en deux grandes régions physiques : le *versant de la mer du Nord* et le *versant de la Méditerranée*.

Sur le premier, on distingue sept cantons arrosés par le Rhin : les *Grisons, Saint-Gall, Thurgovie, Schaffhouse, Zürich, Argovie, Bâle ;* — et onze qui, sans être arrosés par ce fleuve, appartiennent à son bassin : *Appenzell* et *Glaris*, à l'E. ; *Schwitz, Uri, Unterwalden, Zug, Lucerne*, au milieu, et *Soleure, Berne, Fribourg, Neuchâtel*, à l'O.

Sur l'autre versant, il y a quatre cantons : trois dans le bassin du Rhône, le *Vallais, Vaud, Genève ;* et un seul dans le bassin du Tessin, et par conséquent du Pô, tributaire de l'Adriatique : c'est le canton du *Tessin*.

Versant de la mer du Nord. — Cantons arrosés par le Rhin. — Le canton des GRISONS, le plus grand de la Confédération, s'étend dans l'E. de la Suisse, et s'avance entre l'Italie et l'Allemagne. Il est couvert de hautes montagnes, qui appartiennent aux Alpes Rhétiques, Léponticnnes et des Grisons. C'est dans ce pays que le Rhin se forme, sous les murs du château de Reichenau, par la réunion du Rhin antérieur et du Rhin postérieur.

Le nom allemand du canton est *Graubünden*, c'est-à-dire *Ligues Grises*. Cette dénomination vient de ce que les habitants, lorsqu'ils se liguèrent, dans le XVe siècle, pour secouer le joug autrichien, portaient des habits grossiers d'une étoffe grise. Le pays est divisé en trois ligues ou petits États : la ligue *Grise*, à l'O. ; la ligue *Caddée* ou de la *Maison de Dieu*, au milieu ; la ligue des *Dix-Droitures*, à l'E.

Le chef-lieu du canton est *Coire* (en allemand *Chur*), petite ville assez commerçante, située près du Rhin, dans la ligue Caddée. — *Saint-Maurice*, dans la vallée d'Engadine, a des bains renommés d'eaux minérales.

Saint-Gall est un assez grand canton, qui s'étend au sud du lac de Constance ; il est bordé à l'E. par le Rhin, et baigné au S. O. par le lac de Wallen et celui de Zürich, qui s'écoulent l'un dans l'autre par la Linth.

Le chef-lieu est *Saint-Gall* (en allemand *Sanct-Gallen*), ville de 17 000 âmes, située près du lac de Constance. — *Pfœfers* est célèbre par ses eaux minérales et son ancienne abbaye. — *Wallenstadt* est à l'extrémité orientale du lac de Wallen.

Le canton de Thurgovie (en allemand *Thurgau*) doit son nom à la Thur, qui le parcourt. Il est baigné à l'E. par le lac de Constance, et au N. par le lac Inférieur, qui n'est en réalité qu'un bras de ce grand lac.

Le chef-lieu du canton est *Frauenfeld*, petite ville connue par ses soieries. — On remarque *Romanshorn*, un des ports principaux du lac de Constance.

Le canton de Schaffhouse est le plus septentrional de la Suisse ; il s'avance vers l'Allemagne, à la droite du Rhin.

Le chef-lieu, *Schaffhouse* (en allemand *Schaffhausen*), se trouve sur le Rhin, un peu au-dessus de la belle cataracte que ce fleuve forme à Laufen. C'est la patrie de l'historien Müller.

Le canton de Zurich est un des plus importants et des plus riches de la Suisse. Le Rhin et la Thur l'arrosent au N. Le beau lac de Zürich s'y étend au S. ; la Limmat y coule à l'O.

Le chef-lieu est *Zürich*, dans une situation ravissante, à l'extrémité N. O. du lac de son nom, à l'endroit où la Limmat en sort. On y compte 21 000 hab., et, avec ses annexes, 57 000. Elle a de nombreuses fabriques, surtout de soieries, et elle cultive les lettres avec succès. C'est la patrie de Salomon Gessner.

La jolie ville de *Winterthur*, vers l'emplacement de l'ancienne *Vitodurum*, rivalise avec Zürich pour la culture des arts, des sciences et de l'industrie.

A *Meilen*, sur le lac de Zürich, on a découvert, en 1854, à la suite d'une sécheresse, des restes de pilotis appartenant à l'une de ces anciennes *cités lacustres* dont on a trouvé, depuis, de curieux exemples, soit en Suisse, soit dans diverses autres contrées.

Le canton d'ARGOVIE (en allemand *Aargau*) est borné au N. par le Rhin ; l'Aar, la Reuss et la Limmat le parcourent. C'est un pays fertile.

Le chef-lieu est *Aarau*, petite ville industrielle, sur l'Aar. —*Báden*, sur la Limmat, a des eaux minérales. Les eaux minérales de *Schinznach* sont aussi très-fréquentées. — On voit encore dans ce canton le château de *Habsbourg*, berceau de l'illustre famille de ce nom.

Le canton de BALE, en allemand *Basel*, est placé à l'angle N. O. de la Suisse, sur la frontière de l'Allemagne et de la France. Il est divisé en deux républiques distinctes : *Bâle-Ville* et *Bâle-Campagne*. — La république de *Bâle-Ville* ne se compose que de la ville de *Bâle*, sur le Rhin, et de quelques villages voisins. C'est une des cités les plus commerçantes et les plus peuplées de la Confédération : il y a 45 000 habitants. Tout près, est *Saint-Jacques*, où les Suisses résistèrent vaillamment au dauphin de France en 1444.

La république de *Bâle-Campagne*, beaucoup plus étendue que l'autre partie du canton, a pour chef-lieu la petite ville de *Liestal*. — On y trouve *Augst*, qui est l'ancienne *Augusta Rauracorum*.

Cantons appartenant au bassin du Rhin, mais non baignés par ce fleuve. — Le canton d'APPENZELL, entouré de tous côtés par celui de Saint-Gall, est un des plus petits de la Suisse, et cependant il forme deux républiques : celle des *Rhodes* (communes) *extérieures*, et celle des *Rhodes intérieures*. — Les Rhodes extérieures ont pour chef-lieu *Trogen*, et pour ville la plus considérable *Herisau*. Le chef-lieu des Rhodes intérieures est *Appenzell*.

Le canton de GLARIS, au N. O. des Grisons et au S. O. de Saint-Gall, est un pays de montagnes et de bons pâturages.

Le chef-lieu est *Glaris* ou *Glarus*, sur la Linth, au pied du mont Glærnisch.

Le canton de SCHWITZ, qu'on appelle encore plutôt *Schwyz*, a donné son nom à toute la Suisse. Ce fut un des trois premiers cantons qui secouèrent la domination de l'Autriche et qui fondèrent la Confédération suisse. Il est placé entre le lac de Zürich, au N., le lac de Lucerne, au S., et le lac de Zug, à l'O. Les sites y sont variés et pittoresques. Dans sa partie occidentale, entre les lacs de Lucerne et de Zug, se trouve le mont Rigi, d'où l'on jouit d'une vue admirable. Non loin de là, est la vallée de Goldau, bouleversée en 1806 par un éboulement du mont Rossberg.

Le chef-lieu est *Schwitz*.

Le canton d'URI s'étend au S. de celui de Schwitz, et ne se termine qu'au mont Saint-Gothard. La Reuss le parcourt dans sa longueur.

Uri fut aussi l'un des cantons fondateurs de la Confédération suisse, et son chef-lieu, *Altdorf*, a été le séjour de Guillaume Tell.

Le canton d'UNTERWALDEN, qu'on appelle quelquefois, moins exactement, *Underwald*, est à l'O. de celui d'Uri et au S. du lac de Lucerne.

Il partage, avec les deux cantons précédents, la gloire d'avoir fondé la Confédération. Il est divisé en deux républiques : l'*Obwald*, chef-lieu *Sarnen*, au S., et le *Nidwald*, chef-lieu *Stanz*, au N. — La prairie de *Grütli*, sur le lac de Lucerne, dans le Nidwald, est célèbre par le serment d'union qu'y prononcèrent les trois libérateurs de la Suisse, en 1307.

Le canton de ZUG, resserré entre les cantons de Schwitz, de Zürich et de Lucerne, est un des plus petits de la Suisse, mais un des plus intéressants par ses sites délicieux, surtout vers les bords du lac de Zug.

La petite ville de *Zug* s'élève sur le bord oriental de ce lac. Sur la frontière du canton de Zug et de celui de Schwitz, s'élève le mont *Morgarten*, célèbre par une victoire des Suisses sur les Autrichiens en 1315, et par des combats que les Français y livrèrent aux Suisses en 1798, et aux Autrichiens en 1799.

Le canton de LUCERNE est le plus considérable du centre de la Suisse. Il est, à l'E., arrosé par la Reuss, et baigné par le lac de Lucerne, qu'on nomme aussi lac des *Quatre-Cantons* ou des *Waldstettes*. Cette masse d'eau est longue, irrégulière, et a des golfes profonds, des rives escarpées et majestueuses, des points de vue pittoresques.

Lucerne (en allemand *Luzern*), à l'endroit où la Reuss sort du lac, est le chef-lieu du canton; elle ne compte que 15 000 habitants, mais elle fait un grand commerce. — *Sempach*, dans ce canton, vers un lac de même nom, est célèbre par une victoire des Suisses sur les Autrichiens en 1386.

Le canton de SOLEURE, au N. du canton de Bâle, s'étend le long de l'Aar et sur une partie du mont Jura.

Le chef-lieu est *Soleure* (en allemand *Solothurn*), petite ville assez bien bâtie, sur l'Aar. — *Olten*, aussi sur l'Aar, est le centre principal des chemins de fer suisses.

Le grand canton de BERNE est le plus important de la Suisse. Il s'étend depuis la frontière de France jusqu'aux Alpes Bernoises; l'Aar le parcourt, en y formant les jolis lacs de Brientz et de Thun, et la Thièle y produit le lac de Bienne. Les aspects y sont très-diversifiés : au N., on voit les montagnes du Jura; au milieu, se trouvent de belles plaines et de larges vallées; au midi, dans ce qu'on appelle l'*Oberland* (haut pays), sont quelques-uns des plus hauts sommets et des plus vastes glaciers des Alpes; à leur pied, s'ouvrent des vallons extrêmement pittoresques, où abondent des cascades curieuses : les plus célèbres de ces cascades sont celles du *Staubbach*, du *Giessbach*, du *Reichenbach*. Les vallées où s'offrent les spectacles les plus grandioses sont celles de *Grindelwald* et de *Lauterbrunnen*. Le glacier de Grindelwald est un des plus remarquables.

Le chef-lieu est BERNE, en allemand *Bern*, la capitale de la Confédération suisse. Cette ville, située sur une presqu'île de l'Aar, est belle et fort animée. On y compte 36 000 habitants. C'est la patrie du grand médecin Haller.

Dans le N. du canton, on remarque *Porrentrui*.

Le canton de FRIBOURG, à l'O. de celui de Berne, est traversé du S. au N. par la Sarine, et se prolonge au N. O. jusqu'au lac de Neuchâtel. Il est couvert, au S., de hautes montagnes où sont d'excellents pâturages.

Fribourg, en allemand *Freiburg*, chef-lieu du canton, ville de 10 000 habitants, occupe un des sites les plus pittoresques de la Suisse, sur une colline escarpée que baigne la Sarine. Des ponts suspendus très-hardis y franchissent cette rivière.

La petite ville de *Morat*, sur le bord S. E. du lac de même nom, est célèbre par la grande victoire que les Suisses y remportèrent en 1476 sur Charles le Téméraire. — *Gruyères*, dans le S. du canton, est renommée par ses fromages.

Le canton de NEUCHATEL, resserré entre le lac de ce nom et le Doubs, qui marque en cet endroit la frontière de la France, est couvert par le Jura, et offre de riches et belles vallées, dont une des plus remarquables est le *Val Travers*. Tout en faisant partie de la Confédération suisse, il a appartenu longtemps au roi de Prusse, sous le titre de principauté de *Neuchâtel* et *Valengin*. Mais, par un traité conclu en 1857, ce souverain a renoncé à tous ses droits sur le pays. — C'est un canton industrieux, et il y a surtout de nombreuses fabriques d'horlogerie et de dentelles.

Le chef-lieu est *Neuchâtel*, en allemand *Neuenburg*, qui s'élève agréablement sur le bord occidental du lac de même nom.

Dans le N. O. du canton, on voit *la Chaux-de-Fonds* (20 000 h.) et *le Locle* (10 000 h.), deux beaux endroits qu'ont enrichis la fabrication et le commerce de l'horlogerie.

Versant de la Méditerranée. — Le VALLAIS [1], en allemand *Wallis*, est un long canton, formé par la vallée du

1. Cette orthographe est préférable à celle de *Valais* qu'on emploie assez généralement; ce nom vient, en effet, de *vallis* (vallée) c'est l'ancienne *Vallis Pennina*.

Fribourg.

Rhône avant le lac de Genève, et profondément encaissé entre les Alpes Bernoises, au N., et les Alpes Pennines et Lépontiennes, au S.; c'est sur ses limites que sont les plus hautes montagnes de la Suisse. Partout des torrents rapides le parcourent et y forment de nombreuses cascades : la plus remarquable est, à l'O., celle de Pissevache, haute de 100 mètres. De vastes glaciers s'y étendent, entre autres ceux d'*Aletsch* et du *Rhône*. On trouve, dans quelques parties du Vallais, des infortunés nommés *crétins*, êtres totalement imbéciles et affectés généralement d'énormes goîtres. — Le chef-lieu est la petite ville de *Sion* ou *Sitten*, dans un site magnifique, vers le Rhône. — Près de *Louëche* ou *Loëche* (en allemand *Leuk*) sont des eaux minérales très-fréquentées et le célèbre passage de la *Gemmi*, qui coupe les Alpes Bernoises. — Près de *Martigny*, on admire la gorge pittoresque du *Trient*.

Le canton de **Vaud**, en allemand *Waadt*, est l'un des plus grands et des plus beaux de la Suisse. Il s'étend entre le lac de Neuchâtel, au N., et celui de Genève, au S. Les Alpes Bernoises le couvrent à l'E.; le mont Jura y offre à l'O. ses plus hauts sommets suisses; le petit groupe du Jorat se trouve au milieu. La partie la plus agréable du canton est celle qui borde le lac de Genève; il s'y présente un délicieux mélange de maisons de campagne, de jardins, de vignobles, de prairies, de villes florissantes.

Le chef-lieu est *Lausanne*, ville de 27 000 habitants, littéraire et savante, très-fréquentée par les voyageurs, et située près de la rive septentrionale du lac de Genève; *Ouchy* lui sert de port.

Vevay, en allemand *Vyvis*, est une jolie ville, dans une magnifique situation, vers la partie orientale du même lac.

Yverdun ou *Yverdon*, en allemand *Ifferten* (ancienne *Ebrodunum*), est à l'extrémité S. O. du lac de Neuchâtel, auquel on donne quelquefois le nom de cette ville.

Granson, sur la rive O. de ce lac, est célèbre par une victoire des Suisses sur les Bourguignons en 1476.

Avenche, enclavée dans le canton de Fribourg, offre les ruines de l'ancienne *Aventicum*.

Le canton de **Genève**, placé a l'extrémité S. O. de la

Suisse, est, avec celui de Zug, le plus petit de la Confédération; mais il en renferme la plus grande ville, *Genève*, en allemand *Genf*, en italien *Ginevra*, chef-lieu du canton. Cette ville est admirablement placée à l'endroit où le Rhône sort du lac, et vers la frontière de la Suisse et de la France. Elle a beaucoup d'établissements scientifiques et littéraires, et des fabriques renommées de bijouterie et d'horlogerie. Elle a donné naissance à un grand nombre de célébrités : J. J. Rousseau, Saussure, Necker, Tœpfer, Pradier, etc. On y compte 47 000 habitants, et, avec ses annexes, 68 000.

Le canton du TESSIN ou TÉSIN, placé au S. des Alpes Lépontiennes, est incliné vers l'Italie, et l'on y trouve le climat et le langage italiens. Le Tessin l'arrose du N. au S., et s'y jette dans le lac Majeur. Le lac de Lugano baigne aussi ce pays.

Bellinzone, sur le Tessin, *Locarno*, sur le lac Majeur, et *Lugano*, sur le lac de ce nom, sont tour à tour, pendant six ans, les chefs-lieux du canton.

Les principaux chemins de fer qui parcourent la Suisse ou qui l'unissent aux pays voisins sont les suivants : de *Bâle* à *Mulhouse* et *Strasbourg*, avec une ligne sur *Paris;* — de *Bâle* à *Carlsruhe;* — d'*Olten* (qui est le centre principal des chemins suisses) à *Bâle*, d'un côté, à *Berne*, d'un autre, avec embranchement sur *Neuchâtel;* à *Aarau* et *Zürich*, dans une troisième direction; à *Aarbourg* et *Lucerne*, dans une quatrième direction; — de *Zürich* à *Winterthur;* de *Winterthur* au *lac de Constance;* — de *Zürich* et de ce lac à *Coire;* — de *Neuchâtel* à *Pontarlier*, *Dijon*, *Paris;* — d'*Yverdun* à *Lausanne;* — de *Berne* à *Thun;* — de *Berne* à *Fribourg* et *Lausanne;* — de *Lausanne* à *Genève;* de *Genève* en *France* (Lyon, Paris, par Mâcon); — de *Lausanne* à *Villeneuve*, *Sion*, *Sierre* et *Briey*, dans la direction du Simplon. — Le chemin commencé de *Lucerne* à *Milan*, par le St.-Gothard.

Chemins de fer exploités : 2 500 kil. — Lignes télégr. 6 500 kil.

Population, langues, religion, gouvernement, etc.— Des 2 800 000 h. que renferme la Suisse, environ les trois cinquièmes sont protestants, de la réforme de Calvin et de Zwingle; les autres appartiennent au catholicisme. Il y a peu de luthériens. Les cantons du centre et du sud sont catholiques.

La majorité de la population suisse est allemande; cependant, à l'O., les Suisses ont une origine française, et, dans quelques parties du S. et du S. E., une origine italienne : on parle allemand dans le N., l'E. et le centre, français dans l'O., italien dans le Tessin et dans une partie du canton des Grisons. Dans ce dernier canton, règnent aussi l'allemand et un idiome particulier, le roman, dérivé du latin et divisé en deux dialectes, le roman proprement dit et le ladin.

La diversité d'origines et de langages, la grande variété des situations et des climats, et l'indépendance isolée de chaque petite république, font qu'on ne trouve pas en Suisse un caractère national bien marqué. Cependant on peut dire que presque partout, dans ce pays, règnent des mœurs honnêtes, beaucoup de piété, un profond respect pour les anciennes coutumes, de la cordialité, une industrie active et intelligente, des manières simples et naturelles, un grand amour de l'indépendance et de la patrie. Les Suisses, même dans les villes, recherchent plus les jouissances de la vie intérieure que les plaisirs brillants de la société.

Les vingt-deux cantons de la Suisse forment en tout vingt-sept États ou républiques ; car Bâle, Appenzell et Unterwalden sont divisés, chacun, en deux républiques distinctes, et les Grisons en comprennent trois. Ces États sont unis et confédérés, pour le maintien de leur liberté, contre toute attaque de l'étranger, et pour la conservation de l'ordre et de la tranquillité dans l'intérieur. D'après la Constitution fédérale de 1848, le gouvernement de la Confédération est exercé par trois pouvoirs : 1° l'Assemblée fédérale, composée des députés élus par la nation ; 2° le Conseil fédéral ou pouvoir exécutif ; 3° le Tribunal fédéral. — Le Conseil fédéral est présidé par le président de la Confédération, nommé pour un an par l'Assemblée fédérale et pris dans le sein du Conseil.

L'instruction publique est florissante ; il y a des universités à Zürich, à Berne et à Bâle, des académies à Genève, à Lausanne, à Neuchâtel, et une école polytechnique à Zürich.

Tout Suisse est tenu au service militaire ; le service est obligatoire depuis l'âge de vingt ans jusqu'à quarante-quatre ans. L'armée fédérale, formée des contingents des cantons, se compose : 1° de l'armée régulière, ou de l'élite fédérale, comprenant les hommes de vingt à trente-quatre ans et pour laquelle chaque canton fournit trois hommes sur cent âmes de la population suisse; 2° de la réserve; 3° de la landwehr. L'armée régulière compte environ 100 000 hommes. Toute l'armée fédérale s'élève à 200 000 hommes.

Le revenu de la Suisse n'est que de 43 millions de francs.

L'industrie est très-active dans les cantons de l'O. et du N.; elle fournit des soieries, de l'horlogerie, des toiles de coton, des mousselines, des indiennes, des blondes, du papier, des chapeaux de paille, des fromages.

La Suisse a un commerce aussi considérable qu'il peut l'être avec des communications assez difficiles; la navigation est presque nulle, excepté sur les grands lacs; les routes vers la France et l'Allemagne sont nombreuses et commodes. Mais, vers l'Italie, il n'y en a qu'un petit nombre, à travers les cols escarpés des Alpes : les principales sont celles du Simplon, du Saint-Gothard, du Bernardino et du Splügen. On exporte des bois, des peaux, des bestiaux, des fromages, du beurre, de l'horlogerie, de la bijouterie, des soieries, des tissus de coton, des chapeaux de paille. On importe des céréales, des vins, des eaux-de-vie, des denrées coloniales, de l'huile, des tissus de laine, etc.

L'exportation et l'importation réunies s'élèvent environ à un milliard.

ITALIE

Géographie physique de l'Italie. — L'ITALIE se compose d'une grande presqu'île et de plusieurs îles, dont les plus considérables sont la Sicile et la Sardaigne.

La presqu'île s'allonge du N. O. au S. E., depuis 37° 50' jusqu'à 46° 40' de latitude N., et depuis 3° 45' jusqu'à 16° de longitude E., entre la Méditerranée propre et la mer Tyrrhénienne, à l'O., la mer Ionienne, au S. E., le canal d'Otrante et la mer Adriatique, à l'E. Elle tient vers le N. O. à la France, et vers le N. à la Suisse et à l'Allemagne; elle est, en grande partie, séparée de ces trois contrées par les Alpes.

Sa longueur est de 1300 kilomètres, et sa largeur moyenne, de 200 kilomètres. La superficie de toute l'Italie, en y comprenant les îles, est de 296 000 kilomètres carrés. La population s'élève à 28 millions d'habitants.

La péninsule de l'Italie a grossièrement la forme d'une botte; au bout du pied, qui forme la presqu'île de *Calabre*, se présentent les caps *dell'Armi* et *Spartivento*; à l'extrémité du talon, qui est la presqu'île d'*Otrante*, se trouve le cap de *Leuca*. A l'O. de ce dernier cap, s'ouvre le grand golfe de *Tarente*. Sur la côte orientale de la presqu'île, on remarque le vaste promontoire du mont *Gargano*, qui est comme l'*éperon* de la botte, et qui forme au N. le golfe de *Manfredonia*.

L'Adriatique produit vers son extrémité N. O. le golfe de *Venise*, dont on étend quelquefois le nom à toute cette mer. Près de ce golfe sont les *lagunes de Venise* et de *Comacchio*.

Du côté opposé de la péninsule, la Méditerranée propre forme le golfe de *Gênes*, large, mais peu profond, et remarquable par l'aspect magnifique de ses rivages. On donne à sa partie orientale le nom de *rivière du Levant*, et à sa partie occidentale celui de *rivière du Ponent*, c'est-à-dire du *Couchant*.

A l'entrée de la mer Tyrrhénienne, la côte devient moins belle, et présente le territoire malsain de la *Maremme*. Un peu plus bas, elle montre la région plus funeste encore des *marais Pontins*; au S. de ces marais, s'avance le cap *Circello*, promontoire fameux dans la mythologie, qui en avait fait le séjour de la magicienne Circé.

L'aspect du pays redevient très-beau autour des golfes de *Naples* et de *Salerne*, entre lesquels s'avance la pointe *della Campanella*. Plus loin on distingue les golfes de *Policastro* et de *Santa-Eufemia*.

Le détroit, fort resserré, du *Phare de Messine* sépare la presqu'île d'Italie de la Sicile, et fait communiquer la mer Tyrrhénienne à la mer Ionienne. On trouve à son entrée septentrionale le rocher de *Scylla*, en italien *Scilla*, écueil si redouté autrefois; dans l'intérieur même du canal, est le gouffre de *Charybde*, fameux aussi par les dangers qu'il offrait à la navigation.

L'Italie est célèbre par la beauté de son climat, la fertilité de son sol, la variété de ses sites enchanteurs et les véné-

rables restes d'antiquité qu'elle présente à chaque pas. Au N.,
sont les hautes montagnes des Alpes, dont les glaciers et les
neiges contrastent avec les vastes plaines du Pô ; il en descend
d'innombrables rivières, dont plusieurs forment des lacs pittoresques. Au S., le sol est moins bien arrosé, et les tremblements de terre l'ont souvent ravagé ; mais le ciel y est pur et
admirable.

Le climat de l'Italie est généralement agréable ; cependant
il y a plusieurs cantons fort malsains, et il souffle quelquefois
un vent méridional suffocant et insupportable, qu'on nomme
scirocco.

Parmi les productions végétales de cette contrée féconde,
il faut nommer le riz, récolté dans les plaines humides du
Pô ; le maïs, le vin ; des oranges, des cédrats, des poncires,
des limons, des citrons, des dattes, des figues, des pistaches,
des caroubes, des olives ; le coton, dans le S. ; la réglisse, le
safran, la garance, la manne, qui découle d'une espèce de frêne.

Les pâturages nourrissent des bœufs d'une grosseur remarquable, des buffles et des moutons estimés. On trouve en Sardaigne le mouflon. On se sert beaucoup des ânes et des mulets
pour le transport des marchandises et des voyageurs. Les hautes
montagnes renferment des ours, des lynx, des bouquetins, des
blaireaux, des porcs-épics, des marmottes, des aigles, des vau-
tours. Parmi les animaux nuisibles, on doit citer le scorpion
et la tarentule ; parmi les insectes utiles, le ver à soie et
l'abeille. La pinne marine, assez commune sur les côtes méridionales, est un mollusque muni de fils qui servent à le fixer
aux rochers, et qui, fins comme de la soie, sont employés à la
fabrication de belles étoffes. Enfin les sépias des mers italiennes fournissent une excellente couleur.

L'Italie a de grandes richesses minérales : marbres superbes, albâtre calcaire, porphyres, alun, soufre.

Les *Alpes* et les *Apennins* sont les principales montagnes
de l'Italie : ils ne forment ensemble qu'une seule grande
chaîne, qui s'étend depuis la frontière septentrionale de cette
contrée jusqu'au Phare de Messine, et qui sépare la presqu'-
île en deux versants généraux : le versant de l'E., incliné
vers la mer Adriatique et la mer Ionienne, et le versant de
l'O., vers la Méditerranée propre et la mer Tyrrhénienne.

On considère généralement le col d'*Altare* ou de *Cadibone*, au N. O. du golfe de Gênes, comme le point qui sépare les Alpes des Apennins. Les *Alpes Carniques*, les *Alpes Cadoriques* et un rameau des *Alpes Rhétiques* formé des *Alpes de l'Ortles* et de l'*Adamello*, limitent, sur une assez grande étendue, l'Italie vers l'empire Austro-Hongrois. Les *Alpes Rhétiques occidentales* et d'autres parties des Alpes formant cet arc immense de montagnes qui se courbe à l'O. depuis le mont Saint-Gothard jusqu'au col d'Altare, séparent l'Italie de la Suisse, puis de la France. Voici les dénominations particulières données aux différentes sections de cette imposante partie de la chaîne : on l'appelle *Alpes Lépontiennes occid.*, depuis le Saint-Gothard jusqu'au mont Rosa ; — *Alpes Pennines*, depuis le mont Rosa jusqu'au mont Blanc ; — *Alpes Grées* ou *Graïes*, du mont Blanc au mont Cenis ; — *Alpes Cottiennes*, du mont Cenis au mont Viso ; — *Alpes Maritimes*, entre le mont Viso et les Apennins.

Les Alpes sont plus escarpées du côté de l'Italie que du côté des pays voisins.

Leur point culminant sur les frontières italiennes est le mont *Blanc*, haut de 4810 mètres.

Viennent ensuite, comme points les plus remarquables dans les Alpes Pennines et les Alpes occidentales, le mont *Rosa*, le mont *Cervin*, le mont *Combin*, le *Grand Saint-Bernard ;* — le *Petit Saint-Bernard*, qui a un passage assez fréquenté ; — le mont *Cenis*, fameux par une belle route construite en 1805, sous le gouvernement français ; — le mont *Tabor*, près duquel un long tunnel du chemin de fer de la France à l'Italie franchit les Alpes ; — le mont *Genèvre*, avec un col célèbre ; — le mont *Viso ;* — les cols de *Tende*, de *Nava*, de *San-Bernardo*. — Dans les Alpes Rhétiques et leurs rameaux, on remarque le *Bernina*, avec un passage de même nom ; — le *Stelvio* (en allemand *Stilfs*), col très-élevé (plus de 2800 m.), qui va de la vallée de l'Adda à celle de l'Adige.

Les Apennins sont bien moins élevés et moins majestueux que les Alpes. Leurs sommets les plus célèbres sont le *Gran-Sasso d'Italia* ou mont *Corno*, l'*Amaro*, le pic de *Sevo*, le *Velino* et le mont de la *Sibylle*, situés vers le centre de la chaîne. Le premier, qui est le point culminant, a 2892 mètres.

On remarque dans le S. le mont *Voltore*, de nature volcanique, mais éteint aujourd'hui. Parmi les cols des Apennins, on distingue le col de la *Bocchetta*, point de passage d'un chemin de fer, entre Gênes et Alexandrie ; — le col de *Pietramala* ou de la *Futa*, sur la route de Florence à Bologne. Entre les Apennins et les Alpes, d'un côté, et la mer, de l'autre, règne le long défilé de la *Corniche*, dont une belle route et un chemin de fer parcourent toute l'étendue. Les branches qui se détachent de la chaîne principale des Apennins portent généralement le nom de *Sub-Apennins :* on remarque le *Sub-Apennin tarentin*, le *Sub-Apennin toscan*, le *Sub-Apennin romain*, le *Sub-Apennin napolitain*, dans lequel sont les *Fourches Caudines (Forchia Caudina)*.

Le sol italien présente deux des plus fameux volcans actifs du monde : l'un est le mont *Vésuve* (en italien *Vesuvio*), sur la côte occidentale de la presqu'île, haut seulement de 1140 m., mais terrible par ses éruptions fréquentes, dont quelques-unes des plus célèbres sont celles de l'an 79 après Jésus-Christ, la première connue, et celles de 1731, 1794, 1819, 1855, 1861, 1868. C'est le seul volcan proprement dit actuellement enflammé sur la partie continentale de l'Europe. Des croûtes de laves fumantes environnent le sommet de la montagne. Le bord du cratère a environ 2 kilomètres de tour, et la profondeur de cet abîme est d'à peu près 115 mètres ; le fond en est uni et parsemé d'ouvertures par lesquelles sortent les vapeurs et les matières calcinées. — L'autre volcan est l'*Etna* ou *Gibello*, sur la côte orientale de la Sicile : il s'élève à 3237 mètres, et son cratère, toujours fumant, est entouré de neiges éternelles. Cette bouche a environ 4 kilomètres de circonférence. On distingue, en outre, un assez grand nombre de petits cratères sur les flancs de la montagne. Parmi les grandes éruptions de l'Etna, on remarque celles de 1669, 1755, 1809 et 1865.

C'est sur le versant oriental de la péninsule que coule le plus grand fleuve de l'Italie, le *Pô*, qui descend du mont Viso, et, après un cours de 600 kilomètres, se jette dans la mer Adriatique par plusieurs branches ; il charrie beaucoup de sable et de terre, et produit de grands atterrissements vers son embouchure. Il reçoit par la rive gauche la *Doire*

Ripaire, la *Doire Baltée*, la *Sésia*, l'*Agogna*, le *Tessin* ou *Tésin* (en italien *Ticino*), qui sort du lac *Majeur* ou *Maggiore*; l'*Adda*, qui forme le lac de *Côme*, entouré de riches paysages; l'*Oglio*, rivière tortueuse, qui traverse le lac d'*Iseo* et reçoit la *Chiese*, sortie du petit lac d'*Idro*; enfin le *Mincio*, qui sort du grand et beau lac de *Garde*. Par sa rive droite, le Pô se grossit du *Tanaro*, de la *Trebbia* ou *Trébie*, du *Taro* et du *Panaro*.

On remarque encore, sur le versant oriental: le *Tagliamento*, la *Piave*, qui sont des torrents fort larges à certaines époques, et de faibles cours d'eau le reste de l'année; — la *Brenta* et l'*Adige*, qui, ainsi que les deux précédents, ont leurs embouchures au N. de celle du Pô, vers les lagunes de Venise; — le *Reno*, dont le cours inférieur traverse les lagunes de Comacchio et aboutit au Pô di Primaro, la branche la plus méridionale du Pô; — l'*Uso* ou *Rubicone* (en français *Rubicon*), fameux dans l'histoire de César; — le *Metauro*, célèbre par la victoire que les Romains remportèrent près de ses bords sur Asdrubal; — la *Pescara* ou *Aterno*; — l'*Ofanto* (l'ancien *Aufidus*), près de la rive droite duquel est le champ de bataille de Cannes; — le *Bradano*, le *Basente* et le *Crati*, tributaires du golfe de Tarente.

Le *Tibre*, en italien *Tevere*, est un fleuve peu considérable, cependant le second de l'Italie pour la grandeur, et le premier du versant occidental. Il vient des Apennins, coule pendant longtemps dans une direction presque parallèle au faîte de ces montagnes, passe à Rome, et, après un cours d'environ 350 kilomètres, se jette dans la mer Tyrrhénienne par deux branches, qui forment l'île *Sacrée*. Ses affluents sont, à gauche, la *Nera*, dans laquelle se jette le *Velino*, connu par de belles cascades; et le *Teverone* (anciennement *Anio*), qui forme la grande cascade et les cascatelles de Tivoli; — à droite, la *Chiana*, qui, par un phénomène remarquable, verse aussi ses eaux dans l'*Arno*.

Ce dernier fleuve est, après le Tibre, le cours d'eau le plus considérable du versant occidental.

On trouve sur le même versant la *Roia*, vers la frontière de la France; — le *Serchio*; — l'*Ombrone*, dont l'embouchure est voisine de la lagune de *Castiglione*; — le *Gari-*

gliano, célèbre par un beau fait d'armes de Bayard ; — enfin le *Volturno* ou *Vulturne*.

Les lacs *Majeur*, de *Côme*, d'*Iseo* et de *Garde*, qui se trouvent dans le bassin du Pô, sont les plus remarquables des lacs qui s'étendent au pied méridional des Alpes.

Il y a quelques autres lacs assez considérables dans les parties moyennes de l'Italie. A l'O. des Apennins, on voit se succéder du N. au S. les lacs de *Pérouse* (anciennement *Trasimène*), de *Bolsena* et de *Bracciano*. — Au milieu d'un plateau situé dans la partie la plus élevée des Apennins, se trouvait le lac *Fucino* ou de *Celano*, qui paraissait occuper le cratère d'un ancien volcan, et qui était sujet à des crues extraordinaires menaçant sans cesse les populations voisines. On vient de le dessécher. — Au S. E. de Rome, est le joli lac d'*Albano*. — Près du golfe de Naples, on remarque les lacs *Fusaro* (anc. *Achéron*), *Averne*, d'*Agnano*, *Lucrin* ou *Maricetto* et *Licola* (*Fosse de Néron*), tous fort petits, mais très-intéressants dans l'histoire et la mythologie ; ils sont généralement à la place d'anciens cratères.

On peut considérer comme des sortes de lacs les *lagunes de Venise* et *de Comacchio*, formées par le mélange des eaux de plusieurs rivières et de la mer, qui se sont épanchées sur une plage très-basse. Ces amas d'eau, surtout vers Venise, sont çà et là assez profonds pour recevoir des navires, et le tracé de la navigation y est indiqué par des pieux.

C'est dans la Lombardie et la Vénétie qu'on trouve le plus grand nombre de canaux : les principaux sont le *Naviglio Grandé*, qui va de Milan au Tessin, et le canal *Cavour*, qui s'étend du Pô (dans le Piémont) à l'Olona (en Lombardie).

Divisions administratives, villes principales. — L'Italie était, avant 1859, partagée en neuf États :

1° Le royaume de *Sardaigne* ou les *États Sardes*. — 2° La principauté de *Monaco*. — 3° Le royaume *Lombard-Vénitien* (à l'empire d'Autriche). — 4° Le duché de *Parme*. — 5° Le duché de *Modène*. — 6° Le grand-duché de *Toscane*. — 7° Les *États de l'Église*. — 8° La république de *Saint-Marin*. — 9° Le royaume des *Deux-Siciles*, composé du royaume de Naples et de la Sicile.

Mais, à la suite de la guerre de 1859, un grand mouvement s'est opéré pour fondre tous les États italiens en un seul, avec le roi de Sardaigne pour chef. La plus grande partie de l'Italie est réunie aujourd'hui sous le gouvernement de ce prince, et sa monarchie a pris le nom de *royaume d'Italie*.

Les divisions politiques actuelles de toute la région italienne sont le *royaume d'Italie*, la *république de Saint-Marin*, les *îles anglaises de Malte*. (La principauté de Monaco est aujourd'hui sur le territoire français, enclavée dans le département des Alpes-Maritimes.)

ROYAUME D'ITALIE.

L'ancien royaume de Sardaigne, qui a été le noyau du royaume actuel d'Italie, ne comprenait encore, avant la guerre de 1859, que le *Piémont*, la *Savoie*, le *Comté de Nice*, le *territoire de Gênes* et l'*île de Sardaigne*. Par suite de cette guerre, il a acquis la Lombardie, enlevée à l'Autriche ; mais il a cédé à la France la Savoie et la plus grande partie du Comté de Nice. Des annexions considérables sont venues ensuite l'augmenter dans l'Italie centrale et méridionale. En 1866, la Vénétie, cédée par l'Autriche, lui a été aussi annexée. Enfin, en 1870, il a pris possession des États de l'Église.

Le ROYAUME D'ITALIE comprend aujourd'hui les pays suivants : 1° Dans l'Italie septentrionale, il s'étend depuis les Alpes Pennines, Graïes, Cottiennes et Maritimes, qui le séparent de la France, jusqu'aux Alpes Cadoriques et Carniques et au cours de l'Isonzo, du côté de l'empire Austro-Hongrois ; il renferme, dans cette partie, le *Piémont*, le territoire de *Gênes* ou la *Ligurie*, la *Lombardie*, la *Vénétie*.

2° Dans l'Italie centrale, il comprend : l'*Émilie* (c'est-à-dire les anciens duchés de *Parme* et de *Modène*, et la *Romagne*, qui était une province du Pape) ; — l'ancien grand-duché de *Toscane* ; — l'*Ombrie*, les *Marches*, et le territoire *Romain*, qui dépendaient du Pape.

3° Dans l'Italie méridionale, il renferme le territoire *Napolitain* (l'ancien royaume de *Naples*).

4° Enfin, il possède les îles de *Sardaigne* et de *Sicile*.

Celte monarchie se partage en 69 provinces.

Le PIÉMONT (en italien *Piemonte*) tire son nom de sa position au pied des monts : en effet, les Alpes et les Apennins l'enveloppent au N., à l'O. et au S.; dans l'intérieur, s'étendent de vastes et fertiles plaines, traversées de l'O. à l'E. par le Pô.

La plus grande ville du Piémont est *Turin* ou *Torino*, qui a été d'abord la capitale du royaume d'Italie : elle est agréablement située au confluent du Pô et de la Doire Ripaire, et compte 227 000 habitants.

On remarque encore dans ce pays :

A l'O., *Suse*, l'antique *Segusio*, résidence de Cottius, qui régna sur les contrées environnantes, nommées depuis Alpes Cottiennes; — *Pignerol*, en italien *Pinerolo*, autrefois place très-forte, longtemps au pouvoir de la France, au XVIe et au XVIIe siècle; dans son voisinage, sont des vallées habitées par la secte des Vaudois; — *Marsaille* (*Marsaglia*), célèbre par une victoire de Catinat en 1693.

Au N., *Ivrée* et *Aoste*, sur la Doire Baltée; — le fort de *Bard*, dans un étroit défilé de cette Doire, entre deux contreforts détachés des Alpes Grées et des Alpes Pennines; célèbre dans les opérations militaires de Bonaparte en 1800; — *Courmayeur*, qui a des eaux minérales renommées.

A l'E., *Novare* (30 000 h.), fameuse par une bataille entre les Français et les Suisses en 1513, et par une victoire des Autrichiens sur les Sardes en 1849; — *Pallanza*, sur le lac Majeur, près des charmantes îles *Borromées;* — *Verceil* ou *Vercelli*, *Casale*, citées souvent dans l'histoire des guerres d'Italie; — *Palestro*, théâtre d'un brillant fait d'armes des Franco-Sardes en 1859; — *Romagnano*, sur la Sesia, où Bayard fut blessé mortellement, en 1524; — *Alexandrie de la Paille*, en italien *Alessandria*, ville très-forte, sur le Tanaro, peuplée de 60 000 âmes et près de laquelle est *Marengo*, où les Français remportèrent une victoire sur les Autrichiens en 1800; — *Voghera*, *Tortona; Asti*, patrie d'Alfieri; — *Novi;* — *Montabello*, connu par deux victoires des Français en 1800 et 1859.

Au S., *Carmagnole*, célèbre place forte; — *Cérisoles*, où le Français remportèrent une victoire sur les Espagnols et les Impériaux en 1544 ; — *Coni* ou *Cuneo*, place forte, de 23 000 âmes ; — *Savigliano*, que la France a possédée au milieu du XVIe siècle, et où les Français vainquirent les Autrichiens en 1799 ; — *Saluces* (*Saluzzo*), qui a appartenu à la France depuis François Ier jusqu'en 1601 ; — *Mondovi*, où les Français furent vainqueurs en 1796 ; — *Alba, Cherasco*, place forte, souvent signalée dans les guerres d'Italie.

Dans la région maritime située au sud du Piémont et comprenant le territoire de GÊNES ou la LIGURIE, avec la partie du Comté de Nice qui est restée au royaume d'Italie, on distingue d'abord la grande ville de *Gênes*, en italien *Genova* (anc. *Genua*), surnommée *la Superbe*, à cause de son aspect imposant et de la magnificence de ses palais. Elle est très-fortifiée, possède un beau port et fait un grand commerce. Cependant elle était autrefois beaucoup plus florissante, et longtemps elle a été l'une des plus puissantes républiques de l'Italie. On y compte 160 000 habit. Parmi les plus illustres Génois, il faut citer Christophe Colomb.

Ensuite on remarque : *la Spezia*, à l'E. de Gênes, avec un bon port, destiné à devenir un grand port militaire ; — *Savone, Oneille*, patrie d'André Doria, *Port-Maurice, San-Remo* et *Vintimille*, places fortes et maritimes ; — *Chiavari*, ville industrielle et commerçante ; — *Acqui, Albenga*, très-anciennes villes ; — *Montenotte, Millesimo*, célèbres par des victoires des Français en 1796.

La LOMBARDIE, partie occidentale de l'ancien royaume Lombard-Vénitien, est une des régions les plus belles de l'Europe. Les Alpes s'y élèvent vers le N. ; des lacs délicieux s'y étendent à leur pied ; d'innombrables rivières en descendent, et fertilisent partout le pays ; le Pô baigne les plaines de la partie méridionale, où les rizières abondent et où l'air est souvent insalubre. C'est la contrée la plus populeuse de l'Italie.

La plus importante ville est *Milan* (en italien *Milano*, anc. *Mediolanum*), ancienne capitale du roy. Lombard-Vénitien, grande et belle ville, sur l'Olona, dans une magnifique plaine, avec une admirable cathédrale. Elle compte 200 000 habitants (260 000, avec les faubourgs appelés *Corpi Santi*).

Au N. de Milan, on voit *Côme* ou *Como*, à l'extrémité S. O.

du beau lac de même nom ; — *Monza*, avec un beau palais, dont le musée renfermait la célèbre couronne de fer ; — *la Bicoque*, qui rappelle une défaite des Français en 1522.

Au N. E. de Milan, on remarque *Bergame* ou *Bergamo*, peuplée de 37 000 habitants ; — *Sondrio*, chef-lieu de la province montagneuse de *Valteline*; — *Bormio*, près du fameux col de *Stelvio*, qui conduit de la Valteline dans le Tyrol.

A l'O., *Magenta*, *Turbigo*, célèbres par les victoires des Français en 1859.

Au S. O., *Abbiate-Grasso* ou *Biagrasso*, remarquable par un combat entre les Français et les Impériaux en 1524.

Au S. et au S. E., on distingue : *Pavie*, sur le Tessin, ville fort ancienne, de 30 000 âmes, fameuse par son université et par la bataille qu'y perdit François Ier en 1525 ; — *Marignan* ou *Melegnano*, connue par une victoire du même roi en 1515, et par une autre victoire des Français en 1859 ; — *Lodi*, sur l'Adda, célèbre par une brillante victoire des Français en 1796 ; — *Agnadel*, où les Français remportèrent des victoires en 1509 et 1705 ; — *Crémone*, sur le Pô, ville de 30 000 âmes, remarquable par ses fabriques de soieries et ses violons ; *Pizzighettone*, anc. place forte, sur l'Adda.

Enfin, dans la partie la plus orientale de la Lombardie, on trouve : *Brescia*, ville autrefois très-forte, renommée par ses nombreuses fabriques d'armes à feu, et peuplée de 35 000 habitants ; — *Castiglione*, où les Français furent vainqueurs en 1796 ; — *Solferino*, où ils remportèrent une brillante victoire sur les Autrichiens en 1859 ; — *Rebec*, où Bonnivet fut vaincu en 1524 ; — *Goito*, où les Sardes furent vainqueurs en 1848 ; — *Mantoue* (*Mantova*, anc. *Mantua*), place très-forte, dans un lac formé par le Mincio (27 000 h.); — *Peschiera*, autre place forte, sur le Mincio, à sa sortie du lac de Garde.

La VÉNÉTIE, qui fut cédée par l'Autriche en 1866, s'étend du lac de Garde et du Mincio à l'Adriatique, et depuis les Alpes Carniques et Cadoriques jusqu'au Pô. Le charme d'une température très-douce y est trop souvent détruit par les miasmes des marais; les lagunes de Venise occu-

Venise. — Palais ducal, quai des Esclavons.

pent, à l'E., une assez grande étendue. L'Adige tranchit le pays du N. au S.

La capitale de la Vénétie est *Venise*, une des plus célèbres villes du monde, bâtie au milieu des lagunes, vers l'embouchure de la Brenta, sur quatre-vingts petites îles, qui communiquent entre elles par plus de trois cents ponts. Les canaux y tiennent lieu de rues, et les gondoles, de voitures. Le principal canal est le *canal Grande*, qui traverse toute la ville, et sur lequel on remarque le beau pont de *Rialto*. La place la plus remarquable est celle de Saint-Marc, centre de la gaieté et des amusements de Venise, et sur laquelle s'élèvent la belle église de même nom et l'ancien palais des doges.

La position de Venise au milieu des eaux offre un aspect étrange et pittoresque. Un viaduc de chemin de fer, long de près de 4 kilomètres, la joint au continent. Cette ville a été longtemps une des républiques maritimes les plus puissantes du monde. Aujourd'hui, quoique bien déchue, elle renferme encore 130 000 habitants, et c'est toujours une des plus belles cités de l'Europe. — Les Italiens l'appellent *Venezia*, et les Allemands, *Venedig*.

On remarque, au S. de Venise, la ville maritime de *Chioggia*, aussi dans les lagunes, avec 27 000 habitants.

A l'O., *Padoue* ou *Padova* (l'ancienne *Patavium*), ville de 66 000 âmes, fameuse par son université; — *Este*, qui a donné son nom à une célèbre famille, puissante au moyen âge; — *Vicence* ou *Vicenza*, qui a 38 000 habitants; — *Vérone*, place très-forte, avec 67 000 habitants, sur l'Adige.

Rivoli, village devenu fameux par une grande victoire de Bonaparte en 1797; — *Arcole*, autre village, où les Français vainquirent les Autrichiens en 1796; — *Custozza*, où les Autrichiens vainquirent les Italiens en 1866.

Villafranca, où la paix fut conclue, en 1859, entre l'empereur des Français et l'empereur d'Autriche.

Legnago, place très-forte, située sur l'Adige, et célèbre dans la campagne de 1796. Cette ville forme, avec les places de Vérone, de Peschiera et de Mantoue, un *quadrilatère* fameux dans la stratégie.

Dans le S. de la Vénétie, entre l'Adige et le Pô, on trouve *Rovigo*, chef-lieu d'une province nommée *Polésine*; — et

Adria, ville fort ancienne, qui a donné son nom à la mer Adriatique, au bord de laquelle elle était autrefois.

Dans le N., on remarque *Bassano*, *Trévise*, *Feltre*, *Bellune*, enfin *Udine*, ville de 20 000 âmes, chef-lieu du Frioul italien. Près de cette dernière, sont le village de *Campo-Formio* ou plutôt *Campo-Formido*, où fut signé, en 1797, un important traité de paix entre la France et l'Autriche, et le château de *Passariano*, qui fut habité par Bonaparte pendant les préliminaires du traité.

Sous le nom d'ÉMILIE, renouvelé de la géographie de l'ancien empire Romain, on comprend les trois pays suivants :

1° Le territoire de *Parme*, entre les Apennins et le Pô, avec un sol généralement fertile, riche surtout en pâturages, et la belle ville de *Parme*, peuplée de 45 000 habitants.

2° Le territoire de *Modène*, traversé par les Apennins et qui s'étend depuis le Pô jusqu'à la Méditerranée. Il a pour villes principales : *Modène*, remarquable par ses beaux édifices, et peuplée de 58 000 âmes; — *Reggio* (50 000 habit.), patrie de l'Arioste; — *Correggio*, patrie du grand peintre Allegri, dit le Corrége (ou Correggio); — *Guastalla*, place très-forte, sur le Pô; — *Massa*, près de la mer; — *Carrare* ou *Carrara*, connue par ses beaux marbres statuaires.

3° La *Romagne*, renfermée entre les Apennins et l'Adriatique, et entre le Pô et le Rubicon, région fertile et riche, où l'on rencontre, en allant du N. au S. : *Ferrare*, belle ville de 75 000 âmes, sur une branche du Pô; — *Bologne* (l'ancienne *Bononia*), peuplée de 110 000 habitants, célèbre par son industrie et par ses monuments, dont la cathédrale est un des principaux; — *Faenza*, où l'on a commencé, dit-on, à fabriquer la poterie qui paraît avoir pris de cette ville le nom de faïence; — *Imola*, sur l'antique voie Émilienne; — *Ravenne*, ville de 59 000 habitants, située près de la mer, et anciennement plus importante qu'aujourd'hui; — *Forli*, l'ancienne *Forum Julii*; — *Cesena*, patrie des papes Pie VI et Pie VII; — *Rimini*, ville maritime.

La TOSCANE, couverte au N. et à l'E. par les monts Apennins, renferme, au milieu, des vallées magnifiques, entre autres celles qu'arrose l'Arno; à l'O., le long de la mer, il y a des plaines basses, humides et malsaines : on connaît sous le nom de *Maremme* ce territoire insalubre, que des travaux récents ont, du reste, beaucoup amélioré. En général, le pays offre une industrie active et une agriculture avancée.

La capitale de la Toscane est *Florence* (en italien *Firenze*), qui a été quelque temps capitale de tout le royaume d'Italie. Cette ville, située dans la vallée de l'Arno, est entourée de riches campagnes. La cathédrale, le palais Pitti, le Vieux-Palais, jadis habité par les Médicis, et la galerie de Médicis, regardée comme la plus belle collection d'antiquités, de sculptures et de tableaux, sont les principaux monuments de cette cité, qui fut le berceau des arts à l'époque de leur renaissance. Florence est illustre par les grands hommes qu'elle a produits : Dante, Boccace, Cimabué, Giotto, Léon X, Michel-Ange, Machiavel, Améric Vespuce. On y compte 168 000 habitants.

Les autres villes de la Toscane sont : au N. et à l'E., *Pistoie* (*Pistoja*), petite ville bien bâtie, au pied des Apennins ; — *Prato*, ville industrielle ; — *Arezzo* (ancienne *Arretium*), ville antique, lieu de naissance de Mécène, de Pétrarque, du martyr saint Laurent et de Guido ou Gui, inventeur des notes de musique ; — *Lucques* (*Lucca*), ancienne capitale d'un duché de même nom, dans une belle situation, sur le Serchio, avec 68 000 habitants ; — *Capannori*, avec 50 000 habitants ; — *Pise*, ville aussi de 50 000 âmes, sur l'Arno, ornée de beaux monuments, tels que la cathédrale, la Tour penchée et le Campo-Santo, vaste cour rectangulaire qui renferme plus de six cents tombeaux en marbre de Paros. Il y a une célèbre université. C'est la patrie de Galilée.

Dans l'O., est *Livourne* (*Livorno*), ville populeuse et commerçante, de 97 000 âmes, avec un port sur la Méditerranée, un des plus fréquentés de l'Italie.

Dans le S., on voit : *Sienne* (en italien *Siena*), importante par son université, et la ville où l'on parle l'italien le plus pur ; — *Volterra* (l'ancienne *Volaterræ*), avec des antiquités remarquables ; — *Chiusi* (l'ancienne *Clusium*), près de la Chiana ; — *Grosseto* ; — *Piombino*, petit port de mer, sur le détroit de même nom, dans un pays malsain.

Sur les côtes de la Toscane, on trouve l'île d'*Elbe*, dont le chef-lieu est *Porto-Ferrajo*, petite ville très-forte, sur la côte septentrionale. Napoléon Ier y résida comme souverain de l'île, depuis le mois de mai 1814 jusqu'au 26 février 1815. Cette île renferme de riches mines de fe., d'excellents pâturages, et ses côtes offrent une abondante pêche de thons et de sardines. — Au S. et au S. E. de l'île d'Elbe, sont plusieurs petites îles qui composent, avec elle, l'*archipel Toscan*. Ce sont : *Pianosa* (l'ancienne *Planasia*), *Formica*, *Montecristo*, *Giglio*, *Giannutri*. — Au N. O., l'île de *Capraja* (anciennement *Ægilion* ou *Capraria*) a un beau port.

L'OMBRIE est une région intérieure traversée par les Apennins. Le chef-lieu est *Pérouse* (en italien *Perugia*), ville de 50 000 âmes, à l'E. du lac de même nom ; — *Assise* ou *Assisi*, patrie de saint François d'Assise et de Métastase ; — *Foligno*, bouleversée par un affreux tremblement de terre en 1832 ; — *Spolète* (en italien *Spoleto*), ancienne capitale d'un important duché de même nom ; — *Rieti* (l'ancienne *Reate*) ; — *Terni* (l'ancienne *Interamne*), sur la Nera, patrie de Tacite ; — *Orvieto*, dans un territoire volcanique, fertile en vin.

Les MARCHES (c'est-à-dire les Marches d'Ancône et de Fermo et l'ancien duché d'Urbin) sont au N. E. de la Romagne, entre les Apennins et l'Adriatique ; elles forment une région fertile, dont la population est tout agricole, et où brille surtout la culture des oliviers, des mûriers et de la vigne. On y distingue : *Urbin* ou *Urbino*, patrie du grand peintre Raphaël ; — *Ancône*, ville forte et port de mer, avec 45 000 âmes ; — *Pesaro* et *Sinigaglia*, autres villes maritimes, dont la dernière est fameuse par ses foires ; — *Ascoli* (l'ancienne *Asculum*) ; — *Macerata*, — *Fermo*, — *Camerino* ; — *Tolentino*, village célèbre par un traité entre Bonaparte et le Pape, en 1797, et par une victoire des Autrichiens sur Murat, en 1815 ; — *Lorette* (*Loreto*), connue par son sanctuaire de Notre-Dame — *Castelfi-*

dardo, où s'est livré un combat entre les troupes italiennes et les partisans du Pape, en 1860.

Le territoire ROMAIN, annexé au royaume d'Italie en 1870, est formé des anciens *États de l'Église*, c'est-à-dire de la dernière possession temporelle du Pape, reste des domaines pontificaux beaucoup plus considérables qui s'étendaient, avant 1860, de la mer Adriatique à la mer Tyrrhénienne, et depuis les lagunes de Comacchio et les bouches du Pô, au N., jusqu'aux marais Pontins, au S. Les événements qui ont changé la face de l'Italie en 1859 et 1860 n'avaient laissé au Pape qu'un territoire assez limité, situé entre les Apennins et la mer Tyrrhénienne, et comprenant ce qu'on appelle la Campagne de Rome, au S., et le Patrimoine de Saint-Pierre, au N. C'est la province actuelle de *Rome.* Ce pays, surtout vers le S., offre, sur plusieurs points, des campagnes tristes et dépeuplées, où règne un air malsain.

ROME, capitale du royaume d'Italie, est toujours la résidence du Pape et la métropole du culte catholique ; elle s'étend sur les deux rives du Tibre, et a un circuit de plus de 22 kilomètres, mais les deux tiers de cet espace, à l'E. et au S., sont occupés par des vignobles, des champs, des maisons de campagne et des jardins. Il n'y a que 250 000 habitants.

Le Tibre parcourt la ville du N. au S. La partie située à l'E. du fleuve est de beaucoup la plus considérable. On y remarque les sept fameuses collines sur lesquelles était bâtie l'ancienne Rome, c'est-à-dire les monts Capitolin, Quirinal, Viminal, Esquilin, Palatin, Aventin et Célius. Le mont Pincio, au N. E., appartient aussi à l'enceinte de la ville actuelle. La portion placée sur la rive occidentale du Tibre est appuyée sur deux collines : le Janicule et le Vatican. — Cette ancienne reine du monde a aujourd'hui un aspect grave, triste et presque funèbre ; elle ne retentit pas du mouvement et du bruit d'une grande capitale.

Vers l'extrémité N. de la partie orientale de la ville, est la belle place du Peuple ; c'est de là que partent les trois rues principales de Rome : la rue du Cours, ou *strada del Corso*, qui va du N. au S., et qui est la promenade favorite des

Rome. — Vue de Saint-Pierre et du fort Saint-Ange.

Romains; la *strada di Ripetta*, qui se dirige au S. O. ; et la *strada del Babuino*, qui va au S. E. — A l'O. du Tibre, on admire la place Saint-Pierre.

De nombreux monuments s'offrent de toutes parts : parmi les anciens, on distingue surtout le Colisée ou Colosseo, immense amphithéâtre ; le Panthéon ou l'église de la Rotonde, les Thermes de Dioclétien, la colonne Antonine et la colonne Trajane. Parmi les monuments modernes, le premier de tous est l'église Saint-Pierre ; ensuite se présentent l'église Sainte-Marie Majeure et celle de Saint-Jean de Latran. Le Pape habite le palais du Vatican, qui tient à l'église Saint-Pierre, et qui possède une très-riche bibliothèque et plusieurs antiquités précieuses, entre autres les superbes statues d'Apollon, de Laocoon et d'Antinoüs, dans la cour du Belvédère. Le palais de Latran, dans le sud de la ville, est celui où se tiennent les conclaves. Le palais Quirinal, vers le milieu de Rome, était la résidence d'été des souverains pontifes. On remarque, dans la partie occidentale, un célèbre fort, le château Saint-Ange (ancien Môle d'Adrien). L'Académie de France pour les jeunes artistes lauréats occupe la villa Medici, sur le flanc du mont Pincio.

Parmi les voies anciennes qui partaient de Rome, celle qui offre les antiquités les plus intéressantes est la voie Appienne, dirigée au S.

On remarque ensuite : *Ostie*, vers l'embouchure du Tibre, à côté de vastes marais qu'on vient de dessécher, près de l'emplacement de l'ancienne ville de ce nom, célèbre par son port, aujourd'hui comblé, et sur le site de laquelle on a trouvé des antiquités curieuses ; — *Civita-Vecchia*, port sur la mer Tyrrhénienne ; — *Viterbe* ou *Viterbo*, au S. E. du lac de Bolsena ; — *Tivoli*, (l'ancienne *Tibur*), dans une charmante situation, sur le Teverone ; —*Velletri* (l'ancienne *Velitræ*) ; — *Frascati* (l'ancienne *Tusculum*), au milieu d'une délicieuse oasis de petites montagnes, qui contraste avec les tristes plaines de la Campagne de Rome ; — *Albano*, sur le charmant lac de même nom, vers l'emplacement d'*Albe la Longue*; — *Terracine* (l'*Anxur* des Volsques), à l'extrémité méridionale des marais Pontins.

Le territoire NAPOLITAIN était la partie la plus considérable du royaume des Deux-Siciles, qui comprenait 108 000 kilomètres carrés, avec 9 millions d'habitants, et qui se composait : 1° de la partie continentale, ou du *royaume de Naples,* qu'on désignait aussi sous le nom de *domaines en deçà du Phare;* 2° de l'*île de Sicile,* ou des *domaines au delà du Phare.*

Ce territoire occupe la partie méridionale de la péninsule Italique ; il est renommé par la beauté de son climat et la fertilité de son sol ; mais les feux souterrains le menacent sans cesse : des éruptions volcaniques et des tremblements de terre l'ont souvent désolé. Il comprend 7 millions d'habitants et 16 provinces, qui portent aujourd'hui, chacune, le nom de leur chef-lieu, mais dont nous ferons connaître les anciennes dénominations. On les répartit en cinq régions.

La plus septentrionale comprend les **Abruzzes** et la **Molise.** Les Abruzzes, partout montagneuses, sont distinguées par les surnoms d'*Abruzze ultérieure I*^{re}, *Abruzze ultérieure II*^e et *Abruzze citérieure.* Les chefs-lieux sont *Teramo, Aquila,* au N. du lac Fucino, et *Chieti* (ancienne *Teate*), où a pris naissance l'ordre religieux des Téatins.

La province de *Molise* ou *Sannio,* qui doit ce dernier nom à l'ancien *Samnium,* dont elle occupe une partie, a pour chef-lieu *Campobasso,* et pour autre ville *Isernia,* où une bataille se livra en 1860 entre les Piémontais et les troupes du roi de Naples.

La région de la **Pouille** (l'ancienne *Apulie*), située à l'E., renferme : 1° la *Capitanate,* qui comprend le promontoire Gargane et les petites îles Tremiti ; le chef-lieu est *Foggia,* avec 38 000 habitants, théâtre d'une grande victoire de Charles d'Anjou sur Mainfroi en 1266 ; — on y trouve aussi *Cerignola,* où Gonzalve de Cordoue vainquit les Français en 1503. — 2° La *Terre de Bari,* dont le chef-lieu est *Bari* (50 000 hab.), sur l'Adriatique ; on y remarque encore *Trani, Barletta,* autres villes maritimes, et le champ de bataille de *Cannes.*

3° Entre le canal d'Otrante et le golfe de Tarente, la *Terre d'Otrante* qui forme une presqu'île. — Le chef-lieu est *Lecce,* peuplée de 23 000 habitants. — Les autres villes principales sont : *Tarente* (*Taranto*), peuplée de 30 000 habitants, illustre dans l'histoire ancienne, mais bien déchue aujourd'hui ; — *Brindes* ou *Brindisi*, place maritime (l'ancienne *Brundusium*), où mourut Virgile ; son port est toujours excellent et redevient florissant ; — *Otrante* (*Otranto*), la ville d'Italie la plus rapprochée de la Turquie.

La **Campanie**, à l'O., vers la mer Tyrrhénienne, contient la *Terre de Labour*, en italien *Terra di Lavoro*, pays extrêmement fertile : le chef-lieu est *Caserte*, ville de 30 000 habitants, remarquable par son magnifique château royal. — On y distingue aussi *Capoue* (*Capoa*), sur l'emplacement de *Casilinum* et près des ruines de l'ancienne ville de Capoue ; elle fut assiégée et prise par les Piémontais et les Garibaldiens en 1860 ; — *Gaëte*, place forte, à la pointe d'une presqu'île qui ferme à l'O. le golfe de ce nom : ce fut, en 1860, le dernier asile du roi de Naples, qui y soutint un siége contre les Piémontais ; — *Aquino* (anciennement *Aquinum*), lieu de naissance de Juvénal et de saint Thomas d'Aquin ; — *Arpino* (l'ancienne *Arpinum*), patrie de Marius et de Cicéron ; — *Aversa*, qui fut la première principauté des aventuriers normands en Italie ; — *Nola*, où mourut l'empereur Auguste ; — *Pontecorvo*, sur le Garigliano, naguère encore dépendante du Pape ; — *San-Germano*, près des ruines de Casinum et près de la célèbre abbaye du *Mont-Cassin* ; — *Fondi*, où l'on récoltait le vin de Cécube ; — *Calvi* (l'ancienne *Cales*), dont les coteaux produisaient le falerne.

En face de cette province sont les îles de *Ponce* (*Ponza*), toutes composées de la pierre de même nom.

La Campanie renferme encore la province de *Naples*, la plus petite, mais la plus importante du territoire napolitain, car il s'y trouve *Naples*, en italien *Napoli* (anciennement *Neapolis* ou *Parthénope*), ville qui, pour la population (450 000 habitants), est la première de l'Italie ; elle a une admirable situation et se déploie au fond du golfe de même nom, sur le penchant d'une suite de collines, d'où la vue embrasse un immense et magnifique horizon. Trois forts la défendent : le château Neuf et le château d'Œuf, au bord de la mer, et le château Saint-Elme, dans l'intérieur, sur une hauteur. La principale rue est celle de Tolède, qui parcourt la ville du N. au S. La place la plus élégante est celle du Palais. L'édifice le plus remarquable est la cathédrale de Saint-Janvier. Parmi les musées, on distingue le musée Bourbonnien ou des Études.

Vers l'extrémité occidentale de la ville, est la montagne de *Pausilippe* (*Posilippo*), traversée par une grotte fort longue qui sert de passage à une route; le tombeau de Virgile est au-dessus de l'entrée de cette grotte.

Dans l'O. de la province de Naples, on remarque *Pouzzoles* (*Pozzuoli*), dont le voisinage offre les ruines de *Baïes* (*Baja*) et de *Cumes;* la Solfatare, petit volcan d'où sort continuellement de la fumée accompagnée de soufre; le Monte-Nuovo, montagne qui s'éleva tout à coup en 1538; la curieuse grotte du Chien, et plusieurs petits amas d'eau fameux, c'est-à-dire le lac Lucrin ou *Maricetto*, le lac Averne, l'Achéron (aujourd'hui le lac Fusaro), le lac d'*Agnago*, le lac *Licola* (ou Fosse de Néron, le port de Misène (aujourd'hui Mare Morto).

Dans la partie orientale de la province, on voit le bourg de *Portici*, au pied du Vésuve, avec un beau palais royal, des jardins délicieux, et les ruines d'*Herculanum*, engloutie sous les laves du volcan en 79 après Jésus-Christ; — l'ancienne *Pompeii* ou *Pompeia* (appelée aujourd'hui en italien *Pompei*), qui fut aussi ensevelie par la même éruption, et qui, découverte seulement en 1755, a fourni des restes précieux d'antiquité; — *Castellammare*, qui occupe l'emplacement de *Stabiæ*, détruite par le même phénomène; — enfin *Sorrento*, patrie du Tasse.

A l'entrée du golfe de Naples, se trouvent plusieurs îles, dont les plus remarquables sont *Capri* (l'ancienne *Caprée*, devenue trop fameuse par le séjour de Tibère); — *Ischia* (l'ancienne *Pithecusa*), qui a un sol volcanique, des sources thermales, des sites délicieux et des vins renommés; — *Procida*, très-peuplée et située entre Ischia et la presqu'île de Baïes; — *Vendotena*, au N. d'Ischia; c'est l'ancienne *Pandataria*, qui a été un lieu d'exil sous les empereurs romains.

La troisième partie de la Campanie se compose des *Principautés* et de la province de *Bénévent : la Principauté citérieure* est une province maritime, qui a pour chef-lieu *Salerne*

(28 000 habitants), située sur le golfe de meme nom, et célèbre autrefois par son école de médecine. — On distingue encore, dans cette dernière province : *Amalfi*, sur le même golfe, longtemps florissante au moyen âge, et où Flavio Gioja perfectionna l'usage de la boussole, au commencement du XIVe siècle ; — *Nocera* (l'ancienne *Nuceria*).

La *Principauté ultérieure* a pour chef-lieu *Avellino* (20 000 habitants) ; — la province de *Bénévent*, qui appartenait naguère au Pape, a pour chef-lieu *Bénévent*, ville peuplée aussi de 20 000 habitants.

La **Basilicate** est la quatrième région. C'est une assez grande province, située au S. E. des Principautés et baignée d'un côté par le golfe de Tarente, de l'autre par la mer Tyrrhénienne. Les tremblements de terre l'ont souvent bouleversée. Le chef-lieu est *Potenza*. On y remarque aussi *Matera* et *Venosa* (l'ancienne *Venusia*), patrie d'Horace.

La **Calabre**, la plus méridionale des régions napolitaines, est une presqu'île montagneuse, qui s'avance entre la mer Ionienne et la mer Tyrrhénienne jusqu'au Phare de Messine. Elle a éprouvé de terribles tremblements de terre. Elle compose trois provinces, qui sont, du N. au S. : la *Calabre citérieure*, chef-lieu *Cosenza*; — la *Calabre ultérieure IIe*, où l'on remarque *Catanzaro*, chef-lieu, et *Cotrone* (l'ancienne *Crotone*); — la *Calabre ultérieure Ire*, chef-lieu *Reggio* (anc. *Rhegium*) (37 000 hab.), sur le Phare de Messine. On y voit aussi *Seminara*, où les Français vainquirent en 1495 Gonzalve de Cordoue (qui y prit sa revanche en 1503); ils y défirent les Napolitains en 1807.

L'île de SARDAIGNE (en italien *Sardegna*), située au S. de la Corse, dont elle est séparée par les Bouches de Bonifacio, renferme de hautes montagnes, mais aussi des vallées trèsfertiles ; la culture y est assez négligée. Il y a de riches mines de plomb et de zinc. L'île a 670 000 habitants.

Elle est partagée en deux provinces : *Cagliari et Sassari*.

La capitale est *Cagliari*, ville de 34 000 âmes, sur le golfe de même nom, dans le S. de l'île. — *Sassari*, dans le N., renferme aussi 34 000 habitants.

Près de l'extrémité septentrionale de la Sardaigne, à l'entrée orientale des Bouches de Bonifacio, est l'île de *Caprera*, fameuse par le séjour du général Garibaldi.

La SICILE est de forme triangulaire, et reçut dans l'antiquité le nom de Trinacrie, à cause des trois caps remarquables qui la terminent : au N. E., le cap Faro (*Pelorum*); au S. E., le cap Passaro (*Pachynum*), et à l'O., le cap Boeo (*Lilybæum*). A l'E., s'élève le mont Etna. Depuis le Phare de Messine jusqu'à l'extrémité occidentale de l'île, s'étend une longue chaîne de montagnes, qu'on peut considérer comme une continuation des Apennins. La fécondité des plaines de la Sicile la fit surnommer autrefois le grenier de Rome. Son beau ciel, ses vallées délicieuses, ses minéraux précieux, l'ont dans tous les temps rendue célèbre. Cependant on ne profite point complétement aujourd'hui de ses richesses naturelles, et presque partout elle offre l'aspect de la plus triste pauvreté. La population est de 2 800 000 habitants.

L'île comprend sept provinces : celles de *Palerme*, *Messine*, *Catane*, *Syracuse*, *Caltanisetta*, *Girgenti*, *Trapani*. — La capitale est *Palerme*, belle et grande ville de 230 000 habitants, placée au fond du golfe de même nom, dans une situation magnifique, sur la côte septentrionale. — Les autres villes principales sont : *Messine* (l'ancienne *Messana*), peuplée de 120 000 habitants, sur le détroit auquel le phare de cette ville a donné son nom ; — *Milazzo* (l'ancienne *Mylæ*), située sur la côte nord, et dont la baie fut le théâtre de grands combats à différentes époques ; — *Catane*, très-belle ville maritime de 90 000 habitants, située sur la côte orientale, au pied et au sud du mont Etna, dont les éruptions l'ont détruite plusieurs fois ; — *Aci-Reale* (35 000 habitants), sur une coulée de lave de l'Etna ; — *Agosta* ou *Augusta*, avec un vaste port ; — *Syracuse* ou *Siracusa*, maintenant ville fort médiocre, renfermée dans la petite île d'Ortygie, tandis que l'ancienne Syracuse était une ville immense, qui s'étendait non-seulement sur cette île, mais sur celle de Sicile ; — *Modica*, peuplée de 35 000 habitants ; — *Girgenti*, aujourd'hui ville misérable, mais qui correspond à l'ancienne *Agrigente*, une des plus grandes cités de l'île : on y exploite de riches mines de soufre ; — *Sciacca*, en face de laquelle s'est élevée subitement, en 1841, la petite île Julia ou Nérita, qui s'est abaissée depuis ; — *Marsala* (34 000 habitants), vers l'extrémité occidentale de la Sicile, avec des vignobles renommés ; — *Trapani* (37 000 habitants) ; — *Termini*, sur la côte N.

Plusieurs petites îles avoisinent la Sicile : au N., et dans la dépendance de la province de Messine, se trouvent les îles *Lipari* ou d'*Éole*, volcaniques et exposées à de terribles ouragans. Les principales sont : *Lipari*, *Salina*, *Vulcano*, et *Stromboli*, célèbre par son volcan ; — à l'O., près de Trapani, on trouve les îles *Égades ;* au S. O., entre la Sicile et l'Afrique, sont *Pantellaria*, île volcanique, et *Lampedouse*, qui est peut-être l'ancienne *Ogygie*, l'île de Calypso.

Au S., sont *Malte*, *Gozzo* et *Comino*, dont l'ensemble s'appelle les *îles de Malte*, et qui sont soumises à l'Angleterre : elles seront décrites plus loin.

SAINT-MARIN.

La petite république de Saint-Marin, peuplée de 8000 habitants et enclavée dans les Marches et la Romagne, entre Urbin et Cesena, est un des plus anciens États de l'Europe. Elle doit son origine à saint Marin, qui vint se fixer dans ce lieu au Ve siècle. Plusieurs personnes s'étant rassemblées autour de son ermitage, Marin leur transmit ses principes de liberté et d'égalité évangéliques. Peu à peu cette société s'agrandit et elle devint un État. — La capitale, *Saint-Marin* ou *San-Marino*, se trouve sur une montagne escarpée.

ILES ANGLAISES DE L'ITALIE.

Les îles de Malte, au S. de la Sicile, dont elles sont séparées par le canal de Malte, dépendent de l'Angleterre.

Malte proprement dite (l'ancienne *Melita*) renferme 150 000 habitants, malgré son peu d'étendue. Ce n'était qu'un rocher aride, qu'on a rendu fertile à force de soins et même en apportant de la terre de la Sicile ; elle fut longtemps le séjour des chevaliers de Saint-Jean de Jérusalem, qui ont pris le nom de chevaliers de Malte. Les Anglais, qui la possèdent depuis 1800, en ont fait une station centrale et très-importante de leur influence dans la Méditerranée. — La capitale est *la Valette*, ville de 60 000 habitants et l'une des places les plus fortes de l'Europe. — Les autres îles du groupe sont *Comino*, au N. O. de Malte, et *Gozzo*, la plus occidentale.

Chemins de fer. — Les principaux chemins de fer qu'on remarque en Italie sont : ceux qui conduisent de *Milan* à *Venise*, par *Vérone*, *Vicence* et *Padoue*, avec embranchements sur *Mantoue*, sur *Trente* et *Botzen* (dans le Tyrol), sur *Crémone*, sur *Ferrare*, etc. ; — de *Venise* à *Trévise* et *Udine*, dans la direction de *Trieste* et de *Vienne*; — de *Milan* à *Côme*; — de *Milan* à *Pavie* et *Alexandrie*; — de *Turin* à *Alexandrie* et *Gênes*; — de *Turin* à *Coni*, avec embranchements sur *Pignerol* et sur *Saluces*; — de *Turin* à *Verceil*, et de là à *Milan*, soit par *Novare*, soit par *Casale* et *Mortara*, avec embranchements sur *Ivrée*, etc. ; — de *Turin* à *Suse* et aux *Alpes*, vers le *mont Tabor*, où la chaîne est coupée par un tunnel dans la direction de *Chambéry*, de *Lyon* et de *Paris*; — d'*Alexandrie* et de *Milan* à *Plaisance*, *Parme*, *Modène*, *Bologne*, *Ancône*, *Foggia*, *Bari*, *Brindes* et *Lecce*, avec embranchements sur *Ferrare* et sur *Ravenne*; — de *Florence* à *Pise* et *Livourne*, par *Lucques*, d'une part, et par *Empoli*, de l'autre; — d'*Empoli* à *Sienne*, *Chiusi* et *Rome*; — de *Livourne* à *Rome*, en longeant la côte par *Civita-Vecchia*; — de *Florence* à *Arezzo*, *Pérouse* et *Foligno*; — d'*Ancône* à *Rome*, par *Foligno*; — de *Rome* à *Naples*, par *Capoue*; — de *Naples* à *Salerne*.

En Sicile, on peut citer les chemins de *Palerme* à *Termini*, de *Messine* à *Catane* et *Syracuse*.

Chemins de fer exploités en 1877 : 8 000 kil. — Lignes télégraphiques : 24 000 kil.

Population, langue, religion, gouvernement, etc. — Les Italiens, au nombre de 28 millions, sont généralement bien proportionnés, et ont la physionomie expressive. C'est un peuple sobre, gai, spirituel et fin. Il a beaucoup d'aptitude pour les sciences et pour les arts, surtout pour la musique.

La langue italienne est harmonieuse, douce et poétique.
Elle se parle dans toute sa pureté en Toscane, mais Rome a
la meilleure prononciation. Cette langue s'est corrompue
dans quelques dialectes, particulièrement ceux de Gênes et de
l'île de Sardaigne.

La religion catholique est générale. On remarque dans le
Piémont la secte des *Vaudois*.

Le gouvernement du royaume d'Italie est une monarchie
constitutionnelle. Le Pape, souverain des États de l'Église, est
élu par les cardinaux.

C'est au XVe et au XVIe siècle que l'Italie a surtout brillé
par la culture des sciences, des lettres et des beaux-arts. Aujourd'hui l'instruction y reprend un essor remarquable ; il y
a d'importantes universités : celles de Turin, Naples, Pavie,
Palerme, Pise, Bologne, Padoue, Gênes, Cagliari, Sassari,
Sienne, etc. Les bibliothèques et les musées de Rome, de
Florence, de Naples, de Milan, de Venise, sont célèbres.

L'Italie fabrique des étoffes de soie, des lainages, des pâtes,
des fleurs artificielles, des chapeaux de paille, de la parfumerie, des instruments de musique, de la faïence, des ouvrages
de corail.

C'était la plus commerçante nation maritime avant la découverte de l'Amérique et du cap de Bonne-Espérance ; les navires italiens formaient alors le lien du commerce de l'Europe
avec l'Orient, et la Méditerranée était presque la seule mer
fréquentée du monde. Venise et Gênes furent longtemps les
premiers ports de l'Europe ; ce sont encore aujourd'hui deux
des principaux ports de l'Italie ; les autres sont Livourne,
Naples, Palerme, Messine, Ancône, Civita-Vecchia, Brindisi.

La marine marchande du royaume d'Italie est une des plus
considérables de l'Europe : l'effectif en est de 34 000 navires
(y compris le cabotage et les barques de pêcheurs). Le mouvement de la navigation au long cours est de 40 000 entrées
et sorties. Les exportations (1 000 000 000 de fr.) consistent en
soie, laine, miel, huile, chapeaux de paille, pâtes, fromages
dits *parmesans*, fruits, riz, marbres, soufre, corail. Les importations (1 300 000 000 de fr.) sont principalement les denrées coloniales, les tissus de laine, de lin et de coton, la
quincaillerie, les poissons séchés et salés.

Tonnage de la marine marchande : 1 000 000 de tonneaux.

Le revenu du royaume d'Italie est de 1 400 000 000 de fr.; la dette publique, de 9 à 10 milliards. — L'armée permanente est de 698 000 hommes (y compris une réserve qu'on nomme les districts militaires). La marine compte 73 navires.

(Le mouvement commercial des États de l'Église était, avant 1870, de 4 millions pour les importations, et de 3 millions pour les exportations. L'effectif de leur marine marchande était de 300 navires; leur armée, de 11 000 hommes; leur revenu, de 6 millions et demi; leurs dépenses, de 12 millions).

ESPAGNE

Géographie physique de la péninsule Hispanique. — L'ESPAGNE (en espagnol *España*) forme avec le Portugal une grande péninsule, située à l'extrémité S. O. de l'Europe. Cette péninsule est bornée au N. E. par la France, et entourée des autres côtés par la *Méditerranée* et l'océan *Atlantique*. Le détroit de *Gibraltar* (anciennement détroit d'*Hercule* ou de *Gadès*), qui unit ces deux mers, sépare la pointe méridionale de l'Espagne de l'extrémité N. O. de l'Afrique.

La partie de l'Atlantique située au N. de l'Espagne est nommée mer de *Biscaye*, mer *Cantabrique, golfe de Gascogne* ou mer de *France*.

Le cap *Finisterre* forme l'extrémité N. O. de la péninsule Hispanique; le cap *Saint-Vincent* la termine au S. O.; le cap *Creus*, au N. E.; la pointe de *Tarifa*, au S. : cette dernière est le point le plus méridional du continent européen. Vers le S. aussi, s'offre le promontoire de *Gibraltar*, qui forme la pointe d'*Europe* en s'avançant en face du promontoire de *Ceuta*, en Afrique. On croit généralement que ce sont ces deux promontoires que les anciens appelaient les *Colonnes d'Hercule* [1].

On remarque, en outre, au N. N. O., le cap *Ortegal;* à l'O., le cap *da Roca;* au S. O., le cap *Trafalgar*, qui rappelle une bataille navale de 1805; au S. E., les caps de *Gata* et de *Palos;* à l'E., le cap *Saint-Martin*.

1. Cependant plusieurs savants pensent que les Phéniciens avaient réellement élevé de hautes colonnes vers ce point.

La péninsule est renfermée entre le 36ᵉ et le 44ᵉ degré de latitude N., et entre le 1ᵉʳ degré de longitude E. et le 12ᵉ de longitude O. Elle a 820 kilomètres du N. au S., 700 de l'E. à l'O., et 1200 du N. E. au S. O. L'étendue en est un peu plus considérable que celle de la France; mais la population est beaucoup moindre, puisqu'on n'y compte que 21 millions et demi d'habitants, dont environ 16 millions et demi pour l'Espagne seule, sur une superficie de 500 000 kilom. carrés.

Cette contrée est fort montagneuse, et les chaînes qui la couvrent sont généralement très-hautes et très-escarpées. On voit, au N. E., les *Pyrénées*, en espagnol *Pirineos*, qui s'élèvent sur la frontière de France, et qui présentent en Espagne leurs points les plus élevés, c'est-à-dire le mont *Maladetta*, le pic *Posets* ou de *Lardana*, et le mont *Perdu*, hauts d'environ 3500 mètres. Les flancs espagnols de cette chaîne sont accompagnés d'une série de plateaux considérables.

Les Pyrénées sont continuées, à partir du col de Belate, par les monts *Cantabres*, qui portent, dans une assez grande étendue, le nom de monts des *Asturies*, et se terminent au cap Finisterre. Leurs sommets les plus élevés sont les *Peñas de Europa* (2678 m.).

Aux monts Cantabres se rattachent les monts *Ibériques*, qui s'étendent du N. au S., et contribuent à séparer l'Espagne en deux versants : celui de l'E., incliné vers la Méditerranée, et celui de l'O., vers l'Atlantique. Ils portent, au N., les noms particuliers de *Sierra de Oca* et de *Sierra de Moncayo;* — au milieu, celui de *Sierra de Albarracin;* — au S., celui de *Sierra de Cuenca.* — Par des plateaux, cette chaîne se joint au S. à la *Sierra Nevada*, où se trouve la plus haute montagne d'Espagne : le pic de *Mulahacen*, de 3554 mètres.

Trois longues branches se rattachent vers l'O. aux monts Ibériques : l'une est formée par la *Sierra de Guadarrama*, où l'on trouve le défilé escarpé de *Somo-Sierra*, célèbre par une victoire des Français en 1808; par la *Sierra de Gredos* (2660 m.), par la *Serra da Estrella* (2300 m.), et aboutit au cap da Roca. — La seconde comprend les montagnes de *Tolède*, la *Sierra de Guadalupe*, et se prolonge jusqu'au cap Saint-Vincent. — La troisième est la *Sierra Morena*.

Le territoire compris entre la Sierra Morena et les monts

Cantabres constitue le *plateau de Castille* ou le *plateau central de l'Espagne*, élevé généralement de 700 mètres.

Sur le versant de l'E., on voit trois principaux tributaires directs de la Méditerranée : l'*Èbre*, grand fleuve, qui se grossit, à gauche, de l'*Aragon*, du *Gallego* et de la *Sègre*, et forme un delta en se jetant dans la Méditerranée ; — le *Jucar*, beaucoup moins long, et à peu de distance duquel, au N., on trouve le lac d'*Albuféra*, situé très-près de la mer ; — enfin la *Segura*, au S. de laquelle est un autre lac nommé *lagune de Murcie* ou *Mar Menor*.

Sur le versant occidental, on remarque la *Bidassoa*, petite rivière intéressante parce qu'elle trace une partie de la limite de la France et de l'Espagne, et qu'elle renferme l'île des *Faisans* ou de la *Conférence*, où fut conclu le fameux traité de 1659 entre les deux royaumes ; — le *Miño* (en espagnol) ou *Minho* (en portugais) ; — le *Duero* (en espagnol) ou *Douro* (en portugais), qui se grossit, à droite, de la *Pisuerga* et de l'*Esla*, et, à gauche, du *Tormès* ; — le *Tage*, en espagnol *Tajo*, en portugais *Tejo*, long de 750 kilomètres, et le plus grand fleuve de la péninsule : il forme, un peu avant son embouchure, une baie nommée *mer de la Paille*, et reçoit la *Jarama*, grossie du *Henarez* et du *Manzanarès*. — On trouve encore sur le même versant la *Guadiana*, qui, au commencement de son cours, disparaît entre des joncs et des roseaux, l'espace de 20 kilomètres, et reparaît ensuite sous la forme de grands marais, nommés les *Yeux de la Guadiana* ; — enfin le *Guadalquivir*, l'ancien *Bœtis*, qui arrose une délicieuse contrée et a pour affluent principal le *Genil* : c'est le plus utilement navigable des fleuves d'Espagne.

Il y a peu de canaux : les plus importants sont le canal *Impérial* ou d'*Aragon*, qui longe une partie du cours de l'Èbre ; et le canal de *Castille*, entre l'Èbre et le Douro.

Le versant de la Méditerranée est la partie la plus chaude et la plus belle de l'Espagne ; la végétation y est magnifique. On y voit, surtout vers le S., des bois entiers d'orangers et de citronniers ; le cotonnier, le caroubier, le lentisque, le grenadier, le palmier y réussissent ; les oliviers et la vigne y donnent d'excellents produits ; les mûriers propres aux vers à soie y abondent, et l'on y recueille une précieuse espèce de roseau appelée sparte ou jonc d'Espagne, avec laquelle on fait des nattes. Mais cette région de la péninsule est exposée aux funestes effets du vent brûlant nommé *solano*, et des tremblements de terre s'y font quelquefois sentir.

Le versant de l'Atlantique jouit d'une température agréable. Sans avoir la brillante végétation des côtes orientales, il est riche en vignes, en oliviers, en céréales, en garance, en chênes aux glands doux, en chênes-liéges, et en chênes verts, sur lesquels vit le kermès, petit insecte dont on tire une belle couleur écarlate. La partie de ce versant qui est inclinée vers la mer de Biscaye est la moins belle et la moins chaude.

Le milieu de l'Espagne est un pays fort élevé, généralement nu, triste et monotone, et beaucoup plus froid que la latitude de la péninsule ne pourrait d'abord le faire croire. La richesse principale de cette région consiste en blé et en mérinos, qui donnent une laine très-fine, et dont on voit d'immenses troupeaux transhumants, c'est-à-dire voyageant, suivant les saisons, des vallées sur les montagnes et des montagnes dans les vallées.

Les chevaux qu'on élève dans le S. de l'Espagne sont renommés par leur vigueur et leur beauté. Cependant les mulets sont généralement employés pour le transport des voyageurs et des marchandises. On estime les bœufs du N. O. et de l'O.

On trouve de l'or, mais pas en assez grande quantité pour qu'on l'exploite ; on extrait un peu d'argent, et beaucoup de cuivre, de plomb, de fer, de zinc, de mercure, de houille, de sel, de marbre.

Divisions principales, grandes villes, etc. — La division administrative est (sans les îles Baléares et les Canaries) en 47 provinces, réparties en 13 capitaineries générales, qui remplacent à peu près les anciennes grandes provinces ou royaumes dont l'Espagne était autrefois composée. Huit de ces capitaineries sont maritimes et cinq intérieures. Parmi les divisions maritimes, il y en a quatre le long de la mer de Biscaye, dans le N. et le N. O. de la péninsule : ce sont la *Galice*, les *Asturies*, la *Vieille-Castille* et les *Provinces Basques*. — Quatre sont baignées par la Méditerranée, et se trouvent à l'E. et au S. E. : ce sont la *Catalogne*, le royaume de *Valence*, le royaume de *Murcie*. — La dernière, au S., est baignée à la fois par la Méditerranée, le détroit de Gibraltar et l'Atlantique : c'est l'*Andalousie* (avec le royaume de *Grenade*).

Deux des divisions intérieures, placées au N., touchent à la France : ce sont l'*Aragon* et la *Navarre*. — Deux autres, à l'O., s'étendent vers la frontière du Portugal : ce sont le royaume de *Léon* et l'*Estrémadure*. — Enfin, une seule, située au centre, ne s'avance vers aucune des limites de la monarchie : c'est la *Nouvelle-Castille*.

On peut donc diviser l'Espagne en six régions : la *région de la mer de Biscaye;* — la *région de la Méditerranée;* — la *région méridionale* (c'est-à-dire appartenant à la fois à la Méditerranée, au *détroit de Gibraltar* et à l'*Atlantique*); — la *région intérieure du nord;* — la *région intérieure de l'ouest;* — et la *région du centre*.

Région de la mer de Biscaye. — La GALICE est un pays généralement montagneux, où viennent se terminer les monts Cantabres. Elle est baignée au N. par la mer de Biscaye, à l'O. par l'Atlantique, et renferme deux des principaux caps de la péninsule, le cap Ortegal et le cap Finisterre. Le Minho l'arrose au S. Elle est habitée par un peuple laborieux, plein de courage et de probité, et qui, étant pauvre, émigre pour aller exercer des métiers pénibles dans les villes. — La Galice renferme quatre provinces : *la Corogne*, au N. O.; *Lugo*, au N. E.; *Pontevedra*, au S. O., et *Orense*, au S. E. — Une des villes les plus importantes est *la Corogne*, en espagnol *Coruña*, avec un port vaste et commode, et 30 000 habitants. — *Le Ferrol*, au N. E. de la Corogne, et dans la même province, a un important port militaire et 18 000 habitants. — *Santiago* ou *Saint-Jacques de Compostelle*, ville de 27 000 âmes, et ancienne capitale de la Galice, se trouve aussi dans la province de la Corogne; elle est célèbre par sa vaste cathédrale gothique, composée de deux églises consacrées à saint Jacques le Majeur et à saint Jacques le Mineur. — *Lugo*, très-ancienne ville, a des sources thermales renommées. — *Orense* est dans une situation agréable, sur le Minho. — *Vigo* a un port vaste et sûr.

Les Asturies s'allongent de l'O. à l'E., et sont resserrées entre les monts Cantabres et la mer. Elles forment aujour-d'hui la province d'*Oviédo*, ainsi nommée de son chef-lieu, ville de 32 000 h. On y voit aussi *Gijon*, port assez fréquenté et point d'exportation de la houille abondante de la province.

La Vieille-Castille, berceau de la monarchie espagnole, est une longue contrée qui s'étend du N. au S. et n'a sur la mer qu'une petite partie de son territoire. Les monts Cantabres la traversent au N., les monts Ibériques la couvrent au centre et à l'E., la Sierra de Guadarrama la limite vers le S.; l'Èbre et le Duero l'arrosent. Son nom lui vient du grand nombre de châteaux forts (*castillos*) qui la défendaient autrefois des attaques des Maures.

Cette grande division contient huit provinces : *Santander*, au N.; *Burgos, Logroño* et *Soria*, au milieu; *Ségovie* et *Avila*, au S.; *Valladolid* et *Palencia*, à l'O. — Les villes principales sont : *Santander*, ville maritime, de 40 000 habitants; — *Burgos*, ville de 25 000 âmes, capitale de la Vieille-Castille et patrie du Cid, aujourd'hui bien déchue de son ancienne splendeur; — *Logroño*, sur l'Èbre; — *Soria*, jolie ville, sur le Duero, près des ruines de l'ancienne *Numance;* — *Ségovie*, remarquable par ses manufactures de draps et par un admirable aqueduc que les Romains y ont construit : à 8 kilomètres de cette ville, est *Saint-Ildefonse*, avec le beau château royal de *la Granja* et une célèbre manufacture de glaces; — *Valladolid*, peuplée de 45 000 habitants, importante par son université et son commerce de blé, de laine, etc.; — *Palencia*, avec une superbe cathédrale.

Les Provinces Basques, ou les Provinces Vascongades, se composent de la *Biscaye*, du *Guipuzcoa* et de l'*Alava*. Elles sont habitées par une population fière, industrieuse, enthousiaste de l'indépendance, très-attachée à ses anciens usages et à ses priviléges. C'est un pays montagneux, aride, mais riche en mines de fer et de zinc. Les Pyrénées finissent dans ces provinces, et les monts Cantabres y commencent. L'Èbre les limite au S., et la Bidassoa, au N. E., les sépare de la France. — *Bilbao*, chef-lieu de la Biscaye, est une ville de 27 000 âmes, animée par un commerce actif, avec un port sur l'Ansa, près de la mer. — *Saint-Sébastien* (18 000 h.), chef-lieu du Guipuzcoa, est une place forte et un port assez important. — On remarque, à l'E. de cette ville, celle du *Passage* ou *los Pasages*, avec un des plus beaux ports de l'Espagne ; — *Irun*, sur la Bidassoa, siége d'un grand commerce avec la France ; — la forteresse de *Fontarabie* ou *Fuenterrabia*, sur la même rivière. — La capitale de l'Alava est *Victoria*.

Région de la Méditerranée. — La CATALOGNE s'étend depuis les Pyrénées jusqu'un peu au S. de l'embouchure de l'Èbre ; au centre, s'élève le mont Serrat, curieux par les dents aiguës qu'offrent ses pics élancés, et par ses grottes et ses stalactites. Ce pays renferme une population vigoureuse, fière et intelligente, qui parle le catalan, langage fort différent de l'espagnol. L'agriculture et l'industrie y sont généralement plus avancées que dans le reste du royaume. On y fait des draps, des tissus de coton, des bouchons de liége, et il y a des forges considérables. Il s'y trouve quatre provinces : celles de *Girone* et de *Barcelone*, à l'E., de *Lerida*, à l'O., et de *Tarragone*, au S.

La plus grande ville de la contrée est *Barcelone*, belle place maritime, très-fortifiée et peuplée de 216 000 âmes, en y comprenant *Barcelonette*, ville toute moderne, qui en est comme un faubourg. — On remarque encore en Catalogne : *Mataro*, port très-commerçant ; — *Girone*, en espagnol *Gerona* ; — *Olot*, *Vich*, villes industrielles ; — la célèbre forteresse de *Figuières* ou *Figueras* ; — *Tarragone*, port de mer, qui ne compte aujourd'hui que 19 000 habitants, mais qui fut anciennement, sous le nom de *Tarraco*, la plus grande ville de l'Espagne ; — *Tortose*, sur l'Èbre, aussi très-ancienne, place forte, et peuplée de 26 000 habitants ; — *Reus*, cité fort moderne, animée par de nombreuses manufactures, et peuplée de 30 000 âmes ; — *Lerida*, dans une situation délicieuse ; — *Cardona*, intéressante par ses grandes mines de sel gemme ; — et *Urgel* ou *la Seu d'Urgel*, place forte.

(C'est entre la Catalogne et le département français de l'Ariége, au milieu des Pyrénées, qu'est la petite RÉPUBLIQUE D'ANDORRE, placée sous la protection de la France et de l'évêque d'Urgel, et peuplée de 10 000 habitants. La capitale en est *Andorre*.)

Le royaume de VALENCE, qui s'allonge du N. au S., offre de belles et fertiles campagnes, un ciel presque toujours pur, mais le solano le désole quelquefois. Les habitants sont vifs, gais, légers, et ils aiment beaucoup la parure et les plaisirs. Trois provinces ont été formées de ce royaume : celles de *Castellon de la Plana*, au N. ; de *Valence*, au milieu, et d'*Alicante*, au S. — La plus grande ville est *Valence*, en espagnol *Valencia*, avec un port sur le Guadalaviar, un peu au N. du lac d'Albuféra : elle est surnommée *la Belle*, et se distingue par ses nombreuses fabriques de soieries. On y compte 153 000 âmes. — *Murviedro* est près des ruines de *Sagonte*. — *Castellon* a 20 000 habitants. — *Alicante*, renommée par ses vins, est une place maritime de 30 000 habitants. — On remarque encore dans ce royaume : *Elche*, ville industrielle, où l'on fabrique beaucoup de sparterie ; — *Alcoy*, ville de 30 000 âmes ; — *Orihuela*, sur la Segura, dans une plaine fertile, qu'on a surnommée le *Jardin de l'Espagne*.

Le royaume de MURCIE, placé au S. O. du royaume de Valence, jouit d'un air très-pur et d'un beau climat, sujet seulement à trop de sécheresse. L'indolence des habitants nuit à la culture de cette riche contrée, qui se compose des provinces de *Murcie*, au S., et d'*Albacète*, au N. — On y trouve *Murcie*, peuplée de 83 000 habitants et agréablement placée sur la Segura ; — *Carthagène* (26 000 hab.), port célèbre et fort belle ville, où les insurgés contre le gouvernement espagnol, en 1873, ont soutenu un long siége ; — *Lorca*, peuplée de 20 000 habitants.

Région méridionale. — L'ANDALOUSIE est une des contrées les plus belles de la péninsule. La Sierra Morena couvre le N., et la Sierra Nevada, l'intérieur. Le Guadalquivir l'arrose. Les Andalous ont conservé une partie du caractère des Arabes ; leur jactance et leur prononciation vicieuse justifient le surnom de *Gascons* de l'Espagne qui leur est donné. — Ce pays est divisé en deux parties : l'*Andalousie proprement dite* et le *royaume de Grenade*.

En se dirigeant de l'E. à l'O., on trouve d'abord le royaume de GRENADE, qui comprend les provinces de *Grenade*, d'*Almeria* et de *Malaga*.

Grenade (en espagnol *Granada*), capitale du royaume de ce nom, est dans une situation ravissante, au milieu d'une plaine fertile. Sous les Maures, cette illustre cité renfermait 400 000 hab.; elle n'en a plus que 60 000. Parmi les monuments dont on admire les restes, on distingue surtout le palais de l'Alhambra. Près et à l'O., est *Santa-Fé*, qui fut bâtie par Isabelle et Ferdinand pendant le siége de Grenade en 1492, et où ces deux souverains approuvèrent la première expédition de Christophe Colomb. — *Almeria*, ville de 35 000 habitants, port de mer très-fréquenté, est au fond du golfe de même nom, dans une situation riante. — *Motril* et *Adra* ont de célèbres mines de plomb et de zinc. —*Malaga* est renommée par ses vins, son beau port, son heureux climat, et peuplée de 100 000 âmes. — *Velez-Malaga* a des vignobles également estimés, et produit les meilleurs raisins de Malaga. — *Antequera* et *Ronda* sont des villes de 20 000 à 25 000 âmes, dans le riche intérieur de la province de Malaga.

L'ANDALOUSIE PROPREMENT DITE renferme les provinces de *Séville*, de *Cordoue*, de *Jaen*, de *Cadix* et de *Huelva*.

La capitale de l'Andalousie est *Séville* (l'ancienne *Hispalis*), une des plus grandes cités espagnoles, dans une position admirable, sur le Guadalquivir, au milieu d'une plaine couverte de plantations d'oliviers. Le dicton populaire : *Qui n'a point vu Séville n'a point vu de merveille*, ferait croire que cette ville est plus belle qu'elle ne l'est réellement. On y remarque la cathédrale, la Giralda, tour mauresque, et l'Alcazar, ancien palais des rois maures. Elle a 119 000 habit., et son port sur le beau fleuve qui l'arrose la rend très-commerçante.

On remarque ensuite : *Cordoue*, en espagnol *Cordova* (l'ancienne *Corduba*), située sur le Guadalquivir, et qui, peuplée, au temps de ses khalifes, de 300 000 habitants, n'en renferme plus qu'environ 44 000 ; — *Jaen*, qui a 20 000 âmes; — *Baylen*, fameuse par la capitulation de 1808 ; — *Andujar*, par l'ordonnance de 1823 ; — *Ecija*, ville de 25 000 habit. ; — *Cadix* ou *Cadiz* (anciennement *Gadir* ou *Gades*), place très-forte et l'une des villes les plus commerçantes de l'Europe; située à l'extrémité N. O. de l'île de Léon, au S. O. d'une grande baie de l'Atlantique, et peuplée de 57 000 âmes; — *San-Fernando*, près et au S. E. de Cadix, dans l'île de Léon, avec un observatoire fameux et 18 000 habitants; — *Port-Sainte-Marie*, jolie ville, aussi de 18 000 âmes, en face de Cadix; — *Xerez de la Frontera* (40 000 habitants) et *Rota*, célèbres par leurs vins; — *San-Lucar de Barrameda*, également renommée par ses vins, à l'embouchure du Guadalquivir; — *Huelva*, intéressante par ses pêcheries, ses mines de cuivre, de manganèse et de soufre; — *Palos*, port aujourd'hui fort déchu, mais à jamais célèbre par le départ de Colomb le 3 août 1492; — *Algesiras* ou *Algeciras*, port commerçant et forteresse importante, sur le détroit de Gibraltar; — *Tarifa*, à l'extrémité la plus méridionale de l'Espagne.

Vers l'extrémité S. de l'Andalousie, est *Gibraltar*, ville très-forte, peuplée de 25 000 âmes, et située au bord du détroit de même nom, sur le côté occidental d'un promontoire escarpé. Elle appartient aux Anglais depuis 1704.

Région intérieure du nord. — L'ARAGON touche au N. à la France, dont les Pyrénées le séparent, et s'étend au S. jusqu'au royaume de Valence. Les habitants sont fiers et courageux. Ce pays renferme de riches pâturages et de belles vallées. L'Èbre le divise en deux parties presque égales : l'une au N., l'autre au S. — L'Aragon forme les trois provinces de *Huesca*, de *Saragosse* et de *Teruel*. — La plus grande ville est *Saragosse*, en espagnol *Zaragoza* (68 000 h.), sur l'Èbre. Elle soutint un siége fameux contre les Français en 1809.

La NAVARRE s'étend depuis les Pyrénées jusqu'à l'Èbre. Les forêts et les mines sont la richesse de cette contrée, qui renferme une population laborieuse, jalouse de ses priviléges et fort attachée aux anciennes coutumes. — Elle form eune seule province, dont le chef-lieu, *Pampelune* (*Pamplona*), est une place forte, peuplée de 23 000 âmes, sur l'Arga. — Au N. E. de cette ville, se trouve la vallée de *Roncevaux*, célèbre par la mort de Roland, neveu de Charlemagne.

Région intérieure de l'ouest. — Le royaume de LÉON borné au N. par la chaîne des Asturies, s'étend au S. jusqu'à la Sierra de Gredos, qui le sépare de l'Estrémadure. Le Duero le traverse de l'E. à l'O. — Il compose les trois provinces de *Léon, Zamora* et *Salamanque.*

Léon est une ville fort ancienne, mais peu peuplée, remarquable par sa cathédrale, que l'on considère comme la plus belle église de l'Espagne. — *Zamora*, sur le Duero, a 14 000 âmes. — *Salamanque* (anc. *Salmantica*), qui en a 16 000, est célèbre par son université, et possède beaucoup d'édifices anciens qui la firent surnommer la petite Rome. Tout près sont *Les Arapiles*, théâtre d'une bataille entre les Français et les Anglo-Espagnols en 1812.

L'ESTRÉMADURE (souvent nommée, peu exactement, *Estramadure*), la plus riche contrée de l'Espagne du temps de la puissance de Rome, en est aujourd'hui la plus pauvre et la moins peuplée. Trois hautes chaînes de montagnes, qui courent généralement de l'E. à l'O., y déterminent deux grandes vallées, dont le Tage et la Guadiana occupent le fond. — L'Estrémadure forme les provinces de *Badajoz* et de *Caceres.* — *Badajoz*, peuplée de 18 000 âmes, est la ville la plus importante de la contrée. — *Merida*, autrefois l'une des plus florissantes colonies romaines d'Espagne, sous le nom d'*Emerita-Augusta*, est à l'E. de Badajoz, et offre des ruines remarquables. —*Alcantara*, sur le Tage, est célèbre par son magnifique pont romain. —L'ancien monastère de *Yuste*, dans la prov. de Caceres, servit de retraite à Charles-Quint après son abdication.

Région du centre. — La NOUVELLE-CASTILLE offre quelques vastes plaines et des plateaux fort élevés. Le Tage la parcourt et y reçoit de nombreuses rivières. Le sol est fertile, mais l'agriculteur indolent n'en tire pas tout le parti possible, et les regards sont trop souvent affligés de l'aspect nu et triste du pays.

Cette division comprend les provinces de *Cuenca*, de *Guadalaxara*, de *Madrid*, de *Tolède* et de *Ciudad-Real.*

Elle renferme la capitale du royaume, MADRID, dont le nom, d'origine arabe, signifie *maison du bon air.* Cette ville, peuplée de 367 000 âmes, est située au centre de l'Espagne, sur le Manzanarès ; c'est, de toutes les capitales de l'Europe, la plus élevée au-dessus du niveau de la mer (680 mètres). Le Prado en forme la plus belle promenade.

Madrid. — Vue Générale.

Le Pardo, au N. de Madrid, est un joli château national. — *L'Escurial* ou *el Escorial*, au N. O., renferme un magnifique édifice, qui, élevé par Philippe II, fut destiné à être à la fois un monastère et une résidence royale.

On remarque encore dans la Nouvelle-Castille : *Alcala de Henarez*, patrie de Cervantes, et célèbre par son ancienne université ; — *Guadalaxara*, vieille ville arabe ; — *Tolède* (*Toledo*), ville de 17 000 habitants, située sur le Tage, au S. O. de Madrid, et fameuse par son ancienne importance sous les Visigoths ; — *Aranjuez*, beau château national, avec des jardins délicieux ; — *Ciudad-Real*, sur la Guadiana, dans l'ancienne Manche ; — *Almaden*, où l'on exploite de riches mines de mercure ; — *Calatrava*, qui a donné son nom à un ordre religieux et militaire.

Iles Adjacentes. — Les ÎLES BALÉARES, situées, à l'E. du royaume de Valence, sont au nombre de cinq : il y en a trois grandes : *Majorque*, *Minorque* et *Ivice* ; — et deux petites : *Formentera*, près et au S. d'Ivice ; *Cabrera*, près et au S. de Majorque. — Les Baléares composent une province, dont le chef-lieu est *Palma*.

Majorque, en espagnol *Mallorca*, est riche en oranges, citrons, vins, etc., et a pour chef-lieu *Palma*, ville de 54 000 habitants, sur la côte du S. O., au fond du golfe de même nom.

Minorque, en espagnol *Menorca*, a pour chef-lieu *Mahon* ou *Port-Mahon*, ville de 22 000 habitants, avec un des plus beaux ports de la Méditerranée.

Ivice ou *Iviza* est la plus rapprochée du continent. Elle contient de riches salines et une ville de même nom.

Formentera et *Cabrera* sont fort petites, et ont pour toute richesse des troupeaux de chèvres et de moutons.

Les îles CANARIES, près de la côte d'Afrique, forment une province qui a pour chef-lieu *Santa-Cruz*, dans l'île de *Ténérife*. (Voyez la *Géographie de l'Afrique*.)

Chemins de fer. — On remarque le chemin de fer de *Madrid à Cadix*, par *Aranjuez*, *Cordoue*, *Séville*, avec des embranchements qui conduisent à *Alicante*, à *Valence*, à *Car-thagène*, à *Ciudad-Real* ; — le chemin de *Madrid* à *Bayonne* (c'est-à-dire du *Nord de l'Espagne*), par *Valladolid*, *Burgos* et *Saint-Sébastien*, avec un embranchement sur *Palencia* et *Santander*, et un autre sur *Bilbao* ; — le chemin de *Madrid* à *Saragosse* ; — les chemins de *Barcelone* à *Mataro* et à *Girone*, dans la direction de *Perpignan* ; — celui de *Tarragone* à *Reus* ; — celui de *Gijon* à *Langreo* et à *Oviédo* ; — celui de *Saragosse* à *Barcelone*, d'un côté, et à *Pampelune*, de l'autre, avec embranchement sur *Logroño*, pour s'unir à la ligne de Madrid à Bayonne, etc.

Chemins de fer exploités en 1876 : 6 200 kil. — Lignes télégraphiques : 13 600 kil.

Population, langue, gouvernement, religion, etc.— Les Espagnols, au nombre d'environ 16 800 000, sont généralement de taille moyenne et bien faits ; ils ont peu d'embonpoint ; leur teint est basané dans les parties méridionales, et pâle ailleurs. Les mœurs diffèrent beaucoup, suivant les provinces. Cependant on peut dire qu'en général l'Espagnol est loyal, courageux, ami généreux, capable de grandes conceptions, mais qu'il offre souvent un mélange d'indolence, d'orgueil et de passions violentes.

L'Espagne est un des pays les plus pauvres de l'Europe, malgré la richesse de son sol. C'est un de ceux où l'instruction du peuple a fait le moins de progrès. Il y a cependant douze universités (Madrid, Barcelone, Cervera, Huesca, Grenade, Oviédo, Salamanque, Séville, Santiago, Valence, Valladolid et Saragosse); mais ces établissements sont bien déchus de leur ancienne splendeur. Ce fut dans le XVIᵉ siècle surtout que cette contrée brilla par la culture des lettres et de tous les arts. Depuis quelque années, néanmoins, il s'y manifeste un nouvel et remarquable essor vers l'instruction et l'industrie.

La langue espagnole, noble, sonore et poétique, est un des idiomes nés du latin ; mais elle renferme aussi un grand nombre de mots dérivés de l'arabe, du tudesque et du celtique. C'est en Castille qu'on la parle avec le plus de pureté : voilà pourquoi les Espagnols l'appellent la *langue castillane*. Le catalan, qu'on parle dans le N. E., est une langue voisine de la langue provençale et dans laquelle ont été rédigés plusieurs ouvrages remarquables et de célèbres cartes marines au moyen âge. Le basque est une langue qui ne ressemble à aucune autre de la péninsule.

Le gouvernement est une monarchie; il y a un Sénat et une Chambre de députés, qui forment les *Cortès* (c'est-à-dire les *Cours*).

Le catholicisme est la religion de l'Espagne.

L'armée sur le pied de paix est de 100 000 hommes, san comprendre la force armée d'outre-mer.

Cette nation, qui a été, au XVe et au XVIe siècle, la plus redoutable puissance navale du monde, a aujourd'hui une marine peu considérable; cependant cette marine tend à se relever : elle compte plus de 130 bâtiments de guerre. Les trois grands ports militaires sont Cadix, Carthagène et le Ferrol.

Le revenu de l'Espagne est de 700 millions de francs; la dette publique, de 10 milliards.

L'industrie de l'Espagne, si brillante au XVIe siècle, était devenue presque nulle, lorsqu'elle a repris, dans ces derniers temps, un assez grand développement; elle offre des draps, des soieries, des tissus de coton, des savons, des ouvrages de fer, des fonderies de cuivre, des bouchons de liége, de la sparterie, de la poterie, des cuirs et des peaux.

L'Espagne n'exporte guère que les produits de son sol : le vin, l'eau-de-vie, les fruits, l'huile, les grains, la laine, la soie grége, le plomb, le mercure, le liége. Les importations y consistent en produits coloniaux, poissons salés, beurre, fromage, tissus de coton et de laine, quincaillerie, coutellerie, verrerie, poterie, bois de construction. Les principaux ports de commerce sont Barcelone, Cadix, Malaga, Bilbao, Santander, la Corogne, Alicante, Carthagène, Séville (sur le Guadalquivir), Valence et Palma. Les exportations s'élèvent à 440 millions de fr., et les importations à 570 millions.

L'effectif de la marine marchande espagnole au long cours est de 3000 bâtiments (680 000 tonneaux).

Possessions hors de l'Europe. — L'Espagne avait autrefois d'immenses colonies en Amérique. Elle n'a plus aujourd'hui, dans cette partie du monde, que l'île de *Cuba* et

Puerto-Rico. — Elle possède, en Afrique, les îles *Canaries*, considérées comme une quarante-neuvième province ; la ville de *Ceuta*, avec quelques autres *présides* (forteresses), sur la côte du Maroc ; les îles de *Fernan-do-Po* et d'*Annobon*, dans le golfe de Guinée ; — dans l'Océanie, les *Philippines* et les *Mariannes*. La population des colonies espagnoles est d'environ 8 millions d'âmes.

PORTUGAL

Géographie physique du Portugal. — Le PORTUGAL est un petit mais célèbre royaume, qui occupe, dans la partie occidentale de la péninsule Hispanique, l'espace compris entre l'embouchure du Minho et celle de la Guadiana. Il forme à peu près un parallélogramme, qui a 550 kilomètres du N. au S. et 175 de l'E. à l'O. On y compte environ 4 millions d'habitants, sur une superficie de 89 500 kilomètres carrés. La latitude moyenne est au 39ᵉ degré.

Il est borné par l'Espagne au N. et à l'E. ; ailleurs, par l'océan Atlantique. Celui-ci présente, sur les côtes occidentales du Portugal, un enfoncement assez grand, qui est renfermé entre les caps *da Roca* et de *Sines* et qu'on peut appeler golfe d'*Estrémadure*, à cause de la province qu'il baigne. Ce golfe est divisé par le cap *Espichel* en deux parties, dont la plus méridionale et la plus profonde se nomme baie de *Setuval*.

C'est à la pointe S. O. du Portugal que s'offre le cap *Saint-Vincent*, extrémité S. O. de toute l'Europe. Le point le plus méridional du royaume est le cap *Sainte-Marie*. Sur la côte occidentale, un peu au N. du cap da Roca, est la petite presqu'île de *Peniche*, en face de laquelle se trouvent les îles *Berlingues* (*Berlingas*).

Le Portugal est un pays montueux, entrecoupé de riantes vallées. Le climat est fort chaud sur la côte, mais doux et délicieux dans l'intérieur, et généralement très-sain. On y rencontre une grande variété de richesses végétales : l'oranger, le citronnier, l'olivier, le dattier, le myrte, le laurier, y croissent à côté du chêne-liége et du chêne vert à kermès. La vigne y donne d'excellents produits, et l'on récolte en abondance des melons, des pastèques, des amandes, des figues. Mais l'agriculture est dans un état peu avancé, et, malgré la fertilité du sol, les trois quarts du royaume restent incultes.

La substance minérale la plus productive pour ce pays est le sel, dont on recueille une immense quantité dans les salines répandues le long de la mer. Il y a au S. d'importantes mines de cuivre.

Des ramifications des monts Cantabres s'élèvent vers les limites septentrionales du Portugal. Dans l'intérieur du pays, on remarque deux chaînes principales : l'une s'étend entre le Douro et le Tage, et va se terminer au cap da Roca; elle porte successivement les noms de *Serra da Estrella* et de mont *Junto*. C'est dans la Serra da Estrella que sont les plus hauts sommets du Portugal : ils atteignent environ 2000 mètres.

L'autre chaîne court entre le Tage et la Guadiana, et aboutit au cap Saint-Vincent. Elle s'appelle au N. *Serra de San-Mamede*, et au S. *Serra de Monchique*.

Le Portugal est tout entier situé sur le versant de l'Atlantique. Il est arrosé par un grand nombre de cours d'eau, dont les plus importants sont le *Minho*, le *Douro*, le *Mondego*, le *Tage*, qui forme, avant d'entrer dans l'Océan, une espèce de baie ou de lac appelé *mer de la Paille*; ensuite le *Sadão* et la *Guadiana*.

Divisions et villes principales. — Le Portugal se divise (sans y comprendre les îles Adjacentes) en 17 districts administratifs; mais on fait toujours usage, dans le langage ordinaire, des six anciennes provinces suivantes :

Deux sont au N. du Douro.

1° La province de MINHO ou d'ENTRE-DOURO-ET-MINHO; villes principales : *Braga* (20 000 hab.); — *O Porto* ou *Porto*, anciennement *Portus Calle* (d'où est dérivé le nom de *Portugal*), ville commerçante, de 90 000 hab., renommée par ses vins, à l'embouchure du Douro. — *Vianna*, port très-animé.

2° La province de TRAZ-OS-MONTES (c'est-à-dire au delà des montagnes); ville principale, *Bragance*.

Entre le Douro et le Tage, s'étend la province de BEIRA, en partie couverte par la Serra da Estrella et divisée en *Haute* et *Basse-Beira*. On y voit : *Viseu*, où se tient une foire célèbre ; — *Coïmbre* (18 000 habit.), agréablement placée sur le Mondego, et fameuse par son université ; — *Lamego*, où s'assemblèrent, en 1145, les cortès qui établirent la constitution portugaise.

Une province s'étend sur les deux rives du Tage, vers l'embouchure de ce fleuve : c'est l'ESTRÉMADURE, qui a pour chef-lieu LISBONNE (en portugal *Lisboa*), capitale du royaume, magnifiquement placée sur la rive droite du Tage, vers l'endroit où ce fleuve sort de la mer de la Paille ; elle a 225 000 habitants. — On distingue encore *Cintra*, dans une charmante position ; — *Mafra*, avec un superbe édifice qui est composé d'un couvent, d'un palais et d'une église ; — *Santarem*, sur le Tage, ancienne résidence des souverains ; — *Abrantès*, sur le même fleuve, dans une situation délicieuse ; prise par Junot en 1807 ; — *Setuval* (20 000 hab.), port de mer très-commerçant, près de grandes salines.

Dans le S., sont deux provinces : 1° L'ALEM-TEJO (c'est-à-dire au delà du Tage). — *Evora* (12 000 habit.) en est le chef-lieu. — 2° L'ALGARVE, auquel les souverains du Portugal ont accordé le titre de royaume, et qui fut appelé le *Coin* par les anciens, à cause de sa position à l'angle S. O. de la péninsule. — Le chef-lieu est *Faro* On y remarque aussi *Lagos, Sagres* et les mines de cuivre de *São-Domingos*.

Chemins de fer. — Parmi les chemins de fer, encore peu nombreux, du Portugal, on distingue ceux qui unissent *Lisbonne* à *Cintra, Santarem, Evora, Abrantès, Coïmbre, Porto, Beja, Badajoz.*

Chemins de fer exploités en 1879 : 1 150 kil. — Lignes télégraphiques : 3 700 kil.

Population, langue, gouvernement, religion, etc. — La population du royaume est de 4 millions et demi d'habitants (en y comprenant les îles Adjacentes). Les Portugais sont d'une taille peu élevée, mais bien faits et robustes.

Cette nation est remarquable par sa douceur, sa politesse, sa prévenance envers les étrangers. Elle est courageuse et très-sobre ; mais elle aime avec passion toute espèce de dissipation bruyante, comme la musique, la danse, les combats de taureaux. Les mœurs diffèrent, d'ailleurs, suivant les provinces : les habitants de l'Estrémadure et de l'Alem-Tejo se montrent apathiques et indolents ; ceux des provinces du N. sont, au contraire, très-laborieux ; les Algarviens se distinguent par leur vivacité, et ont la réputation d'être les meilleurs matelots du royaume. — La langue portugaise a une grande analogie avec l'espagnol : elle est douce, harmonieuse, énergique. Des écrivains de mérite l'ont illustrée, surtout au XVIe siècle, qui vit fleurir le poëte Camoëns.

Le gouvernement du Portugal est une monarchie constitutionnelle. Les *Cortès* tempèrent le pouvoir souverain.

Le catholicisme est la religion de ce pays ; mais les autres cultes y sont tolérés. Un patriarche, qui réside à Lisbonne, est le chef de l'Église portugaise.

L'armée active du Portugal (pied de paix) compte 33 000 hommes. Cette puissance, qui était autrefois avec l'Espagne, la plus brillante de l'Europe par sa marine, n'a aujourd'hui qu'une quarantaine de navires. Les revenus de l'État sont de 150 millions francs. La dette publique (intérieur et extérieur) est de 2 milliards.

L'industrie manufacturière du Portugal est peu considérable ; on peut citer cependant des scieries, des toiles, des draps, de la bonneterie de coton et de fil, de la porcelaine, de la faïence. Le commerce maritime de ce royaume est assez actif. Les deux principaux ports sont Lisbonne et Porto. Les exportations (130 millions de francs) consistent en vins, citrons, oranges, figues et autres fruits ; sel, huile, sumac, liége, laine ; — et les importations (160 millions de francs), en céréales, salaisons, beurre, fromage, œufs, chevaux, mulets, métaux, bois, tissus, quincaillerie. Le mouvement de la navigation est de 20 000 bâtiments.

Effectif de la marine marchande : 575 navires (120 000 tonneaux).

Possessions hors de l'Europe. — Le Portugal a eu d'immenses possessions, telles que le Brésil et une grande partie de l'Inde. Aujourd'hui ses domaines hors de l'Europe sont bien réduits. Les *Açores* et les îles *Madère* ne sont pas considérées comme colonies, mais font partie intégrante de la métropole, sous le nom d'*îles Adjacentes*. — Les colonies proprement dites se composent de la capitainerie générale de *Mozambique*, du gouvernement d'*Angola*, de la *Sénégambie portugaise* (comprenant *Géba*, *Cachéo*, etc.), des îles du *Cap-Vert*, de l'île du *Prince* et de celle de *Saint-Thomas*, en Afrique ; — de *Goa* et de quelques autres établissements, dans l'Hindoustan ; — de *Macao*, en Chine ; — des établissements de *Timor*, dans la Malaisie. La population de ces colonies est de 3 260 000 hab.

TURQUIE ET ROUMÉLIE ORIENTALE

Géographie physique de la Turquie d'Europe. — La TURQUIE D'EUROPE, qui n'est qu'une partie de l'*empire Ottoman*, forme, avec la Grèce et les Principautés slaves et roumaines, la grande péninsule des *Balkans* ou *Turco-Hellénique*. Cette péninsule s'avance, à l'E. de l'Italie, entre les mers Adriatique et Ionienne, à l'O., et la mer Noire, la mer de Marmara et l'Archipel, à l'E., de 36° à 48° de lat. N.

Depuis le traité de Berlin (1878), la Roumanie et la Serbie sont devenues tout à fait indépendantes de la Turquie, qui n'exerce plus qu'une suzeraineté illusoire sur la Bulgarie, mais à laquelle se rattache un peu plus directement la principauté de Roumélie orientale. Nous décrirons donc cette principauté avec la Turquie, ainsi que la Bosnie, quoique cette dernière soit occupée par les Autrichiens.

La Turquie est aujourd'hui limitée au N. par la Bulgarie, dont le Grand-Balkan la sépare, et par la principauté de Serbie ; au N. O., par le Monténégro et l'empire Austro-Hongrois, vers lequel la Save est sa frontière ; au S., par la Grèce, avec laquelle elle a pour bornes, d'après les dernières conférences de Berlin en 1880, la rivière Kalamas et le mont Olympe.

La longueur de cette contrée, de l'E. à l'O., du Bosphore à la mer Adriatique, est de 800 kilomètres ; sa largeur, du N. au S., est de 400 kilom. Sa superficie, avec la Bosnie et la Roumélie orientale, est de 260 000 kil. carrés, et sa population, de 6 000 000 h. Tout l'empire Ottoman, y compris ce qu'il renferme dans l'O. de l'Asie et le N. E. de l'Afrique, compte 40 millions d'h. ; sans l'Afrique, 20 millions.

Les côtes de la Turquie d'Europe sont fort irrégulières, surtout vers l'*Archipel* (anc. *mer Égée*). Si l'on suit cette mer en commençant par l'O., on trouve d'abord le golfe de *Salonique;* à l'E. de celui-ci, s'avance la presqu'île de *Khalcidique*, terminée par trois petites péninsules, dont la plus orientale est celle du mont *Athos* ou *Monte Santo*, célèbre par ses nombreux monastères grecs.

A l'E. de la Khalcidique, s'enfonce le golfe d'*Orphano* ou de *Contessa*. Plus loin, on rencontre celui d'*Enos*, et enfin le golfe de *Saros*, à l'E. duquel s'allonge l'étroite presqu'île de *Gallipoli* (l'ancienne Chersonèse de Thrace). C'est le long de cette péninsule que règne le détroit des *Dardanelles* (l'anc. *Hellespont*), resserré entre l'Europe et l'Asie, et communiquant de l'Archipel à la mer de *Marmara* (l'anc. *Propontide*).

Le canal de *Constantinople*, ou *Bosphore de Thrace*, plus étroit que le détroit précédent, et remarquable par la beauté de ses rivages, unit la mer de Marmara à la mer Noire. Le golfe de *Bourgas* est le plus considérable de ceux que la *mer Noire* (l'ancien *Pont Euxin*) forme dans la Turquie.

La mer *Adriatique* produit les golfes *Avlone* et du *Drin*.

L'intérieur de la Turquie offre un amas de montagnes et de plateaux. Dans la partie occidentale se montrent les *Alpes Orientales* (comprenant les *Alpes Dinariques, Bosniaques, Monténégrines* et *Albanaises*), qui séparent le bassin de l'Adriatique de celui de la mer Noire. Ces Alpes s'arrêtent au *Tchar-dagh* (l'ancien *Scardus*) : là commencent deux branches, dont l'une se dirige à l'E. et l'autre au S. La branche de l'E. sépare les tributaires de la mer Noire de ceux de l'Archipel, et porte le nom général de *Grand-Balkan* ou *Vieux-Balkan* (anciennement *Hœmus*). — Au versant méridional du *Balkan* se rattachent le mont *Istrandja*, qui se prolonge jusqu'au canal de Constantinople, et le mont *Despoto* (l'ancien *Rhodope*), qui va se terminer vers le golfe d'Énos. Parmi les passages des Balkans, il faut distinguer le *Démir-Kapou*, le col de *Chipka* et la *Porte de Trajan*.

La branche du S. s'élève entre le bassin de l'Archipel, d'un côté, et ceux de l'Adriatique et de la mer Ionienne, de l'autre. C'est le commencement de la chaîne *Hellénique*, dont le reste est en Grèce.

Parmi les ramifications de la chaîne Hellénique, on distingue, à l'E., sur la frontière de la Grèce, le mont *Olympe*, considéré par les anciens poètes comme le séjour des dieux; à l'O., les monts de la *Chimère* (anc. monts *Acrocérauniens*).

Les sommets culminants de la Turquie centrale sont dans le Grand-Balkan et le Rhodope; le mont *Rilo*, à la jonction de ces deux chaînes, a 3000 m. L'Olympe, a aussi env. 3000 m.

Le *Danube*, qui limitait la Turquie au N., ne la touche plus, et la *Save*, son affluent, ne lui appartient qu'en bordant la Bosnie, fort peu dépendante de l'empire Ottoman.

Les vrais fleuves de la Turquie sont aujourd'hui du côté de l'Archipel et de l'Adriatique.

Dans l'Archipel se rendent la *Maritza* (nommée anciennement *Hèbre*), le *Karasou* ou *Strouma* (l'ancien *Strymon*), qui se rend au golfe d'Orphano, le *Vardar* (l'ancien *Axios* ou *Axius*) qui se jette dans le golfe de Salonique.

Les principaux tributaires de la mer Adriatique sont la *Narenta*, la *Boyana*, le *Drin*, la *Voïoussa*, le *Kalamas*, qui marque une partie de la limite entre la Turquie et la Grèce.

Les plus grands lacs de la Turquie sont le lac de *Scutari* ou de *Zanta*, qui s'écoule dans l'Adriatique par la Boyana; le lac d'*Okhrida*, auquel le Drin sert d'écoulement, et le lac *Presba*, au milieu de la chaîne Hellénique.

Le territoire généralement très-montagneux de la Turquie d'Europe rend la température moins chaude que la latitude ne semble l'annoncer. Dans les Balkans, le climat est froid.

Entre les montagnes, s'ouvrent des vallées délicieuses et des plaines très-fertiles, où règne un doux climat, et où croissent en abondance les orangers, les grenadiers, les figuiers, les oliviers, la vigne, le maïs, le riz, le blé, le seigle, le sorgho, le lin, le ricin, le cotonnier, le melon, les pastèques, le tabac, les mûriers propres aux vers à soie. On cultive beaucoup de rosiers pour la fabrication de l'eau et de l'huile de roses. La valonée et la noix de galle sont deux productions importantes qui proviennent du chêne. Les bois de construction sont admirables. Il y a beaucoup d'arbres fruitiers, dont le plus répandu est le prunier. L'agriculture est fort arriérée.

Divisions et villes principales. — La partie continentale de la Turquie proprement dite renferme directement la *Roumélie occidentale* et *méridionale*, et l'*Albanie*; indirectement, la *Bosnie*, qui est occupée par les Autrichiens, et la *Roumélie orientale*, qui est une principauté autonome reconnaissant la souveraineté de la Porte. Les Turcs divisent la partie européenne de leur empire (y compris l'île de *Candie* et les *îles de l'Archipel*) en 7 *vilayets*, dont chacun est administré par un vali ou gouverneur général, et qui sont subdivisés en *livas* ou *sandjaks* (c'est-à-dire drapeaux), partagés eux-mêmes en *kazas* ou districts.

La plus importante et la plus belle région turque est la ROUMÉLIE OCCIDENTALE et MÉRIDIONALE. On dit plus exactement *Roum-ili*, c'est-à-dire *pays des Romains* [1]. C'est le cœur de la monarchie. On y voit la plus grande partie de l'ancienne *Thrace* et de l'ancienne *Macédoine*. La chaîne Hellénique, à l'O., l'Archipel, au S. E. et au S., la mer de Marmara et la mer Noire, à l'E., l'enveloppent.

Là se trouve CONSTANTINOPLE, nommée en turc *Stamboul* (dans l'antiquité, avant Constantin, *Byzance*), capitale de l'empire Ottoman, et admirablement située à l'entrée méridionale du Bosphore de Thrace. La ville proprement dite est sur un promontoire triangulaire composé de sept collines et entouré par la mer de Marmara, au S., le Bosphore, à l'E., et un bras du Bosphore, au N. E. Ce bras, connu sous le nom de *Corne d'Or*, forme un des ports les plus beaux et les plus sûrs du monde. Il sépare Constantinople des grands faubourgs de Péra

---

1. Les Turcs désignaient sous le nom de *pays des Romains* tout l'empire Grec ou le Bas-Empire, qui n'était, en effet, que l'ancien empire Romain d'Orient; mais ce nom est resté seulement à la province dont il est ici question, et qui fut la dernière et la plus précieuse possession de l'empire Grec.

et de Galata, où habitent généralement les Européens de l'Occident, c'est-à-dire les *Francs*, que leurs affaires appellent dans la capitale turque. Vue du côté de la mer, sur sept collines qui s'élèvent en amphitéâtre, et que couronnent élégamment des dômes et des minarets de mosquées, entremêlés d'arbres et de quelques monuments anciens, cette immense cité présente une des plus belles perspectives qu'on puisse imaginer. Mais l'intérieur ne répond pas à cette magnificence extérieure : presque toutes les rues sont étroites, irrégulières, encombrées d'immondices et de chiens errants. Cependant on remarque quelques beaux édifices : le principal est le sérail ou palais du Grand Seigneur, à l'extrémité orientale de la ville ; il est entouré de hautes murailles percées de huit portes, dont l'une est célèbre sous le nom de *Sublime Porte*[1]. On doit aussi distinguer la superbe mosquée d'Ahmed III, sur la place de l'Atmeïdan (l'ancien Hippodrome), et la mosquée de Sainte-Sophie, ancienne église chrétienne, construite sous Justinien. — Constantinople renferme environ 600 000 hab. (on a dit jusqu'à 1 million), en y comprenant tous les lieux qui couvrent les rives du Bosphore et qui sont considérés comme ses faubourgs : tels que *Scutari* (en Asie), *Térapia* (sur la côte d'Europe), etc. Dans cette population, il y a 400 000 musulmans et un assez grand nombre de Grecs, d'Arméniens et de Juifs.

Les autres villes maritimes les plus intéressantes de la Romélie sont : *Rodosto* (20 000 hab.), sur la mer de Marmara ; — *Gallipoli*, ville de 20 000 âmes aussi, sur la presqu'île de même nom, et vers l'entrée septentrionale du détroit des Dardanelles ; — *Salonique* (anciennement *Thessalonique*), ville très-commerçante, située au fond du golfe de même nom, et peuplée de 70 000 habitants ; — *Kavala* ou la *Cavale*, port assez fréquenté. — On trouve sur la mer de Marmara la très-petite ville de *San-Stefano*, fameuse par un traité entre les Russes et les Turcs en 1878.

Dans l'intérieur, on rencontre, sur la Maritza, *Andrinople* ou *Édirné*, qui a de 70 à 80 000 h., et qui occupe une des situations les plus riantes de la Turquie ; — *Demotica*, fameuse par le séjour de Charles XII, roi de Suède.

---

1. Voilà pourquoi, pour désigner le gouvernement turc, on dit souvent *la Sublime Porte*, ou simplement *la Porte*.

Près du golfe d'Orphano, est *Sérès*, dans un pays riche en tabac et en coton. — Dans l'O., sont *Monastir* ou *Bitolia*, vers les monts Helléniques, et *Uskub*, sur le Vardar.

On voit dans l'Archipel, près des côtes de la Roumélie, quatre îles importantes : *Tasso* (anc. *Thasos*), *Samotraki* (*Samothrace*), *Imbro* (*Imbros*), et *Lemno* ou *Stalimène* (*Lemnos*).

La ROUMÉLIE ORIENTALE, qui serait mieux nommée *Roumélie septentrionale*, forme une principauté autonome sous la souveraineté de la Turquie. La *Maritza* et son affluent la *Toundja* en sont les principaux cours d'eau. Elle est adossée au N. au Grand-Balkan, du côté de la Bulgarie, et touche à la mer Noire à l'E. La plus grande ville qu'elle renferme, celle qui est la capitale, est *Philippopoli* (en turc *Filibé*), peuplée de 30 à 40000 h., sur la Maritza.

Puis on remarque *Slivno* (20000 h.), qui a des foires cé lèbres et des fabriques d'essence de roses ; — *Tatar-Bazardjik*, *Késanlik*, *Eski-Saghra*, et le port de *Bourgas*, sur la mer Noire.

A l'angle N. O. de la Turquie d'Europe, est la province montagneuse de BOSNIE, arrosée par l'*Unna*, la *Bosna*, la *Drina*, affluents de la Save ; par la *Narenta*, tributaire de l'Adriatique, et composée de la *Bosnie propre*, de la *Croatie turque*, de l'*Herzégovine* et de la *Rascie*. — On remarque, dans la première, *Bosna-Séraï* ou *Séraïévo*, capitale de la Bosnie, avec 70000 habitants ; — *Travnik* et *Zvornik*, places fortes ; — dans la Croatie turque, *Banialouka* ; — dans l'Herzégovine, *Mostar* ; — dans la Rascie, *Novi-Bazar*.

Par le traité de Berlin, la Bosnie est occupée par les Autrichiens, tout en demeurant nominalement une possession turque.

L'ALBANIE est une longue province qui s'étend du N. au S., depuis les Alpes Dinariques jusqu'au golfe de l'Arta, et qui est renfermée entre la chaîne Hellénique, à l'E., et les mers Adriatique et Ionienne, à l'O. Le sud, ou la *Basse-Albanie*, comprenait *Épire*, que les conférences récentes de Berlin ont attribuée à la Grèce. Des montagnes pittoresques couvrent presque partout l'Albanie. Les habitants, nommés *Arnautes*, *Albanais* ou *Skipétars*, sont belliqueux, ardents, très-enclins au brigandage et à la révolte. Les *Mirdites*, dans le N., sont une population distincte, qui professe 'e catholicisme.

Les villes remarquables sont : *Scutari* (20000 hab.), à l'extrémité méridionale du lac de même nom; — *Duratzo*, port de mer, célèbre autrefois sous le nom de *Dyrrachium*; — *La Valone* ou *Avlone*, autre place maritime.

Ianina, ville de 40 000 âmes, dans l'Épire, n'appartient plus à la Turquie d'après les nouvelles frontières de 1880.

La plus petite et la plus méridionale des provinces continentales turques était la THESSALIE, qui vient d'être réunie à la Grèce avec ses villes de *Larisse* ou *Iénicheher* et de *Tricala*.

Au S. de l'Archipel et au S. E. de la Morée, la Turquie possède l'île de CANDIE ou CRITI, en turc *Krid* (l'ancienne *Crète*), qui s'allonge à l'E. à l'O. : c'est un pays fertile et beau, mais généralement pauvre aujourd'hui. Au centre, s'élève le mont Psilority ou Ida.

La capitale est *Candie*, ville de 15 000 âmes, sur la côte septentrionale. — On remarque, dans la partie N. O. de l'île, le port assez commerçant de *Canéa* ou *la Canée* (anciennement *Cydonie*).

La population de l'île est généralement grecque. Les habitants s'appellent *Candiotes*.

Langues, religion, gouvernement de la Turquie. — Peuples, etc. — Les Turcs, qu'on appelle aussi *Osmanlis* ou *Ottomans*, sont mahométans de la secte d'Omar; la règle de leur foi est le Koran. L'empereur a le titre de *Sultan* ou *Padichah;* il est en même temps souverain pontife. Le grand vizir, ou sadrazan, est le lieutenant du Sultan en tout ce qui concerne le pouvoir temporel, et le grand mufti, ou cheikhul-islam (c'est-à dire le grand prêtre), en tout ce qui a rapport au spirituel. Les *oulémas* sont les docteurs chargés de l'interprétation du Koran et de l'enseignement dans les écoles supérieures ou *médressé*. Ils ont à la fois les fonctions sacerdotales et judiciaires. Comme administrateurs de la justice, ils se nomment *kadis ;* comme interprètes de la loi, ce sont des *muftis ;* comme ministres du culte, ce sont des *imams.* — On donne le nom de *Divan* au conseil d'État, composé du grand mufti, du grand vizir et d'autres ministres ou personnages importants. —Les divisions administratives ne sont plus dirigées par des pachas ; le titre de *pacha* n'est aujourd'hui qu'honorifique ; les vilayets sont administrés par des *valis* ou gouverneurs généraux ; les livas, par des *kamaïkams* (lieutenants) ; les kazas, par des *mudirs.*

La population de l'empire Ottoman tout entier s'élève à 40 millions d'âmes, dont 20 millions dans les provinces immédiatement soumises.

Les peuples, les cultes et les langues sont très-variés dans la Turquie d'Europe. Il n'y a que 2 millions de *Turcs.* Les autres nations principales sont : 1° les *Slaves,* divisés en *Bulgares, Bosniaques* et *Croates;* — 2° les *Grecs* ou *Hellènes;* — 3° les *Albanais, Arnautes* ou *Skipétars;* — 4° les *Arméniens;* — 5° les *Juifs*; 6° les *Bohémiens, Tchinganès* ou *Tsiganes.*

On compte 2 à 3 millions de musulmans; 3 millions de chrétiens grecs, qui ont un patriarche à Constantinople, environ 300 000 catholiques, 400 000 arméniens, 150 000 juifs, et 100 000 idolâtres (Bohémiens).

Il y a autant de langues que de nations diverses : le turc, le grec, les idiomes slaves, sont les plus répandus.

L'aspect des Turcs est avantageux : des yeux noirs, un nez aquilin, des formes bien proportionnées, une démarche grave, un habillement qui tient le milieu entre le vêtement étroit des Européens et les amples draperies asiatiques, produisent un bel ensemble. La polygamie est permise chez ce peuple, mais les exemples en sont rares.

Les Turcs sont dédaigneux et vains; indolents dans la paix, mais actifs et furieux à la guerre; bons parents, excellents amis, mais cruels dans leur vengeance; hospitaliers et magnifiques par ostentation; honnêtes et polis envers les étrangers. Ils se sont longtemps montrés oppresseurs envers les *rayas* (troupeaux) ou *ghiaours* (infidèles), c'est-à-dire envers les chrétiens qui sont fixés dans leur empire. — Peu de peuples ont poussé aussi loin le fanatisme religieux.

Le commerce est presque entièrement entre les mains des Grecs, des Arméniens et des Juifs.

L'ignorance est assez générale chez les nations de la Turquie; cependant les derniers sultans ont fait de grands efforts pour procurer à leurs États la civilisation et l'instruction de l'Occident, et des progrès sensibles se sont réalisés. On appelle *tanzimat* cette réforme que le gouvernement introduit depuis plusieurs années dans les habitudes des Orientaux.

L'armée turque se compose : de l'armée régulière (*nizam*); 2° de la réserve (*redif*); 3° du contingent de troupes auxiliaires; 4° de troupes irrégulières. L'armée active comprend six corps ou camps (*ordous*); elle se forme par voie de recrutement, suivant le mode français. Le nizam et le redif réunis composent 300 000 hommes. — La force navale compte 168 bâtiments. Le grand amiral se nomme *capitan-pacha*. — Les revenus de l'État étaient évalués, avant la guerre désastreuse qu'a soutenue la Turquie, à 490 millions de francs, la dette publique à 6 milliards 700 millions de francs.

L'industrie est encore bien faible : la Turquie fait seulement quelques étoffes communes de laine et de coton, quelques étoffes de soie, des maroquins, des tapis, des essences, des armes, de la poterie, surtout des pipes.

Située au milieu de l'Ancien Monde, sur la limite commune de l'Europe, de l'Asie et de l'Afrique, et assise à la fois sur la Méditerranée et la mer Noire, la Turquie est admirablement placée pour les relations commerciales; mais elle n'a pas un commerce aussi animé que sa position géographique le permettrait. Elle exporte de la laine, du duvet de chèvre, des peaux, de la soie, du coton, du tabac, des fruits, de la noix de galle, de la valonée, le sésame, l'opium, la térébenthine, les tapis, les soieries, les crins, et des marchandises qui de l'Asie sont dirigées sur l'Europe.

Elle importe de l'Occident des toiles peintes et imprimées, des denrées coloniales, de la coutellerie, de la quincaillerie, de la papeterie. — Les ports les plus commerçants de la Turquie proprement dite sont : Constantinople, Salonique, Rodosto, Gallipoli, la Cavale, Volo. — On désigne généralement les ports ottomans sous le nom d'*Échelles du Levant*.

Les exportations de la Turquie s'élevaient annuellement,

avant la funeste guerre qui l'a paralysée, à 150 millions de francs, et les importations à environ 400 ou 500 millions. Presque tout le commerce se fait par mer. Les transports dans l'intérieur sont difficiles et lents; c'est par les mulets et les chevaux que la plupart s'opèrent. Les routes sont mauvaises; les rivières ne sont animées par presque aucune navigation.

Des chemins de fer unissent *Constantinople* à *Andrinople*, *Philippopoli*, etc.; *Salonique* à *Uskub*.

Chemins de fer exploités, en y comprenant la Bulgarie : 1500 kil. — Lignes télégraphiques : 28 000 kil.

Possessions hors de l'Europe. — Les possessions de la Turquie hors de l'Europe se divisent en possessions immédiates et en territoires qui ne reconnaissent que la suzeraineté.

Les premières composent la TURQUIE D'ASIE, savoir :

1° L'*Asie Mineure;* — 2° l'*Arménie turque*, dont il faut retrancher une importante partie annexée à la Russie en 1878; — 3° Le *Kurdistan* (l'ancienne Assyrie); — 4° le *Djézireh* (l'ancienne Mésopotamie); — 5° l'*Irâc-Arabi* (l'ancienne Babylonie); — 6° la *Syrie* (y compris l'ancienne *Palestine*).

Les parties qui ne reconnaissent que la suzeraineté de l'empire Ottoman sont : plusieurs États de l'O. et du N. de l'*Arabie* (l'État du chérif de la Mecque est le principal); la vice-royauté d'*Égypte*, avec les territoires qui en dépendent dans la *Nubie*, le *Kordofan*, le *Darfour*, l'*Abyssinie* et le *Somâl;* les régences de *Tripoli* et de *Tunis* (en Afrique).

PRINCIPAUTÉS SLAVES ET ROUMAINES

Bulgarie.

La Bulgarie, érigée en principauté indépendante en 1878, et qui est seulement tributaire de la Turquie, s'étend , du S. au N., entre le Grand-Balkan et le Danube, qui la sépare de la Roumanie, et de l'E. à l'O., depuis la mer Noire jusqu'au Timok, du côté de la Serbie. Elle a 64 000 kil. carrés et 1 860 000 hab.

L'*Isker* et la *Jantra* la parcourent du S. au N. Le sol est fertile, a de bons pâturages et produit beaucoup de céréales. Les bestiaux en sont une des principales richesses. La population est agricole; elle appartient en majorité au culte grec. — La capitale est SOPHIA, à l'O., dans le bassin supérieur de l'Isker, autrefois beaucoup plus importante, aujourd'hui réduite à 15 ou 20 000 hab., et située près d'un des principaux passages des Balkans conduisant en Romélie. — *Samakov* est aussi à l'O. — *Tirnova*, ville de 20 à 25 000 âmes, ancienne métropole du royaume des Bulgares, est placée avantageusement au milieu de la principauté, sur la Jantra. — Autres villes : à l'O. *Ghiustendil*, dans la vallée du Strouma; — à l'E., *Choumla* ou *Choumna*, longtemps redoutable forteresse, maintenant destinée à être démantelée; — *Varna*, port célèbre, sur la mer Noire; — au N., *Plevna*, illustrée par une longue et belle défense contre les Russes, qui l'ont prise enfin en 1877; — et, le long du Danube, les anciennes places fortes de *Vidin*, *Nikopol*, *Sistova*, *Roustchouk* (30 000 hab.), la plus grande ville de la Bulgarie, et *Silistri*, toutes fameuses dans l'histoire des guerres.

Ch. de fer de Roustchouk à Varna, et de Tirnova à Jamboli.

Roumanie.

La *principauté de Roumanie* comprend les anciennes principautés de *Moldavie* et de *Valachie*, et la *Dobroudja* (avec le *delta du Danube*). Elle a 153 000 kil. carrés.

La plus septentrionale de ces contrées est la MOLDAVIE, qui s'avance entre l'empire Austro-Hongrois et la Russie; elle est bordée à l'E. par le *Pruth*, du côté de la Russie, et parcourue du N. au S. par le *Séreth*.

La capitale est *Iassi*, ville de 90 000 âmes. — On remarque, au S. E., la commerçante ville de *Galatz*, qui a un port très-fréquenté sur le Danube, et qui a plus de 80 000 habitants.

Botosiani ou *Botochani* a 40 000 habitants; — *Berlad*, 26 000; — *Roman*, 17 000; — *Focsiani*, 20 000.

La VALACHIE, couverte au N. par les Carpathes, est bordée

par le Danube à l'O., au S. et à l'E. Elle est traversée du N. au S. par plusieurs affluents de ce fleuve, comme le *Chyl*, l'*Aluta*, l'*Ardjich*, qui se grossit de la *Dimbovitza*. Elle est, ainsi que la Moldavie, riche en céréales et en bestiaux, et elle a, comme elle, une population intelligente et amie du progrès.

La capitale est BUCAREST (en roumain *Bucoresci*), capitale de toute la Roumanie ; c'est une ville de 222 000 hab., pittoresquement construite et parsemée de jardins. A l'E., sur le Danube, on distingue *Braïla* ou *Brahilov* (28 000 h.), port très-commerçant ; — au N., *Ploesti* ou *Ploiesci* (33 000 h.) ; — au S., sur le Danube, *Giurgévo* (21 000 h.), en face de Roustchouk ; *Zimnitza*, en face de Sistova ; *Oltenitza*, où les Turcs furent vainqueurs en 1853 ; — à l'O., *Craïova* (23 000 h.), cap. de la *Petite Valachie ; Kalafat*, en face de Vidin ; *Turnu-Severinu*, port sur le Danube.

Des chemins de fer (1400 kil.) unissent les villes principales des deux provinces. Il y a 4400 kilomètres de lignes télégraphiques.

Les Roumains, peuple de race latine, professent la religion grecque. Il y a un assez grand nombre de Juifs et de Tsiganes.

La DOBROUDJA est une presqu'île située entre le dernier coude du Danube et la mer Noire, triste région qui offre un mélange de steppes arides, de plaines marécageuses et de lacs fangeux, dont le principal est le *Raseïn* ou *Raselm*, près et au S. des bouches du Danube. Le delta du Danube est annexé à ce pays comme possession roumaine. Le fleuve se jette dans la mer par trois branches : celle du nord, la branche de *Kilia*, sur la frontière de la Russie ; la branche de *Saint-George*, au S., et celle de *Soulina*, au milieu, la moins large, mais la seule qu'emploie la navigation et que des travaux d'endiguement et de canalisation, surveillés par la *Commission européenne du Danube*, rendent propre aux gros navires. Le port de *Soulina*, à son embouchure, appartient à la Roumanie. Les autres ports sur la mer Noire sont *Kustendjé* (l'ancienne *Tomi*) et *Mangalia*. Sur le Danube, on remarque *Rassova, Tchernavoda, Hirchova, Isaktcha, Toultcha*. Un chemin de fer va de Tchernavoda à

Kustendjé. Des populations tatares et bulgares sont clairsemées dans ce pays. On y remarque, au S., un ancien retranchement appelé *Val de Trajan*, qui s'étend du Danube à la mer Noire, et qu'il ne faut pas confondre avec un ancien retranchement du même nom dans la Bessarabie, naguère sur la frontière de la Russie et de la Moldavie.

Popul. de la princip. : 5 millions d'hab. — Armée permanente : 17 000 hommes. — Exportations : 150 millions de francs; importations : 100 millions; revenus : 90 millions.

Serbie.

La SERBIE ou SERVIE doit son nom aux *Serbes*, peuple slave, qui y compte plus de 1 million 500 000 âmes, sur une superficie de 55 000 kil. carrés. C'est une population avancée dans la civilisation et qui professe la religion grecque. La principauté s'étend depuis le Danube et le Save jusqu'aux sources de la Morava orientale. Cette rivière, en se réunissant à la *Morava occidentale*, forme la *Morava proprement dite*, qui parcourt la Serbie au S. et au N. et se jette dans le Danube. La *Drina* limite ce pays à l'O. Le sol est presque partout montagneux : on remarque à l'E. une continuation des Balkans, qu'on peut appeler *Balkan Serbe* et qui va rencontrer le Danube en face des Carpathes méridionaux, en formant avec eux le défilé des *Portes de fer*. Le fleuve franchit ce défilé en produisant des rapides qui rendent la navigation difficile. Le pays est riche en forêts et en bestiaux, surtout en porcs. — *Belgrade* (anc. *Singidunum*), la cap., de 30 000 âmes, est à la jonction de la Save et du Danube. — *Sémendria* s'élève au confluent de la Morava et du Danube. — *Kragouïévatz*, dans l'intérieur, a été souvent la résidence des princes de Serbie et le siége de la *Skouptchina* (assemblée nationale). On remarque aussi *Alexinatz*, prise par les Turcs en 1876, et *Passarovitz*, connue par la paix de 1718.

Dans la Serbie ci-devant turque, annexée en 1878 à la principauté, la ville principale est *Nich* ou *Nissa*.

Armée permanente : 5000 h.; avec la réserve, 80 000 h. — Exportations : 40 millions de fr.; import. : 30 millions; revenus : 18 mill.

Monténégro.

Entre l'Albanie et la Bosnie, se trouve le petit pays de
MONTÉNÉGRO, en slave *Tzerna-Gora*, en turc *Kara-Dagh;*
territoire très-montagneux qui a gardé son indépendance.
Après une guerre soutenue par les Monténégrins contre
les Turcs en 1876, 1877 et 1878, cette principauté s'est
augmentée de moitié; on lui a accordé une partie de l'Albanie,
une partie de la Bosnie, la moitié du lac de Scutari, et elle
possède aujourd'hui une petite étendue de côte sur l'Adriatique. Superficie, 8700 kil. carrés; population, 250 000 hab.
Les plus hautes de ses nombreuses montagnes sont le
Dormitor, dans le N. et le *Kom*, au S. E. La population
monténégrine, d'origine serbe, est belle, fière, rude et guer-
rière. *Danilovgrad* est la capitale. Autres villes: *Cettigue*,
anc. capitale; *Antivari*, port, et *Podgoritza*, enlevées à
l'Albanie.

GRÈCE

Géographie physique de la Grèce. — La GRÈCE ou
HELLAS, située à l'extrémité méridionale du continent européen, sous la latitude moyenne de 38 degrés, a été longtemps
soumise à l'empire Turc; elle forme aujourd'hui un royaume
indépendant, renfermé entre l'Archipel, à l'E., la mer
Ionienne, à l'O. et au S., et la Turquie, au N.; elle a environ 300 kilomètres du N. au S., et à peu près autant de l'E. à
l'O.; avec les îles Ioniennes, qui lui ont été annexées il y a
peu d'années, et avec l'Épire et la Thessalie, que les conférences de Berlin lui ont attribuées en 1880, elle contient à peu
près 65 000 kilomètres carrés et environ 2 millions d'hab.

La Grèce continentale se compose de deux parties: la
Grèce septentrionale et la *Morée;* elles sont unies l'une à
l'autre par l'isthme de *Corinthe*, resserré entre le golfe de
Lépante (anciennement de *Corinthe*), à l'O., et celui d'*Athènes* ou d'*Égine* (ancien golfe *Saronique*), à l'E.

Peu de contrées ont des côtes aussi découpées; de toutes
parts se présentent, en Grèce, des presqu'îles et des golfes.

A l'E., est la presqu'île l'*Attique*, terminée par le cap *Colonne*, l'ancien promontoire *Sunion* ou *Sunium*. Sur la côte orientale de la partie septentrionale du pays, l'Archipel présente le golfe de *Volo* (anc. *Pélasgique*), la presqu'île de *Magnésie* et le golfe de *Zeïtoun* (anc. golfe *Maliaque*). C'est au S. E. de ce dernier golfe que s'allonge, fort près du continent, la grande île de *Négrepont* ou *Égripos*, l'ancienne *Eubée*. Le long détroit qui la sépare de la terre ferme porte différents noms : au N. O., il s'appelle canal d'*Atalanti ;* au milieu, dans sa partie la plus étroite, il se nomme *Euripe* ou *Évripos*, et c'est de ce nom que sont dérivés ceux d'*Égripos* et de *Négrepont*, donnés à l'île. Sur la côte occidentale de la Grèce septentrionale est le golfe de l'*Arta* (anc. d'*Ambracie*).

La *Morée*, l'ancien *Péloponnèse*, est une presqu'île, dont les anciens ont comparé la forme à celle d'une feuille de platane, et qu'on peut aussi comparer à une main ouverte. Elle est découpée par le golfe de *Nauplie* (anciennement d'*Argolide*), à l'E., par ceux de *Marathonisi* (de *Laconie*) et de *Coron* (de *Messénie*), au S., et par celui d'*Arcadia* (de *Cyparisse*), à l'O.; on remarque, en outre, au N. O., le golfe de *Patras*, devant l'entrée du golfe de Lépante, auquel il communique par un détroit nommé quelquefois *Petites Dardanelles*.

A l'E., la Morée projette la presqu'île d'*Argolide*, qui se termine par le cap *Skilly.*—Au S., elle présente trois autres presqu'îles : celle de *Monembasie*, avec le cap *Malio* ou *Saint-Ange ;* celle du *Magne* ou *Maïna*, avec le cap *Matapan* (l'ancien promontoire *Ténare*), qui est la pointe la plus australe de la Grèce continentale, et où se trouve une caverne considérée par les anciens comme une des entrées des enfers ; enfin la presqu'île de *Messénie*, avec le cap *Gallo*. — A l'extrémité occidentale de la *Morée*, s'offre le cap *Tornèse*.

La chaîne Hellénique parcourt toute la Grèce du N. au S., en séparant les eaux tributaires de l'Archipel de celles qui se jettent dans la mer Ionienne : elle passe par l'isthme de Corinthe, et se termine, par deux rameaux, aux caps Malio et Matapan. Les principales parties de cette chaîne sont : dans la Grèce septentrionale, le *Pinde* ou *Metzovo*, jadis consacré aux Muses ; — le *Guiona*, haut de 2435 mètres, et point culminant de la Grèce; — le *Vardoussia;* — le *Liakoura* ou *Parnasse*, le *Zagora* ou *Hélicon*, l'*Élatéa* ou *Cithéron*, souvent nommés chez les anciens poètes.

Dans la Morée, la chaîne principale forme les montagnes du *Magne* ou de *Pentédactylon* (l'ancien mont *Taygète*), et se termine au cap Matapan.

Les branches les plus remarquables de cette chaîne dans la Grèce septentrionale sont : le mont *Olympe*, de 3000 mètres d'altitude, sur la frontière septentrionale du royaume; les monts *Ossa* et *Pélion*, qui, de même que l'Olympe, s'élèvent près de l'Archipel et sont fameux dans la mythologie grecque; l'*Œta* ou *Saromata*, qui forme, avec le golfe de Zeïtoun, le fameux défilé des *Thermopyles;* les montagnes de l'*Attique*, auxquelles appartient le mont *Hymette* ou *Trélovouno*, célèbre par son excellent miel.

Parmi les principales branches de la chaîne Hellénique dans la Morée, on distingue, au N. O., le *Ziria* ou *Cyllène;* au S. O., dans la presqu'île de Messénie, le mont *Lycée* ou *Diaphorti;* au S. E., dans la Laconie, le *Malévo.*

Les principaux cours d'eau du versant oriental sont tous dans la Grèce septentrionale. On voit d'abord la *Salemvria* (anc. *Pénée*), qui arrose la délicieuse vallée de *Tempé;* puis l'*Hellada* (anc. *Sperkhios* ou *Sperchius*), qui se jette dans le golfe de Zeïtoun, près et au N. O. des Thermopyles. — Le *Céphisse* (qu'il ne faut pas confondre avec le *Céphise*, très petite rivière qui passe à Athènes), se rend dans le lac *Topolias* ou de *Livadie*, nommé anciennement *Copaïs*, lac funeste par ses débordements et ses miasmes, et qui s'écoule, par des gouffres souterrains, dans le détroit d'Atalanti. — Le *Permesse*, ruisseau fameux dans l'antiquité, parce qu'il était consacré aux Muses, se jette aussi dans le lac Topolias, à l'E. duquel est celui de *Likéri* (anc. *Hylica*).

Sur le versant occidental ou de la mer Ionienne, il faut remarquer, toujours dans la Grèce septentrionale, l'*Achéron* et le *Cocyte*, rivières qui arrosent un canton marécageux, et que les anciens plaçaient aux Enfers dans leur mythologie; — l'*Arta*, qui se jette dans le golfe du même nom; — l'*Aspropotamo* (*Akhéloos* ou *Achéloüs*), qui débouche à l'entrée du golfe de Patras, après avoir reçu les eaux du lac de *Vrakhori*

(*Trikhonis*); — et le *Fidaris* ou *Événos*, qui a son embouchure vers le milieu du même golfe.

Dans le N. de la Morée, on trouve la *Calavrita* (ancien *Crathis*), qui se jette dans le golfe de Lépante, après avoir reçu le *Styx*, petite rivière fameuse chez les anciens, qui en avaient fait un fleuve des enfers. — La *Rouphia* (anciennement *Alphée*), le plus grand cours d'eau de la Morée, se rend dans le golfe d'Arcadia. — L'*Iri* ou *Vasili-potamo* (anciennement *Eurotas*), qui tombe dans le golfe de Laconie, était célèbre autrefois parce qu'il baignait les murs de Sparte.

La Grèce offre des aspects variés, des points de vue admirables. Le climat est doux et généralement salubre; cependant quelques parties des côtes et les rives du lac Topolias sont marécageuses et malsaines. L'agriculture est fort négligée, et cette contrée, quoique fertile, produit peu de grains. La population est très pauvre.

L'olivier abonde; il y a des vins et des raisins renommés, des cédrats, des limons, des oranges, du coton. — De belles forêts ombragent les montagnes; les campagnes incultes sont ornées de buissons de lauriers, de myrtes, de réglisses. Les vers à soie et les abeilles donnent d'excellents produits.

On retire beaucoup de sel des lagunes des côtes, et les éponges qu'on pêche dans l'Archipel sont un objet important de commerce.

Divisions et villes principales. — La Grèce est divisée (y compris les îles Ioniennes, mais sans la Thessalie et l'Épire, non encore organisées) en 13 nomes ou nomarchies, qui sont : dans la Grèce septentrionale, les nomes d'*Attique-et-Béotie*, de *Phthiotide-et-Phocide*, d'*Acarnanie-et-Étolie;* — dans la Morée, ceux d'*Argolide-et-Corinthie*, d'*Akhaïe-et-Élide*, d'*Arcadie*, de *Messénie*, de *Laconie;* — dans l'Archipel, ceux d'*Eubée* et des *Cyclades;* — dans les îles Ioniennes, ceux de *Corcyre*, de *Céphalonie* et de *Zacynthe*.

Ces nomes se divisent en éparchies. Voici les villes princ. :

Grèce septentrionale. — ATHÈNES, capitale de la Grèce et chef-lieu du nome d'Attique-et-Béotie, est située sur les bords de l'Ilisse et du Céphise, deux petites rivières qui vont tomber, non loin de là, dans le golfe d'Athènes.

Parmi les vestiges de l'antique splendeur de cette illustre cité, on distingue l'Acropolis ou citadelle, et le Parthénon, ou temple de Minerve. Athènes, après être restée longtemps, sous les Turcs, dans l'état le plus misérable, s'est beaucoup augmentée et embellie dans ces dernières années, et déjà on y compte 50 000 hab., en y comprenant le *Pirée*, qui lui sert de port, et auquel elle communique par un chemin de fer de 10 kilomètres.

On rencontre encore, dans la Grèce septentrionale : *Thiva* (l'ancienne *Thèbes*), près et au S. du lac Likéri ; — *Livadie*, à l'O. du lac Topolias ou de Livadie ; — *Marathon, Mégare* et *Lepsina* (l'ancienne *Eleusis*), trois endroits jadis célèbres et qui ne sont aujourd'hui que de petits villages ; — *Lamia* ou *Zeïtoun*, chef-lieu du nome de Phthiotide-et-Phocide, vers le golfe de Zeïtoun ; — *Salona* ou *Amphisse*, vers le golfe de Salona, un des enfoncements de celui de Lépante, et près du village de *Castri*, bâti sur l'emplac. de l'anc. *Delphes ;* — 'Lépante ou *Epakto* (l'anc. *Naupacte*), vers l'entrée du golfe de même nom ; — *Missolonghi*, dans le nome d'Acarnanie-et-Étolie, ville fameuse par le siège qu'elle soutint contre les Turcs, en 1826, et par la mort de Byron pendant ce siège.

Près de la côte de l'Attique, on trouve, dans le golfe d'Athènes, l'île de *Colouri*, célèbre autrefois sous le nom de *Salamine*, et l'île d'*Égine* ou *Enghia*.

Morée. — *Patras* (20 000 hab.), place forte et port très commerçant, sur le golfe de même nom, est le chef-lieu du nome d'Akhaïe-et-Élide. —*Nauplie de Romanie* ou *Nauplie* proprement dite, chef-lieu du nome d'Argolide-et-Corinthie, est une place très forte et un port aussi très commerçant, sur une langue de terre qui s'avance dans le golfe auquel elle donne son nom.

On remarque encore en Morée : *Argo* (*Argos*), vers l'extrémité du golfe de Nauplie ; — *Corinthe*, située près et au S. O. de l'isthme auquel elle donne son nom, vers le fond du golfe de Lépante, et intéressante par son commerce de raisins secs, d'huile et de kermès ; — *Karvathy*, sur les ruines de *Mycènes* ; — *Tripolitza* ou *Tripolis*, chef-lieu du nome d'Arcadie, au centre de la presqu'île, vers l'emplacement de l'ancienne *Mantinée* ; — *Arcadia* ou

Kyparissia (*Cyparisse*), sur le golfe de même nom ; — *Navarin*, avec un vaste port, dans lequel les flottes française, anglaise et russe remportèrent une grande victoire sur la flotte turco-égyptienne en 1827 ; — *Modon*, *Coron*, ports de mer ; — *Kalamata* ou *Kalamai*, autre port, chef-lieu de la Messénie ; — *Sparta*, petite ville nouvelle, bâtie sur les

Athènes. — Ruines du Parthénon.

ruines de l'ancienne *Sparte*, et chef-lieu du nome de Laconie ; — *Mistra*, très près des mêmes ruines ; — *Monembasie* ou *Nauplie de Malvoisie* (l'ancienne *Épidaure-Limera*), sur une petite île de l'Archipel, unie au continent par un pont.

Près de la côte orientale de la Morée, vers l'Argolide, sont les îles florissantes de *Poros*, d'*Hydra* et de *Spetzia*.

Eubée et les Cyclades. — La plus grande île de la Grèce dans l'Archipel est *Eubée*, *Egripos*, *Evripos* ou

Négrepont, montagneuse et fertile en pâturages; elle a pour ville principale *Négrepont*, *Egripos* ou *Khalcis*, chef-lieu du nome de l'*Eubée*, sur le détroit d'*Euripe* ou *Evripos*. — Au N. E., sont les îles de *Skopélo* et de *Skyro* (*Scyros*).

Les *Cyclades*, c'est-à-dire les îles *rangées en cercle*, peuvent être distribuées en quatre parties.

Dans le groupe du N., on distingue *Andro* (*Andros*), avec un sol fertile; — *Tine* ou *Tino* (*Ténos*), riche en bons vins; — *Myconi* (*Myconos*); — la *Petite Sdili*, îlot montagneux et stérile, qui est l'ancienne *Délos*, célèbre dans l'opinion des anciens par la naissance d'Apollon et de Diane; — *Syra* (*Syros*), île froide et humide, mais où se trouve l'importante ville d'*Hermopolis* ou *Syra*, peuplée de 21 000 habit., chef-lieu du nome des Cyclades, et centre de l'activité commerciale de l'Archipel.

Le groupe du centre comprend *Naxie* (*Naxos*), la plus grande des Cyclades; — *Paro* (*Paros*), riche en beaux marbres; — *Anti-Paro* (*Oléaros*), avec des cavernes et des stalactites curieuses; — *Amorgo* (*Amorgos*), très fertile; — *Nio*, l'ancienne *Ios*, célèbre par le tombeau d'Homère.

Dans la chaîne de l'O., on distingue *Zéa* (*Céos*), avec de bons pâturages et d'excellents fruits; — *Thermia* (*Cythnos*); — *Serpho* (*Sériphos*); — *Siphanto* (*Siphnos*), intéressante par sa fécondité et son air pur; — *Kimolo* ou *Argentière* (*Cimolos*), avec des montagnes volcaniques, des mines d'argent, et une sorte d'argile nommée *terre cimolée*; — *Milo* (*Mélos*), célèbre par les belles antiquités qu'on y a trouvées, et dont le sol volcanique et spongieux est riche en sources chaudes et en alun estimé.

Dans le S. des Cyclades, est *Santorin* (*Théra*), riche en bon vin, mais souvent bouleversée par des tremblements de terre, et parsemée de substances volcaniques. On a vu s'élever, près de Santorin, plusieurs petites îles, par l'action des feux souterrains. Les dernières, dans le groupe de *Kaïméni*, se sont formées en 1866.

Thessalie et Épire. — La Thessalie, récemment annexée à la Grèce, renferme les villes de *Larisse* et de *Trikala*.

L'Épire, également annexion nouvelle, prise sur l'Albanie, comprend la ville d'*Ianina* (40 000 h.), sur un charmant lac du même nom, près des ruines de *Dodone;* — *Parga*, port.

Iles Ioniennes. — Les îles *Ioniennes,* ou les *Sept-Iles,* sont annexées à la Grèce depuis 1863. Elles formaient auparavant une petite république, protégée et à peu près possédée par l'Angleterre. On y compte 250000 h., presque tous d'origine grecque, et professant, les uns la rel. gr., les autres la rel. cath.

Ces îles produisent des olives, du vin et du coton.

La plus septentrionale et la plus importante est *Corfou* ou *Kerkyra* (l'ancienne *Corcyre*), avec une ville de même nom, port commerçant, qui a 15000 habit. — On trouve, au S. E. de Corfou, l'île de *Paxo*, très-peu considérable.

Tout près de l'Acarnanie, est l'île de *Sainte-Maure* (l'ancienne *Leucadie*). — A l'O. du golfe de Patras, on rencontre *Théaki*, petite île stérile, mais célèbre autrefois sous le nom d'*Ithaque*; — et *Céphalonie* (anciennement *Céphallénie*), la plus grande des îles Ioniennes, et généralement belle et fertile. Son chef-lieu est *Argostoli*.

Vers l'extrémité occidentale de la Morée, se trouve l'île de *Zante* (l'ancienne *Zacynthe*), avec une ville maritime de même nom, qui a 20000 h. et commerce en huiles et en vins.

Vers l'extrémité S. E. de la même presqu'île, est l'île de *Cérigo* (l'ancienne *Cythère*), avec un sol pierreux et stérile; on la considère comme une des *sept îles* Ioniennes, quoiqu'elle appartienne au nome d'Argolide et Corinthie.

Langue, religion, gouvernement, etc. — Les Grecs ou Hellènes sont vifs, spirituels, courageux, mais inconstants, avides et superstitieux. Dans les montagnes, un grand nombre d'entre eux se livrent impunément au brigandage.

La langue grecque moderne se rapproche beaucoup du grec ancien : elle est belle et s'embellit encore de jour en jour, en prenant des règles plus fixes; il y a une tendance marquée, parmi les classes élevées de la société, à lui rendre les règles et les formes de l'ancienne langue. L'instruction commence à reprendre de l'essor dans cette contrée, qui a été le berceau des arts, des lettres et des sciences en Europe, et elle a fait depuis quelque temps de notables progrès. Athènes a une importante université.

L'École française d'Athènes est un établissement fort intéressant, où sont envoyés de jeunes Français qui ont terminé leurs études en France, et qui font en Grèce des recherches scientifiques.

La religion grecque, appelée par les Grecs religion orthodoxe, est celle de l'État et de presque toute la nation. Elle est administrée, pour le royaume de Grèce, par un synode que préside l'évêque métropolitain d'Athènes. Il y a des catholiques romains dans plusieurs îles.

La Grèce, depuis qu'elle a secoué le joug des Turcs, a été quelque temps une république ; aujourd'hui le gouvernement est monarchique et constitutionnel ; le roi actuel est un prince de la maison de Danemark.

L'armée de terre est de 14 000 hommes (pied de paix) ; la marine militaire, de 21 bâtiments. Le revenu de l'État est de 34 millions de francs ; la dette publique, de 200 millions.

L'industrie s'exerce principalement sur la préparation de la soie, celle des peaux et la fabrication de l'huile.

Les femmes grecques excellent dans la broderie, où elles se distinguent surtout par le bon goût du dessin et le contraste harmonieux des couleurs.

Le commerce maritime de la Grèce est assez animé. Cette petite nation a de bons marins et des ports nombreux, dont les principaux sont : le Pirée (port d'Athènes), Syra, Patras, Nauplie, Hydra, Corfou, Zante. Ses exportations sont des fruits (surtout les raisins), de l'huile, de la laine, de la soie, des éponges, du fromage, du plomb. L'Occident lui fournit, des peaux tannées, du sucre raffiné, du café, des verreries, des livres, des tissus de laine et de soie. — La marine marchande grecque compte 5000 bâtiments, jaugeant 240 000 tonneaux et montés par 30 000 marins. Les importations sont de 120 millions ; les exportations de 75 millions.

RUSSIE

Géographie physique de la Russie d'Europe. — La RUSSIE EUROPÉENNE occupe la partie orientale de l'Europe, et s'étend depuis le 41ᵉ jusqu'au 76ᵉ degré de latitude N. (en y comprenant la Nouvelle-Zemble), et depuis le 15ᵉ jusqu'au 63ᵉ de longitude E. Elle a une longueur de 3800 kilomètres, du N. O. au S. E., sur une largeur de 2700 kilomètres, et 5870 000 kilomètres carrés. Elle surpasse en étendue tout le

reste de l'Europe. Sa population est environ le quart de celle
de cette partie du monde : elle s'élève à 77 millions d'hab.

La Russie d'Europe est baignée au N. par l'océan Glacial
arctique, qui forme la mer *Blanche* et la mer de *Kara*. La
première s'enfonce dans les terres comme un grand golfe :
au N. E. de son entrée, se présentent la presqu'île de *Kanin*
(terminée par le cap de même nom) et l'île de *Kolgouev ;* au
N. O., la presqu'île de *Kola*, avec le cap *Sviatoï.*

Au N. O. de la mer de Kara, s'étend la *Nouvelle-Zemble*
ou mieux *Novaïa-Zemlia* (c'est-à-dire nouvelle terre, car elle
ne fut découverte qu'au XVIe siècle), encore peu connue, à
cause de la rigueur du climat, rigueur adoucie cependant (relativement à la latitude) par quelques branches du Gulf-Stream.
Elle est divisée en deux grandes îles par le détroit de *Matotchkin*. Généralement inhabitée, elle est seulement quelquefois visitée par des pêcheurs et des chasseurs russes et
norvégiens, qui y prennent une grande quantité de phoques,
de lamantins, et des renards, des hermines, des ours blancs,
remarquables par leurs belles peaux. — L'île de *Vaïyatch*,
au S. de la Nouv.-Zemble, est séparée de celle-ci par le détroit
de Fer ou de Kara, et du continent pour le détroit auquel
elle donne son nom et qu'on appelle aussi détroit d'Iougor.

Au N. O., la Russie tient à la Scandinavie, sur la frontière
de laquelle se trouve le golfe de Varanger.

Elle est baignée à l'O. par la mer Baltique, qui, en péné-
trant dans ses terres, forme les golfes de *Finlande* et de *Livonie* ou de *Riga*. A l'entrée de ce dernier golfe, se trouvent les
îles de *Dago* et d'*OEsel*. Les îles d'*Aland* et d'*Abo*, très-
nombreuses, sont à l'entrée du golfe de *Botnie*, enfoncement
septentrional de la Baltique.

La Russie est encore limitée à l'O. par la Prusse et l'empire Austro-Hongrois. Elle a au S. O. la Roumanie, vers laquelle sa frontière est marquée par le Pruth et par le cours
inférieur du Danube.

Au S., se trouve la mer Noire, dans laquelle s'avance la
presqu'île de *Crimée*, unie au continent par l'isthme étroit de
Pérékop. A l'E. de cette presqu'île, s'enfonce la mer d'*Azov*,
qui est un simple golfe de la mer Noire, et qui communique
à celle-ci par le détroit d'*Iénikalé* ou de *Kertch* (autrefois

Bosphore Cimmérien). La mer d'Azov, très-peu profonde, se nommait anciennement *Marais Méotide* (*Palus Mæotis*) ; elle produit, à l'O., sur les côtes de la Crimée, un golfe malsain, nommé *mer Putride* ou *golfe Sivach*, qui est bordé à l'E. par l'étroite langue de terre appelée *Flèche d'Arabat*.

Au N. O. de la même presqu'île, la mer Noire forme les golfes de *Pérékop* et d'*Odessa*. Le reste de la limite méridionale de la Russie d'Europe est marqué par la chaîne du Caucase. — Au S. E., est la mer Caspienne, qui présente d'innombrables petites îles dans le voisinage des bouches du Volga et qui est de 30 mètres au-dessous du niveau de la mer Noire.

A l'E., la Russie d'Europe est limitée par le fleuve Oural, les monts Ourals et la rivière Kara.

La Russie n'est, pour ainsi dire, qu'une plaine immense, qui forme dans son intérieur un grand plateau modérément élevé et surmonté de quelques chaînes de collines. Elle est arrosée par de nombreux et longs cours d'eau, et bordée à l'E. et au S. E. par de hautes montagnes. — Le nord est un pays triste et stérile, où règne un froid très-vif. — Le nord-ouest est rempli de lacs, qu'embellissent souvent des aspects pittoresques. — Le centre et l'ouest sont les parties les plus peuplées, les plus fertiles et les mieux cultivées (blé, lin, chanvre, etc.), particulièrement dans ce qu'on appelle les *terres noires;* on y trouve cependant de vastes marais, entre autres ceux de *Pinsk* ou de *Rokidno.* — Le sud jouit d'un climat assez doux, et offre plusieurs cantons agréables ; on y récolte beaucoup de blé, de tabac, de chanvre, de lin ; la vigne y réussit, et il y a des grands pâturages. Il se trouve aussi dans le S. d'importantes mines de houille. — Le S. E. a de vastes steppes sablonneuses, des plaines imprégnées de sel et beaucoup de petits lacs salés. Tout, dans l'aspect de cette région, annonce que la Caspienne était autrefois unie à la mer Noire. Dans le bassin de la première de ces deux mers, le sol est très déprimé et se trouve au-dessous de l'océan. — L'E. est remarquable par ses richesses minérales ; on y trouve d'abondantes mines de cuivre, d'or, de platine, et l'on y a reconnu l'existence de diamants.

Parmi les arbres des forêts de la Russie, on remarque les

pins et les sapins, dont on exporte une grande quantité. Les chênes ne s'avancent pas au N. du golfe de Finlande.

C'est le pays d'Europe le plus riche en chevaux.

Le nom de Russie réveille l'idée d'une température très froide : le nord a, en effet, un climat très rigoureux ; et même dans les autres parties, qui sont plus. tempérées, le froid est plus grand, à la latitude égale, que dans le reste de l'Europe. Mais les étés sont très chauds. Il tombe dans ce pays moins de pluie que dans l'ouest de notre partie du monde.

La grande arête qui sépare l'Europe en deux versants parcourt la Russie depuis les monts Ourals jusqu'à la frontière de l'empire Austro-Hongrois ; elle se dirige du N. E. au S. O., et n'est formée que de collines, de plateaux peu élevés, de petites mont., même de dos de pays presque insensibles : les collines *Ouvalli*, les plateaux de *Perm-Vologda*, au N., les plat. de *Valdaï* et de *Volkhonski*, dans l'O., en sont les parties princip.

Deux branches s'y rattachent au N. : les monts *Timan* et la chaîne qui, s'élevant entre le bassin de la Baltique et celui de l'océan Glacial, porte les noms de monts *Olonetz* et de monts *Maanselka*, et va rejoindre les monts *Dofrines*. Une, au S., entre le bassin de la mer Noire et celui de la mer Caspienne, s'appelle collines du *Volga*, puis *Erghéni* et *Bechtau*, et va rejoindre le *Caucase*.

C'est dans le Caucase que se trouvent les plus hauts sommets de la Russie ; des glaces et des neiges éternelles couvrent cette chaîne majestueuse, dirigée du S. E. au N. O., l'espace de 1100 kilom., de la presqu'île d'*Apchéron*, sur la mer Caspienne, à la presqu'île de *Taman*, entre la mer Noire et la mer d'Azov. On y distingue surtout le pic de l'*Elbrouz* et celui du *Kazbek ;* le premier s'élève jusqu'à plus de 5600 mètres, et le second à 5100 mètres.

Les points culminants de la longue chaîne de l'*Oural* ont de 1600 à 1700 mètres de hauteur.

La Russie est divisée en quatre versants : ceux de l'océan Glacial, de la Baltique, de la mer Noire et de la Caspienne.

Sur le versant de l'océan Glacial coulent la *Kara*, la *Pétchora*, le *Mézen*, la *Dvina du nord*, l'*Onéga*. Ces trois derniers fleuves sont tributaires de la mer Blanche. Les plus grands lacs qui appartiennent à ce versant sont l'*Imandra*, qui s'écoule dans la mer Blanche, et l'*Énara*, qui s'écoule dans le golfe de Varanger.

Sur le versant de la Baltique on distingue le *Torneå*, qui tombe au fond du golfe de Botnie; la *Néva*, dont le cours n'est pas long, mais fort large, et qui porte les eaux du lac Ladoga au golfe de Finlande; la *Dvina du sud* ou *Duna*, qui va se jeter dans le golfe de Livonie; le *Niémen* et la *Vistule*, qui ont la fin de leur cours sur le territoire prussien. C'est sur ce versant que se trouvent les principaux lacs de la Russie. Le plus grand de tous est le *Ladoga*, qui a 200 kil. de longueur et 130 kilom. de largeur. Il a pour tributaires trois autres lacs considérables : à l'E., la rivière *Svir* lui apporte les eaux du lac *Onéga* (200 kil. sur 80); au N. O.), il reçoit celle du lac *Saïma*, par l'intermédiaire du *Voxen ;* au S., le lac *Ilmen* lui envoie les siennes par la rivière *Volkhov*.

Remarquons encore, dans le voisinage de ces lacs, d'innombrables lacs en Finlande, entre autres le *Pœjjœne;* le lac *Tchoudskoé* ou *Peïpous*, au S. du golfe de Finlande, dans lequel il s'écoule par la *Narova;* et le lac *Biélo*, au S. E. du lac Onéga, avec un écoulement vers le Volga.

Le versant de la mer Noire est arrosé par le *Pruth*, affluent du *Danube ;* — par le *Dniestr;* — par le *Dniepr* (l'ancien *Borysthènes*), qui est un des plus grands fleuves de l'Europe (1630 kil.) et qui reçoit trois principaux affluents : la *Bérézina*, si malheureusement célèbre par le désastre des Français en 1812; le *Pripet*, qui parcourt les vastes marais de Pinsk, et le *Boug*, qui ne se joint au fleuve que très-près de son embouchure. — Le *Don* (1440 kil.), nommé anciennement *Tanaïs*, est encore un fleuve principal de ce versant : il débouche à l'extrémité N. E. de la mer d'Azov, et se grossit du *Manytch*, qui lui apporte les eaux du lac *Bolcheï*, et qui a, d'un autre côté, un écoulement vers la mer Caspienne par une suite de petits lacs et de lagunes. — Enfin, il faut aussi distinguer, parmi les tributaires de la mer Noire, le *Kouban*, qui s'y jette près du détroit d'Iénikalé, en envoyant un bras à la mer d'Azov.

Le versant de la Caspienne est celui qui contient le plus grand cours d'eau de la Russie et de toute l'Europe : le *Volga*.

Ce fleuve immense sort d'un petit lac du voisinage des monts Valdaï, parcourt le centre et le S. E. de la Russie, en coulant d'abord à l'E., puis au S., et va se jeter dans la mer Caspienne par une infinité d'embouchures, après un cours de 3500 kilomètres. Il déborde fréquemment dans les vastes plaines qu'il arrose ; c'est un des fleuves les plus poissonneux du monde. Il reçoit à droite l'*Oka*, qui se grossit de la *Moskva*; et, à gauche, la *Kama*, augmentée de la *Viatka*.

Les autres fleuves qui tombent dans la Caspienne sont le *Térek*, la *Kouma* et l'*Oural* ou *Iaïk* (3000 kil. de longueur, en comptant ses détours, qui sont très-nombreux.)

Plusieurs canaux font très-utilement communiquer entre eux les quatre versants de la Russie. Les principaux sont : celui de *Vychni-Volotchok*, qui joint le Volga et le lac Ilmen ; — celui de *Tikhvin*, entre le Volga et le lac Ladoga ; — le canal de *Marie*, entre le lac Onéga et le lac Biélo ; — le canal de *Ladoga*, qui va du Volkhov à la Néva, en longeant au S. le lac Ladoga ; — le canal de *Koubensk*, entre la Cheksna, affluent du Volga, et la Soukhona, affluent de la Dvina du nord ; — le canal du *Nord*, entre la Kama et la Vytchegda, autre affluent de la Dvina du nord ; — le canal de la *Bérézina*, entre la rivière de ce nom et la Dvina du sud ; — celui d'*Oginski*, entre le Pripet et le Niémen ; — le canal de *Fellin*, entre l'Embach, tributaire du lac Peïpous, et le golfe de Livonie ; — le canal de *Saïma*, entre le lac Saïma et le golfe de Finlande ; — le canal *Royal*, entre le Pripet, affluent du Dniepr, et le Bug, tributaire de la Vistule. On avait commencé un canal pour la communication entre le Don et le Volga, qui se rapprochent beaucoup dans la partie moyenne de leur cours, mais la différence du niveau des fleuves (le Volga est fort au-dessous du Don) a empêché de donner suite à ce projet.

Divisions et villes principales. — La Russie d'Europe comprend : 1° soixante gouvernements ; 2° une république militaire, celle des Cosaques du Don ; 3° le grand-duché de Finlande ; 4° trois territoires caucasiens.

Toutes ces divisions peuvent être classées en cinq régions naturelles : 1° le versant de l'océan Glacial ; 2° le versant de la mer Baltique ; 3° le versant de la mer Noire et de la mer d'Azov ; 4° le versant de la mer Caspienne ; 5° la région entre la mer Noire et la mer Caspienne.

Versant de l'océan Glacial. — Cette région s'étend au N. de la grande arête européenne, jusqu'à l'océan Glacial ; la partie N. des monts Ourals la limite à l'E., et la chaîne de Maanselka, à l'O. Il s'y trouve trois gouvernements : ceux d'*Arkhangel*, d'*Olonetz* et de *Vologda*.

Le gouvernement d'Arkhangel est le plus boréal et le plus grand de la Russie d'Europe ; quoiqu'il soit plus étendu que la France, il ne renferme qu'environ 300 000 habitants, c'est-à-dire la population d'un des moindres départements français. La rigueur du froid y est extrême. Une partie de ce pays, vers l'O., est peuplée par des *Lapons ;* une autre, à l'E., par des *Samoïèdes*. Ce dernier peuple offre un aspect étrange et désagréable : il a le visage plat, les yeux étroits et longs, le nez singulièrement enfoncé, la bouche très-fendue, les cheveux rudes et luisants, les oreilles grandes et élevées, le teint basané. Il est encore plongé dans un état voisin de la barbarie. Les rennes forment sa principale richesse. — Le chef-lieu du gouvernement est *Arkhangel* ou *Arkhangelsk*, centre du commerce du nord de la Russie : cette ville a 20 000 habitants, et se trouve sur la Dvina, un peu au-dessus de son embouchure dans la mer Blanche. — On remarque, dans le même gouvernement, *Kola*, la ville la plus septentrionale de la Russie d'Europe, sur la côte dite *Mourmaine*.

Le gouvernement d'Olonetz, au milieu duquel est le lac Onéga, a pour chef-lieu *Pétrozavodsk*. — Celui de Vologda a un chef-lieu plus important, nommé aussi *Vologda*.

Versant de la mer Baltique. — Cette région s'étend entre les monts Valdaï et la Baltique. Elle comprend : 1° les gouvernements maritimes de *Saint-Pétersbourg*, d'*Ehstonie* ou *Rével*, de *Livonie* ou *Riga*, de *Courlande* ou *Mitau*, de *Kovno ;* — 2° les gouvernements intérieurs de *Novgorod*, de *Pskov*, de *Vitebsk*, de *Vilna*, de *Grodno ;* — 3° les dix gouvernements formés récemment du ci-devant royaume de *Pologne ;* — 4° le grand-duché de *Finlande*.

Le gouvernement de *Saint-Pétersbourg*, ou simplement *Pétersbourg*, formé de l'ancienne province finnoise d'*Ingrie* ou

Ingermanie, est un pays bas, humide, et naturellement stérile et triste ; mais, comme il renferme la capitale de l'empire, il est parsemé d'un grand nombre de maisons de plaisance, de parcs, de jardins potagers et d'établissements industriels. — SAINT-PÉTERSBOURG s'élève, au fond du golfe de Finlande, sur les deux rives et sur plusieurs îles de la Néva. Sa plus vaste et plus belle partie occupe la rive gauche du fleuve. Cette ville fut bâtie par Pierre le Grand, au commencement du XVIII° siècle, au milieu de marais insalubres. Malgré le désavantage de son site, c'est une des capitales les plus magnifiques de l'Europe ; elle est du moins la plus régulière, et l'on en admire les rues larges, les quais superbes, les beaux canaux, surtout celui de la *Fontanka*. Saint-Pétersbourg a une forme ovale, étendue de l'E. à l'O : sa circonférence est de 35 kil. On y compte 700 000 âmes. Parmi les monuments de cette immense cité, il faut signaler la statue équestre en bronze de Pierre le Grand, posée sur un énorme bloc de granit ; le palais de l'Amirauté, le palais de la Tauride, le palais d'Hiver, le palais d'Été, le palais de l'Ermitage, le palais de Marbre, la colonne Alexandrine, le théâtre d'Alexandre, les églises d'Isaac et de Notre-Dame de Kazan. — Près de la ville, s'élève le bel observatoire de *Poulkova*.

Les châteaux impériaux sont nombreux dans le gouvernement de Saint-Pétersbourg ; les plus célèbres sont ceux de *Tzarskoé-Sélo*, de *Peterhof*, d'*Oranienbaum*, de *Gatchina*.

A ce gouvernement appartient encore l'importante place forte et maritime de *Kronstadt*, située sur la petite île de Kotline, dans le golfe de Finlande, à l'O. de la capitale, avec 47 000 habitants. Il faut aussi remarquer la forteresse de *Schlüsselbourg*, à l'endroit où la Néva sort du lac Ladoga.

L'*Ehstonie* (le *pays des Ehstes*), ou le gouvernement de *Rével*, borde la côte méridionale du golfe de Finlande. Le chef-lieu est le port florissant de *Rével* ou *Réval*, ville de 30 000 âmes.

La *Livonie* (le *pays de Lives*), ou le gouvernement de *Riga*, a pour chef-lieu *Riga*, l'un des ports les plus commerçants de la Russie, sur la Duna, non loin de l'embouchure du fleuve : c'est une ville de 100 000 hab. — On trouve dans la même contrée *Dorpat* ou *Derpt*, importante par son université.

La *Courlande* (c'est-à-dire le *pays des Coures*), ou le gouvernement de *Mitau*, est le plus méridional et le plus agréable de ces gouvernements: le chef-lieu est *Mitau*, ville de 23 000 hab. Il s'y trouve *Libau*, le plus occidental des ports russes.

Le gouvernement de *Kovno* a un chef-lieu de même nom, sur le Niémen.

Le chef-lieu du gouvernement de *Novgorod* est *Novgorod* ou *Véliki-Novgorod*, sur le Volkhov, près et au N. du lac Ilmen. C'était, au moyen âge, le siége d'une république riche et puissante; il n'y a plus aujourd'hui que 17 000 âmes. Cependant cette antique cité offre encore un bel aspect.

Le gouvernement de *Pskov* a pour chef-lieu la ville de même nom, située près et au S. E. du lac Peïpous, et qui a été aussi une république au moyen âge.

Vilna, chef-lieu du gouvernement de même nom, était la capitale de la Lithuanie, et renferme 64 000 habitants.

Les gouvernements de *Vitebsk* et de *Grodno* ont aussi des chefs-lieux de même nom, peuplés chacun de 30 000 âmes. — On remarque *Dunabourg* dans le gouvernement de Vitebsk.

Ce qu'on appelait en dernier lieu le royaume de POLOGNE ne correspondait qu'à une faible partie de l'ancien et puissant royaume de Pologne, démembré par des partages en 1772, 1793 et 1795 : la Russie, la Prusse et l'Autriche ont eu, chacune, une part dans le naufrage de cette vaste monarchie; mais la première a obtenu la plus grande portion. Les habitants du petit royaume de Pologne qu'on avait formé en 1815, en le donnant à la Russie, s'insurgèrent en 1830 et luttèrent avec courage pour leur indépendance, mais sont retombés ensuite sous la domination russe. En 1863 et 1864, ils ont cherché de nouveau, mais vainement, à se séparer de la Russie par une insurrection. On a enlevé alors à la Pologne le titre de royaume, et on l'a réduite en gouvernements ordinaires, en l'appelant le *Pays de la Vistule*.

Ce pays n'est pas plus grand qu'un gouvernement russe d'une moyenne étendue; mais il est plus peuplé; il renferme environ 6 500 000 habitants. Il offre une surface très unie, et le nom même de *Pologne* (*Polska*) signifie *pays plat*; la montagne de *Sainte-Croix*, au S., est presque la seule hauteur remarquable. Il y a des cantons marécageux, de vastes forêts, mais aussi beaucoup de terrains très-riches en blé, en lin, etc. Malheureusement, le cultivateur est en général apathique et négligent, et il ne met pas toujours à profit la fertilité du sol. On trouve dans les forêts reculées une sorte de bœuf sauvage nommé *urus* ou *aurochs*, animal grand et redoutable, portant une longue crinière. On y remarque aussi des bisons, assez semblables à nos bœufs domestiques.

La Vistule, en polonais *Wisla*, parcourt du S. au N. le territoire polonais, et y reçoit à droite le Bug ou Bog. Le Niémen limite le pays vers le N. E., et la Warthe, affluent de l'Oder, l'arrose à l'O.

On a formé, de ce ci-devant royaume, dix gouvernements : *Varsovie, Plock, Augustowo, Lublin*, etc.

Varsovie, ancienne capitale de la Pologne, se trouve dans le pays de Masovie. Cette ville se nomme en polonais *Warszawa*, et s'étend sur la rive gauche de la Vistule. Sur la rive droite, est *Praga*, que l'on considère comme un faubourg. Varsovie a des rues belles et larges ; elle renferme cent douze palais et beaucoup d'établissements scientifiques et littéraires. On y compte 340 000 habitants.

Les autres villes remarquables du royaume de Pologne sont : *Plock*, au N. O., sur la Vistule ; — *Kalisch* ou *Kalisz*, belle ville, à l'O. ; — *Lublin*, au S. E., peuplée de 21 000 habitants, et remarquable par le palais de Sobieski ; — les forteresses importantes de *Zamosc* et de *Modlin* ; — *Lodz*, ville industrielle de 50 000 hab. ; — *Lowicz*, intéressante aussi par son industrie.

(Longtemps la Pologne a possédé *Cracovie*, qui en a été la capitale, et qui est située au S. O. de Varsovie, sur la Vistule. Cette ville devint en 1815 la capitale d'une petite république ; mais elle a été annexée à l'Autriche en 1846.)

La FINLANDE, c'est-à-dire le *pays des Finnois*, s'appelle, dans le langage des naturels, *Suomenma*. Elle s'étend au N. du golfe de Finlande, à l'E. de celui de Botnie, et présente des côtes partout hérissées de rochers, découpées par de nombreux enfoncements et bordées de petites îles. L'intérieur est rempli de lacs. Le climat est sain, et assez doux pour la latitude. On y récolte beaucoup de blé et de seigle. Ce pays n'appartient que depuis 1809 à la Russie, qui l'a enlevé à la Suède. Il a le titre de grand-duché et jouit d'une administration nationale et de ses propres lois. On y compte environ 1 970 000 habitants.

Les gouvernements de la Finlande sont ceux de *Nyland, Abo, Tavastehus, Viborg, Saint-Michel, Kuopio, Vasa* et *Uleaborg;* ils portent les noms de leurs chefs-lieux, excepté celui de *Nyland*, dont le chef-lieu est *Helsingfors*. Cette dernière ville, peuplée de 35 000 habitants, est la capitale de tout le grand-duché; elle est très agréablement placée, sur une petite presqu'île qui s'avance dans le golfe de Finlande. Non loin de là est la célèbre place forte de *Sveaborg*.

Abo (23 000 h.), qui a été longtemps la capit. de la Finlande, se trouve vers l'extrémité S. O. du pays.—*Viborg* est au S. E.

Frederikshamn, dans le gouvernement de Viborg, est connue par le traité de 1809 entre la Russie et la Suède, pour la cession de la Finlande.

Les gouvernements de Vasa et d'Uleaborg, qui ont des villes maritimes de même nom, correspondent à l'ancienne province suédoise d'*Ostro-Botnie (Botnie orientale)*. Le port de *Nikolaistad* est le chef-lieu du gouvernement de Vasa.

Bomarsund, dans les îles d'Aland, fut bombardée et prise par les forces anglo-françaises en 1854.

Les *Finnois* ou *Tchoudes*, qui se nomment eux-mêmes *Suomi*, paraissent être originaires de l'Asie; ils parlent une langue tout à fait différente du russe, et se font remarquer par des mœurs entièrement distinctes.

Versant de la mer Noire et de la mer d'Azov. — On trouve dans cette région seize divisions.

Cinq sont maritimes : les gouvernements de *Bessarabie* ou *Kichénev*, de *Kherson*, de *Tauride* ou *Simféropol*, d'*Ekatérinoslav*, et le pays des *Cosaques du Don*.

Onze sont intérieures : le gouvernement de *Podolie* ou *Kaménetz*, dans le bassin du Dniestr; — les gouvernements de *Volhynie* ou *Jitomir*, de *Kiev*, de *Minsk*, de *Mohilev*, de *Smolensk*, de *Tchernigov*, de *Poltava,* et de *Koursk*, dans le bassin du Dniepr; — ceux d'*Ukraine* ou *Kharkov* et de *Voronej*, dans le bassin du Don.

La *Bessarabie*, entre le Dniestr et le Pruth, autrefois à la Turquie, dépend de la Russie depuis 1812. Ch. -l. *Kichénev* ou *Kichinev*, v. de 110 000 h. — Autres princ. v. : *Bender*, sur le Dniestr; — *Akkerman* (39 000 h.), à l'emb. de ce fl., célèbre par le traité de 1826 entre les Russes et les Turcs; — *Réni, Ismaïl, Kilia*, sur le Danube, dans une région cédée par les Russes à la Roumanie en 1856 et recouvrée en 1878.

Le gouvernement de *Kherson* a pour chef-lieu la ville de même nom, de 46 000 âmes, sur le Dniepr, dont l'estuaire ou *liman* commence en cet endroit. — Il contient encore : *Nikolaev*, ville neuve et bien bâtie, sur le Boug, avec un port militaire et 83 000 âmes, près des ruines d'*Olbia*, colonie de Milésiens; — *Odessa*, une des grandes places maritimes de l'Europe, avec 185 000 habitants, siége principal du commerce de blé exporté par la Russie; — le port et la forteresse d'*Otchakov*, vers l'embouchure du Dniepr, à droite du fleuve; — *Kinbourn*, autre forteresse sur la rive opposée et sur une langue de terre étroite. Les Français et les Anglais ont enlevé cette dernière place aux Russes en 1855.

Le gouvernement de *Tauride* doit son nom à l'ancienne péninsule de *Tauride* ou *Chersonèse Taurique*, aujourd'hui la Crimée, qui en forme la partie la plus importante. Cette presqu'île offre au N. une plaine basse et malsaine; au S., elle est couverte de montagnes pittoresques, au pied desquelles s'ouvrent des vallées délicieuses, qui sont la partie la plus tempérée et la plus agréable de la Russie. Des Tatares à mœurs douces et patriarcales habitent dans ces montagnes. — La capitale de la Tauride est *Simféropol* ou *Akmetchet* (18 000 hab.), dans le S. de la Crimée. — Il se trouve aussi dans le S. *Baktchisaraï*, ville à la physionomie toute tatare, et jadis résidence des khans de Crimée. — On remarque, sur la côte S. O. de la presqu'île, la célèbre place de *Sévastopol* ou *Sébastopol* (11 000 hab.), prise par les Français et les Anglais en 1855 après un long siége qui l'a presque entièrement détruite. Près de là, sur les bords de la Tchernaïa, rivière qui se jette dans le port de Sévastopol, sont les ruines d'*Inkerman*, où les Anglo-Français vainquirent les Russes en 1854. — Dans la même partie S. O. de la presqu'île, on voit *Kamiech* et *Balaklava*, deux ports occupés par les Français et les Anglais pendant 1854 et 1855. — En s'avançant au N. de Sévastopol, on trouve l'*Alma*, petite rivière qui va déboucher sur la côte occidentale, et qui est célèbre par une victoire des Français et des Anglais en 1854.— Sur la côte occidentale est *Eupatoria*, occupée par les mêmes alliés dans la même année. — Au N., à l'entrée de la presqu'île, s'offre la petite place forte de *Pérékop*, qui donne son nom à l'isthme. — Sur la côte S. E., on distingue *Kéfa* ou *Caffa*, nommée aussi *Féodosia* (anc. *Théodosie*), ville aujourd'hui presque dépeuplée, qui fut riche et florissante au moyen âge, lorsque les Génois la possédaient. — Enfin, à l'extrémité orientale de la presqu'île, sont *Kertch* et *Iénikalé*, deux petites places maritimes, prises par les forces anglo-françaises en 1855. La première fait un grand commerce de blé.— *Livadia*, sur la côte S., est une jolie résidence impériale. — En dehors de la presqu'île, au N. E., le gouvernement de Tauride possède, sur la mer d'Azov, le port florissant de *Berdiansk*.

Le gouvernement d'*Ekatérinoslav* porte le nom de son chef-lieu, et renferme, vers la mer d'Azov, *Taganrog* (48 000 hab.), *Marioupol*, les principaux ports de cette mer ; — *Azov*, autrefois considérable, aujourd'hui ruinée, sur le Don, près de l'embouchure de ce fleuve ; — *Rostov* (45 000 hab.), port important, sur le même fleuve ; — *Nakhitchévan*, ville manufacturière et toute peuplée d'Arméniens.

Les *Cosaques du Don* sont une partie importante du peuple des Cosaques, répandu dans beaucoup d'autres parties de la Russie, et fameux par son esprit belliqueux. Ce peuple a adopté la langue des Russes, mais il a conservé des mœurs distinctes et des institutions assez libres ; les Cosaques du Don, en particulier, ont une constitution toute militaire qui diffère entièrement de l'organisation des gouvernements de l'empire. Ils ont pour capitale *Novo-Tcherkask* (33 000 h.).

La *Podolie* a pour chef-lieu *Kaménetz* ; — *Bar*, dans ce gouvernement, a donné son nom à une célèbre confédération des Polonais, en 1768. — Le chef-lieu de la *Volhynie* est *Jitomir*, ville de 43 000 âmes.

Kiev, chef-lieu du gouvernement de même nom, sur le Dniepr, est une des villes les plus anciennes de la Russie ; elle a été la résidence des premiers souverains russes, et fut longtemps la cité la plus riche et la plus populeuse de cette contrée. Elle renferme encore 127 000 hab. — *Berditchev,* dans le même gouvernement, est une florissante ville de 55 000 habitants, presque tous israélites.

Ces trois gouvernements ont fait partie de la Pologne, ainsi que ceux de *Minsk* et de *Mohilev,* dont les chefs-lieux portent le même nom. — *Minsk* est une ville de 43 000 âmes. — *Mohilev* (40 000 hab.) est célèbre par une victoire des Suédois sur les Russes en 1707.

Smolensk, sur le Dniepr, fut prise par les Français en 1812, malgré ses importantes fortifications.

Le gouvernement de *Poltava,* fertile et très peuplé, a pour chef-lieu la ville du même nom, de 34 000 habitants, célèbre par la victoire de Pierre le Grand sur Charles XII, roi de Suède, en 1709.

Le gouvernement de *Koursk* a pour chef-lieu *Koursk,* ville de 30 000 habitants.

Celui d'*Ukraine* ou de *Kharkov,* remarquable par sa fertilité, a pour chef-lieu *Kharkov,* peuplée de 100 000 hab. — *Voronej,* chef-lieu du gouvernement de même nom, en a 42 000.

Versant de la mer Caspienne. — Il y a sur ce versant un gouvernement maritime : *Astrakhan ;* — et vingt gouvernements intérieurs : *Tver, Iaroslav, Kostroma, Nijnii-Novgorod, Kazan, Simbirsk, Samara, Saratov,* traversés par le Volga ; — *Moscou, Kalouga, Orel, Toula, Riazan, Vladimir, Tambov, Penza,* arrosés par des tributaires de la rive droite de ce fleuve ; — *Viatka, Perm, Oufa, Orenbourg,* arrosés par des tributaires de sa rive gauche et par l'Oural.

Ces gouvernements portent les noms de leurs chefs-lieux.

Parmi les villes les plus importantes des gouvernements arrosés par le Volga, on remarque : 1° vers la mer : *Astrakhan,* grand et florissant port, de 48 000 âmes, sur une île de ce fleuve, à 50 kil. de la côte de la Caspienne ; — 2° dans l'intérieur : *Tver,* belle ville de 38 000 h., sur le Volga ; — *Iaroslav* ou *Iaroslavl,* sur le même fleuve, avec 37 000 h. ; — *Rybinsk,* aussi sur le Volga ; — *Nijnii-Novgorod,* et, par abrév., *Nijégorod,* ou simplement *Nijnii,* ville de 44 000 âmes.

située au confluent du Volga et de l'Oka, et fameuse par ses foires ; — *Kazan*, près du Volga, avec 86 000 habitants, une célèbre université, des fabriques de cuir de Russie, etc. ; — *Simbirsk* (27 000 hab.), *Samara* (50 000 hab.), *Saratov* (93 000 hab.).

La plus grande ville des gouvernements situés à droite du Volga est *Moscou*, en russe *Moskva*, en allemand *Moskau*, qui fut longtemps la métropole de la Russie, et qui conserve encore le titre de seconde capitale de l'empire. C'est une ville sainte aux yeux des Russes. Cette grande cité s'étend sur les deux rives de la Moskva, et a 50 kilomètres de tour ; la population y est de 600 000 âmes. Il y a plus d'habitants en hiver qu'en été, parce qu'une riche et nombreuse noblesse et sa suite viennent y passer la mauvaise saison. Moscou fut presque entièrement détruite en 1812 par l'incendie qu'allumèrent ses propres habitants, quand les Français y entrèrent ; on l'a rebâtie rapidement, et aujourd'hui elle est plus belle que jamais. Au centre de la ville s'élève le Kremlin, espace fortifié qui comprend un majestueux assemblage de palais et d'églises.

On voit, dans le même gouvernement, *Mojaïsk*, prise par les Français en 1812, et où se trouve le monastère *Troïtzkoï*, célèbre lieu de pèlerinage ; — *Borodino*, où se livra, en 1812, la bataille de la *Moskva*.

Les autres villes principales des gouvernements de la droite du Volga sont :

Toula, de 60 000 habitants, importante par sa manufacture d'armes ; — *Orel*, de 45 000 âmes ; — *Eletz*, de 30 000, dans le gouvernement d'Orel ; — *Kalouga* (36 000 h.), renommée par son *caviar*, préparation faite avec des œufs d'esturgeon ; — *Tambov*, peuplée de 30 000 habitants ; — *Koslov* (dans le gouvernement de Tambov), qui a pris en peu de temps beaucoup d'accroissement, ainsi que *Morchansk*. — *Penza*, avec 25 000 h. ; — *Vladimir* et *Souzdal*, qui ont été au moyen-âge capitales de principautés puissantes.

Dans les gouvernements à gauche du Volga, on remarque *Viatka* (20 000 h.), ville très ancienne ; — *Perm* (22 000 h.), au contraire très moderne ; — *Orenbourg* (33 000 h.), sur l'Oural et sur la limite de l'Asie ; il s'y fait un grand commerce.

Les gouvernements de Perm et d'Orenbourg, riches en mines de fer, de cuivre et d'or, ont une partie de leur étendue en Asie, c'est-à-dire à l'E. des monts Ourals. On y voit *Ékatérinbourg*, fameuse par ses mines et sa monnaie.

Région entre la mer Caspienne et la mer Noire. — Cette région fait partie de la lieutenance du Caucase qui s'étend aussi sur la Transcaucasie, en Asie. Elle renferme le gouv. de *Stavropol*, et les territoires du *Kouban*, du *Térek* et du *Daghestan*.

Le premier a pour chef-lieu *Stavropol* (21 000 hab.)

Le pays des Cosaques de la mer Noire et une partie de la Circassie située sur le flanc septentrional du Caucase occidental ont formé le terrritoire du *Kouban*. — Le territoire du *Térek*, situé sur le flanc N. du Caucase moyen, est formé d'une autre partie de la Circassie. — Le territoire du *Daghestan* s'étend à l'E. ; il a pour chef-lieu *Derbent*, place forte, sur la mer Caspienne.

La *Circassie* est une contrée très-montagneuse, habitée par un grand nombre de peuplades, qui reconnaissent aujourd'hui l'autorité de la Russie, après avoir soutenu longtemps leur indépendance. Ces peuplades sont célèbres par leur beauté et se divisent en *Tcherkesses* ou *Circassiens proprement dits, Abases Ossètes, Lesghiz*, etc.

Chemins de fer. — Les chemins de fer de la Russie d'Europe ont trois centres principaux : *St-Pétersbourg, Moscou* et *Varsovie*.

De la première de ces villes partent cinq lignes : celles de *Moscou;* — de *Tzarskoé-Sélo* et *Pavlovsk;* — de *Vilna* et *Varsovie*, avec embranchements sur *Revel*, sur *Riga*, etc. ; — de *Peterhof* et *Oranienbaum;* — de la *Finlande mérid.* par *Viborg*, avec bif. sur *Helsingfors*.

De Moscou partent les six lignes de *St-Pétersbourg;* — d'*Iaroslav* et *Vologda;* — de *Nijnii-Novgorod;* — de *Riazan, Tambov* et *Saratov;* — de *Toula, Orel* et *Kharkov;* — de *Smolensk, Minsk* et *Varsovie*.

De Varsovie partent quatre lignes, qui la mettent en communication avec *St-Pétersbourg, Moscou, Berlin, Cracovie* et *Vienne*.

Chem. de fer exploités en 1877 : 22 000 k. — Lignes tél. : 95 000 k.

Peuples divers compris dans l'empire Russe. — Langues, religions, gouvernement, etc. — Des populations très-diverses habitent la Russie. Les unes sont d'origine *slave :* tels sont les *Polonais* et les *Russes* (du moins en partie et spécialement ceux qu'on appellent *Ruthènes, Russes blancs* ou *Krivitches* et *Petits-Russes*).

Il y a, dans l'O., des *Lithuaniens*, divisés en *Lithuaniens proprement dits* ou *Litaouis*, et *Lettes* ou *Lettons*.

D'importantes populations appartiennent à la branche *finnoise*, qu'on appelle aussi *Ouralienne* et *Touranienne*. Ce sont les *Finnois proprement dits, Finlandais* ou *Tchoudes;* les *Votes;* les *Esthes* ou *Esthoniens*, les *Lives*, les *Caréliens*, une grande partie des *Moscovites* ou *Grands-Russes* (pour le caractère ethnographique et non pour la langue, qui est slave); les *Biarmiens* ou *Permiens*, qui se divisent en *Permiens proprement dits, Sirianes* et *Votiaks ;* les *Vogoules*, les *Mordouans*, les *Tchérémisses*, les *Tchouvaches*, répandus dans les parties orientales. — Les *Lapons* ou *Sam* (dans leur langue), habitants des régions les plus boréales, se rattachent, pour l'idiome, aux *Finnois;* pour la conformation, à la race *mongolique*.

Les *Samoïèdes*, qui habitent aussi dans le N., sont de cette dernière race. — Il y a, dans le S. E., la nation mongole des *Kalmouks*, venus primitivement du centre de l'Asie. — D'autres peuples, dans l'E., le S. E. et le S., sont d'origine *turque* et *tatare*, comme les *Bachkirs*, les *Nogaïs*, les *Koumuks*, les *Kirghiz*, les *Tatares de Crimée*.

Les *Cosaques*, ou plutôt *Kasaks*, se sont formés d'un mélange de Slaves, de Tatares et de Mongols.

Les *Allemands* sont nombreux dans le territoire qui s'étend entre le golfe de Finlande et la frontière de la Prusse, et ils ont formé beaucoup de *colonies* dans les parties méridionales.

Il y a des *Roumains*, c'est-à-dire des *Valaques* et des *Moldaves*, dans le S. O.; — des *Juifs*, dans un grand nombre de gouvernements, surtout ceux de l'O.; — des *Zigueunes* ou *Bohémiens*, dans presque tous.

Les peuples *caucasiens* comprennent les *Circassiens* ou *Tcherkesses*, les *Abases*, les *Kistes*, les *Lesghiz*, les *Ossètes*.

Les Russes et les Polonais forment la masse de la population. Ceux qu'on appelle les Petits-Russes[1] ont conservé plus complètement que les autres la physionomie nationale, et

—

1. Voyez plus loin le tableau historico-physique de la Russie.

sont essentiellement Slaves ; ils sont mieux faits et ont des qualités morales plus élevées. — Le Russe est bon, prévenant et hospitalier; il se montre ordinairement gai, actif, courageux, fort religieux. Cependant il cache au fond du cœur des passions ardentes, qui l'entraînent quelquefois à des actes d'une grande brutalité; on lui reproche l'amour du gain. La langue russe est riche, sonore, flexible : elle a de la naïveté et de l'élégance. — Les Polonais sont braves, enthousiastes de la liberté ; leur noblesse est nombreuse, fort brillante et pleine de dignité dans ses manières ; mais les paysans offrent presque partout le tableau de la misère et de la négligence. La langue polonaise n'est ni aussi harmonieuse ni aussi riche que le russe ; cependant elle est assez agréable.

On parle, d'ailleurs, en Russie, un grand nombre de langues : outre le russe et le polonais, les principales sont le finnois; le letton et le lithuanien (qui ont entre eux beaucoup de rapports); le turc, dans le S.; l'allemand, assez répandu à l'O.; le suédois, dans plusieurs villes de la Finlande.

Toute la haute société connaît le français.

Les Russes et les Polonais ont une facilité remarquable pour apprendre les idiomes étrangers.

Le gouvernement de la Russie est une monarchie absolue; l'empereur ou *tzar* prend aussi le titre d'*autocrate* de toutes les Russies. La religion dominante est la religion grecque, une des branches du christianisme. L'empereur est le protecteur suprême de l'Église gréco-russe, dont la direction est remise à l'assemblée du Saint-Synode, qui siège à Saint-Pétersbourg.

Le clergé se divise en deux classes distinctes : 1° le *clergé blanc*, ou clergé séculier, qui comprend les *popes* (curés), et auquel le mariage est ordonné ; 2° le *clergé noir* ou régulier, contraint au célibat et qui jouit du privilége exclusif d'occuper les dignités ecclésiastiques.

Les catholiques romains (6 millions) sont très-nombreux dans les provinces polonaises. Il y a aussi beaucoup de grecs-unis, ainsi nommés parce qu'ils se sont réunis, pour plusieurs points religieux, à l'Église romaine. Les Juifs y sont fort répandus (2 millions), et l'on a appelé la Pologne le *paradis des Juifs;* presque tout le commerce s'y trouve entre leurs mains.

Les protestants (3 mil.) se rencontrent en grand nombre dans les prov. baignées par la Baltique. Il y a beaucoup de mahométans dans le S. et dans le S. E. de la Russie; dans les parties orientales, plusieurs peuplades professent le bouddhisme, et reconnaissent la suprématie religieuse du grand lama du Tibet.

La civilisation n'est pas encore très-avancée dans cet empire : les hautes classes, il est vrai, sont éclairées, connaissent les inventions que l'on fait sur tous les points du globe, parlent les principales langues d'Europe, montrent de l'urbanité et des manières élégantes dans leurs relations sociales; mais les classes inférieures sont restées plongées dans de profondes ténèbres. Beaucoup de paysans étaient naguère encore *serfs*, c'est-à-dire la propriété de la couronne et des seigneurs; on a décrété enfin leur affranchissement sous le règne d'Alexandre II.

L'armée de terre de la Russie, sur le pied de paix, est de 750 000 hommes. La flotte compte environ 230 bâtiments principaux.

Le revenu de l'État s'élève à 2 milliards de francs, et la dette publique à plus de 8 à 9 milliards.

La Russie a une industrie fort récente encore, et cependant déjà avancée : elle fabrique des toiles de lin et de chanvre, des tissus de coton, de laine et de soie, des verres, des cristaux, des cuirs, des eaux-de-vie, de la potasse, de la colle de poisson.

Le commerce de la Russie offre environ 2 milliards de fr. d'importations et 1 400 millions d'export. Le principal commerce se fait par la Baltique, où se trouvent les grands ports de Saint-Pétersbourg et de Riga. Sur la mer Noire, on remarque surtout le port d'Odessa; sur la mer Caspienne, celui d'Astrakhan; sur la mer Blanche, celui d'Arkhangel. On exporte des grains, du lin, du chanvre, des graines et des huiles de lin et de chanvre, du fer, du cuivre, de l'or, des peaux, des fourrures, des cuirs, de la laine, du suif, de la toile, des bois de construction, de la potasse. On importe du coton, des tissus teints, des tissus de soie et de coton, des tissus de laine, du sucre, du café, des vins. Une grande partie des opérations commerciales se traitent dans les foires, dont plusieurs attirent un nombre énorme d'étrangers : la principale est celle de *Nijnii-Novgorod*.

L'effectif de la marine marchande est de 2700 navires, dont 900 pour la Finlande. Le mouvement de la navigation au long cours offre environ 27 000 entrées et sorties.

Possessions russes hors de l'Europe. — L'empire Russe s'étend non-seulement en Europe, mais dans le N. et l'O. de l'Asie. Il occupe ainsi dans le N. du globe un vaste espace, depuis 30° jusqu'à 78° de latitude N., et depuis 15° jusqu'à 172° de longitude E. La plus grande longueur de cette immense monarchie est d'environ 12 000 kilomètres, et se trouve vers le 55ᵉ parallèle; sa plus grande largeur est de 3000 kilomètres. La superficie comprend 22 millions de kilomètres carrés. C'est à peu près le septième de la surface des parties terrestres du globe. La population s'élève à 88 millions d'habitants.

La Russie d'Asie, peuplée de 10 à 11 millions d'habitants, se divise en deux parties : 1° la *Russie d'Asie orientale*, comprenant la *Sibérie*, le *Turkestan russe*, la *Mongolie russe* et la *Mandchourie russe*; 2° la *Transcaucasie*, renfermée entre la mer Caspienne et la mer Noire, dans l'O. de cette partie du monde et composée de la *Géorgie*, de l'*Iméréthie*, de l'*Arménie russe* (dans laquelle se trouve une partie de l'*Arménie turque* enlevée à la Turquie en 1878), etc.

La Russie n'a plus rien en Amérique; la région qu'elle possédait dans le N. O. de cette partie du monde a été cédée aux États-Unis en 1867.

TABLEAU

DES

DIVISIONS HISTORICO-PHYSIQUES DE LA RUSSIE D'EUROPE

(sans la Finlande).

RÉGION BALTIQUE.	Gouv. de Saint-Pétersbourg. — Esthonie ou Rével. — Livonie ou Riga. — Courlande ou Mitau.
GRANDE-RUSSIE.	— Moscou. — Smolensk. — Pskov. — Tver. — Novgorod. — Iaroslav. — Kostroma. — Vladimir. — Penza. — Tambov. — Riazan. — Toula. — Kalouga. — Orel. — Koursk. — Voronej.
RUSSIE SEPTENTRIONALE..........	— Arkhangel. — Vologda. — Olonetz.
PETITE-RUSSIE.................	— Kiev. — Tchernigov. — Poltava. — Kharkov ou Ukraine.
RUSSIE MÉRID. OU NOUV.-RUSSIE....	— Ekatérinoslav. — Kherson. — Tauride. — Bessarabie. Pays des Cosaques du Don.

RUSSIE OCCIDENTALE OU POLONAISE...	**LITHUANIE...**	Gouv. de Vilna.	}	**Russie Noire.**
		— Kovno.		
		— Grodno.		
		— Minsk.		
		— Vitebsk.	}	**Russie Blanche[1].**
		— Mohilev.		
	CI-DEVANT ROY. DE POLOGNE........	— Varsovie.		
		— Siedlec.		
		— Lomza.		
		— Augustowo.		
		— Plock.		
		— Kalisch.		
		— Petrkow.		
		— Radom.		
		— Lublin.		
		— Kielce.		
	RUTHÉNIE...	— Volhynie.		
		— Podolie.		
RÉGION OURALIENNE............		— Viatka.		
		— Perm.		
		— Oufa.		
		— Orenbourg.		
RÉGION DU VOLGA INFÉRIEUR.......		— Nijégorod.		
		— Kazan.		
		— Simbirsk.		
		— Saratov.		
		— Samara.		
		— Astrakhan.		
RÉGION CAUCASIENNE.		— Stavropol.		
		Territ. du Kouban.	}	**Circassie.**
		— du Térek.		
		— du Daghestan.		

1. Il y a aussi une *Russie Rouge,* qui se trouve dans le ci devant royaume de Pologne et dans la Galicie.

RÉSUMÉ STATISTIQUE DES PRINCIPALES DIVISIONS POLITIQUES DE L'EUROPE.

Pour le gouvernement, M signifie monarchique ; R, républicain. Pour la religion, *cath.* signifie catholique ; *prot.*, protestante ; *gr.*, grecque ; *mus.*, musulmane.

PAYS.	SUPERFICIE en kilomètres carrés.	POPULATION absolue.	POPULATION relative. (nomb. d'hab. par kil. c.)	ARMÉE pied de paix.	MARINE de guerre, nombre de bâtiments.	REVENUS en francs.	COMMERCE EXTÉR. Exportation et importation réunies (francs).	GOUVERNEMENT.	RELIGION la plus répandue.
France	528 000	37 000 000	70	450 000	226	2 700 000 000	8 000 000 000	R.	cath.
France, avec les possessions extra-européennes.	1 500 000	43 500 000							
Iles Britanniques.	300 000	34 000 000	110	255 000	518	2 000 000 000	17 000 000 000	M.	prot.
Tout l'empire Britannique.	20 828 000	240 000 000							
Belgique.	29 500	5 500 000	186	30 000	»	250 000 000	2 400 000 000	M.	cath.
Pays-Bas et Luxembourg.	34 600	4 000 000	118	60 000	115	200 000 000	2 500 000 000	M.	prot.
Pays-Bas avec les colonies.	1 781 000	29 000 000							
Danemark.	38 000	2 000 000	52	52 000	62	65 000 000	600 000 000	M.	prot.
Suède.	465 000	4 500 000	9	44 000	137	140 000 000	600 000 000	M.	prot.
Norvége.	317 000	1 800 000	6	18 000	123	35 000 000	400 000 000	M.	prot.
Russie d'Europe.	5 870 000	77 000 000	13						
Tout l'empire Russe.	20 000 000	88 000 000	4	750 000	230	2 000 000 000	3 400 000 000	M.	gr.
Empire Austro-Hongrois.	623 000	38 000 000	59	285 000	58	1 400 000 000	3 100 000 000	M.	cath., prot., gr.
Empire d'Allemagne.	545 000	43 000 000	79	450 000	80	700 000 000	7 000 000 000	M.	prot. et cath.
Suisse.	41 000	2 800 000	66	80 000	»	43 000 000	1 000 000 000	R.	prot. et cath.
Espagne.	500 000	16 800 000	34	90 000	128	700 000 000	1 000 000 000	M.	cath.
Espagne avec les colonies.	800 000	23 000 000							
Portugal et îles Adjacentes.	93 000	4 500 000	48	33 000	45	125 000 000	290 000 000	M.	cath.
Portugal avec les colonies.	2 000 000	8 000 000							
Italie.	296 000	28 000 000	91	250 000	73	1 400 000 000	2 300 000 000	M.	cath.
Turquie d'Europe et d'Asie av. la Bosnie et la Roumélie or.	1 800 000	20 000 000	12	150 000	168	490 000 000	600 000 000	M.	mus. et gr.
Bulgarie.	64 000	1 900 000	29	»	»	»	»	M.	gr.
Roumanie.	153 000	5 000 000	33	17 000	8	91 000 000	260 000 000	M.	gr.
Serbie.	55 000	1 500 000	27	5 000	»	18 000 000	65 000 000	M.	gr.
Grèce.	65 000	2 000 000	30	20 000	21	34 000 000	200 000 000	M.	gr.

POPULATION COMPARÉE
DES VILLES D'EUROPE AU-DESSUS DE 100 000 AMES.

		Années du recensement ou des évaluations.
Londres	3 620 868	1879
(Avec le district de police	4 500 000)	
Paris	1 988 806	1876
Vienne (y compris les annexes)	1 020 770	1875
(La ville proprement dite	673 865)	
Berlin	1 018 818	1877
Saint-Pétersbourg	667 963	1869
Moscou	601 960	1871
Constantinople (avec les faubourgs)	600 000	1876
Glascow	578 156	1879
Manchester (avec Salford)	539 668	1879
Liverpool	538 338	1879
Naples	448 743	1872
Bruxelles (avec ses annexes)	391 393	1878
(La ville proprement dite	167 693)	1875
Birmingham	388 884	1879
Madrid	367 284	1877
Lyon	342 815	1876
Buda-Pest	320 000	1875
Marseille	318 868	1876
Dublin	314 666	1879
Leeds	311 860	1876
Varsovie	308 548	1877
Amsterdam	302 206	1877
Sheffield	297 138	1879
Hambourg	264 675	1875
Milan	261 985	1872
(Y compris les Corpi-Santi, qui ont	62 976)	
Rome	248 307	1874
Breslau	239 050	1875
Copenhague	233 000	1876
Édinbourg	226 071	1879
Lisbonne	224 063	1863
Bucarest	221 805	1873
Barcelone	215 965	1877
Bordeaux	215 140	1876
Bristol	209 947	1879
Turin	207 770	1872
Munich	198 829	1875
Dresde	197 295	1875
Bradford	191 046	1879

		Années du recensement ou des évaluations.
Prague	189 949	1869
Palerme	186 145	1872
Odessa	184 819	1873
Belfast	174 394	1871
Greenwich	170 000	1871
Nottingham	169 396	1879
Florence	167 093	1872
Lille	162 775	1876
Anvers	159 579	1875
Stockholm	157 215	1876
Valence	153 457	1877
Newcastle-on-Tyne	146 948	1879
Hull	146 347	1879
Rotterdam	142 585	1877
Dundee	139 125	1876
Cologne	135 371	1875
Portsmouth	131 821	1879
Toulouse	131 642	1876
Stoke-upon-Trent	130 507	1871
Gand	130 471	1875
Gênes	130 269	1872
Venise	128 901	1872
Leipzig	127 387	1875
Kiev	127 251	1874
St-Étienne	126 329	1876
Leicester	125 622	1879
Magdebourg	122 789	1875
Kœnigsberg	122 636	1875
Liége	119 942	1875
Nantes	122 247	1876
Séville	118 888	1877
Bologne	115 957	1872
Sunderland	114 575	1879
Messine	111 854	1876
Trieste	109 324	1869
La Haye	107 897	1876
Stuttgart	107 275	1875
Hanovre	106 677	1875
Brighton	105 608	1876
Rouen	104 902	1876
Francfort-sur-le-Main	103 136	1875
Kichénev	103 048	1867
Brême	102 532	1874
Riga	102 043	1867
Kharkov	101 175	1879

OBSERVATIONS GÉNÉRALES SUR L'INDUSTRIE ET LE COMMERCE

INDUSTRIE GÉNÉRALE DE L'EUROPE.

Nous avons parlé des *productions naturelles* de l'Europe (page 50) ; exposons ici rapidement l'industrie comparée des différentes contrées européennes.

C'est dans la Grande-Bretagne, la Belgique, l'ouest de la Prusse, le nord et l'est de la France, le nord de la Suisse, que se trouve la plus grande fabrication des *machines* et *outils*.

Les industries *propres à l'alimentation* ont pour produits principaux la farine et le pain (France, Allemagne, Espagne, Russie) ; — les pâtes (Italie, France) ; — la charcuterie (France, Angleterre, Allemagne, Danemark, Italie, Espagne) ; — le vin, dont nous avons déjà parlé dans les productions naturelles ; — l'eau-de-vie de vin (France) ; — l'eau-de-vie de pommes de terre et de grains (nord de la France, Allemagne, Autriche, Hongrie, îles Britanniques) ; — la bière (nord de la France, Allemagne, îles Britanniques) ; — le sucre de betterave et la raffinerie du sucre de canne (France, Allemagne, Autriche, Hongrie, Russie, îles Britanniques) ;— les fromages (France, Suisse, Hollande, Angleterre, Italie) ; — la confiserie (France, Allemagne, Italie).

Les *industries chimiques* (produits chimiques et pharmaceutiques, huiles, savons, suif, bougies, alcools, liqueurs, couleurs, poudre) ont pour centres principaux la Grande-Bretagne, la France, la Belgique, l'Allemagne, l'Autriche, la Hongrie, la Russie.

Les *industries textiles* comptent quatre divisions principales : les toiles de lin et de chanvre, qui ont pour siéges principaux la France, les îles Britanniques (surtout l'Irlande), la Belgique, la Hollande, l'Allemagne, l'Autriche-Hongrie (surtout en Bohême), la Russie ; — les lainages, qui se fabriquent en France (où se font les draps les plus renommés du monde), en Angleterre, en Allemagne, dans la Bohême, la Moravie, la Belgique, l'Espagne, la Russie ; — les soieries, qui sont fournies par la France (Lyon, etc.), l'Angleterre, l'ouest de la Prusse, le nord de la Suisse ; — les cotons, dont le centre de fabrication le plus important est l'Angleterre (surtout le comté de Lancastre); viennent ensuite le nord de la France, la Belgique, l'Allemagne, l'Autriche, la Russie, la Suisse.

A ces industries se joignent les *dentelles*, les *blondes*, les *tulles*, les *broderies*, les *articles de mode*, la *lingerie*, la *bonneterie*, la *mercerie*, qui ont pour siéges la France (Paris surtout), l'Angleterre, la Belgique, la Suisse, le Tyrol, la Saxe, la Bohême.

Pour la *préparation des peaux*, la *ganterie*, la *cordonne-rie*, la *carrosserie*, la *portefeuillerie*, on cite au premier rang la France, l'Angleterre, la Suède, la Belgique, l'Alle-magne, la Russie. — Pour la *chapellerie*, la France encore, l'Angleterre, la Belgique, l'Autriche, l'Allemagne.

La *parfumerie*, la *joaillerie*, la *bijouterie*, l'*orfévrerie*, les *fleurs artificielles*, les *éventails*, les *bronzes d'art*, sont sur-tout des produits de la France, de l'Angleterre, de l'Alle-magne, de la Belgique, des Pays-Bas et de l'Italie.

L'*ébénisterie* française jouit d'une juste réputation ; celles de l'Allemagne, de l'Angleterre sont également très-estimées.

Les *tapis* et *tapisseries* de la France, de l'Angleterre, de l'Allemagne, de la Turquie, de la Grèce, peuvent être cités en première ligne.

La *céramique*, la *verrerie* et la *cristallerie* ont pour prin-cipaux centres la France, l'Angleterre, l'Allemagne, la Bel-gique, la Bohême, la Russie.

On fait la meilleure *horlogerie* en France, en Suisse, en Allemagne, en Angleterre, en Italie.

Pour la *papeterie*, l'*imprimerie*, la *librairie*, les *instru-ments de physique*, de *mathématiques*, d'*optique*, de *musique*, et tout ce qui concerne les industries relatives aux besoins intellectuels, la France, l'Angleterre, la Belgique, les Pays-Bas, l'Allemagne, la Suisse, l'Italie, sont au premier rang.

En général, c'est le nord-ouest de l'Europe qui, pour toutes les branches, est à la tête de l'industrie de cette partie du monde.

COMMERCE GÉNÉRAL DE L'EUROPE, COMMUNICATIONS, MONNAIES, POIDS ET MESURES.

C'est aussi le nord-ouest qui est le siége du plus grand commerce, de même qu'il y règne l'instruction la plus avancée : les îles Britanniques occupent la première place commerciale ; la France, la seconde ; l'Allemagne, l'Autriche-Hongrie, l'Italie, la Belgique, les Pays-Bas, la Russie, viennent après ; pour comparer la valeur du commerce extérieur des différentes contrées, il suffit de consulter la 8e colonne du *tableau statistique* de la page 338 ; pour se rendre compte de la force commerciale comparative des États, on prendra en considération l'étendue et la population des colonnes 2, 3 et 4.

Navigation maritime. — La navigation maritime unit entre eux activement tous les peuples principaux de cette partie du monde, si admirablement conformée, par ses profondes découpures, pour le commerce de mer.

Les deux ports qui ont le plus grand mouvement de navigation sont Liverpool et Londres. Viennent ensuite Hambourg, Hull, Glasgow, Marseille, le Havre, Southamton, Trieste, Constantinople, Anvers, Rotterdam, Amsterdam, Saint-Pétersbourg, Brême, Newcastle, Bordeaux, Cardiff, Swansea, Nantes, (avec Saint-Nazaire), Dunkerque, Stettin, Lübeck, Riga, Odessa, Barcelone, Gênes, Livourne, Palerme, Messine, Copenhague, Dantzig.

La Manche, la mer du Nord, la mer d'Irlande et la Méditerranée sont sillonnées par le plus de navires. Des services réguliers unissent les côtes de France et d'Angleterre ; d'autres vont de Londres ou d'autres points de l'Angleterre à Dunkerque, à Copenhague, à Saint-Pétersbourg, à Ostende, à Anvers. Des compagnies desservent le Havre, Lisbonne, Cadix, Gibraltar et Malaga, d'un côté, Saint-Pétersbourg, de l'autre ; une compagnie hollandaise lie Rotterdam et Amsterdam à la Baltique, aux grands ports occidentaux de la France et de la péninsule Hispanique jusqu'à Gibraltar ; des compagnies anglaises ont pour objet les communications depuis ce dernier port jusqu'à Saint-Pétersbourg. Saint-Nazaire et la côte espagnole de l'Atlantique communiquent également par un service régulier.

Les Messageries maritimes françaises vont de Bordeaux à Lisbonne, dans leur route pour l'Amérique du Sud.

Ces Messageries, qui exploitent toute la Méditerranée, unissent Marseille à Alger ; à Gênes, Livourne, Naples, Messine, Palerme ; à Constantinople par le Pirée et Syra ; à Alexandrie ; à Soulina et la voie du Danube jusqu'à Galatz et Braïla.

Des vapeurs-courriers espagnols desservent Cadix, Malaga, Barcelone, Marseille ; — des bateaux-poste italiens, Gênes, les côtes d'Italie ; — les bâtiments du Lloyd autrichien, Trieste, Ancône, Corfou, le sud de la Grèce, Constantinople ; — la compagnie autrichienne du Danube, Galatz, Braïla, la mer Noire (Odessa et autres ports) ; — une compagnie russe, la mer Noire, Constantinople ; etc., etc.

Grandes voies de communication internationale par la navigation intérieure. — On peut communiquer aujourd'hui d'un bout de l'Europe à l'autre par la navigation des fleuves et des canaux.

Le plus beau des canaux qui unissent l'Atlantique à la Méditerranée est celui du Midi, qui, joint à quelques autres canaux, s'étend de la Garonne au Rhône, dans le sud de la France.

La Saône (affluent du Rhône), la Seine et la Loire sont jointes au Rhin, soit directement, soit indirectement, par divers canaux ; les produits de la France et de l'Allemagne peuvent ainsi être échangés facilement.

Le Rhin est mis en communication par le Main, son affluent, et par le canal Louis ou Charlemagne, avec le Danube ; la mer du Nord est par conséquent unie à la mer Noire, et l'Allemagne septentrionale l'est à l'Allemagne méridionale et à l'Autriche-Hongrie.

La mer Baltique communique à la mer du Nord par plusieurs canaux, entre autres par le canal de Frédéric-Guillaume, qui unit l'Oder au bassin de l'Elbe, en Prusse, et par le canal de Kiel, dans le Holstein ; elle communique avec le Cattégat par le canal de Gœtha, établi entre les lacs Vetter et Vener, en Suède ; elle est mise en rapport avec la mer Caspienne et la mer Noire par différents canaux de Russie, qui unissent, d'un côté, les lacs voisins du golfe de Finlande au Volga, et, de l'autre, la Dvina méridionale et le Niémen au bassin du Dniepr. D'autres canaux unissent le bassin du Volga au bassin de la Dvina septentrionale, par conséquent la mer Caspienne à la mer Blanche.

Chemins de fer de l'Europe. — L'Europe a environ 150 000 kilomètres de chemins de fer. On a décrit les principaux dans chacune des contrées en particulier. Rappelons seulement ici les lignes qui établissent les communications les plus importantes entre les divers États et entre les capitales.

Paris, centre du commerce et de la civilisation de l'occident de l'Europe continentale, projette dans tous les sens des lignes qui l'unissent avec toute l'Europe occidentale et centrale. Les chemins qui, conduisant de cette capitale à sa grande voisine, Londres, s'avancent, sur le continent, le plus près de l'Angleterre, sont ceux qui aboutissent à Boulogne et à Calais. Là plus longue ligne qui parcourt la France est celle qui, de Calais, va aboutir à Marseille, par Paris et Lyon ; elle joint admirablement le N. O. de l'Europe à la Méditerranée et au Levant (canal de Suez, etc.) ; mais la partie méridionale de cette ligne trouve une redoutable concurrence dans la ligne qui, franchissant le tunnel des Alpes, parcourt toute l'Italie et va aboutir au port de Brindisi.

Paris communique avec Bruxelles par plusieurs chemins, et avec l'Allemagne et l'Autriche, particulièrement avec les capitales de ces pays, Berlin et Vienne, par des lignes qui passent ou par la Belgique, ou par Strasbourg, ou par Metz. Le nord et l'ouest de la Suisse lui sont unis par Mulhouse, d'un côté, et Pontarlier, de l'autre.

Par le chemin de Lyon, Paris communique avec Genève (par conséquent avec le sud de la Suisse), et avec l'Italie, que la ligne atteint en franchissant les Alpes au col de Fréjus ; elle gagne Turin, et de cette ville des rameaux se répandent dans toute l'Italie (Milan, Venise, Florence, Rome, Naples, Brindisi).

Par le chemin de Bordeaux et Bayonne, Paris communique avec Madrid et une grande partie de l'Espagne.

Berlin est jointe à Vienne, à Hambourg, à Hanovre, à Bruxelles (par Cologne), à Francfort, à Dresde ; la même capitale projette un rameau sur Kœnigsberg. — Vienne est unie à Varsovie, et, par suite, à Saint-Pétersbourg, d'un côté, et, de l'autre, à Trieste, d'où la ligne se porte sur Venise, et de là sur tout le nord de l'Italie. Vienne est encore reliée à Munich, d'un côté, à Buda-Pest et à toute la Hongrie, de l'autre.

La même capitale et Munich, ainsi que tout le midi de l'Allemagne, communiquent avec l'Italie dans la direction de Vérone et de Milan, de là sur Florence, Rome, etc., par les chemins de fer qui franchissent les Alpes Rhétiques au col du Brenner et les Alpes Lépontiennes au Saint-Gothard.

De Hambourg, des chemins se rendent dans le Holstein, le Slesvig et le Jutland. — Les chemins de l'Allemagne occidentale et de la Belgique se prolongent à travers les Pays-Bas, et rencontrent Amsterdam, la Haye, etc.

Il y a, en Russie, un chemin très-étendu qui unit Saint-Pétersbourg à Moscou et Moscou à Nijnii-Novgorod, Kazan, etc., dans la direction d'Orenbourg; un autre joint Saint-Pétersbourg à Varsovie, avec embranchement sur Kœnigsberg; une ligne s'étend de Moscou dans la direction du sud de la Russie (Odessa, etc.).

En résumé, les parties de l'Europe qui sont unies entre elles par des chemins de fer sont la France, la Belgique, les Pays-Bas, l'Allemagne, l'Autriche-Hongrie, la péninsule Cimbrique, la Suisse, l'Italie, la Russie, l'Espagne, le Portugal.

La Turquie se prépare à entrer dans cette communication générale. Déjà quelques lignes y unissent la mer Noire à diverses parties du cours du Danube, et Constantinople au pied du Balkan.

Quant à la Grande-Bretagne, que sa position isole du reste de l'Europe, elle possède en particulier le système de railways le plus complet que l'on rencontre dans le monde; et elle a partout avancé les bras qui peuvent le plus facilement la mettre en rapport avec le continent.

La péninsule Scandinave et l'archipel Danois ne sont pas liés au reste de l'Europe par des chemins de fer, mais en possèdent déjà un réseau intérieur assez développé.

Télégraphie électrique. — La télégraphie électrique étend son réseau plus loin que les chemins de fer; elle franchit même la mer; elle passe sous le Pas de Calais, sous la Manche et sous la mer du Nord, pour unir la France, la Belgique, la Hollande, l'Allemagne, le Danemark, la Norvége, à l'Angleterre; elle traverse le canal Saint-George, le canal du Nord, pour joindre la Grande-Bretagne à l'Irlande. De cette dernière et de la France, elle s'élance dans l'océan Atlantique, et gagne l'île de Terre-Neuve et l'île Saint-Pierre, joignant ainsi l'Europe à l'Amérique. La Corse est unie à l'Italie et à la France, d'une part, et à l'île de Sardaigne, de l'autre. La France communique à l'Algérie ; l'Italie continentale, à la Sicile ; la Sicile à Malte. Par cette dernière île passe un câble immense qui vient de Falmouth, en Angleterre, contourne l'O. de l'Europe, touche Gibraltar, et va gagner l'Égypte, puis franchit la mer Rouge, pour se rendre dans l'Asie méridionale et dans l'Australie. Malte est encore jointe à la Tunisie. Les îles Ioniennes sont jointes à l'Italie et à la Grèce. Une ligne s'étend à travers toute l'Europe centrale, jusqu'à Constantinople ; de là, franchissant le Bosphore, elle gagne la Turquie d'Asie et l'Inde. D'autres lignes se rendent en Asie par les voies de Kazan et de Tiflis.

Enfin, toute l'Europe est sillonnée par ce merveilleux moyen de communication, qui y compte 300 000 kilomètres de lignes.

Monnaies, poids et mesures des pays d'Europe, comparés à ceux de la France [1].

GRANDE-BRETAGNE

Or	Souverain (livre sterling ou guinée)	= 25ᶠ.,15
	Demi-souverain	= 12ᶠ.,57
Argent . . .	Couronne (crown)	= 5 ,75
	Shilling (12 pence)	= 1 ,15
Cuivre . . .	Penny	= 0 ,10

Yard impérial	= 0 mètre, 9144.
Foot, pied ($^1/_3$ du yard)	= 3 décim., 0479.
Inch, pouce ($^1/_{36}$ du yard)	= 2 cent., 5399.
Fathom (brasse)	= 1ᵐ,829
Mille (mile) (1760 yards)	= 1609 mèt.,3149
Acre (4840 yards carrés)	= 0 hect., 4047.
Gallon impérial	= 4 lit.,5435.
Bushel (8 gallons)	= 36 lit.,3476.

(1) On peut espérer que bientôt toute l'Europe aura adopté le système métrique français ; une commission internationale s'occupe activement de cette uniformité si désirable.

| POIDS TROY. | Livre (pound) troy impériale (5760 grains)............. | = 373 gr., 2419. |
| | Ounce (12ᵉ de livre troy)......... | = 31 gr., 1035. |

POIDS AVOIR DU POIDS	Livre avoir du poids (7000 grains).	= 453 gr., 5926.
	Onnce (16ᵉ de la livre)..........	= 28 gr., 3495.
	Quintal (112 livres).............	= 50 kilogr., 8020.
	Ton (20 quintaux)...............	= 1016 kil., 0480

BELGIQUE

Mêmes monnaies, poids et mesures qu'en France.

PAYS-BAS

Or......	Ducat...........................	= 11ᶠ.,74
	Guillaume.......................	= 20 ,79
Argent...	Rixdaler, 2 florins et demi..........	= 5 ,21
	1 florin........................	= 2 ,08
25 cents..................................		= 0 ,50

Pour les poids et mesures, le système métrique est adopté depuis 1835.

L'unité des poids est le *pund*.............. = 1 kilogr.
Celle des mesures linéaires, l'*elle*........... = 1 mètre.
— des mesures agraires, le *bunder*........ = 1 hectare.
— des mesures de capacité, le *kan*........ = 1 litre.

Le *mud* ou *zak* est un hectogramme; le *vat*, un hectolitre; le *wisse*, un stère.

L'unité des mesures itinéraires est le mille = 1 kilomètre.

DANEMARK.

Or......	20 krones....................	= 27 ᵏ., 71
	10 krones....................	= 13 , 85
Argent...	2 krones....................	= 2 , 64
	1 krone.....................	= 1 , 32
	50 œre.....................	= 0 , 66
Mille de Danemark.... de 14,77 au degré...		= 7ᵏⁱˡ. , 52
Mille marin d'Islande.. 9 — ...		= 12 , 36
Pied du Rhin.....................		= 31ᶜᵉⁿᵗ.,385
Aune..........................		= 62 , 77
Brasse marine (faun)...............		= 1ᵐ. , 88
Viertel de Copenhague.............		= 7ˡⁱᵗ. , 73
Marc..........................		=235ᵍʳ. , 39

SUÈDE ET NORVÉGE.

Or......	20 krones..........................	= 27	f.,71
	10 krones..........................	= 13	,85
Argent...	2 krones	= 2	,64
	1 krone..........................	= 1	,32
	50 œre	= 0.	,66
	40 œre	= 0	,53

Mille de Suède,   de 10,4 au degré......... = 10kil. ,70
Mille de Norvége, de 10   —   .... = 11 ,12
Pied de Suède (fot).................... = 29cent. ,69
Tunnland de Suède....... .... = 49ares ,33
Kann de Suède........................ = 2lit. ,61
Livre de Suède (skalpund) .... = 425gr. ,08

EMPIRE D'ALLEMAGNE.

Or......	20 marcs	= 25	f. ,00
	10 marcs	= 12	,50
	5 marcs	= 6	,25
Argent (nouvelle monnaie).	5 marcs.....................	= 6	,25
	2 marcs.....................	= 2	,50
	1 marc (100 pfennigs),..........	= 1	,25
	1/2 marc (50 pfennigs)..........	= 0	,62
Argent (ancienne monnaie).	Double thaler d'association........	= 7f.	,35
	Thaler d'association, de 30 silbergroschen.....................	= 3	,68
	Gulden ou florin de Bavière, de Bade, de Würtemberg...............	= 2	,10

Marc courant de Hambourg, de 16 schillings . = 1 ,50
Marc de banque de Hambourg............... = 1 . ,90
Mille ordinaire ou géographique, de 15 au degré. = 7kil. ,41
Pied (fuss) du Rhin. .... = 31cent ,38
On se sert beaucoup du pied de Paris........ = 32 ,48
Morgen du Rhin....................... = 25ares ,53
Eimer de Prusse....................... = 68lit. ,69
Marc de Cologne...................... = 233gr. ,77
Marc de Prusse....................... = 233 ,86
Livre (pfund) de Prusse .... = 467 ,70
Livre du Zollverein..................... = 500 ,00

(On a adopté d'ailleurs le système métrique français.)

AUTRICHE-HONGRIE.

Or......	Quadruple ducat...............	= 47	f. ,21
	Ducat	= 11	,80
	8 florins	= 19	,45
Argent...	Florin	= 2	,45
	10 kreutzers..................	= 0	,22

Mille (Meile) géograph. allemand, de 15 au degré = 7 kil. ,41

Pied (fuss).. =31cent ,602
Toise (klafter), 6 pieds.
Aune (elle)... =77   ,920
loch de Vienne....................................... =57ares ,598
Eimer d'Autriche..................................... =56lit. ,892
Livre de Vienne...................................... =560gr. ,012

(On se sert aussi des mesures et des poids de France.)

SUISSE.

Les monnaies sont les mêmes qu'en France; — dans les parties allemandes, le décime s'appelle *batz*, et le centime *rappe*.

Mille, de 13,29 au degré.................... =   8kil. ,369
Lieue, de 23,56   —   .... =   4   ,800
Pied.................................... =   30 cent.
Grande aune (stab)....................... = 120 —
Aune (elle)............................. = 60 —
Perche................................. = 300 —
Arpent (juchart)........................ = 36 ares.
Maas (pour les liquides) .... =   1lit. ,5
Viertel (pour les grains) .... = 15 —
Livre (pfund) .... = 500 gr.

(On se sert aussi des mesures et des poids de France.)

ROYAUME D'ITALIE.

Monnaies, poids et mesures, les mêmes qu'en France.
Le franc s'appelle lira (*livre*).
On se sert encore beaucoup du mille italien, de 60 au degré = 1 kil., 8542.

ESPAGNE.

Or......	Doublon de 10 escudos...........	= 25f.	,95
	4 escudos.....................	= 10	,30
	2 escudos.....................	= 5	,19
Argent...	Piastre (ou duro)	= 5	,15
	Ecu (escudo)...................	= 2	.57
	5 pesetas	= 5	,00
	Peseta........................	= 1	,00
	Réal de vellon	= 0	,25

Lieue (legua) nouvelle, de 16,66 au degré... = 6kil. ,675
Lieue horaire ou marine   20,00   — .. = 5 ,562
Pied.................................... = 27cent, 85
Vara (3 pieds de Castille).................. = 83 , 56
Braza ou brasse marine (6 pieds). .... = 1m. ,6(5
Fanegada............................... = 64ares ,255
Arroba de vin............................ = 16lit. ,137
Arroba d'huile........................... = 12 ,564

Fanega.................................. = 54   ,800
Livre................................... = 460gr·,500

Depuis 1849, le système métrique français existe légalement en Espagne.

PORTUGAL

Or......
- Couronne de 10 milreis .... = 55f· ,88
- 1/2 couronne de 5 milreis........'. = 27 ,94
- 1/5 de couronne de 2 milreis...... = 11 ,17
- 1/10 de couronne, 1 milreis.. .... = 5 ,59

Argent...
- 5 testons, 500 reis .... = 2 ,52
- 2 testons, 200 reis .... = 1 ,01
- 1 teston, 100 reis............... = 0 ,50
- 1/2 teston, 50 reis .... = 0 ,25

Lieue (legoa) de 18 au degré............... = 6kil. ,18
Lieue marine de 20 au degré............... = 5 ,55
Pied de Lisbonne......................... = 32cent.,85
Vara..................................... =109 ,60
Ceira. .... = 58ares.,29
Almude de Lisbonne (pour les liquides). ...... = 6lit. ,75
Moio (pour les céréales).................... =828 ,74
Arratel (livre)............................ =458gr. ,92
Arroba (32 livres).

Le système métrique français existe légalement en Portugal depuis le mois de décembre 1852.

TURQUIE.

Or......
- Sequin, 50 piastres (cllilik)).......... = 11f· ,35
- Il y a des pièces de 500 piastres, de 250, etc.

Argent...
- 20 piastres (lirmilik) .... = 4 ,38
- 10 piastres (oulk)................ = 2 ,19
- 5 piastres (bechlik)............... = 1 ,10
- 2 piastres (ikilik) . ... = 0 ,43
- 1 piastre ou birgruch, .val. 40 paras. = 0 ,21

Pik...................................... = 0m·,685
Agach .... = 5kil., 334
Berri .... = 1 ,669
Denoum .... = 10 ares.
Kilè .... = 35lit. ,27
Almud .... = 5 ,20
Oke .... = 1kilog·,28
Tcheki .... = 319gr.,62
Derhem(drachme = 1/400 d'oke).

ROUMANIE.

(On a adopté les monnaies françaises (le leu est le franc.)

Les poids et les mesures de la Roumanie sont aussi ceux de la France.

Cependant on se sert encore :

De la stingène (toise), valant..... { en Valachie 1$^{m.}$,97 ^{cent}
{ en Moldavie 2$^{m.}$,23

Du pogone...................... en Valachie 0^{are} ,50

Du falche..................... en Moldavie 1 — ,43

Du vèdre .... { en Valachie 12$^{lit.}$, 9
{ en Moldavie 15—, 2

De l'oca (capacité) .... { en Valachie 1 — , 3
{ en Moldavie 1 — , 5

De l'oca (poids) .... { en Valachie 1$^{kil.}$,27
{ en Moldavie 1 — ,29

GRÈCE.

Système français.

La drachme (en argent) vaut exactement 1 fr. Il y a des pièces d'or de 20 drachmes, de 10 drachmes et de 5 drachmes.

Le pik royal est le nom du mètre ; le stadion, celui du kilomètre ; le stremma, de l'hectare ; le kilo égale 100 litres ; la drachme est le gramme ; la mine vaut 1500 grammes ; le talent, 100 mines ; 100 mines = 150 kilogrammes. Le tonneau de mer est de 1500 kilogrammes.

RUSSIE.

Or...... { 1/2 impériale.................... = 20$^{f.}$,60
{ 3 roubles .... = 12 ,36

Argent... { Rouble de 100 kopeks............ = 3 ,92[1]
{ Poltinnik de 50 kopeks........... = 1 ,96
{ Tchetvertak de 25 kopeks......... = 0 ,98

Verste ordinaire, de 104,25 au degré......... = 1^{kil} ,0671

Lieue de Pologne, de 20 — .... = 5 ,5625

Sagène .... = 2$^{m.}$,134

Pied............................ = 0 ,3048

Archine .... = 0 ,71

Déciatine (2400 sag. car.). .... = 1$^{h.}$,0925

Tchetvert........................ = 209$^{lit.}$,90

Védro........................... = 12 ,29

Botchka......................... = 491 ,96

Livre (9216 dolis)................. = 409$^{gr.}$, 5

Poud (40 livres)................. = 16$^{k.}$ 38

1. On considère ordinairement le rouble comme valant 4 francs.

PARIS. — IMPRIMERIE DE E. MARTINET, RUE MIGNON, 2.

COURS COMPLET D'HISTOIRE ET DE GÉOGRAPHIE

Contenant les matières indiquées par les programmes officiels de 1880

A L'USAGE DES LYCÉES ET DES COLLÈGES

CLASSE PRÉPARATOIRE

GALERIE DES HOMMES ILLUSTRÉS, par Mme Kergomard, inspectrice générale des salles d'asile, 1 vol. grand in-18, avec 12 portraits................. 2 »

NOTIONS ÉLÉMENTAIRES DE GÉOGRAPHIE GÉNÉRALE ET NOTIONS SUR LA GÉOGRAPHIE PHYSIQUE DE LA FRANCE, par M. Cortambert. 1 vol. in-16, cartonné.
Atlas correspondant (10 cartes). Grand in-8°, cartonné................. 1 50

CLASSE DE HUITIÈME

HISTOIRE SOMMAIRE DE LA FRANCE, JUSQU'A L'AVÈNEMENT DE HENRI IV, par M. George Duruy, professeur d'histoire au lycée Saint-Louis. 1 v. in-16, cart. » »

GÉOGRAPHIE ÉLÉMENTAIRE DES CINQ PARTIES DU MONDE, par M. Cortambert. 1 vol. in-16, cartonné........................ » 80
Atlas correspondant (20 cartes). Grand in-8°, cartonné................. 3 »

CLASSE DE SEPTIÈME

HISTOIRE SOMMAIRE DE LA FRANCE DEPUIS L'AVÈNEMENT DE HENRI IV JUSQU'A NOS JOURS, par M. George Duruy. 1 vol. in-16, cartonné................. » »

GÉOGRAPHIE ÉLÉMENTAIRE DE LA FRANCE, par M. Cortambert. 1 v. in-16, cart. 1 50
Atlas correspondant (16 cartes). Grand in-8°, cartonné................. 2 10

CLASSE DE SIXIÈME

HISTOIRE ANCIENNE DES PEUPLES DE L'ORIENT, par M. V. Duruy. 1 v. in-16, cart. 3 »

GÉOGRAPHIE GÉNÉRALE DE L'EUROPE ET DU BASSIN DE LA MÉDITERRANÉE, par M. E. Cortambert. 1 vol. in-16, cartonné........................ 1 50
Atlas correspondant (26 cartes). Grand in-8°, cartonné................. 3 50

CLASSE DE CINQUIÈME

HISTOIRE DE LA GRÈCE ANCIENNE, par M. V. Duruy. In-16, cartonné........ 3 »

GÉOGRAPHIE DE L'AFRIQUE, DE L'ASIE, DE L'AMÉRIQUE ET DE L'OCÉANIE, par M. E. Cortambert. 1 vol. in-16, cartonné........................ 1 50
Atlas correspondant (19 cartes). Grand in-8°, cartonné................. 3 »

CLASSE DE QUATRIÈME

HISTOIRE ROMAINE, par M. V. Duruy. 1 vol. in-16, cartonné............... 3 »

GÉOGRAPHIE DE LA FRANCE, par M. E. Cortambert. In-16, cartonné........ 1 50
Atlas correspondant (27 cartes). Grand in-8°, cartonné................. 3 50

CLASSE DE TROISIÈME

HISTOIRE DE L'EUROPE ET PARTICULIÈREMENT DE LA FRANCE, DE 395 A 1270, par M. V. Duruy. 1 vol. in-16, cartonné........................ 3 50

GÉOGRAPHIE PHYSIQUE, POLITIQUE ET ÉCONOMIQUE DE L'EUROPE (moins la France), par M. E. Cortambert. 1 vol. in-16, cartonné................. 2 »
Atlas correspondant (31 cartes). Grand in-8°, cartonné................. 4 50

CLASSE DE SECONDE

HISTOIRE DE L'EUROPE ET PARTICULIÈREMENT DE LA FRANCE, DE 1270 A 1610, par M. V. Duruy. 1 vol. in-16, cartonné........................ 3 50

GÉOGRAPHIE PHYSIQUE, POLITIQUE ET ÉCONOMIQUE DE L'ASIE, DE L'AFRIQUE, DE L'AMÉRIQUE ET DE L'OCÉANIE, par M. E. Cortambert. 1 vol. in-16, cart. 3 »
Atlas correspondant (40 cartes). Grand in-8°, cartonné................. 5 »

CLASSE DE RHÉTORIQUE

HISTOIRE DE L'EUROPE ET PARTICULIÈREMENT DE LA FRANCE, DE 1610 A 1789, par M. V. Duruy. 1 vol. in-16, cartonné........................ 3 50

GÉOGRAPHIE PHYSIQUE, POLITIQUE, ADMINISTRATIVE ET ÉCONOMIQUE DE LA FRANCE ET DE SES POSSESSIONS COLONIALES, par M. E. Cortambert. 1 vol. in-16, cartonné........................ 3 »
Atlas correspondant (43 cartes). Grand in-8°, cartonné................. 5 »

CLASSE DE PHILOSOPHIE

HISTOIRE DE FRANCE ET HISTOIRE CONTEMPORAINE DEPUIS 1789 JUSQU'A LA CONSTITUTION DE 1875, par M. G. Ducoudray. 1 vol. in-16, cartonné..... 5 »

PARIS. — IMPRIMERIE ÉMILE MARTINET. RUE MIGNON, 2